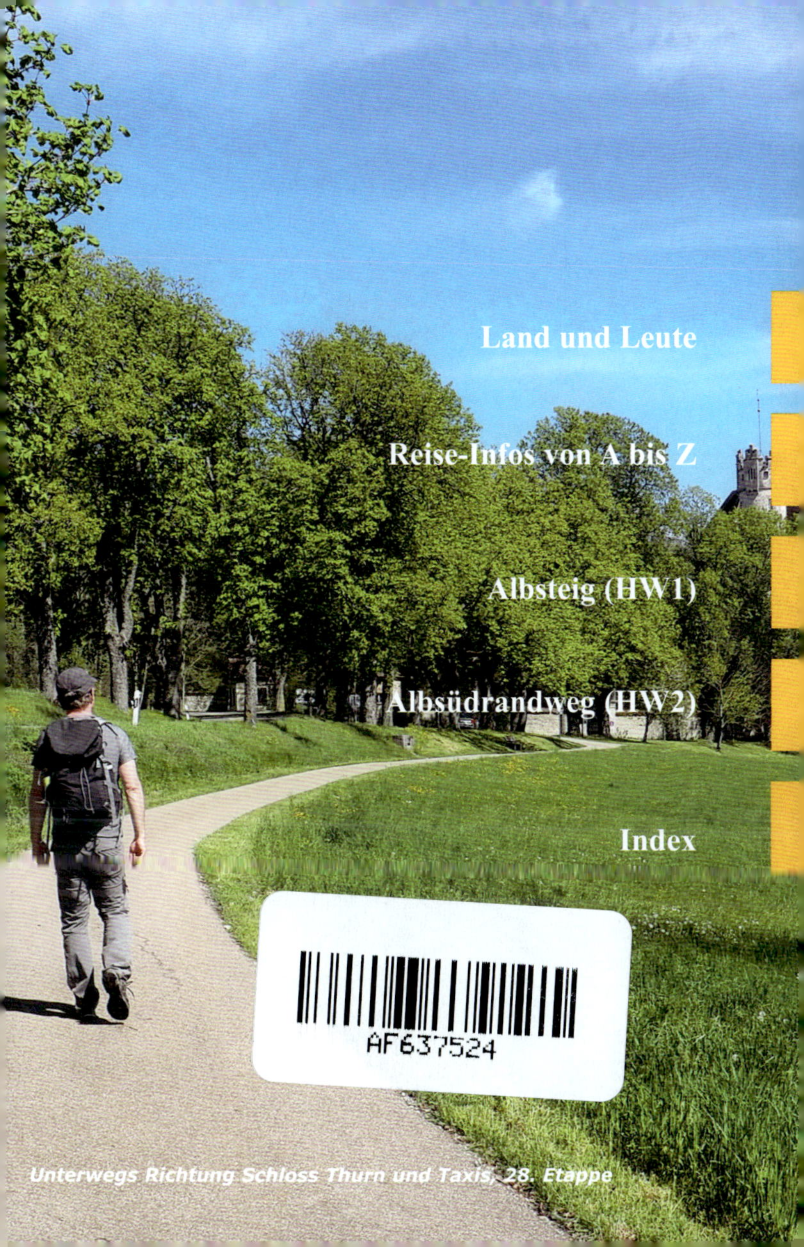

Land und Leute

Reise-Infos von A bis Z

Albsteig (HW1)

Albsüdrandweg (HW2)

Index

Unterwegs Richtung Schloss Thurn und Taxis, 28. Etappe

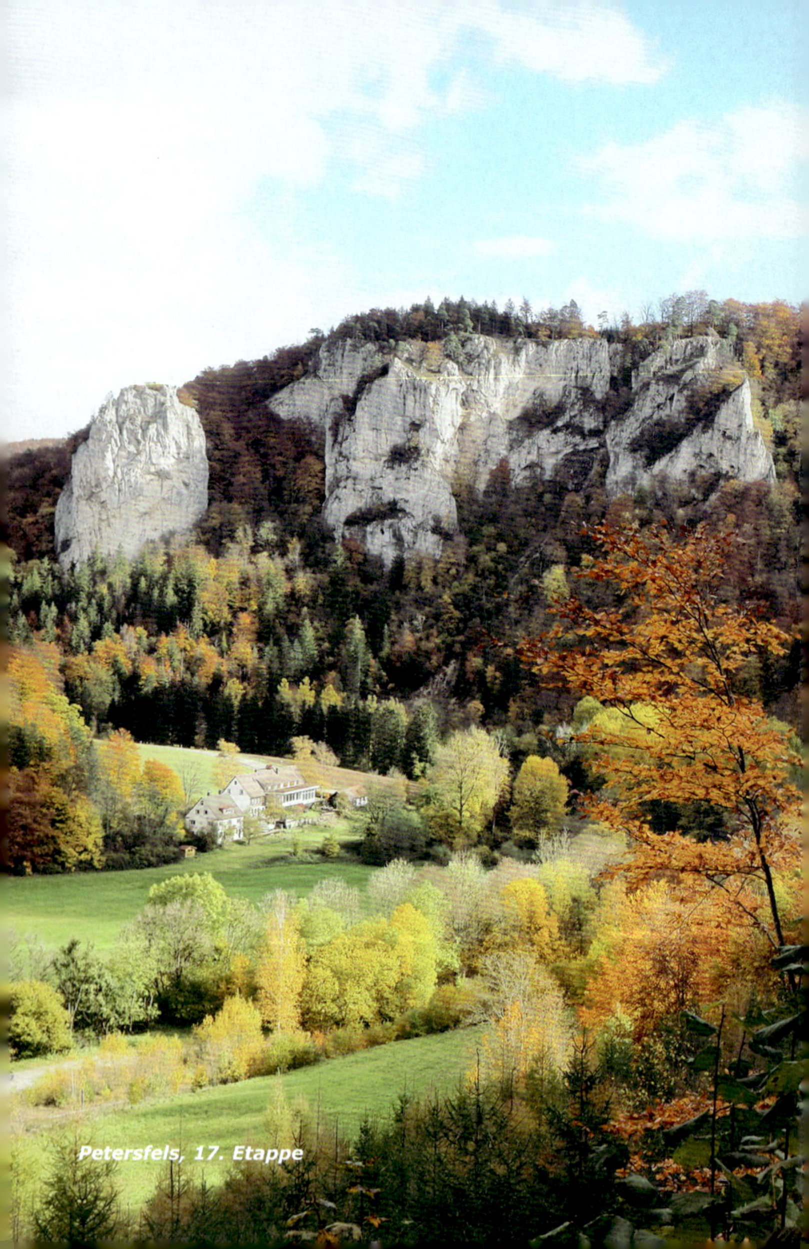
Petersfels, 17. Etappe

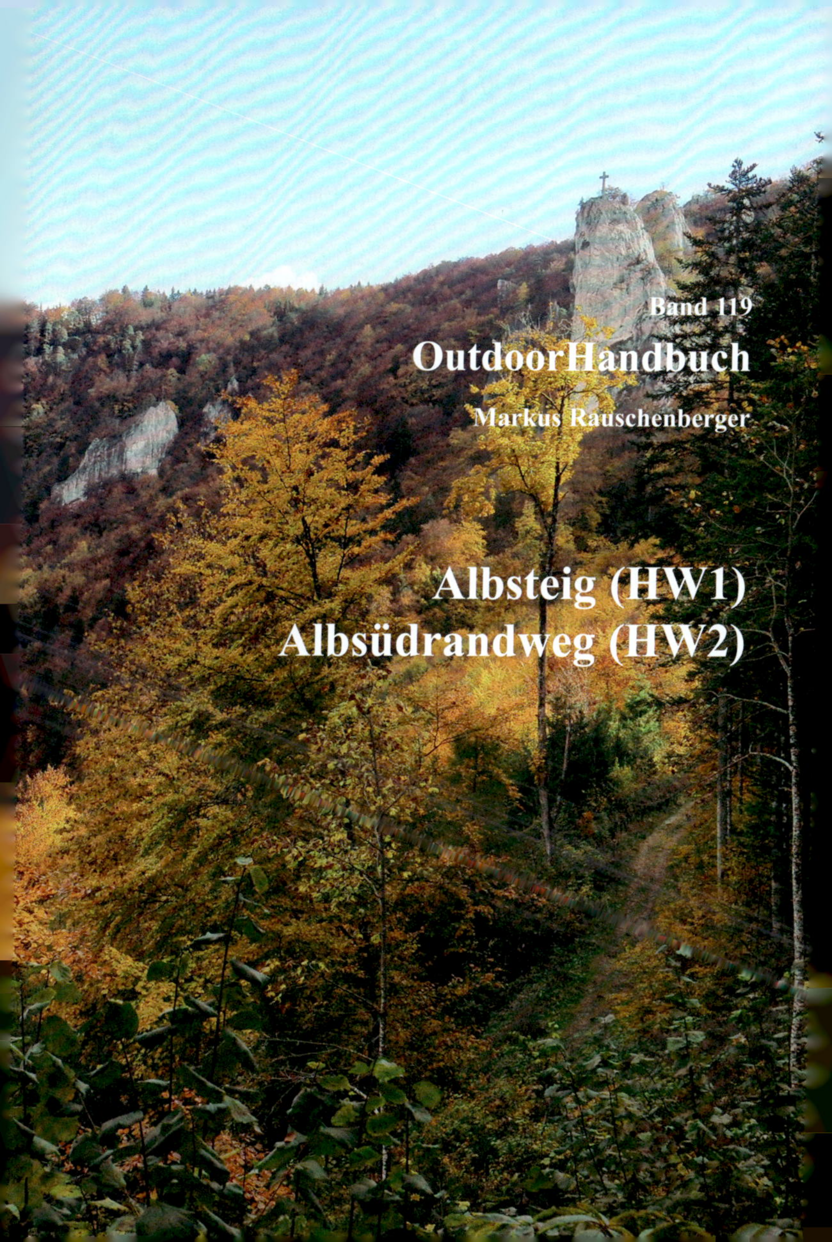

Band 119

OutdoorHandbuch

Markus Rauschenberger

Albsteig (HW1) Albsüdrandweg (HW2)

Albsteig (HW1)

Der Autor und der Verlag sind für Lesertipps und Verbesserungen (besonders per E-Mail) unter Angabe der Auflagen- und Seitennummer dankbar.

Dieses OutdoorHandbuch hat 256 Seiten mit 67 farbigen Abbildungen sowie 34 farbigen Kartenskizzen im Maßstab 1:150.000, 29 farbigen Höhenprofilen, 4 farbigen Stadtplänen und einer farbigen, ausklappbaren Übersichtskarte. Es wurde auf chlorfrei gebleichtem, FSC®-zertifiziertem Papier gedruckt, in Deutschland klimaneutral hergestellt und transportiert und wegen der größeren Strapazierfähigkeit mit PUR-Kleber gebunden.

FSC
www.fsc.org
MIX
Papier aus verantwortungsvollen Quellen
FSC® C009051

Klimaneutral
Druckprodukt
ClimatePartner.com/10951-2106-1006

Albsüdrandsteig (HW2)

OutdoorHandbuch aus der Reihe „Der Weg ist das Ziel“, Band 119

ISBN 978-3-86686-119-0 2., überarbeitete Auflage 2021

Text und Fotos: Markus Rauschenberger
Karten: Manuela Dastig
Lektorat: Anna-Lena Ebner
Layout: Alexandra Sauerland

Gesamtherstellung: gutenberg beuys feindruckerei

Dieses OutdoorHandbuch wurde konzipiert und redaktionell erstellt vom:

Conrad Stein Verlag GmbH, Kiefernstr. 6, 59514 Welver,
☏ 023 84/96 39 12,
info@conrad-stein-verlag.de,
www.conrad-stein-verlag.de

Besuchen Sie uns bei Facebook & Instagram:

www.facebook.com/outdoorverlag

www.instagram.com/outdoorverlag

Titelfoto: Burg Hohenzollern, links der Albtrauf, 22. Etappe

Inhalt

Vorwort 8

Einleitung 10

Land und Leute 11

Steckbrief 12
Auszeichnungen 12
Naturgeschichtliche Entstehung 12
Höhlen – faszinierende Unterwelt 14
Besiedlungsgeschichte 15
Über den Älbler 17
Backhäuser 18
Burgen, Schlösser und Ruinen 18
Flora und Fauna 18

Reise-Infos von A bis Z 22

AlbCard 23
Anforderungen und Tourencharakter 23
Anreise 23
Ausrüstung 27
Beste Wanderzeit 25
Bus- und Bahnverbindungen 26
Einkaufs- und Verpflegungsmöglichkeiten 26
Eintrittspreise 27
Essen und Trinken 27
Gefahren 28
Geldautomaten 28
Information 29
Karten 30
Nützliche Telefonnummern und Notruf 31
Radfahrerinnen und Radfahrer 31
Klima 32
Markierungen und Wegzustand 32
Unterkünfte 33
Wildzelten 34
Updates 34
Wandern mit Hund 35
Zecken 35

Albsteig HW1 36

1. Etappe: Donauwörth – Mönchsdeggingen 28,3 km 39
2. Etappe: Mönchsdeggingen – Bopfingen 26,7 km 49
3. Etappe: Bopfingen – Unterkochen 26,8 km 55
4. Etappe: Unterkochen – Heubach 21,2 km 61
5. Etappe: Heubach – Kuchalb 26,2 km 67
6. Etappe: Kuchalb – Boßlerhaus 23,9 km 74
7. Etappe: Boßlerhaus – Owen 26,0 km 80
8. Etappe: Owen – Bad Urach 18,6 km 90

9. Etappe: Bad Urach – Stahleck	18,9 km	97
10. Etappe: Stahleck – Genkingen/Roßberg	20,0 km	101
11. Etappe: Genkingen – Talheim	14,4 km	110
12. Etappe: Talheim – Raichberg	25,6 km	115
13. Etappe: Raichberg – Laufen an der Eyach	17,6 km	121
14. Etappe: Laufen an der Eyach – Ratshausen	17,6 km	126
15. Etappe: Ratshausen – Risiberg	25,7 km	133
16. Etappe: Risiberg – Tuttlingen	12,2 km	141

Albsüdrandweg HW2 146

17. Etappe: Tuttlingen – Wildenstein	24,2 km	149
18. Etappe: Burg Wildenstein – Thiergarten	20,8 km	156
19. Etappe: Thiergarten – Sigmaringen	16,1 km	162
20. Etappe: Sigmaringen – Zwiefalten	32,2 km	171
21. Etappe: Zwiefalten – Anhausen	13,2 km	179
22. Etappe: Anhausen – Hütten	21,9 km	184
23. Etappe: Hütten – Blaubeuren	20,3 km	190
24. Etappe: Blaubeuren – Ulm	22,1 km	199
25. Etappe: Ulm – Nerenstetten	24,2 km	209
26. Etappe: Nerenstetten – Giengen an der Brenz	23,5 km	218
27. Etappe: Giengen an der Brenz – Dischingen	23,2 km	227
28. Etappe: Dischingen – Finningen	15,6 km	235
29. Etappe: Finningen – Donauwörth	28,5 km	240

Vorwort

Manchmal gerät die Schönheit der eigenen Heimat durch die Faszination der Ferne in Vergessenheit. Um diesem Phänomen entgegenzuwirken, entschlossen meine Partnerin und ich uns 1999 zu einer mehrtägigen Wanderung auf der Schwäbischen Alb, an deren Fuße sich auch unsere Heimat befindet. Unsere Tour begann somit an der Schwelle der eigenen Haustür. Bereits nach den ersten Tagen des Unterwegsseins war klar, dass dies eine Tour der ganz besonderen Art werden würde.

Tag für Tag dehnten wir unsere Tour um ein weiteres Teilstück aus. Nicht nur wegen der vielen fantastischen Aussichten, der beeindruckenden Vielfalt natürlicher Gegebenheiten und kultureller Besonderheiten, sondern vor allem wegen der Faszination über die unerwartete Schönheit der eigenen Heimat. So kam es, dass wir schließlich die gesamte Schwäbische Alb umwanderten.

Während unseres Streifzugs entlang der Nord- und Südlinie des Mittelgebirges standen wir oft am Rande der steil abfallenden Aussichtsfelsen des Albtraufs und blickten in ein geschäftiges Tal – immer in ausreichender Distanz zur Alltagshektik. Eine Wandertour um die Alb, das merkten wir bald, war ein auf die wesentlichen Elemente reduziertes Outdoorerlebnis in einer ruhigen Landschaft und inmitten des ländlichen Lebens.

Ähnlich wie auf vergangenen Touren entschieden wir uns bewusst für einige Tage einfaches Leben und die Entbehrung liebgewordenen Komforts. Wir genossen den Sonnenuntergang am Lagerfeuer, übernachteten im Zelt und waren tagsüber, während wir durch weite Buchenwälder gingen, mit der Frage beschäftigt, wie viele Auf- und Abstiege wohl bis zum nächsten Ziel noch vor uns liegen würden.

Der frische Duft einer Wacholderheide, die steil aufragenden Kalkfelsen, das Summen der Bienen auf den Streuobstwiesen, die gluckernde Karstquelle oder auch der mürrische Bauer sind allesamt bleibende Erinnerungen, die uns unserer Heimat ein Stück näherbrachten.

Nun, über 20 Jahre später, brechen wir wieder auf. Wir wandern auf dem gleichen Weg, wissen was auf uns zukommt und doch ist es nicht dasselbe.

Das Wissen um die Schönheit der eigenen Heimat wird in den Jahren 2020/21 nicht durch die Faszination der Ferne verdrängt, sondern es kehrt durch eine weltweite Pandemie und die damit einhergehenden Reisebeschränkungen wieder in die Köpfe von vielen zurück. Freiheitsliebende besinnen sich darauf, dass es auch unweit der eigenen Haustür Neuland zu entdecken gibt, und brechen trotz der Schließungen im Hotel- und Gastgewerbe zu einer mehrtägigen

Tour auf. Wir treffen auf den beiden Hauptwanderwegen Menschen, die wie wir auf Hotelkomfort verzichten und stattdessen ihre Rucksäcke mit Isomatte, Tarp, Kocher und Schlafsack gefüllt haben. Nicht selten kommt es zu wundervollen (Heimat-)Abenden am Albtrauf, wo wir mit Gleichgesinnten am Lagerfeuer sitzen und die Ferne so gar nicht vermissen.

Auch wenn sich Situationen und Gegebenheiten ändern, so bleibt die Gewissheit, dass alle, die ebenfalls aufbrechen und die weite Strecke des Albsteigs (HW1) und des Albsüdrandweges (HW2) auf sich nehmen, unvergessliche Eindrücke auf der traumhaften Schwäbische Alb bekommen werden.

Danke

Meiner treuen Weggefährtin Elke, für die Inspiration, die dieses Büchlein hervorbrachte.

Ein großes Dankeschön an Stefan Gall und Wolfgang Karczewski für geduldiges Korrigieren und ehrliches Feedback.

Außerdem einen Dank an meine beiden wundervollen Kinder Lucie und Emilie, die mich auf einigen Etappen begleitet haben und nicht davor zurückschreckten, auch bei Temperaturen unter der Nullgradgrenze im Zelt zu übernachten.

Einleitung

Vulkanausbrüche, Meteoriteneinschläge, Plattenverschiebungen, Erosionen und vor allem die weit zurückreichende Besiedlungsgeschichte formten aus dem einstigen Jurameer den heutigen Albkörper und dessen Kulturlandschaft. Heute, 200 Millionen Jahre später, lässt sich die Schwäbische Alb zu Fuß auf einem äußerst großen Netz zahlreicher Wanderwege (über 16.000 km) hervorragend erkunden. Die beiden Hauptwanderwege (HW1/HW2) führen dabei um den geografisch äußersten Albrand und umschließen so die Alb auf einer Länge von über 600 km. Eine lange Strecke, die jederzeit unterbrochen und an selber Stelle zu einem späteren Zeitpunkt wieder fortgeführt werden kann.

Die Schwäbische Alb, auch Blaue Mauer, steinernes Rückgrat Württembergs, Lieblingsgebirge des Schwaben ... genannt, schwingt sich in Höhen bis knapp über 1.000 m auf und ist vom Charakter her ein typisches Mittelgebirge mit unterschiedlichen Gesichtern. Spektakulär ist der Nordrandweg, abgeschieden der Südrand. Die Aufstiege von Donauwörth nach Tuttlingen auf dem HW1 summieren sich auf ca. 9.500 m. Der HW2 hat mit ca. 5.500 m deutlich weniger Anstiege. Der größte Teil der Schwäbischen Alb befindet sich im Bundesland Baden-Württemberg, nur der Start- und Endpunkt Donauwörth, das nordöstlich gelegene Härtsfeld sowie der Riesrand ragen in das Bundesland Bayern hinein.

Die 29 Etappen beschreiben die gesamte Albumrundung auf den beiden Hauptwanderwegen HW1 und HW2. Abkürzungen und Variationsmöglichkeiten sind aufgrund des guten Kartenmaterials problemlos machbar. Die einzelnen Etappen können in den meisten Fällen beliebig verlängert oder verkürzt werden, Übernachtungsmöglichkeiten finden Sie zwar nicht in jeder, aber in einigen Ortschaften. Abstecher und Abkürzungen, die im Buch beschrieben werden, sind auch als GPS-Track aufgezeichnet.

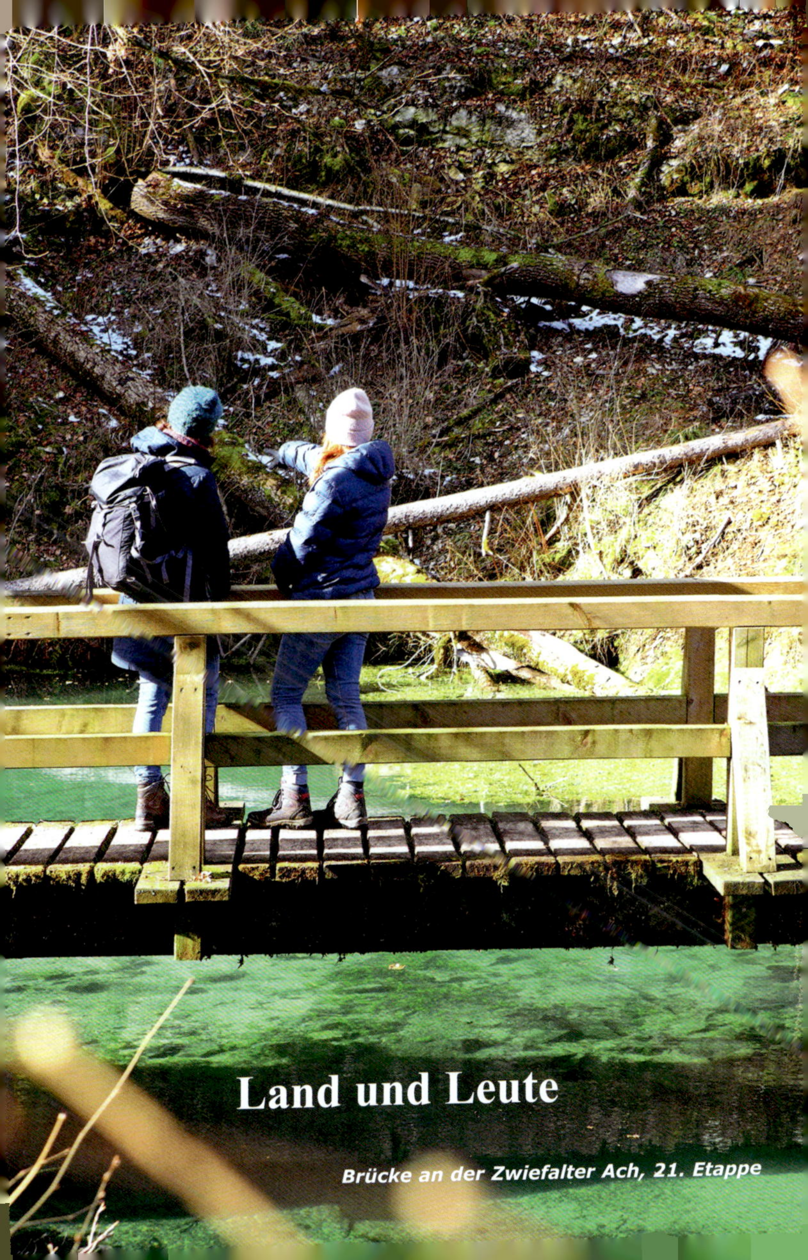

Land und Leute

Brücke an der Zwiefalter Ach, 21. Etappe

Steckbrief

Lage: Mittelgebirge in Südwestdeutschland zwischen Donau, Oberem Neckar und Nördlinger Ries
Kurzbeschreibung: Steilrand von Nord- nach Südwesten, kalkhaltige, wasserarme Hochfläche; im Südosten sich allmählich senkendes Plateau hinab zum Donautal. Die Alb liegt zwischen 500 m und knapp über 1.000 m Höhe.
Fläche: knapp 5.900 km²
Länge: 220 km
Breite: 40 km
Höchster Punkt: Lemberg, 1.015 m

Auszeichnungen

In den vergangenen Jahren bekam die Schwäbische Alb verschiedene Prädikate zugesprochen. Seit 2009 sind Teile der mittleren Schwäbischen Alb um Bad Urach bis hin zur Donau von der UNESCO als Biosphärengebiet anerkannt. Damit wird die Region durch ein interdisziplinäres Wissenschaftsprogramm begleitet. Es geht dabei um den Schutz und die Nachhaltigkeit sozialer, kultureller, wirtschaftlicher und ökologischer Entwicklungen. Sechs Jahre später, 2015, wurde die Alb in den Rang eines UNESCO Global Geopark gehoben. Es ist das höchste Qualitätssiegel für Landschaften, das von der UNESCO verliehen wird, und verdeutlicht, dass die Region vor allem in geologischer und kulthistorischer Hinsicht ein besonders schützenswerter Raum ist.

Der Hauptwanderweg 1 (HW1), der auch als Albsteig oder Albnordrandweg bezeichnet wird, bekam 2009 durch den Verband Deutscher Gebirgs- und Wandervereine eine Auszeichnung als Qualitätswanderweg. Um dieses Gütesiegel zu erhalten, werden zum einen Beschaffenheit, Streckenführung und Kennzeichnung des Weges geprüft, zum anderen wird das Potential landschaftlicher und kultureller Sehenswürdigkeiten festgestellt sowie Abwechslungsreichtum und Erlebniswert des Weges eingeschätzt und bewertet.

Naturgeschichtliche Entstehung

Der vorliegende Wanderführer soll nicht nur eine Wegbeschreibung für ein Trekkingabenteuer sein, sondern auch Informationen über die wichtigsten Kapitel der Erdgeschichte liefern. Sie werden immer wieder am Wegesrand, besonders in der Nähe von Stein- und Felsbrüchen, versteinerte Schalen von Muscheln oder Ammoniten finden. Eine weltweit einmalige Fundstelle seltener Saurierknochen entdeckte man im August 2002 während der Bauarbeiten für die neue Bundesstraße bei Eislingen. Im Laufe einer dreiwöchigen Grabung wurden hier versteinerte Knochenteile von mindestens sechs Reptilien geborgen, Zeugen der Vergangenheit, die bis zu 200 Millionen Jahre alt sind und bis zurück in die Jurazeit reichen.

In dieser Zeit kam Bewegung in die ereignisreiche Geschichte der Alb-Genese. Der südwestdeutsche Raum wurde vom Jurameer überflutet und sollte nahezu 50 Millionen Jahre vom Wasser bedeckt bleiben. Sterbende Tiere sanken auf den Meeresgrund und wurden von Überbleibseln aus Korallen, Schwämmen und Plankton luftdicht eingeschlossen. Schicht um Schicht entstanden so kalkhaltige Ablagerungen, die heute als beeindruckende Felsgebilde die Landschaft der Alb entscheidend prägen.

Die Schichtablagerungen haben aufgrund der unterschiedlichen Wassertiefen, Temperaturen und chemischen Zusammensetzung differierende Farbtöne, woraus die Bezeichnungen Schwarzer, Brauner und Weißer Jura abgeleitet wurden. Die unterste Schicht, der Schwarze Jura, baut das Albvorland in Richtung Nordwesten auf. Die fruchtbaren Flächen des eisenhaltigen Braunen Juras bilden die untere Ebene des Albnordrands. Je höher dieser aufsteigt, desto mehr geht die braune in die weiße Juraschicht über, sie überspannt als die jüngste und höchste Schicht die Albhochfläche bis zum Südrand.

Im Anschluss an die Jurazeit folgte die 70 Millionen Jahre dauernde Kreidezeit, als sich das flache Jurameer allmählich zurückzog und die aufgetürmten Kalkablagerungen als Landflächen hervortraten. Zum Ende der Kreidezeit löste ein Meteoriteneinschlag eine globale Katastrophe aus, in deren Folge bedeutende Pflanzen und die Saurier für immer von unserem Planeten verschwanden. Die Kreidezeit nahm somit ein dramatisches Ende.

In der Erdneuzeit, dem Tertiär, setzte sich die Albgeschichte fort. Im Süden falteten sich durch Plattenverschiebung die Alpen auf, während sich im Alpvorland der Grund senkte. Durch diese heftigen Bewegungen der Oberfläche wurden Teile der Alb abgetrennt und Erosionen bearbeiteten den Albkörper weiter, sodass nur die witterungsbeständigen Gesteinsschichten übrig blieben. Zeugen dieses Prozesses sind die Berge und Erhebungen, welche heute der Alb vorgelagert sind, daher auch ihr Name: Zeugenberge. Sie zeigen an, wie weit der zurückgehende Albtrauf ursprünglich ins Land reichte. Besonders markante Zeugen finden sich im Stauferland: die Drei Kaiserberge (Stuifen, Rechberg, Hohenstaufen) bei Göppingen.

Die tektonischen Bewegungen waren auch die Ursache des vor 15-20 Millionen Jahren einsetzenden Vulkanismus, der das heutige Landschaftsbild nachhaltig prägte. So ist beispielsweise das heutige Naturschutzgebiet rund um die Limburg, bei Weilheim nahe dem Nordrandweg, eine der beeindruckendsten

Hinterlassenschaften der damaligen Epoche. Dieser Vulkanschlot mit seinem kahlen, kegelförmigen Gipfel verwitterte langsamer als die umgebenden Juraschichten und sticht daher trotz geringer Höhe von knapp 600 m deutlich hervor. Eine andere Erscheinungsform des Vulkanismus ist das unmittelbar am HW1 gelegene Randecker Maar. Dabei handelt es sich um einen Krater, der mit einem Durchmesser von 1 km zu den größten der etwa 360 Krater gehört. In vielen Schloten der einstigen Vulkane stößt man heute auf kleine Weiler wie etwa Donstetten und Zainingen. Zwei der auffälligsten Krater, das Nördlinger Ries und das Steinheimer Kraterbecken, sind allerdings durch Meteoriteneinschlag entstanden.

Für das heutige Landschaftsbild der Alb sind aber nicht nur gewaltige Naturkatastrophen verantwortlich, auch Wind, Wasser und Klimaschwankungen nagten langsam, aber stetig an der Substanz der Alb. Die Folge: In den letzten 15 Millionen Jahren wurde der Albnordrand um etwa 25 km zurückgedrängt. Man schätzt das heutige Ausmaß der Abtragungen auf etwa 1 mm pro Jahr. Gut erkennbar sind diese Erosionen am Hangenden Stein an der steilen Ostwand des Raichbergs. Fortwährend trennen sich hier Felsbrocken vom sensiblen Trauf und Bergstürze fallen ins Tal. Neue Formen entstehen und werden durch die unaufhörlich einwirkende Erosion natürlich gestaltet. Dieses Kapitel endet hier, doch das Bild der Alb wird auch in Zukunft durch den steten Prozess der landschaftlichen Veränderung unaufhörlich geformt und verändert.

Höhlen – faszinierende Unterwelt

Die Höhlen der Schwäbischen Alb sind bis weit über die Landesgrenzen hinaus bekannt, denn nirgendwo sonst sind die Systeme der Karsthöhlen zahlreicher als hier.

Warum ist das so?

Der Weiße Jura, bestehend aus Kalk, auch Malm genannt, überspannt die gesamte Alboberfläche und reicht bis zu 250 m weit in die Tiefe. Infolge des Einflusses von Säuren (Kohlensäure, Humussäure und Schwefeldioxid) wird die kalkhaltige Schicht gelöst. Auf dem Malm bilden sich Risse, die sich im Laufe der Zeit durch die Kraft des Wassers weiten (Verkarstung). Über Jahrmillionen konnte sich so die größte Karstlandschaft Europas entwickeln, die großartige Höhlen hervorbrachte.

Einige der über 2.000 bekannten Höhlen können als Schauhöhlen besichtigt werden. Sie liegen teils direkt am Wanderweg und sind unbedingt einen Besuch wert. Die meisten der unterirdischen Hohlräume befinden sich jedoch im Dunkel der tiefen Juraschichten. Die Erde stürzt in die ausgewaschenen Räume und macht so in Form von Erdfällen (Dolinen) an der Oberfläche auf sich aufmerksam.

Neben der Bildung von Höhlen und Dolinen ist die Verkarstung der Alb die Ursache für die vorherrschende Wasserarmut. Das Regenwasser kann nicht oberirdisch abfließen, sondern verliert sich im unvorstellbar großen Labyrinth der Spalten und Risse des Malms. Erst im Tal tritt das jetzt kristallklare Wasser als imposante Karstquelle in Erscheinung. Die bekannteste Quelle am Südrand ist der Blautopf bei Blaubeuren.

Das aus dem Berg tretende Wasser ist äußerst kalkhaltig. In den Höhlen lagert sich der Kalk des Wassers ab und bildet fantastische Tropfsteine. Manche Tropfsteine weisen neben ihrer bizarren Form eigentümlich wirkende Farbtöne auf, was auf mineralienhaltiges-, insbesondere eisenhaltiges Wasser zurückzuführen ist.

Besiedlungsgeschichte

In den Höhlen entdeckten Forschungsteams einige Vermächtnisse des Urzeitmenschen. Ein Hinweis darauf, dass die Alb bereits zu einem sehr frühen Zeitpunkt besiedelt war, sind die bis zu 40.000 Jahre alten Fundgegenstände, die in der Höhle Hohle Fels bei Schelklingen oder der Vogelherdhöhle im Lonetal entdeckt wurden. So zählt beispielsweise die Venus oder der Löwenmensch zu den ältesten Kunstobjekten unseres Kontinents. Es wird auch vermutet, dass sich Neandertaler und Homo sapiens in den Höhlen der Schwäbischen Alb begegneten.

📖 Rulaman von David Friedrich Weinland, sehr lesenswerter Jugendroman über das Leben in der Vorzeit, Knödler Verlag, ISBN 978-387421-137-6 , € 6,60

Dauerhafte Spuren menschlichen Lebens lassen sich bis zum modernen Eiszeitmenschen zurückverfolgen. Dieser lebte als Jäger und Sammler auf der Hochfläche in kleinen nomadischen Sippen. In den Schutz gewährenden und hoch gelegenen Karsthöhlen war der Steinzeitmensch vor den Widrigkeiten des Wetters und vor Feinden sicher. Der lichte Wald und der trockene Boden boten ebenfalls gute Lebensbedingungen. Erst in der Jungsteinzeit, 4000 v. Chr., wurden die bis dahin nomadisierende Gesellschaft sesshaft und begannen mit der Bewirtschaftung des steinigen Bodens.

Etwa 750 v. Chr. besiedelten das keltische Volk die Flächen der Alb. Sie betrieben hauptsächlich Landwirtschaft und bauten dafür große Ringwälle, die dank des beständigen Steins mancherorts noch heute erhalten geblieben sind. Eine große Siedlungsanlage steht bei Erkenbrechtsweiler (HW1) im Heidengraben. Den Namen Alb führen übrigens manche Forscherinnen und Forscher auf die keltische Sprache zurück: -Albh heißt im Keltischen so viel wie „weiß sein“ bzw. „weiß glänzen“ und könnte daher eine Beschreibung der weißen Jurafelsen sein.

Um 15 v. Chr. drangen die Römer in die Albregion vor und teilten den Bereich des heutigen Ostalbkreises mit einem riesigen Grenzwall, dem Limes. Dennoch lebten das keltische Volk und die römischen Besatzer 250 Jahre lang relativ friedlich nebeneinander. Später, im Jahr 260 n. Chr., brachten die Alamannen den Limes zu Fall. Die römischen und keltischen Menschen wurden vertrieben oder vernichtet. Heutige Ortschaften mit der Endung -ingen deuten auf einen alemannischen Ursprung hin. Die Siedlungen wurden nach dem Anführer der Sippe benannt. So erhielt beispielsweise die Ansiedlung des Giselo den Namen Giselingen (heute Geislingen).

Im Jahr 497 gewannen die Franken den Krieg gegen die Alamannen. Sie bauten ihr Territorium aus und wurden zur führenden Macht in Mitteleuropa. Damit einher ging die Christianisierung und die Entstehung des christlichen Abendlandes. Die Alamannen standen der neuen Religion allerdings sehr skeptisch gegenüber. Ihre traditionellen Bräuche waren noch Jahrhunderte später stark von heidnischen Einflüssen geprägt.

Eine glorreiche Zeit begann 1138 mit der Ära der Staufer. Die Größe ihrer Macht drückten die adligen Herrscher durch Burgenbau, Gründung von Städten und Bau von Klöstern aus.

Mit dem späteren Machtzerfall der Staufer teilten sich schließlich auch die Regionen der Alb in zahllose Territorien mit unterschiedlichen Herrschern. Diese kleinen Herrschaftsgebiete prägten bis zum Ende des 18. Jh. das Bild der Alb. Unter den meisten Oberhäuptern hatte die verarmte Bevölkerung einen schweren Stand.

Im Jahr 1524 formierten sich die Bauernschaft und revoltierten gegen die hohen Abgaben und Frondienste. 1525 stürmten die Aufständigen die Burg Hohenstaufen. Die brennende Silhouette der massiven Burgmauern erregte zwar weithin große Aufmerksamkeit, aber die Hoffnungen der bäuerlichen Bevölkerung auf einen Wandel der Zeiten wurden nicht erfüllt. Die Territorialherren schlugen mit erbarmungsloser Härte gegen das Bauerntum zurück. Viele Mitglieder der landwirtschaftlich arbeitenden Bevölkerung wurden gefoltert, erschlagen oder aus ihren Dörfern vertrieben. Freiheit, Selbstständigkeit und Unabhängigkeit blieben bis ins 19. Jh. unerfüllte Wünsche der ländlichen Bevölkerung. Erschwerend kam hinzu, dass die kärglichen Erträge der Felder kaum ausreichten, um die Bevölkerung zu ernähren. Aus dieser Not heraus kam es zu großen Auswanderungswellen in Richtung Osten. Bevorzugte Ziele waren Russland, Ungarn und Rumänien.

Diejenigen, die blieben, suchten nach anderen Erwerbsmöglichkeiten. Um einen weiteren Handelszweig zu erschließen, begann man schon sehr früh mit dem Anbau von Flachs, wodurch sich das Weberhandwerk zu einem beachtlichen Gewerbe entwickeln konnte.

Mit Beginn der Industrialisierung im 19. Jh. wurden auch auf der Alb neue Arbeitsgebiete erschlossen. Als Motor dieser Entwicklung dienten die spärlichen Rohstoffe vor Ort wie Erz und Stein. Es entfaltete sich eine lebhafte Eisenindustrie. Noch heute wird in Steinbrüchen der Malm abgebaut, um Zement zu erzeugen.

Bis zur Gegenwart hat sich im Gebiet der Schwäbischen Alb eine florierende Industrie entwickelt. Namhafte Firmen wie WMF in Geislingen, Zeiss in Oberkochen, Voith in Heidenheim und andere Firmen mit Weltruf zeugen von dem oft belächelten, aber sicherlich auch beneideten Arbeitseifer des Schwaben.

Über den Älbler

Was ist überhaupt ein Älbler? Ein konservativer, kehrwütiger Spätzlefresser mit sonderbaren Eigenarten, geizig und maulfaul? Oder doch eher ein Tüftler wie Robert Bosch oder gar ein unergründlicher Denker wie Albert Einstein?

Es sind Klischees und wie die meisten Klischees haben sie nur wenig mit der Realität zu tun, aber da sie vielleicht doch ein Körnchen Wahrheit enthalten, lohnt es sich, einige Zeilen über das Wesen des Älblers zu verlieren, schließlich gehört auch der Autor dieser Spezies an und weiß daher, von was er spricht.

Fest steht, er neigt zur Verniedlichung, was keineswegs mit Bescheidenheit verwechselt werden darf: Haus wird zu Häusle, trotz Wintergarten und Doppelgarage.

Vermutlich formte die Not vergangener Jahrhunderte aus dem Älbler einen schaffigen, sparsamen Menschen, der nur schwer aus sich heraus geht und dem auch heute jegliche Art von Verschwendung ein Gräuel ist. Mit Worten geizt er ebenfalls gerne.

Höchstwahrscheinlich werden Sie auf der Wanderung auf so manchen Eigenbrötler treffen und mitunter Kopfschütteln ernten, wenn Sie von Ihrer Tour erzählen. Aber einige von Ihnen haben vielleicht das seltene Glück und bekommen einen Blick hinter die distanziert wirkende Fassade des merkwürdig sprechenden Älblers gewährt. Dann entdeckt man vielleicht hinter all der oberflächlichen Schroffheit einen zwar introvertierten, aber liebenswürdigen Zeitgenossen.

Reisende aus dem Norden der Republik seien jedenfalls gewarnt und sollten uns Älbler nicht belächeln, nur weil ihnen unser derber Dialekt etwas schauderhaft in den Ohren klingt, denn wir Schwaben können fast alles, außer eben Hochdeutsch.

Backhäuser

Die sogenannten Backhäusle sind heutzutage beinahe in Vergessenheit geraten, früher gab es sie jedoch in fast jeder Ortschaft. Die Backhäuser stellten große Holzöfen zur Verfügung, in denen die Dorfbewohnerinnen und Dorfbewohner Brot und andere Backwaren backen konnten. Nachdem sie aus der Mode gekommen waren, erleben die Backhäuser momentan wieder eine Renaissance, denn etliche wurden mittlerweile renoviert und wieder in Betrieb genommen. Schließlich wollen die Schwäbinnen und Schwaben auch in der heutigen Zeit ein frisches Holzofenbrot nicht missen.

Burgen, Schlösser und Ruinen

Die Schwäbische Alb gehört zu den burgenreichsten Landschaften Deutschlands. Viele entstanden zwischen dem 11. und 14. Jh., was u. a. auf die weitläufige Zersplitterung adligen Besitzes zurückzuführen ist. Von den nachweislich 375 Burgen wurden einige ganz zerstört, andere stehen als verwitterte Ruinen beängstigend nahe am Rande steil abfallender Jurafelsen. Einige zerstörte Burganlagen wurden im letzten Jahrhundert restauriert und haben heute unterschiedliche Funktionen. Manche Burgen und Schlösser dienen als Museum oder Jugendherberge oder wurden aufgrund ihrer schönen Lage für Besucherinnen und Besucher wieder zugänglich gemacht.

Die einst pompösen Bauwerke an den Gipfeln von Bergen sind oftmals von lichten Wäldern und prachtvollen Wiesen umgeben. Besonders viele Burgen finden Sie auf der Münsinger Alb, im Lautertal. Das pittoreske Tal war für die Bedürfnisse der Ritter nach Abschirmung und Profilierung geradezu prädestiniert. Im Abstand von wenigen Kilometern entstand eine so hohe Burgendichte wie nirgendwo sonst auf der Alb. Heute treffen Sie entlang der Großen Lauter zwischen Gomadingen und Lauterach auf dreizehn unterschiedlich gut erhaltene Burgen, Schlösser und Ruinen. Der HW2 verläuft zwischen der Maisenburg und der Ruine Wartstein einige Kilometer durch dieses Burgental. Wer das Tal vollständig erwandern möchte, begibt sich auf den HW5, der entlang des Flusses zu weiteren Burgen führt.

Flora und Fauna

Bei der folgenden Passage handelt es sich um eine kurz gehaltene, triviale Beschreibung der Pflanzen und Tiere auf der Alb. Es geht nicht um Detailwissen, sondern darum, die Ihre Sinne für die Natur zu schärfen.

Flora

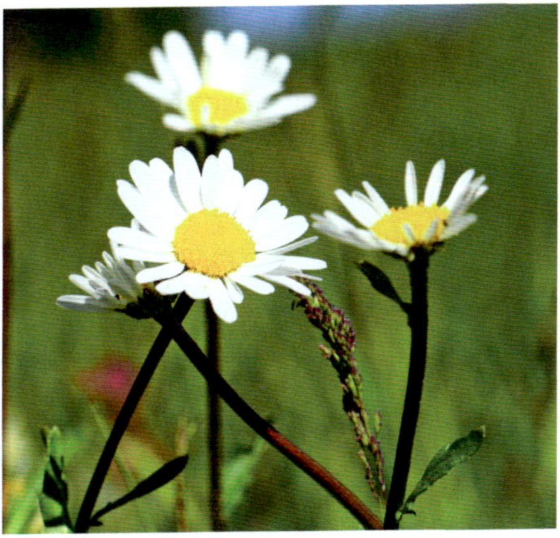

Margariten am Wegesrand

Je nach Höhe, Hanglage, Bodenbeschaffenheit, Klima und der Tragweite menschlicher Eingriffe entwickelte sich eine den Gegebenheiten perfekt angepasste, reichhaltige Pflanzenwelt.

Sieht man im Frühling von der Albkante hinab ins Tal, erblickt man häufig blühende **Streuobstwiesen**, bestehend aus Apfel-, Birnen-, Kirsch- und Zwetschgenbäumen. Ergänzt wird das Bild durch gelbe Hahnenfußgewächse, rot leuchtende Lichtnelken, himmelblaue Vergissmeinnicht, violetten Wiesenklee und zitronengelbe Schlüsselblumen.

Am Wegesrand präsentieren sich weiße Margeriten und kleine Gänseblümchen. Im Mai/Juni gesellt sich noch der rote Klatschmohn hinzu.

Bevor die Bäume des **Hangwaldes** ausschlagen, lassen Buschwindröschen auf dem Waldboden im weiß-rosa farbigen Blütenkleid erkennen, dass der Sommer nicht mehr weit ist. Bis zum Wonnemonat sehen die Albaufstiege recht trist aus. Der Boden ist teils vom alten, braun gewordenen Laub bedeckt, aber mancherorts auch von Buschwindröschen, Märzenbechern oder Waldmeister schon grün bedeckt. Schließlich hat der Mai seinen Beinamen nicht umsonst und die zunehmende Intensität der Sonnenstrahlen holt nun auch die Blätter der Bäume aus dem Winterschlaf. Innerhalb weniger Wochen verwandelt sich der Wald in ein sattgrünes Meer aufblühender Bäume. Auf der Hochfläche dagegen ist die Vegetation wegen des kühleren Klimas um etwa zwei bis drei Wochen im Rückstand.

Im Wald dominiert die Buche, zu der sich eine Vielzahl anderer Laubbäume wie Eiche, Ahorn, Esche, Wildkirsche und Ulme gesellt. Ab und an befinden sich dazwischen einige Nadelbäume wie Tanne, Fichte und Kiefer.

In schattigen Auwäldern überwuchert der Bärlauch, oftmals flächendeckend von April bis Juni, den **Waldboden**. Dieses stark nach Knoblauch riechende Liliengewächs ist vor der Blüte bei Kräutersammlern wegen des hohen Vitamin-C-Gehalts und anderer gesundheitsfördernder Eigenschaften sehr beliebt.

Die hellen Kalkfelsen der **oberen Albkante** sind baumfrei und somit in erhöhtem Maß den Launen des Wetters ausgeliefert. An diesen exponierten Stellen kann es im Laufe eines Jahres zu starken Klimaschwankungen kommen. Bedingt durch diese Widrigkeiten des Wetters entwickelte sich **im Fels** eine Pflanzenwelt, die der Alpenflora nicht unähnlich ist. Genannt seien hier das gelb blühende Immergrüne Felsenblümchen, das Blaugras, das Niedrige Habichtskraut und der Steinbrech. Albtrauf und Felsen gehören zu den ursprünglichsten Formen der Alb. Die hier vorkommenden Pflanzen sind teilweise Relikte der Eiszeit und stehen unter Naturschutz.

Die **Magerwiese** ist während der Blütezeit bunt, artenreich und aus landwirtschaftlicher Sicht unbedeutend. Auf diesen Grünflächen entfällt daher der Einsatz von Kunstdünger, wodurch sich eine reichhaltige Flora entwickeln konnte. Farbenprächtig gedeihen hier Akelei, Orchidee, Küchenschelle, Enzian und verschiedenste Gräser.

Ganz im Gegensatz dazu steht die **Fettwiese**. Ein Überfluss an Düngemitteln verdrängte viele sensible Pflanzen und begrenzte die Artenvielfalt drastisch. Übrig blieben hauptsächlich Löwenzahn und Klee.

Aus der Symbiose zwischen Mensch, Schaf und Natur entsprang wohl eine der typischsten Erscheinungsformen der Alb: die **Wacholderheide**. Als die Schafzucht ab dem 14. Jh. zunehmend an Bedeutung gewann, ließ man die Herden auf brachliegenden Magerwiesen weiden.

Dem stetigen Hunger der Schafe entgingen nur die Pflanzen, die nicht für deren feinnervige Gaumen bestimmt waren (z. B. das naturgeschützte Wahrzeichen der Alb: die Silberdistel) oder deren Geschmackssinn verfehlten (z. B. der Enzian). So kam es, dass Wacholdersträucher, Schlehengestrüpp und stachlige und für Schafe ungenießbare oder giftige Pflanzen auf der Wacholderheide überlebten.

Fauna

Die enorme Artenvielfalt der Schwäbischen Alb ist durch zahlreiche Fossilienfunde belegt, wobei die ältesten Funde 200 Millionen Jahre alt sind. Heutzutage ist die Tierpopulation der Gefahr einer zunehmenden Zerstörung der Umwelt durch den Menschen ausgesetzt. Eine immense Infrastruktur, hohe Verkehrsbelastung und Flussbegradigungen sind nur einige Faktoren, welche die Artenvielfalt belasten.

Aber so manche Tierarten konnten sich erstaunlich gut an den Wandel ihrer natürlichen Umgebung anpassen und so verzeichnet man bei einigen Gattungen eine Zunahme der Bestände.

Was **Säugetiere** angeht, werden Sie am ehesten Rehe, Feldhasen, Füchse und Eichhörnchen zu sehen bekommen. In manchen Gebieten trifft man auch auf Wildschweine, diese werden allerdings zurecht als heimliche Tiere bezeichnet, was so viel wie zivilisationsscheu bedeutet. Dachse und Marder sind nachtaktiv und daher selten bei Tageslicht zu beobachten. Die Dachsbauten im Wald erkennt man an dem trichterförmigen Zugang zum Bau.

Lästig können an heißen Sommertagen diverse Insekten werden. Wer sich am Abend in der Nähe von Wald- bzw. Feuchtgebieten aufhält, wird feststellen, dass er von etlichen Bremsen und Stechmücken umschwirrt wird.

Die über Jahrhunderte gewachsenen Heidelandschaften des Schmiechtals bei Schelklingen bieten einigen selten gewordenen **Schmetterlingen**, wie beispielsweise dem weiß-schwarz gepunkteten Apollofalter oder dem Blauschwarzen Eisvogel, einen gesunden Lebensraum.

Allgegenwärtig sind die zahlreichen **Vogelarten**. An stillen Flussläufen versorgt sich der stelzbeinige Graureiher gerne mit Fischen, Fröschen und auch Wasserratten. An Teichen und Seen können Sie verschiedene Entenarten wie beispielsweise die Stock- und Moorente sowie Blesshühner entdecken. Aber vielleicht erblicken Sie auch an einem nebligen Morgen im Gemäuer einer alten Burgruine den stummen, wie versteinert wirkenden Kauz oder Sie werden in der Nacht, während Sie am Lagerfeuer sitzen und in die Flammen starren, von dem Flügelschlag einer Fledermaus aufgeschreckt.

Im Wald werden Sie immer wieder von dem lautstarken Hämmern der Spechte begleitet, wenn diese auf der Suche nach Käfern und Larven mit ihrem Schnabel aufs Gehölz klopfen.

Vorwiegend in den Morgen- und Abendstunden zieht der Mäusebussard über weite Wiesenflächen einsam seine Kreise. Genauso kann man Turm- und Wanderfalken sowie Rote Milane beobachten, wenn sie auf der Hochebene nach Mäusen und anderen Kleintieren jagen.

Schlangen, wie beispielsweise die Ringelnatter oder die Glatte Natter, sowie andere **Kriechtiere** der Schwäbischen Alb sind selten und völlig ungefährlich. Die giftige Kreuzotter ist ausgestorben, manche behaupten gar, es hätte sie niemals auf der Alb gegeben.

✋ Viel wahrscheinlicher und vor allem unangenehmer ist die Begegnung mit einem kleinen **Spinnentier**, der Zecke (☞ Reise-Infos von A bis Z, Zecken). Sie findet sich hauptsächlich an den Spitzen von Grashalmen, im Unterholz oder an Bach- und Flussläufen.

Reise-Infos von A bis Z

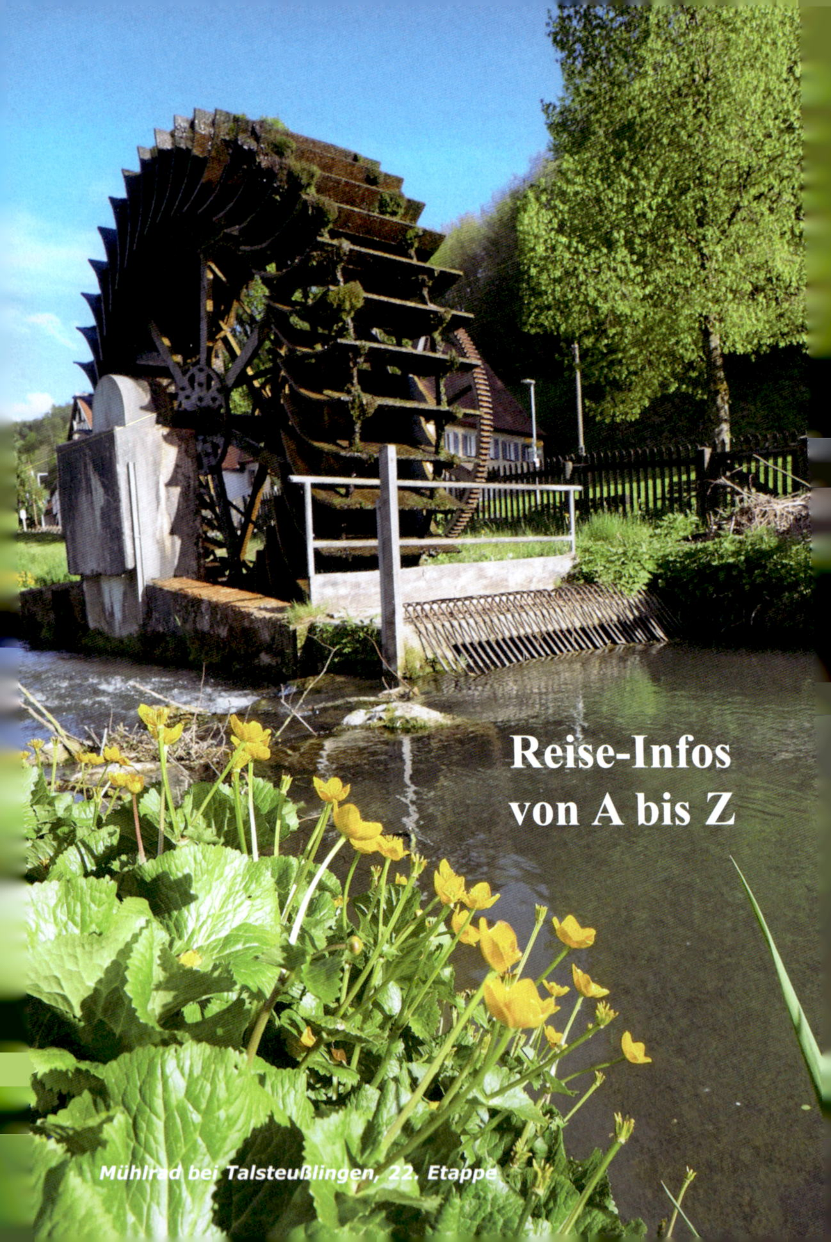

Mühlrad bei Talsteußlingen, 22. Etappe

AlbCard

Die AlbCard erhalten Sie kostenlos bei einer Übernachtung in einem der teilnehmenden Hotel- und Gastronomiebetriebe. Mit der Karte erhalten Sie kostenlos Zugang zu vielen touristischen Attraktionen. Hierunter fallen einige Museen, Höhlen, Schlösser, Kanu- und Fahrradverleihstationen. Ebenso berechtig die AlbCard die unentgeltliche Nutzung des öffentlichen Nahverkehrs. Eine Gesamtübersicht aller Leistungen finden Sie auf der Homepage des Tourismusverbands Schwäbische Alb (☞ Informationen).

Anforderungen und Tourencharakter

Eine Albumrundung ist eine Genusstour in einer attraktiven Landschaft. Das Abenteuer Trekking kann hier relativ gefahrlos ausprobiert werden, da die technischen Anforderungen auf der gesamten Strecke als leicht einzustufen sind. Es bedarf zudem keiner besonderen Ausrüstung.

Der 350 km lange Nordrandweg (HW1), von Donauwörth nach Tuttlingen, stellt durch die zahlreichen Bergetappen und Zwischenanstiege aber teils hohe Anforderungen an Kondition und Ausdauer. Schmale Waldwege führen entlang der steil abfallenden Albkante zu imposanten Jurafelsen, von wo aus man stets beeindruckende Fernsichten über das weite Albvorland hat. Der Albtrauf dankt die Anstrengungen ebenfalls mit schönen Ausblicken.

Der rund 285 km lange Südrandweg (HW2), von Tuttlingen nach Donauwörth, hat dagegen deutlich weniger Steigungen. Die Etappen verlaufen über weite Strecken durch dünn besiedeltes Gebiet und sind somit tendenziell weniger frequentiert als die Abschnitte des HW1. Der einsame Pfad erreicht viele kulturelle Sehenswürdigkeiten der schwäbischen Geschichte und führt durch das burgenreichste Gebiet Deutschlands, das Große Lautertal.

Wer den gesamten Weg von etwa 635 km auf einmal erwandern möchte, braucht neben einer guten Kondition und Entschlossenheit vor allem eines: viel Zeit. Für die ganze Albumrundung auf den beiden Hauptwanderwegen benötigt man in etwa vier Wochen.

Wenn Sie nicht so viel Zeit haben, können Sie die Tour in mehrere Abschnitte unterteilen.

Anreise

Ausgangspunkt der Tour ist Donauwörth. Die Stadt hat günstige Verkehrsanbindungen und ist mit der Deutschen Bahn oder dem Auto gut zu erreichen.

Bequem ist die Anreise per Zug. Donauwörth ist ein Eisenbahnknotenpunkt mit mehrmals täglichen Verbindungen nach München, Nürnberg, Stuttgart, Ulm und Regensburg.

Mit dem Auto erreichen Sie Donauwörth wie folgt:

- Hamburg: 680 km via A1/A7 ca. 6 Std. 30 Min.
- Berlin: 530 km via A9/A6, ca. 5 Std. 30 Min.
- Dresden: 400 km via A4/A72/A9, ca. 4 Std. 30 Min.
- Frankfurt: 295 km via A3/A7, ca. 2 Std. 30 Min.
- Stuttgart: 170 km via A8, ca. 2 Std. 30 Min.
- Freiburg: 383 km via A5/A7, ca. 4 Std.
- München: 100 km via A8, ca. 1 Std. 30 Min.

Ausrüstung

Etwas Grundsätzliches gleich vorweg:

Zu viel Gepäck kann auf Dauer die Freude am Wandern erdrücken. Daher sollte genau überlegt werden, was wirklich benötigt wird, wo Gewicht eingespart und auf welchen Komfort verzichtet werden kann.

Vorschlag zur Grundausstattung:

- Rucksack
- Wanderschuhe, leicht und bequem
- Hüttenschuhe bzw. leichte Schuhe
- Wanderkarte/GPS-Gerät
- Trinkflasche
- Tagesverpflegung
- Sonnenschutz (Creme, Hut, Brille)
- Wandersocken
- Funktionsshirts
- Trekkinghose lang und kurz
- Trekkinghemd
- Fleecepulli
- wetterfeste Jacke
- Abfalltüten

Für den Notfall:

- kleine Schere
- Pflaster

- ▷ Blasenpflaster
- ▷ Pinzette/Zeckenzange

Beste Wanderzeit

Alle vier Jahreszeiten haben für Wanderungen jeweils ihren ganz eigenen Charme. Sehr schön sind die Übergangszeiten zwischen März und Mai. Während im Tal die Obstwiesen bereits im April in einem Blütenmeer aufgehen, kehrt der **Frühling** mit etwa 14-tägiger Verspätung erst im Mai auf der Hochfläche ein. Der Boden des Hangwaldes ziert sich aber schon sehr früh mit zahlreichen Buschwindröschen, Waldmeister und dem streng riechenden Bärlauch.

Buschwindröschen

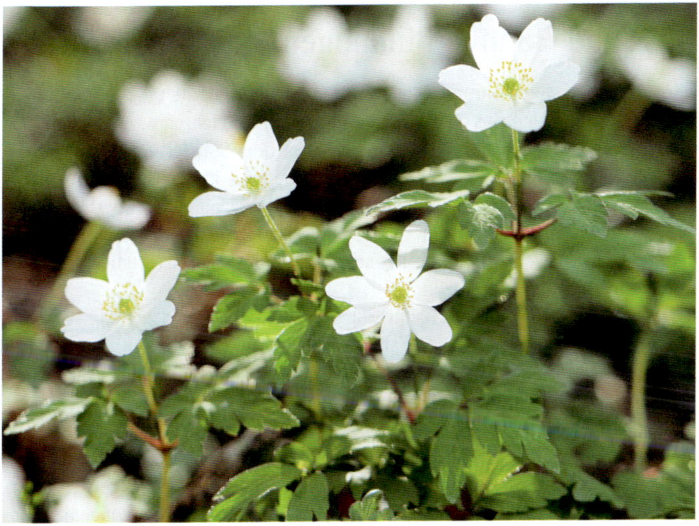

In den **Sommermonaten** kann es auf der Alb sehr heiß werden. An Wochenenden und Feiertagen trifft man an touristischen Anziehungspunkten sehr viele Tagesausflüglerinnen und Tagesausflügler an. Das Donautal wird während der Sommerferien häufig für Jugendzeltlager genutzt. Am Ufer der Donau herrscht daher oft reges Treiben. Außerhalb der bekannten Orte sind aber auch in dieser Zeit die verschiedenen Etappen über weite Strecken sehr einsam.

Im **Herbst** bringen die besonderen Lichtverhältnisse den Farbenreichtum der Hangwälder zum Leuchten. Die Temperaturen fühlen sich angenehm frisch an und die Luft ist oftmals so klar, dass sich beeindruckende Fernsichten bis hin zu den Alpen ergeben.

Doch auch wenn das letzte Blatt von den Bäumen gefallen ist und der **Winter** Einzug hält, muss die Wanderzeit noch nicht zwingend enden. Zwischen Dezember und Februar versinkt die Landschaft zuweilen im Einheitsgrau, der Nebel steigt aus den Flusstälern und streift über die Hochfläche, der Schnee macht sich auf den Feldern breit und der Raureif zieht die letzten Farben aus der Botanik – wer in dieser Zeit über die Alb zieht weiß: Die Melancholie gibt ihre beste Performance. Das muss nicht jedem gefallen, wanderbar sind die Wege aber in der Regel (je nach Schneelage) auch in dieser Jahreszeit und eine Besonderheit ist die winterliche Ruhe obendrein.

Bus- und Bahnverbindungen

Der Wanderweg führt oftmals an kleinen Dörfern und Städten vorbei, welche in der Regel von lokalen Bus- und Bahnunternehmen angefahren werden. Die Busverbindungen dienen vielerorts im Wesentlichen dem Schülertransport und verkehren nur an Werk- und Schultagen. Außerhalb dieser Zeiten ist der Busverkehr allerdings sehr eingeschränkt, oftmals verkehrt an Wochenenden überhaupt kein Bus. Manche Ortschaften bieten einen Rufbus, eine Art Sammeltaxi, zur Beförderung an. Die Telefonnummern befinden sich an den Bushaltestellen am Fahrplan.

Empfehlenswerter sind die Bahnverbindungen, da die Züge auch an Wochenenden und Feiertagen regelmäßig fahren.

Einkaufs- und Verpflegungsmöglichkeiten

Supermärkte sind auf den kleinen Dörfern der Albhochfläche eher selten anzutreffen. Etwas besser ist es in den größeren Gemeinden, die meist in den Tälern liegen. Es empfiehlt sich daher, genügend Proviant für den Tag mitzunehmen. Sie kommen oft an schön gelegenen Picknickplätzen mit Feuerstelle oder einer Schutzhütte vorbei, wo sich ein lauschiges Plätzchen für eine Rast findet.

Als Folge der Corona-Pandemie mussten leider einige Gasthäuser schließen, sodass auch die Einkehrmöglichkeiten unterwegs begrenzt sind. Bei den Etappenbeschreibungen finden Sie die direkt am Weg gelegenen Gaststätten, Biergärten oder Kioske mit den jeweiligen Öffnungszeiten.

Eintrittspreise

Die Preise sind allgemein moderat. Kinder, Jugendliche, Studierende, Rentnerinnen und Rentner sowie größere Gruppen bekommen oftmals Ermäßigungen auf den Eintrittspreis von Burgen, Schlössern, Museen, Höhlen, etc. Die Besichtigung von Schloss Lichtenstein mit einer 30-minütigen Führung kostet beispielsweise (im Jahr 2021) € 9 ohne Ermäßigung.

Essen und Trinken

Wer sich den ganzen Tag an der frischen Luft bewegt, kann sich unterwegs oder am Ende der Tour mit einem üppigen Mahl der traditionellen schwäbischen Küche, in einem der zahlreichen Gast- und Wanderhäuser, belohnen. Aber auch ein selbst gegrilltes Würstchen am Lagerfeuer, dazu ein guter schwäbischer Kartoffelsalat und ein Bier aus einer Klosterbrauerei sind ein Genuss.

Spätzle, Spätzle und nochmals Spätzle. Den kulinarischen Glanzpunkt der schwäbischen Küche gibt es in den verschiedensten Variationen, beispielsweise als Käsespätzle, Leberspätzle, Krautspätzle, Spinatspätzle, Linsen und Spätzle oder schlicht Spätzle mit Soße. Häufig dienen sie auch als Beilage zu diversen Fleischgerichten.

Maultaschen sind mit Brät, Hackfleisch oder Spinat gefüllter Nudelteig. Sie werden entweder in Fleischbrühe gekocht oder zusammen mit Eiern und Zwiebeln geröstet. Zu beiden Varianten serviert man in Schwaben Kartoffelsalat.

Nichts für zimperliche Gemüter ist der in Scheiben geschnittene Rindermagen, die sogenannten **Kutteln**. Mit Bratkartoffeln und saurer Soße serviert werden sie entweder geliebt oder gehasst

Aus Kartoffeln und Mehl bestehen die **Schupfnudeln**. Sie werden entweder im Wasser gekocht oder im heißen Fett gebraten. Die fertigen Schupfnudeln werden mit Kraut, Speck und Zwiebeln vermischt und in einer Pfanne geröstet.

Der **Schwäbische Zwiebelrostbraten** wird ebenfalls mit Kraut serviert, mancherorts werden auch geröstete Maultaschen dazu gegeben.

In einfachen Gasthäusern auf dem Land haben es Vegetarierinnen und Vegetarier zuweilen schwer, auch wenn sich der Trend zur fleischlosen Ernährung auch auf dem Land durchsetzt. Angeboten wird opulentes Vesper, teils mit Fleisch- und Wurstwaren aus der Hausschlachtung. Sehr begehrt ist der **Schwäbische Wurstsalat** mit Schwarzwurst, viel Essig und Brot aus dem Backhaus. Das frische Brot aus dem Holzbackofen wird auch gerne mit **Griebenschmalz** oder **Luggeleskäs** (mit Kräutern angemachter körniger Frischkäse) bestrichen angeboten. Natürlich wird dazu gerne ein **Bier** getrunken. Auf der Alb und im Umland gibt es etliche traditionelle Brauereien. Berühmt ist beispielsweise das Klosterbräu aus Zwiefalten.

Auf der Getränkekarte findet man auch oft **Most** aus eigener Herstellung. Dieser wird aus Äpfeln, Birnen oder einer Kombination beider Obstsorten gewonnen. Frischer Most schmeckt süß und hat nur einen geringen Alkoholanteil. Mit zunehmender Lagerdauer bekommt er einen herberen Geschmack und steigt schnell zu Kopf. Er wird üblicherweise kalt, im Winter aber auch warm getrunken. Gerne werden auch verschiedene Obstsäfte und Weine mit Sprudel (süß oder sauer) gemischt und als **Schorle** getrunken.

Der dünne schwäbische **Pfannkuchen** ist als Süßspeise mit Marmelade oder eingelegten Früchten zu bekommen oder er wird in Streifen geschnitten und in einer kräftigen Rinderbrühe als **Flädlesuppe** serviert.

Die **Dampfnudel** aus Hefeteig wird heiß und mit Vanillesoße übergossen aufgetischt.

Als weitere Süßspeisen findet man auch häufig selbst gebackene Kuchen wie den **Hefezopf**, den **Träubleskuchen** (aus Johannisbeeren), oder den gemischten **Obstkuchen**.

Mit heimischem Obst wird aber nicht nur Kuchen gebacken, sondern auch **Schnaps** gebrannt. Die meisten Gaststätten bieten Obstler, Kirsch- oder Zwetschgenwasser an.

Gefahren

Auch wenn immer wieder die Rede von der „Rauhen Alb“ ist, brauchen Sie sich davon nicht übermäßig beeindrucken zu lassen, ist die Alb doch eher ein sanftes Mittelgebirge. Dennoch sollten Sie nicht völlig blauäugig losmarschieren. Hier daher einige Infos:

▷ Es sollte immer ausreichend Flüssigkeit mit im Gepäck sein, auf der trockenen Albhochfläche gibt es kaum Trinkwasser und bis zur nächsten Gaststätte kann es u. U. weit sein.

▷ In tiefen, engen Tälern gibt es oft kein Netz für einen eventuellen Hilferuf mit dem Handy.

▷ Verlassen Sie bei herannahenden Gewittern möglichst schnell die Albhochfläche, die Blitzschlaggefahr ist vergleichsweise hoch.

▷ Nach jeder Tour sollten Sie den Körper gründlich nach Zecken (☞ Zecken) inspizieren.

Geldautomaten

Die Möglichkeiten, an Bargeld zu gelangen, werden durch die steigende Zahl von Bankautomaten, hauptsächlich der Kreditinstitute Kreissparkasse und Volksbank, besser, jedoch sind Sie nicht flächendeckend. Bei den einzelnen Ortsbeschreibungen finden Sie dazu die entsprechenden Hinweise.

Information

Untenstehend finden Sie die allgemeinen Informationsstellen. Detaillierte Auskünfte finden Sie auf den Internetseiten des Schwäbischen Albvereins sowie des Tourismusverbands. Weitere regionale Infos finden Sie direkt bei den Etappenbeschreibungen.

- **Schwäbischer Albverein e.V.**, Hauptgeschäftsstelle, Hospitalstraße 21b, 70174 Stuttgart, ☏ 07 11/225 85-0, ✉ info@schwaebischer-albverein.de, 💻 www.albverein.net, 🚪 telefonisch 8:30-12:30, 13:30-16:30, Ladengeschäft Mo-Do 9:00-12:00, 14:00-16:00, Fr 9:00-12:00

- **Schwäbische Alb Tourismusverband**, Bismarckstraße 21, 72574 Bad Urach, ☏ 071 25/939 30-0, ✉ info@schwaebischealb.de, 💻 www.schwaebischealb.de, 🚪 Mo-Fr 10:30-16:00, Sa, So 9:00-17:00
- **Touristenverein Die Naturfreunde**, Landesverband Baden-Württemberg, Neue Straße 150, 70186 Stuttgart, ☏ 07 11/48 10 76, ✉ info@naturfreunde-wuerttemberg.de, 💻 www.naturfreunde-wuerttemberg.de, 🚪 Mo-Do 9:00-16:00
- **Jugendherbergen**, DJH-Landesverband Baden-Württemberg, Fritz-Walter-Weg 19, 70372 Stuttgart, ☏ 07 11/166 86-0, ✉ info-stuttgart-bw@jugendherberge.de, 💻 www.jugendherberge-bw.de, 🚪 Mo-Fr 9:00-14:00

Karten

Gutes Kartenmaterial ist eine der entscheidendsten Voraussetzungen für eine gelungene Tour. Das angebotene Kartenmaterial der unterschiedlichen Verlage ist generell präzise und brauchbar.

Besonders geeignet sind Wanderkarten, die der Schwäbische Albverein in Zusammenarbeit mit dem Landesamt für Geoinformation und Landentwicklung (LGL) herausgibt. Der Maßstab beträgt 1:25.000 oder 1:50.000.

Eine gute Übersicht geben hier die Freizeitkarten im Maßstab 1:50.000, es sind alle Wander- und Radwege, Übernachtungsheime, Sehenswürdigkeiten etc. eingezeichnet. Für die gesamte Albrunde benötigen Sie folgende Karten:

▷ F522 Aalen
▷ F521 Göppingen
▷ F524 Bad Urach
▷ F525 Ulm
▷ F507 Villingen-Schwenningen
▷ F526 Sigmaringen

Hinzu kommen noch die Karten für die in Bayern gelegenen Gebiete, Donauwörth und Bissingen. Bestens geeignet sich die beiden amtlichen Topographischen Karten (ATK) des Vermessungsamtes Bayern im Maßstab 1:25.000.

▷ ATK 25-K08 Donauwört
▷ ATK25-K07 Bissingen

Auf der Homepage des Schwäbischen Albvereins sind alle hier aufgeführten Karten abgebildet und können direkt bestellt werden: 💻 www.albverein-shop.de. Dieselbe Auswahl bietet auch der Buchhandel an.

Der Kompass-Verlag bietet ein Kartenset (Nr. 767) mit vier Karten im Maßstab 1:50.000 zum Preis von € 17,99 an, das die gesamte Schwäbische Alb abbildet.

Für den HW1 gibt es eine kompakte Karte, die in jeden Rucksack passt, wetterfest ist und den Wanderweg vollständig im Maßstab 1:35.000 abbildet.

▷ Publicpress-Verlag, Albsteig (HW1) – Leporello Wanderkarte 1:35.000, viele Infos wie Ausflugs-, Einkehr- und Freizeittipps, Entfernungen und Höhenprofil, ISBN 978-3-89920-740-8

☺ Die Kartenempfehlungen wurden von der Geobuchhandlung Kiel überprüft. 💻 www.geobuchhandlung.de

Der Vorteile einer Papierkarte gegenüber einem GPS-Gerät oder einer App auf dem Smartphone ist eine viel größere Gesamtübersicht, die keinen Strom braucht. Das mag altmodisch klingen, ist aber eine nicht zu unterschätzende Tatsache. Andererseits können Sie mit einem GPS-Empfänger Ihre genaue Position bestimmen. Sie benötigen dazu nur eine digitale Karte, die das Wanderwegenetz darstellt. Von großem Vorteil ist es, wenn die Daten offline abrufbar sind, denn der Empfang mobiler Daten ist nicht überall sichergestellt. Die GPS-Tracks für diese Tour können Sie auf der Verlagsseite unter 💻 www.conrad-stein-verlag.de herunterladen.

📖 Tipps zum Umgang mit dem GPS-Gerät finden Sie in dem Ratgeber „**GPS** – *Grundlagen · Tourenplanung · Navigation*“ von Michael Hennemann, Conrad Stein Verlag, ISBN 978-3-86686-495-5, € 9,90

Nützliche Telefonnummern und Notruf

Polizei: ☎ 110
Feuerwehr/Rettungsdienst: ☎ 112
Sperrnotruf für EC – und Kreditkarten: ☎ 11 61 16
Deutschlandweiter Taxiruf: ☎ 224 56 (€ 0,69 pro Minute)

In Tälern und außerhalb von Ortschaften ist der mobile Datenverkehr teils lückenhaft, sodass eine Handynutzung nicht immer möglich ist.

Radfahrerinnen und Radfahrer

Der Südrandweg verläuft größtenteils auf breiten Wald- und Schotterwegen und es ist daher auch möglich, diesen mit dem Mountainbike zu fahren. Dazu müssen Sie im Donautal den Wanderweg verlassen und die Strecke zwischen Tuttlingen und Sigmaringen auf dem schönen Radweg entlang der Donau zurücklegen. Die 285 km lange Strecke kann so in vier bis sechs Tagen bewältigt werden. An Wochenenden sind manche Wegabschnitte allerdings stark frequentiert, sodass gegenseitige Rücksicht erforderlich ist. Am wenigsten Konfliktpotential bieten die breiten Wege zwischen Ulm und Nerenstetten und von Dischingen bis nach Donauwörth. Auch der erste Teil des HW1 von Donauwörth nach Mönchsdeggingen lässt sich per Mountainbike gut befahren. Für Renn- oder Tourenräder ist der Weg nicht geeignet.

Klima

Der Albkörper steigt im Südwesten um etwa 300 m höher an als im Nordosten, wodurch es zu regionalen Klimaunterschieden kommt. Vom Nordosten her nimmt die Niederschlagsmenge kontinuierlich zu, am meisten regnet es in den hohen Lagen der Südwestalb. Zum Donautal hin nehmen die Regenfälle wieder ab, denn dieses Gebiet liegt im Regenschatten des Schwarzwaldes. Auf der Nordostalb bei Stötten registrierte die dortige Wetterstation in den letzten 5 Jahren eine durchschnittliche Niederschlagsmenge von 975 mm/pro Jahr. Der regenärmste Monat ist der April (42 mm), im Juli gab es die meisten Niederschläge (122 mm). Insbesondere während der Sommermonate kann es häufiger zu extremen Klimaschwankungen kommen. Die Folge sind starke Gewitter, kräftige Niederschläge oder Hagelschauer, insbesondere nach besonders heißen Wetterperioden.

Am häufigsten scheint die Sonne in den Monaten Juli und August mit durchschnittlich 244 Stunden bzw. 231 Stunden. Die beiden Sommermonate sind von den durchschnittlichen Temperaturen her auch die wärmsten. Sie liegen bei fast 18° C. Im Tal liegen die Werte um etwa 2° C höher. Das relativ milde Klima lässt am Albtrauf bei Neuffen sogar den Weinanbau zu. Am kältesten ist es im Januar mit einer Temperatur im Mittel von etwa -1° C. Insgesamt ist das Klima der „Rauhen Alb“ gar nicht so rau, sondern im Allgemeinen eher mild und bietet daher ideale Wanderbedingungen.

Markierungen und Wegzustand

Der Schwäbische Albverein hat in den Jahren 2014/2015 das Wege- und Beschilderungskonzept auf der Alb erneuert. Das Konzept trennt dabei in zwei Wegekategorien: Gelbe Schilder beinhalten Wander- und Weitwander- bzw. Fernwanderwege des Schwäbischen Albvereins und anderer Organisationen. Fernwanderwege wie der HW1/HW2 werden mit einem eigenen Wegzeigerblatt ausgeschildert. Erkennungsmerkmal ist das weiße Namensfeld, auf dem sich ein rotes Dreieck befindet. Das rote Dreieck kennzeichnet den HW1 und den HW2, es ist als Wegemarke in kurzen Abständen an Bäumen und Pfosten angebracht. Die Spitze des Dreiecks zeigt auf beiden Wegen von Donauwörth nach Tuttlingen. Sie können sich an den Markierungen stets gut orientieren, dabei spielt es keine Rolle, in welcher Richtung Sie den Weg gehen. Wo es schwierig wird, finden Sie bei den entsprechenden Etappen ausführlichere Beschreibungen.

Seit 2020 hat sich auf beiden Wegen die Wegführung an manchen Stellen geändert. Die Beschilderung wurde zwar entsprechend angepasst, allerdings ist die neue Streckenführung noch nicht auf allen Karten verzeichnet, daher können sich Differenzen zwischen den Papierkarten und dem hier beschriebenen GPS-Track ergeben.

Der Nordrandweg führt oftmals über schmale Waldwege, die besonders nach Regenschauern sehr glitschig sind. Die zahlreichen Auf- und Abstiege erschweren das Vorankommen noch zusätzlich. Dagegen verläuft der Südrandweg über weite Strecken auf breiten, gut ausgebauten, teils asphaltierten Wegen durch eine stille, aparte Landschaft.

Unterkünfte

Hotels, Pensionen, Gasthöfe, Albvereinshütten, Naturfreundehäuser, Jugendherbergen und Campingplätze bieten sich als Übernachtungsmöglichkeit an. Eine erste Übersicht von Übernachtungsbetrieben gibt der Tourismusverband Schwäbische Alb (☞ Informationen). Die Internetauftritte der Gemeinden bieten oftmals auch eine informative Übersicht zu den örtlichen Angeboten an Fremdenzimmern. In der Regel können Sie die Übernachtungen direkt buchen, was in den meisten Fällen die günstigere Variante im Vergleich zu Internetportalen, wie airbnb.com, booking.com etc., ist.

Für Übernachtungen an touristisch gefragten Orten wie beispielsweise der Burg Wildenstein im Donautal oder dem Wanderheim auf der Burg Teck bei Owen ist eine rechtzeitige Voranmeldung notwendig. Denken Sie auch daran, dass einige Häuser des Schwäbischen Albvereins oder der Naturfreunde teils nur an Wochenenden geöffnet haben. Außerhalb der Öffnungszeiten bieten manche Häuser ihren Wandergästen Selbstversorgerräume an. Die im Buch angegebenen Zeiten bei den Unterkünften mit Restaurant gelten für die Einkehr. In der Regel können Sie auch außerhalb der Restaurantöffnungszeiten in den entsprechenden Häusern übernachten.

Bei den jeweiligen Etappenabschnitten finden Sie immer eine Auswahl an Unterkünften und die Internetadresse der jeweiligen Gemeinde. Viele Übernachtungshäuser liegen direkt am Weg, jedoch sind in sehr ländlich geprägten Regionen auch Umwege einzuplanen, um eine passende Übernachtungsmöglichkeit zu finden. Die Wege dorthin werden beschrieben und stehen auch als GPS-Track zur Verfügung. Eine Nacht in einer Pension kostet pro Person mit Frühstück etwa € 30-50. Für Hotels zahlt man je nach Kategorie in etwa das Doppelte, teils auch etwas mehr.

Günstiger ist es, auf die Wanderheime des Schwäbischen Albvereins oder die Naturfreundehäuser auszuweichen. Es empfiehlt sich, vorher anzurufen, da manche Häuser nur an Wochenenden geöffnet haben. Oftmals haben diese Unterkünfte eine Selbstversorgerküche, die jederzeit genutzt werden kann.

Den Schlüssel bekommen Sie von den Ortsgruppen des Vereins. Weitere Informationen zu den Häusern gibt es auf der Homepage der Naturfreunde oder des Schwäbischen Albvereins (☞ Information).

Für Jugendherbergen benötigen Sie eine gültige Mitgliedskarte des Jugendherbergsverbandes, die Sie sich direkt in der Herberge ausstellen lassen können. Ein Verzeichnis aller Jugendherbergen finden Sie im Internet unter 💻 www.jugendherberge-bw.de (☞ Information).

Ausgewiesene Campingplätze sind rar, aber es gibt sie, die meisten davon im Donautal. Die Nacht auf dem Campingplatz kostet etwa € 10 p. P. und Zelt. Jugendcampingplätze sind für organisierte Gruppen vorgesehen und nicht für Einzelpersonen. Mit Genehmigung der Besitzerin oder des Besitzers werden aber auch schon mal Ausnahmen gemacht.

Wildzelten

Nach §44 Abs.1 NatSchG ist Wildzelten grundsätzlich verboten, auf Privatgrundstücken außerhalb von Schutzgebieten jedoch mit Zustimmung der Eigentümerin oder des Eigentümers erlaubt. Daher gilt: Fragen kostet nichts. Bitten Sie bei den Naturfreundehäusern, den Segelflugplätzen oder einem landwirtschaftlichen Betrieb um Erlaubnis und Sie werden sicherlich kaum auf taube Ohren stoßen. Wir haben die gesamte Tour mit dem Zelt zurückgelegt, fanden traumhaft gelegene Plätze und bekamen nie Probleme, sondern erlebten durchweg Entgegenkommen, Freundlichkeit und Zustimmung.

Lagern oder Biwakieren, beziehungsweise das Übernachten draußen ohne Zelt, ist erlaubt, wenn man sich lediglich zu einer Pause hinlegt oder setzt. Der Übergang zwischen Lagern und Campieren ist daher etwas undeutlich. Wesentlich ist, dass nach einer Nacht im Freien kein Müll hinterlassen wird und der Platz sauber ist.

Updates

Der Conrad Stein Verlag veröffentlicht Updates zu diesem Buch, die direkt von dem Autor oder von Leserinnen und Lesern dieses Buches stammen.

Bitte suchen Sie vor Ihrer Abreise auf der Verlags-Homepage 💻 www.conrad-stein-verlag.de diesen Titel. Der links abgebildete QR-Code führt Sie direkt zu der richtigen Seite.

Wandern mit Hund

Weitwandern mit Hund ist eher eine Seltenheit. Wer sich dennoch dazu entschließt, seinen Vierbeiner mit auf Tour zu nehmen, muss etwas umfangreicher planen. Nicht jede Pension oder jedes Hotel bietet eine Zimmervermietung mit Hund an, daher empfiehlt es sich, vorher abzuklären, ob eine Übernachtung mit Hund überhaupt möglich ist und welche zusätzlichen Kosten dabei entstehen. Auf der wasserarmen Albhochfläche sollten Sie auch für Ihren Hund genügend Trinkwasser im Gepäck haben.

Zecken

Der Biss einer Zecke kann zwei Krankheiten übertragen: FSME (Frühsommermeningitis) und Borreliose. Gegen die durch Viren ausgelöste FSME ist eine Impfung empfehlenswert.

Der beste Schutz gegen Borreliose ist die schnelle Entfernung einer Zecke nach dem Biss. Je früher die Zecke entfernt wird, desto geringer die Gefahr einer Infektion mit dem Erreger. Wird die Zecke innerhalb von 12 Stunden entfernt, ist die Übertragung der Borrelien kaum möglich. Die Zecke entfernt man am besten mit einer in der Apotheke erhältlichen Zeckenzange. Mit dieser kann die Zecke nahe am Kopf gepackt und risikolos herausgezogen werden.

Folgende Fehler sollten beim Entfernen von Zecken vermieden werden:

- Zecke nicht am Hinterleib herausziehen, sonst besteht Gefahr, dass der Kopf stecken bleibt.
- Zecke nicht quetschen, das wirkt wie eine Spritze.
- Kein Öl verwenden, das löst bei der Zecke eine Art Brechreiz aus.
- Drehen ist zwecklos, eine Zecke hat kein Gewinde!

Nicht jede Zecke trägt Borrelien in sich, nach einem Biss sollte die Wunde jedoch beobachtet werden. Treten Hautrötungen auf, so sollte möglichst schnell ein Arzt aufgesucht werden. Hat die Zecke weder den Borreliose- noch den FSME- Erreger in sich, so geht keine Gefahr von ihr aus.

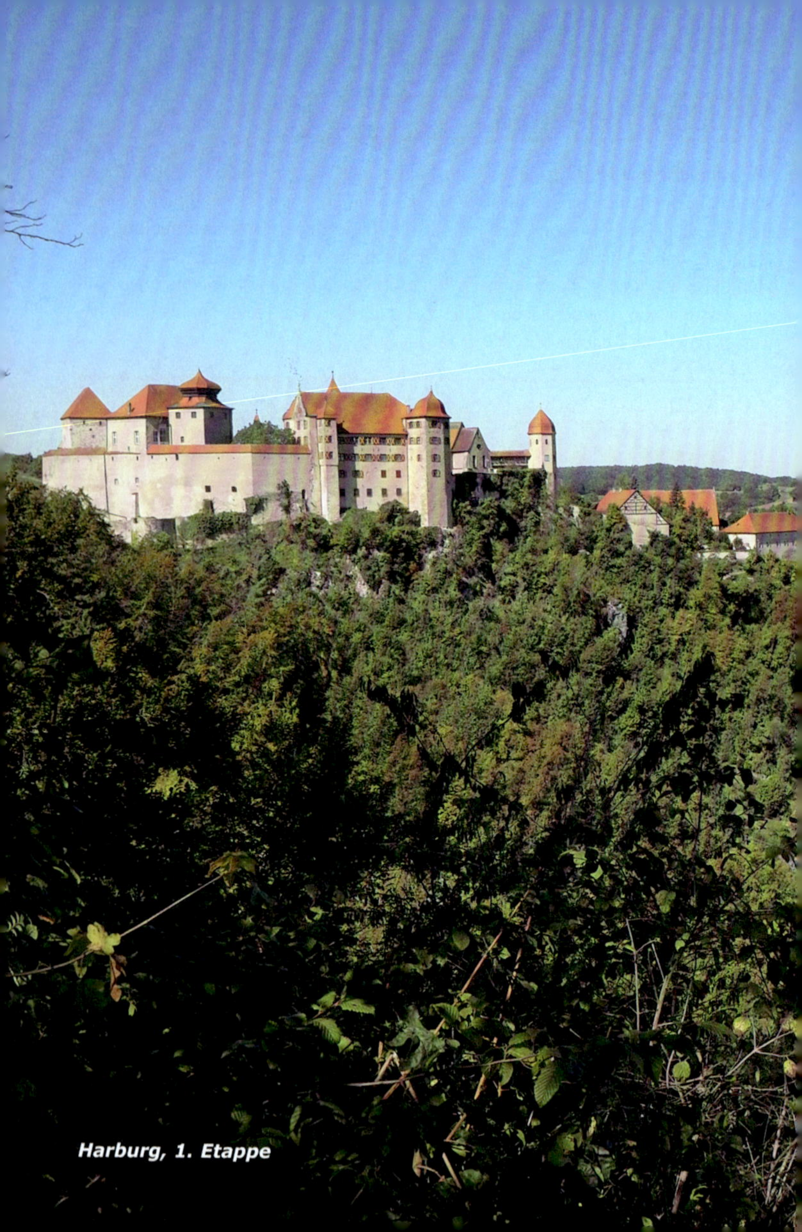

Harburg, 1. Etappe

Albsteig HW1

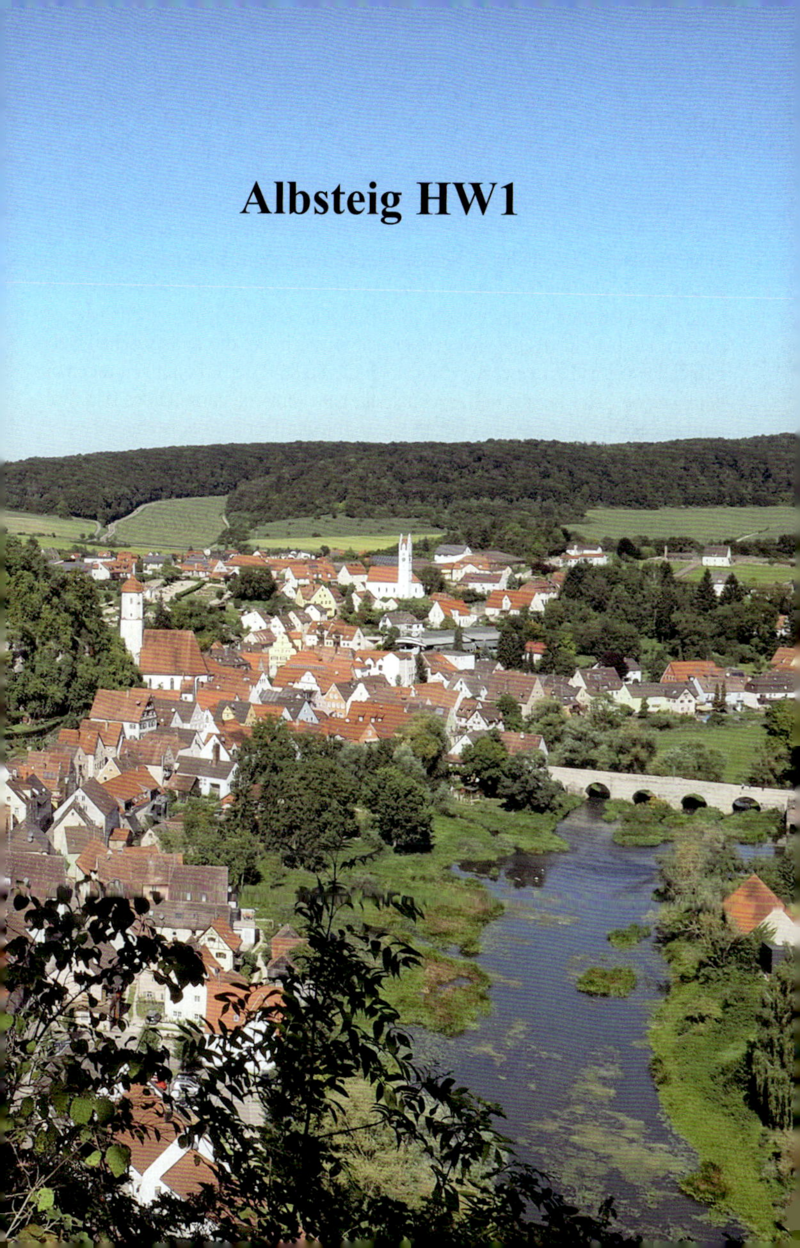

Im Jahr 1888 gründete der Geislinger Oberamtsrichter von Mertens zusammen mit weiteren „gestandenen Männern" von der Alb im Gartenhaus des Waldhorns zu Plochingen den Schwäbischen Albverein. Zwölf Jahre nach der Vereinsgründung wurde der Hauptwanderweg HW1 entlang der steil abfallenden Nordrandlinie durch den Verein erschlossen. Hoch aufragende Jurafelsen, schluchtenartige Täler, berühmte Zeugenberge und die stets traumhaften Panoramen des Albvorlandes sowie glutrote Sonnenuntergänge sind dabei die charakteristischen Merkmale des bekannten Weges entlang des Albtraufs. Frühaufsteher haben insbesondere im Herbst oftmals die Gelegenheit, die Aussicht auf das in mystischen Nebel getauchte Vorland zu genießen. Nur noch die Spitzen der Erhebungen ragen aus dem weißen Meer heraus und zeichnen ein geheimnisvoll anmutendes Bild, während die Sonne langsam über einem klaren, blauen Horizont aufsteigt.

Mystische Stimmung auf dem Weg, 5. Etappe

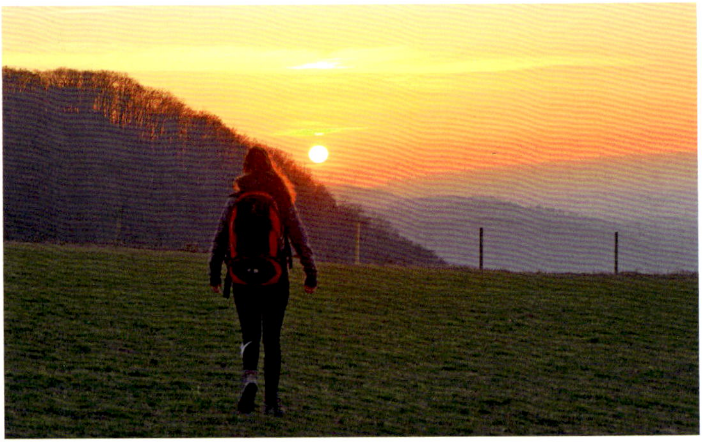

Zu Beginn des Weges gehen Sie am äußeren Rand der Ebene des Rieskraters entlang und sehen in der Ferne die historische Stadt Nördlingen. Im weiteren Verlauf können Sie die Aussicht auf alte Burganlagen und märchenhafte Schlösser genießen, wie beispielsweise das Schloss Lichtenstein, das auf einem blanken Felsen hoch über dem Tal thront und ein beliebtes Ausflugsziel ist. Ein anderer touristischer Hotspot ist Bad Urach mit wunderschönen Fachwerkbauten im Stadtkern und einer geologisch interessanten Umgebung.

Aber auch die auf den ersten Blick unscheinbar wirkenden Albdörfer haben oftmals ihre besondere Geschichte. So wohnte beispielsweise einst der berühmte Dichter Eduard Mörike in Ochsenwang, wo sich heute im Mörikehaus ein Literaturmuseum mit seinen Werken befindet.

Je weiter Sie nun nach Süden vordringen, desto höher erhebt sich der Albkörper und gipfelt schließlich am Lemberg mit einer Höhe von 1.015 m. Am südlichen Ende des großen Heubergs fällt der Albtrauf wieder ab ins Donautal. Der HW1 endet im Durchbruchstal der Donau in Tuttlingen.

1. Etappe: Donauwörth – Mönchsdeggingen

28,3 km, 8 Std. 15 Min., 469 m, 353 m, ⇧ 417-593 m

0,0 km	⇧ 417 m	Donauwörth (Bahnhof)
5,0 km	⇧ 425 m	Felsheim
7,3 km	⇧ 430 m	Wörnitzstein
11,4 km	⇧ 489 m	Hundseiche
17,0 km	⇧ 468 m	Harburg
19,8 km	⇧ 582 m	Bockberg
22,1 km	⇧ 580 m	Eisbrunn
28,3 km	⇧ 477 m	Mönchsdeggingen ()

Am Startpunkt des Weitwanderweges HW1, vor dem Bahnhof auf dem Gelände des Busbahnhofs, steht die kleine Skulptur „Ankommende" von Christoph Markus Pommer mit folgender Inschrift: „Auch unser Leben ist eine Reise. Sie wird schön und gut. Wenn wir immer wieder ankommen dürfen und uns angenommen wissen." Eine erste Einstimmung für einen weiten Weg, der Sie über die Berge und Täler des wunderschönen Mittelgebirges der Schwäbischen Alb führen wird. Vom Start aus verläuft die erste Etappe ohne große Höhendifferenzen entlang der Wörnitz und vorbei an mehreren Dörfern zur großen Burganlage von Harburg. Von herrlichen Aussichtsplätzen wie dem Bockberg blicken Sie auf Nördlingen und den großen Rieskrater.

Diese Etappe ist vergleichsweise lang. Um sie abzukürzen, bietet sich die Kleinstadt Harburg als Zwischenziel an.

Die erste Etappe ist aufgrund der breiten Wege und teilweise vorhandenen Radwege auch sehr gut mit dem Mountainbike zu befahren.

Donauwörth

86609, 18.000 Einw.

Städtische Tourist-Information, Rathausgasse 1, 09 06/78 91 51, Tourist-info@donauwoerth.de, www.donauwoerth.de, Mai-Sep Mo-Fr 9:00-12:00 und 13:00-18:00, Sa und So 15:00-18:00, Okt-April Mo-Do 9:00-12:00 und 13:00-17:00, Fr 9:00-13:00

Zu den drei Kronen, Bahnhofstraße 25, 09 06/70 61 70, rezeption@hotel3kronen.com, www.hotel3kronen.com, ÜF DZ € 120, EZ € 87, Mo-Fr, So 11:30-14:00 und 17:30-22:00, Sa Ruhetag

♦ Hotel im Ried, Hindenburgstraße 30-32, 09 06/99 90 48-0, info@hotel-im-ried.de, www.hotel-im-ried.de, ÜF DZ € 100, EZ € 85, Do-Di ab 7:00, Mi Ruhetag

♦ Goldener Hirsch, Reichstraße 44, 09 06/31 24, info@goldener-hirsch-donauwoerth.de, www.goldener-hirsch-donauwoerth.de, ÜF DZ ab € 70, EZ ab € 50, täglich 11:00-23:00

♦ Buena Vista, Hindenburgstraße 29, 09 06/999 88 25, info@buenavistadon.de, www.buenavista-don.de, ÜF DZ € 80, EZ € 40, täglich ab 11:00

Jugendherberge, Goethestraße 10, 09 06/51 58, donauwoerth@jugendherberge.de, ÜF ab € 23, täglich 7:00-19:00

Egelstetten Donau-Lech-Camping, Campingweg 1, 090 02/40 44, 5 km von Donauwörth mit Badesee, Zelt + 2 Personen ab € 10

Zeltplatz beim Kanuclub Donauwörth, Am Wörnitzwehr 2, 09 06/226 05, 01 70/186 61 65, für Gruppen unter 10 Personen keine Anmeldung notwendig, Ü € 7, April-Okt

Grill-Roma, Pizzeria, Hindenburgstraße 34, 09 06/66 85, Di-So 11:00-14:00 und 17:00-22:00

♦ Ristorante Bellissimo, Umkehr 1, 09 06/205 66, info@bellissimo-ristorante.de, www.bellissimo-ristorante.eatbu.com, Do-Di 11:30-14:30 und 17:30-22:30, Mi Ruhetag

Zweirad Uhl, Fahrrad-Service, Dillingerstraße 57, 09 06/981 60 60, info@zweirad-uhl.de, www.zweirad-uhl.de, Di, Mi, Fr, 10:00-18:00, Do, Sa 10:00-13:00, Mo, So geschlossen

⌘ Haus der Stadtgeschichte, im Rieder Tor, Spitalstraße 11, 09 06/78 91 70, museen@donauwoerth.de, www.donauwoerth.de, Eintritt € 2,50, Sa, So und Feiertage 14:00-17:00

♦ Heimatmuseum, Museumsplatz 2, 09 06/78 91 70, museen@donauwoerth.de, www.donauwoerth.de, Eintritt € 2,50, Mai-Sep 11:00-18:00, Okt-April 14:00-17:00

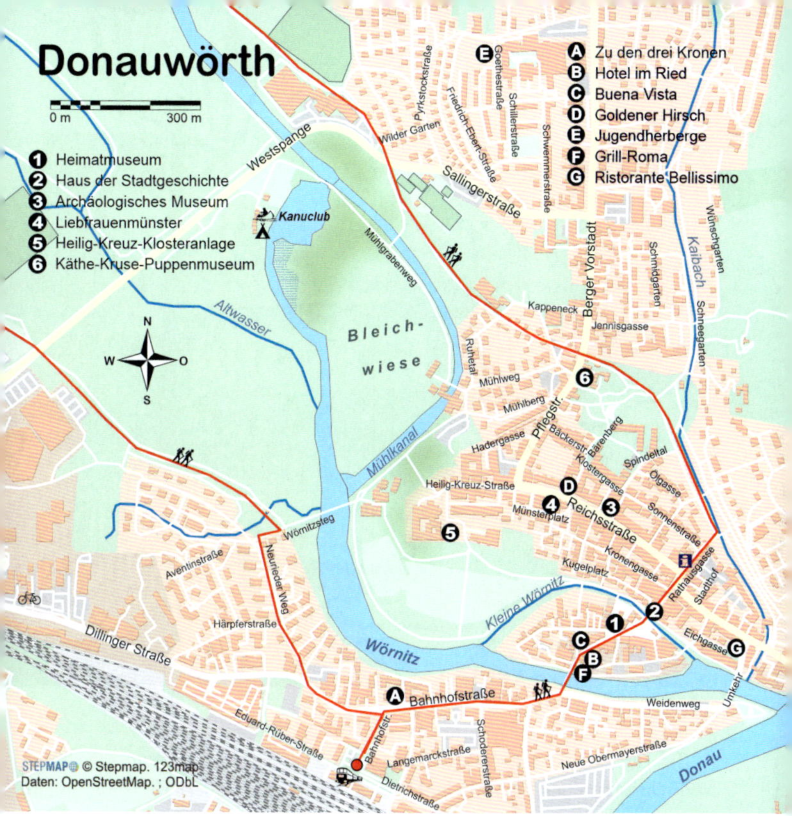

⌘ Käthe-Kruse-Puppenmuseum, Pflegstraße 21a, ☏ 09 06/78 91 70, museen@donauwoerth.de, www.donauwoerth.de, Eintritt € 2,50, Di-So Mai-Sep 11:00-18:00, Okt-April und 25. Dez-6. Jan 14:00-17:00, Führungen sonntags von Mai-Sep ab 15:00, Mo Ruhetag

✞ Kloster Heilig Kreuz, ehemaliges Kloster und Wallfahrtskirche, Heilig-Kreuz-Straße 19, tagsüber geöffnet, frei zugänglich

mehrmals täglich in Richtung Würzburg, Ulm, Augsburg, Regensburg

ZOB gegenüber vom Bahnhof, in Richtung Bissingen, Mönchsdeggingen, Harburg und Nördlingen, So kein Busverkehr

Der Ausgangspunkt der Tour rund um die Alb war einst eine kleine Insel inmitten der Wörnitz. In einer sich rasch ausweitenden Siedlung, genannt Werd, lebten dort im Jahr 500 germanische Stämme.

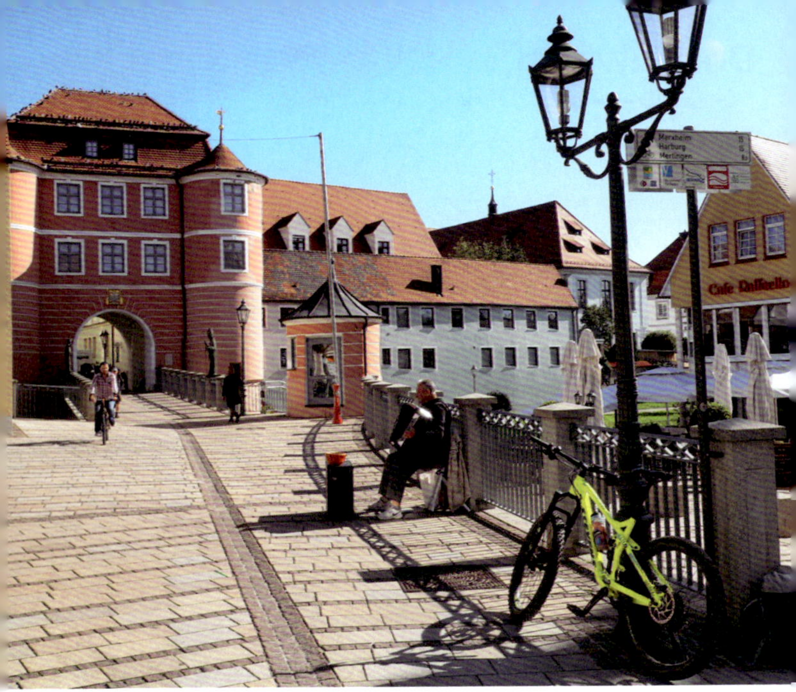

Riedertor in Donauwörth

Im Laufe der Geschichte wurde Donauwörth immer wieder zum Schauplatz von religiösen Konflikten, wie im Dreißigjährigen Krieg von 1618-1648, als ein unerbittlicher Kampf um das damalige Schwäbisch Wörth tobte. Zunächst von den Schweden erobert, dann wieder in bayerischen Händen und schließlich von englischen Truppen eingenommen, folgte im Jahr 1799 nach einem Friedenskongress die Zuteilung an das Land Bayern. Kurz darauf bekam die Stadt ihren heutigen Namen Donauwörth.

Das größte Maß an Zerstörung erlebte die Stadt Ende des Zweiten Weltkriegs, im April 1945, als große Teile der Stadt durch einen Angriff der alliierten Streitkräfte zerstört wurde. Im Rieder Tor, wo sich seit 1986 das Haus der Stadtgeschichte befindet, können Sie sich Bilder des tragischen Ereignisses ansehen. Im selben Gebäude befinden sich weitere Exponate, die die Geschichte der Stadt anschaulich dokumentieren. Beim Wiederaufbau gab man sich viel Mühe und so lädt die Kleinstadt zum Verweilen ein. Donauwörth erreicht man gut mit der Bahn oder dem Auto.

Der Stadtkern liegt malerisch an der ruhig dahinfließenden Wörnitz, die hier in die Donau mündet. Sehenswert sind die historischen Gebäude an der Reichsstraße, wo sich das Rathaus befindet, indem die Touristeninformation untergebracht ist. Nicht weit davon steht in der Spitalgasse das Deutschordenshaus mit dem Enderlesaal und der Werner-Egk-Begegnungsstätte. In der Heilig-Kreuz-Klosteranlage (11. Jh.) können Sie schöne Gemälde, Skulpturen sowie ein Altar aus dem 12. Jh. bewundern. Das Münster Zur Lieben Frau ist ein beeindruckender gotischer Backsteinbau. Im Kirchturm, auch Wächter des Schwabenlandes genannt, befindet sich die 131 Zentner schwere Pummerin, die größte Glocke Schwabens. In der Pfleghofstraße können Sie das nicht nur für Kinder sehenswerte Käthe-Kruse-Puppenmuseum besuchen.

Startpunkt ist der Bahnhof in Donauwörth. Vor dem Bahnhofsgelände befindet sich der Busbahnhof. Von dort geht es geradewegs zur Bahnhofstraße, wo sich die Pension Drei Kronen befindet. Vor dem Gasthaus sehen Sie einen Wegweiser, links geht es auf den HW2 entlang des Südrands, rechts zum Albsteig HW1. Sie gehen rechts in Richtung HW1. Entlang der Bahnhofstraße gelangen Sie nach etwa 400 m zur Brücke, die links in die Hindenburgstraße über die Wörnitz, zu einer schönen Insel inmitten des Flusses mit zahlreichen Cafés, führt. Sie gehen durch das Riedertor leicht ansteigend zur Spitalstraße weiter. Zwischen Rathaus (hier befindet sich die Touristen-Information) und Zeughaus folgen Sie den Wegweisern durch eine schmale Gasse. An Vorgärten vorbei geht es durch einen Tunnel. Am Ende des Tunnels folgen Sie den Schildern nach Wörnitzstein. Kurz bevor Sie die Stadt verlassen, kommen Sie linker Hand an einem Supermarkt vorbei. Nun verläuft die Strecke entlang eines Radweges und der Wörnitz. Bei schönem Wetter tummeln sich hier einige Kajakfahrerinnen und -fahrer. Nach 4,5 km unterqueren Sie die Eisenbahnlinie und gelangen nach Felsheim ❶. Nach dem kleinen Weiler geht es rechts bergauf nach Wörnitzstein. Dort thront die Kapelle aus dem 17. Jh. auf dem Kalvarienberg über dem Ort.

Wörnitzstein

86609, 860 Einw.

Landgasthof Schmidbauer, Zollernweg 2, ☏ 09 06/70 62 20, info@hotel-schmidbaur.de, www.hotel-schmidbaur.de, ÜF DZ ab € 74, EZ ab € 50, Sa-Do ab 16:30, So auch 11:30-13:30, Fr Ruhetag

Gaststätte Braun, Graf-Hartmann-Straße 4, ☏ 09 06/56 41, Mi-Mo, Di Ruhetag

Kapelle am Kalvarienberg, katholische Pfarrkirche St. Martin, ☏ 09 06/ 42 58, nach Vereinbarung

Riesbahn, tägliche Verbindungen nach Aalen, Nördlingen, Donauwörth

Richtung Donauwörth und Harburg

Im heutigen Ries schlugen vor ca. 14,5 Millionen Jahren ein etwa 1 km großer Asteroid und ein Trabant mit einer Größe von knapp 150 m auf. Der Einschlag war so gewaltig, dass er das Leben im Umkreis von 100 km komplett auslöschte. Gewaltige Gesteinsmassen gingen nach dem Einschlag in der Umgebung nieder. Inmitten dieses historischen Trümmerfelds liegt heute das Dorf Wörnitzstein. Auf dem 1,7 km langen Lehrpfad rund um das Geotop lassen sich die damaligen Ereignisse anhand von Schautafeln anschaulich nachvollziehen.

Im Dorf führt der Weg über die Stieblerstraße, von der Sie links in den Zollernweg abbiegen. Nachdem Sie das Gasthaus Zum Schmidbauer passiert haben, gelangen Sie zur Abt-Cölestin-Straße und folgen dieser links zur Wörnitz hinunter. Dort überqueren Sie den Fluss und auf der Graf-Hartmann-Straße die Gleise. Am Bahnhof von Wörnitzstein ❷ gehen Sie rechts in die Straße Im Grubenfeld. Entlang der Bahnlinie führt der Weg nach 650 m links in einen Mischwald. Auf geschotterten und gut markierten Wegen gelangen Sie durch einen Wald, bis Sie auf die Kreuzung Hundseiche ❸ treffen, wo einige ⩚ Bänke zu einer Rast einladen.

Ein Hinweisschild macht darauf aufmerksam, dass hier der Wanderweg etwas verlegt wurde und nicht dem Stand des Kartenmaterials älteren Datums entspricht. Die neuen Wegmarkierungen sind allerdings sehr deutlich, sodass Sie diesen problemlos folgen können. Sie gelangen nach der Hundseiche zu einer Landstraße östlich von Mauren, wo auch ein Hinweisschild auf die im Ort befindliche Metzgerei steht. Hier überqueren Sie die Landstraße und gehen auf dem anschließenden Schotterweg weiter. Nach etwa 800 m verlassen Sie diesen und gehen über einen Wiesenweg entlang des Waldrands. Kurz vor einem Sträßchen biegt der Weg rechts ab in einen Wald. Dort folgen Sie den Markierungen bis zum Wegweiser „Bräunlesberg“ ❹. Hier folgen Sie dem HW1 in Richtung Harburg.

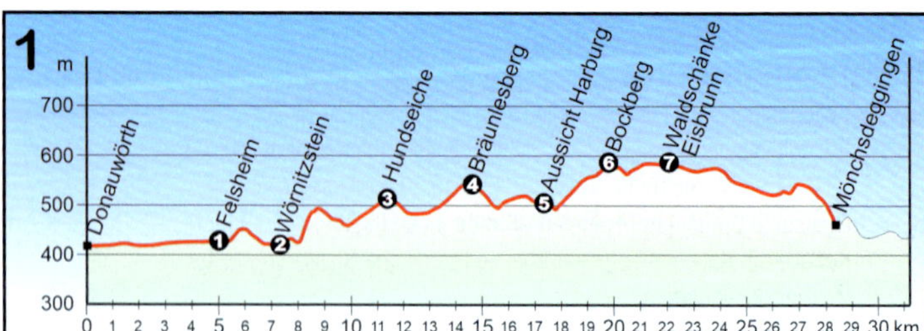

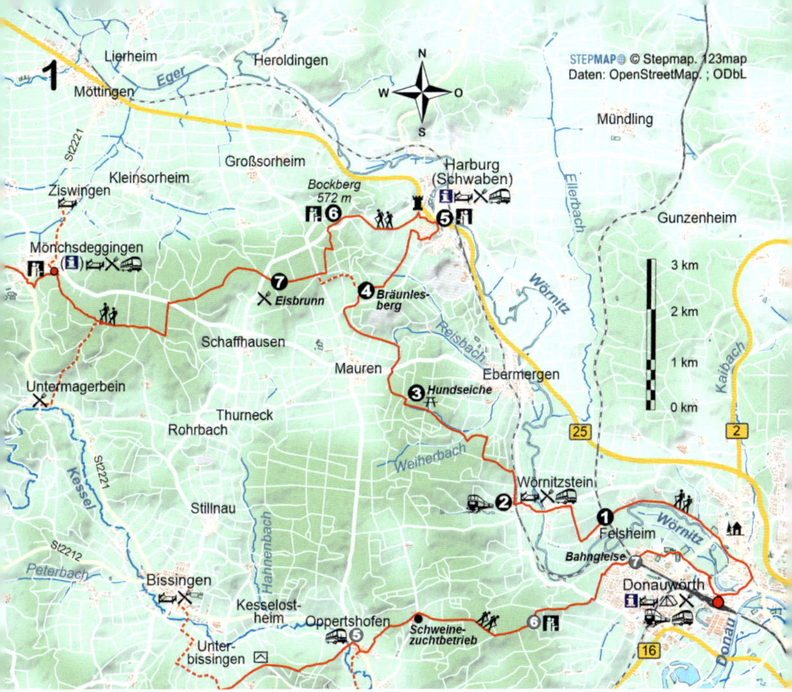

Alternativ können Sie an dieser Stelle den Weg abkürzen und direkt zur Waldschänke Eisbrunn gehen. Auf diese Weise verkürzt sich der Weg um etwa 5 km. Der Weg ist mit einem liegenden Y gut ausgeschildert.

Es lohnt sich allerdings, weiterhin auf dem HW1 zu bleiben, denn nach etwa 1,5 km kommen Sie nach Harburg und werden mit einem herrlichen Blick auf die gleichnamige Burg, die malerisch über der Stadt thront, belohnt. Am Wegweiser „Stadelhof" zweigen Sie nach rechts ab und queren den oberen Stadtteil auf einem kurzen Höhenweg, bis Sie zu einem schönen Aussichtspunkt gelangen ❺. Von dort präsentiert sich die pompöse Burganlage und die darunterliegende Stadt als Postkartenmotiv.

Harburg 86655, 5.800 Einw.

Verkehrsamt der Stadt Harburg, Schlossstraße 1, 090 80/969 90, poststelle@stadt-harburg-schwaben.de, www.stadt-harburg-schwaben.de, Mo-Fr 8:00-12:00, Di 14:00-16:00, Do 14:00-18:00

Schlosshotel/Restaurant Harburg, Burgstraße 1, ☏ 090 80/15 04, www.burgschenke-harburg.de, DZ ab € 85, EZ ab € 65, Di-So 11:00-22:00, Mo Ruhetag. Besucherinnen und Besucher (nicht Hotelgäste) zahlen € 3 als Eintritt für den Innenhof der Burg. Bei einem Besuch des Biergartens bekommen Sie dafür ein Freigetränk.

♦ Hertle Haus Hotel/Restaurant/Pizzeria, Egelseestraße 4, ☏ 090 80/923 46 70, massimososteria@gmail.com, www.hotel-hertle-haus-ristorante-pizzeria.eatbu.com, ÜF DZ € 80-90, EZ € 50, Di-Do 17:00-22:30, Fr-So 11:00-14:30 und 17:00-22:30, Mo Ruhetag

♦ Hotel/Restaurant Straussen, Marktplatz 2, ☏ 090 80/13 98, info@hotel-straussen.de, www.hotel-straussen.de, ÜF DZ ab € 60, EZ € 45, Di-Sa 7:00-23:00, So 7:00-16:00, Mo Ruhetag

♦ Goldenes Lamm Hotel/Restaurant, Marktplatz 15, ☏ 090 80/14 22, info@lamm-harburg.de, www.lamm-harburg.de, schön gelegen, ÜF DZ ab € 67, EZ € 45, So-Fr geöffnet, Sa Ruhetag, Do bis 15:00 geöffnet

Café Bagatelle u. Café/Pension Moserhaus, Marktplatz 5, ☏ 090 80/92 37 42, moserhaus-harburg@t-online.de, www.bagatelle-harburg.de, ÜF DZ € 70, EZ ab € 26, Mo-Fr 17:00-22:00, Sa und So 16:00-22:00

Café Käferlein, Marktplatz 3, ☏ 090 80/14 37, Di-So14:00-18:00; Mi-Sa auch 8:00-12:00

⌘ Harburg, ☏ 090 80/968 60 (für Führungen), www.burg-harburg.de, 10:00-17:00 (Führungen nur März-November), Erwachsene € 4, Warnecke-Ausstellung Erwachsen € 2

Richtung Donauwörth, Mönchsdeggingen

Das provinzielle Harburg liegt idyllisch am Rande des Rieskraters und wird auch als Tor zum Ries bezeichnet. Die sehenswerte Altstadt mit engen Gassen, Fachwerkhäusern, einladenden Cafés und Restaurants sind einen Besuch wert. Über der Altstadt steht weithin sichtbar die aufwendig restaurierte Burganlage, deren Geschichte bis in die Römerzeit zurückreicht. Sie ist eine der größten und besterhaltenen Anlagen ihrer Art in Süddeutschland. Beim Eintreten ins Innere des Burghofs durchschreiten Sie das Schlosshoftor mit seinem hölzernen Fallgatter. Vom äußeren Burghof aus gelangen Sie durch eine schmale Tür hinaus ins Freie, wo sich lohnende Ausblicke auf die Stadt ergeben.

500 m nach dem Aussichtspunkt stehen Sie direkt vor den Toren der Burg. Von der gut erhaltenen Burganlage führt der Weg zu einem Parkplatz. Dort folgen Sie der Straße rechts entlang des Planetenweges, der parallel zur Straße über eine schöne Heidelandschaft bis zum Bockberg ❻ verläuft.

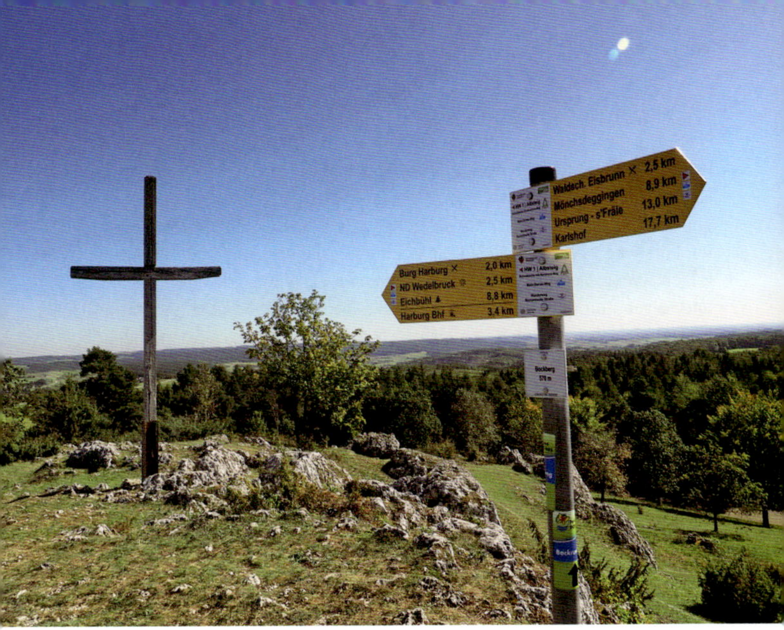

Aussichtspunkt Bockberg

Vom „Bock", der höchsten Erhebung dieser Etappe, ist der Blick ins Ries bis nach Nördlingen an klaren Tagen fantastisch. Im Osten beginnt ein Teil des fränkischen Juras, im Nordwesten breitet sich der Schwäbische Jura aus und im Süden erkennt man noch Donauwörth. Von dort geht der HW1 hinunter zu einer Landstraße, wo er links in den Wald abbiegt. Sie gelangen so zur idyllisch gelegenen ✕ Schenke Eisbrunn ❼, einem Gasthaus mit Biergarten.

✕ Waldschänke Eisbrunn, ☏ 090 80/923 91 00, www.eisbrunn-harburg.de,
Mai-Okt Mi-Mo ab 10:00, Di Ruhetag

Ab der Waldschänke führt ein 6 km langer Weg durch den Wald bis nach Mönchsdeggingen. Der HW1 kreuzt dabei die Verbindungsstraße zwischen Schaffhausen und Mönchsdeggingen. Sie queren nun die Straße und gehen auf breiten Wegen hinab nach Mönchsdeggingen, dem heutigen Tagesziel.

Trotz der ausreichend vorhandenen Beschilderung ist es vor allem in den Waldabschnitten ratsam, sehr genau auf die Beschilderung zu achten, da immer wieder Forstwege abzweigen und Sie sich dadurch trotzdem verlaufen können.

2 km nach der Verbindungsstraße gelangen Sie zu einer Weggabelung, wo ein Abstecher nach Untermagerbein möglich ist. Wenn Sie hier links auf den breiten Schotterweg abbiegen, gelangen Sie nach 650 m zu einer weiteren Gabelung. Hier schlagen Sie den linken Weg ein und halten sich an der folgenden Abzweigung nach knapp 70 m rechts. Es geht stetig bergab. Sie spazieren auf dem breiten Forstweg weiter und gelangen nochmals zu einer Abzweigung, der Sie rechts folgen. Wenn Sie zum Waldrand gelangen sehen Sie bereits linker Hand das Dorf und folgen nun dem breiten Weg, bis Sie die Landstraße überqueren und Untermagerbein erreicht haben, wo sich rechts das Gasthaus zur Sonne befindet.

Gasthaus zur Sonne, Untermagerbein 16, ☎ 090 88/292, mail@landgasthaus-sonne.de, www.landgasthaus-sonne.de, Di, Fr-So ab 9:30, Do ab 17:30, Sa nur bis 12:00, Mo, Mi Ruhetag

Die Etappe endet direkt bei der Klosteranlage von Mönchsdeggingen.

Klosteranlage von Mönchsdeggingen

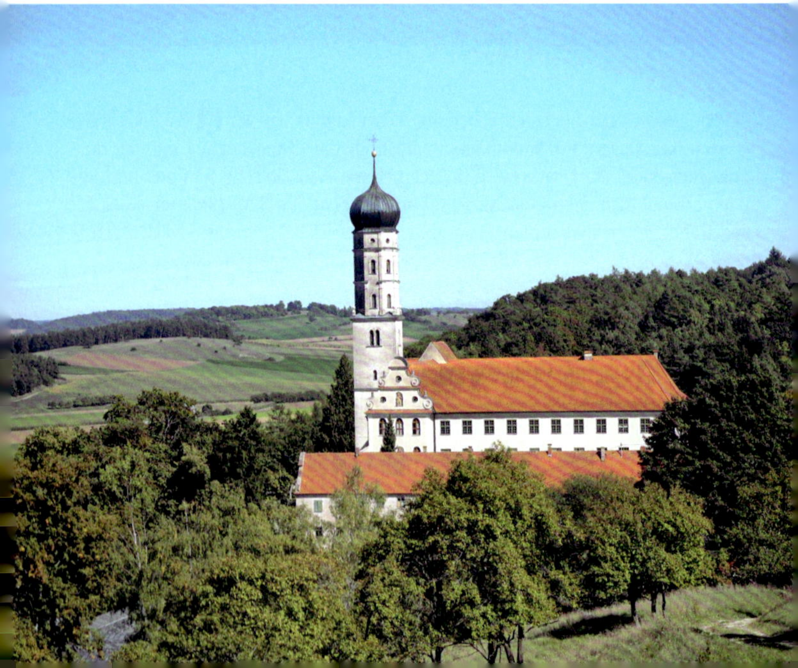

Mönchsdeggingen 86655, 1.400 Einw.

(i) Schautafel am Ortseingang mit Hinweisen über freie Zimmer, www.moenchsdeggingen.de

Pension und Gasthof am Buchberg, Albstraße 36, ☎ 090 88/700, eberhardt.hanna@t-online.de, ÜF DZ € 80, EZ € 41

Richtung Harburg

Das Dorf ist hübsch am Riesrand gelegen, umgeben von ausgedehnten Wäldern und viel Heidelandschaft. Das Benediktinerkloster mit der barocken Wallfahrtskirche hat eine über 1.000-jährige Tradition.

Eine weitere Übernachtungsmöglichkeit gibt es in Ziswingen, 1,5 km von Mönchsdeggingen gelegen. Sie gehen die Klosterstraße hinab, bis Sie auf die Albstraße treffen und dieser rechts bis nach Ziswingen folgen. Am Ortseingang befindet sich der Biolandhof Strauß.

Biolandhof Strauß, Ziswingen 21, ☎ 090 88/327, biohof-strauss@web.de, www.biohof-strauss.de, Doppelzimmer, ÜF DZ € 60

2. Etappe: Mönchsdeggingen – Bopfingen

26,7 km, 8 Std. 10 Min., ↑ 576 m, ↓ 543 m, ⇧ 431-652 m

0,0 km	⇧ 477 m	Mönchsdeggingen (i)
4,0 km	⇧ 450 m	Bautenbachursprung
8,3 km	⇧ 490 m	Karlshof
9,4 km	⇧ 462 m	Anhausen
10,5 km	⇧ 466 m	Christgarten
13,3 km	⇧ 609 m	Abzweig nach Schweindorf 1,4 km,
18,3 km	⇧ 635 m	Abzweig zum Campingplatz Ringlesmühle 1,9 km,
18,6 km	⇧ 652 m	Ohrengipfel
20,8 km	⇧ 520 m	Röhrbach
22,7 km	⇧ 605 m	Mutterbuche
23,6 km	⇧ 529 m	Abzweig nach Trochtelfingen (Gasthaus Lamm) 3,3 km
26,7 km	⇧ 480 m	Bopfingen

Entlang des Riesrands führt dieser Wegabschnitt bis zu den keltischen Wallanlagen des nordöstlichsten Zeugenbergs Ipf. Auch wenn der Gipfel des Bergs etwas abseits des HW1 liegt, lohnt es sich, den formschönen Berg zu besteigen.

Der Aufstieg geht durch eine naturgeschützte Heidelandschaft und wird mit einem Ausblick weit über das Ries hinaus belohnt – wunderschön! Die einfache Etappe mit vergleichsweise moderaten Steigungen ist lang, kann aber mit einer Zwischenübernachtung in Schweindorf um etwa 10 km verkürzt werden.

Die Etappe beginnt vor dem Kloster. Von dort führt die Route oberhalb von Mönchsdeggingen auf dem Theodor-Weidner-Weg vorbei an einem schönen Aussichtspunkt. Nach wenigen Metern biegen Sie nach rechts ab, bis Sie die Landstraße queren. Sie gelangen zur Straße Am Riesblick, der Sie für wenige Meter folgen, und dann links in einen Schotterweg einbiegen. Mönchsdeggingen kehren Sie nun den Rücken und laufen 4 km lang auf einem ebenerdigen Waldweg, bis Sie schließlich den Bautenbachursprung ❶ erreichen.

Nach der Quelle überqueren Sie die Straße zwischen Hohenaltheim und Thalheim und folgen dem Weg entlang des Waldrandes bis zum Forsthaus, wo er rechts nach Karlshof ❷ abzweigt. Am Ortseingang bietet sich eine Feuerstelle für eine Rast an. Etwa 300 m nach dem Dorf führt der Weg links hinauf zum Wald. Entlang des Waldrandes gelangen Sie nach weiteren 500 m zum Weiler Anhausen. Sie gehen weiter, immer am Waldrand entlang. Rechts erblicken Sie die Hoppelmühle und kurz darauf gelangen Sie nach Christgarten ❸. Dort überqueren Sie den Bach zum ehemaligen Gasthaus Schwan, wo der Weg gegenüber durch ein Gatter in ein Wildgehege führt.

Wildgehege Christgarten, Hunde müssen an die Leine genommen werden, es wohnen hier viele Wildschweine!

Auf den folgenden 3 km sollten Sie die Augen offen halten, denn mit etwas Glück können Sie Wildschweine aus nächster Nähe betrachten. Nach einem Aufstieg von 150 Höhenmetern folgen Sie auf der bewaldeten Hochfläche dem Wegweiser und verlassen das eingezäunte Wildgehege.

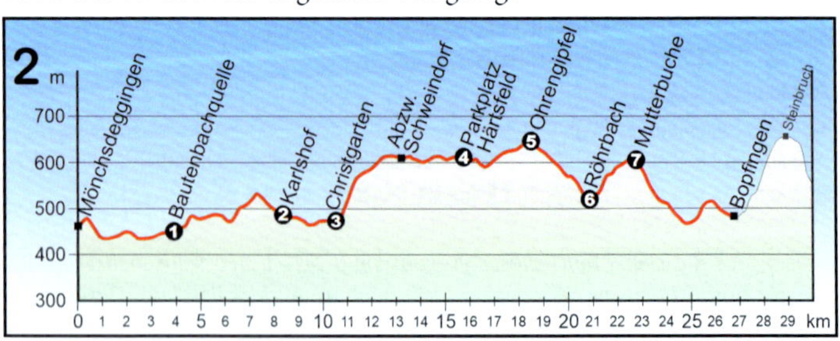

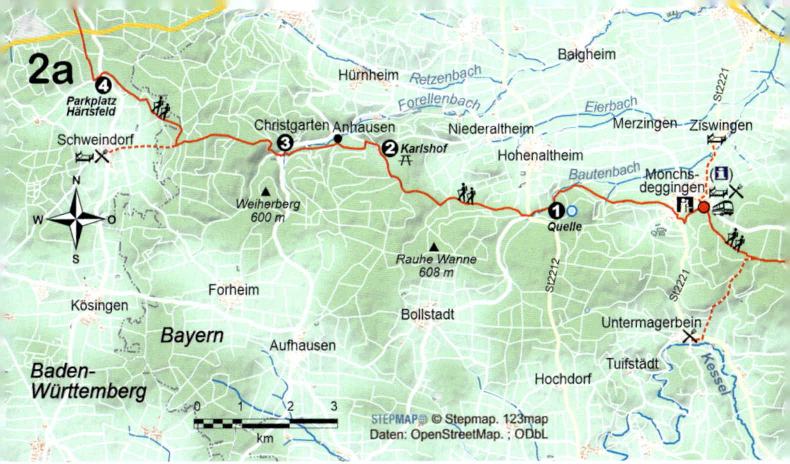

Ein schöner Waldweg führt Sie aus dem Wald hinaus. Anschließend biegen Sie rechts ab und überqueren eine Wiese.

⇨ Wenn Sie nach Schweindorf wollen, folgen Sie, wenn Sie aus dem Wald herauskommen, dem Weg geradeaus, von wo aus Sie das Dorf bereits sehen. Am Rand der Ortschaft befindet sich eine Hüle. Über den Mühlweg gelangen Sie nach Schweindorf.

Schweindorf

🛏 ✕ ✉ 73450, 256 Einw.

🛏 Gasthaus/Pension Herz, Torweg 18, ☎ 073 26/62 26, ☺ einfach, aber herzlich!, ab € 20

✕ Gasthaus Hirsch, Riesstraße 26, ☎ 073 26/64 54, ✉ info@schweindorferhirsch.de, 💻 www.schweindorferhirsch.de, 🚪 Mo, Di, Do-Sa 11:30-14:00, So und Feiertage 11:00-15:00 und 17:00-20:00, Mi Ruhetag

Die evangelisch geprägte Dorfgemeinschaft inmitten des Härtsfelds gehört seit Anfang der 70er-Jahre zur Gemeinde Neresheim. Auf eine etwas längere Tradition blickt die Inhaberin des Gasthauses Hirsch zurück, die hier bereits in der vierten Generation seit über 300 Jahren das Wirtshaus betreibt. Neben einer guten schwäbischen Küche gehört auch eine Schnapsbrennerei dazu, in der aus regionalen Zutaten Spirituosen produziert werden.

Entlang des Waldrandes umgehen Sie den Weiler Schweindorf, der linker Hand zu sehen ist. Nachdem Sie die Landstraße zwischen Schweindorf und Untzmemmingen gequert haben, kommen Sie zum Parkplatz Härtsfeld ❹.

Sie folgen dem Waldweg rechts in den Wald hinein und überqueren nach 1 km die Schwäbische Albstraße (B466). Auf der gegenüberliegenden Straßenseite führt der Pfad weiter durch den Wald und zweigt dann am Wegweiser „Ohrengipfel“ links ab.

↬ Wenn Sie hier geradeaus weitergehen, gelangen Sie nach knapp 2 km zum Campingplatz Ringlesmühle.

⛺ Camping Ringlesmühle, 73469 Riesberg-Untzmemmingen, ☎ 073 62/213 77, ✉ info@ringlesmuehle.de, 💻 www.ringlesmuehle.de, naturbelassener Platz inmitten der Alblandschaft, mit Schwimmteich, Grillstelle, netter Service, Nacht € 5, Zelt € 3,50, 🚪 von Ostern bis Ende Oktober

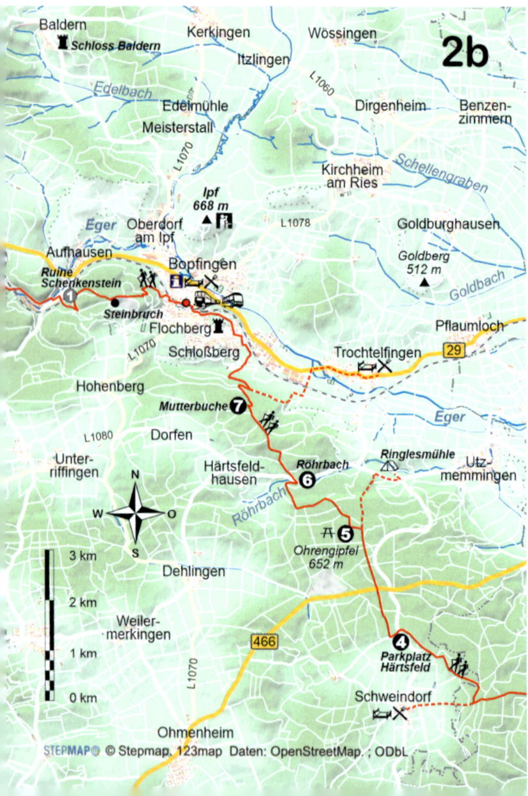

Sie gelangen nach wenigen Aufstiegsmetern auf die gleichnamige Bergkuppe ❺. Der HW1 führt über den bewaldeten, 652 m hohen Gipfel, wo einige Bänke zum Verweilen einladen. Vom Gipfelplateau geht es westwärts steil bergab durch den Wald bis zu einer Landstraße. Vor dem Wegweiser „Röhrbach“ ❻ überqueren Sie die Landstraße nach Härtsfeldhausen.

Ein knapp 2 km langer Schotterweg schlängelt sich durch ein ausgedehntes Waldgebiet. Die Markierungen sind deutlich. Am Wegweiser „Mutterbuche“ ❼ biegen Sie rechts ab und gehen dann links den Berg hinunter.

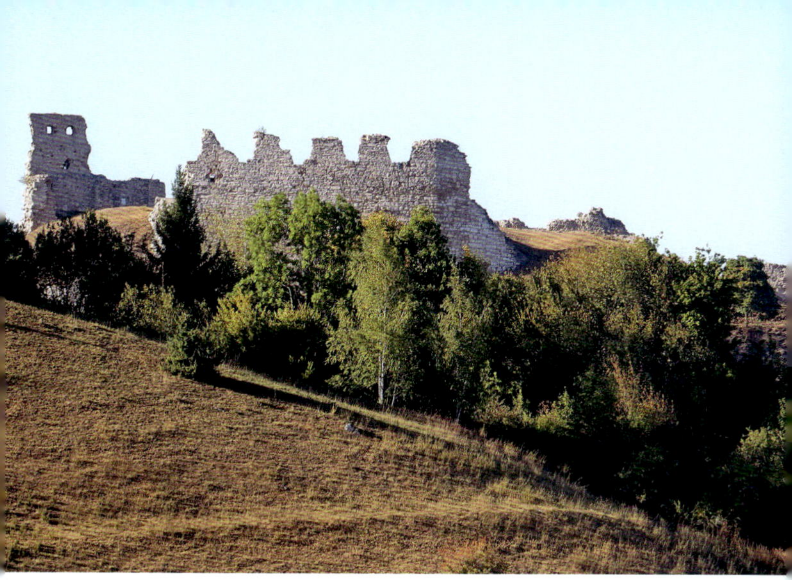

Ruine Flochberg

↳ Sie können einen Abstecher nach Trochtelfingen zum Gasthaus Lamm machen. Nach dem Wegweiser „Mutterbuche" gehen Sie vor der zweiten Linkskurve etwa 700 m geradeaus und dann links den Berg hinunter. Sie unterqueren die Bahnlinie und gelangen dann zur Hauptstraße, der Sie rechts folgen. Sie erreichen nach insgesamt 2 km das Dorf Trochtelfingen. Dort gibt es im Gasthaus Lamm neben gutem Essen auch schöne Fremdenzimmer.

Gasthaus Lamm, Ostalbstraße 115, Trochtelfingen, ☎ 073 62/40 01, info@hotel-gasthof-zum-lamm.de, www.hotel-gasthof-zum-lamm.de, sehr schöne Zimmer, gutes Essen, ÜF DZ € 75, EZ € 45, Mo-Do, Sa und So ab 17:00, So auch 11:00-14:00, Fr Ruhetag

Am Ende des Waldes wartet ein schöner Ausblick auf die Ruine Flochberg. Dahinter versteckt sich der Ipf und im Tal liegen die Häuser von Schloss- und Flochberg. Der Weg führt zwischen Feldern rechts am Weiler Heidmühle vorbei und läuft direkt auf den Ortsteil Flochberg zu. Ein Besuch der Ruine Flochberg ist lohnenswert, weil Sie von dort eine gute Aussicht auf den Ipf und das Ries haben. Über den Stauferweg gelangen Sie zur Bahnhofstraße. Sie unterqueren die Bahnlinie und biegen links zum Bahnhofsgebäude ab, wo schließlich diese Etappe endet.

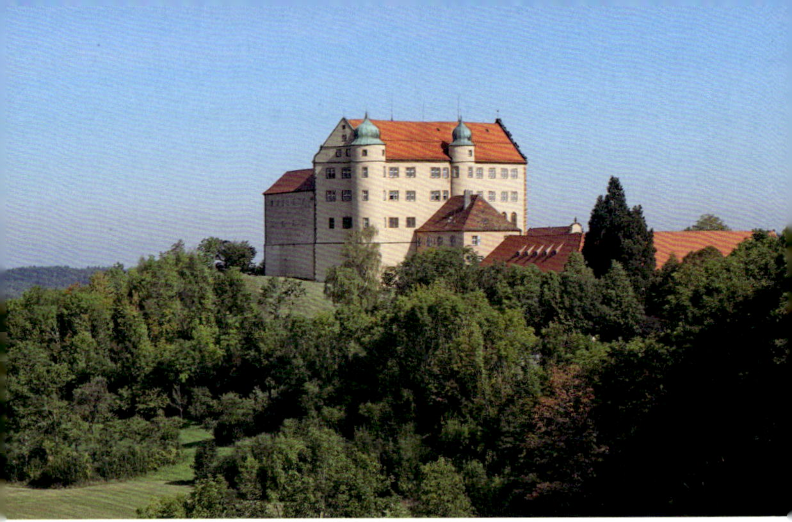

Kapfenburg

Bopfingen

73441, 12.000 Einw.

Ries-Ostalb Touristikverein e. V., Marktplatz 1, ☏ 073 62/801 60, tourismus@bopfingen.de, www.ries-ostalb.de oder www.bopfingen.de, Mo-Fr 8:00-12:00, Di 14:00-17:00, Do 14:00-18:00

Hotel/Restaurant Sonnenwirt, Hauptstraße 20, ☏ 073 62/960 60, info@zum-sonnenwirt.de, www.zum-sonnenwirt.de, ÜF DZ € 120, EZ € 80, täglich 11:00-14:00 und ab 17:30

♦ Gasthof Krone, Bergstraße 116, ☏ 073 62/34 45, info@krone-flochberg.de, www.krone-flochberg.de, ÜF DZ € 60, EZ € 30, Di-Fr 17:00-23:00, Sa und So ab 11:00

Hotel Dietz, Hauptstraße 63, ☏ 073 62/204 01 07, info@hotel-dietz.de, www.hotel-dietz.de, ÜF DZ € 98, EZ € 62

Kreuz und Quer, Ipftreff 2, ☏ 073 62/923 86 00, täglich 11:00-23:00

♦ Maricas Bürgerstüble, Schmiedgasse 9, ☏ 073 62/35 37, Mo-Sa 11:00-22:00, So 9:00-13:00

⌘ Museum im Seelhaus, Archäologie und Geschichte im Raum Bopfingen, Spitalplatz 1, ☏ 073 62/38 55, Eintritt € 2, März-Okt Di-Fr 14:00-16:00, Sa, So bis 17:00, sonst nur am Wochenende und Feiertagen 14:00-17:00

mehrmals täglich in Richtung Nördlingen, Donauwörth, Aalen

täglich nach Nördlingen, Aalen

Der 668 m hohe, kegelförmige Zeugenberg Ipf ist das Wahrzeichen Bopfingens und steht unter Naturschutz. Auch kulturgeschichtlich ist er bedeutsam, da Untersuchungen der Wallanlagen am Gipfelplateau und Ausgrabungen belegen, dass er bereits in der Jungsteinzeit (4000 v. Chr.) als Siedlungsgebiet genutzt wurde. Die Aussicht vom Gipfel ist beeindruckend. Im Westen erblicken Sie die Kapfenburg, im Süden breitet sich die Albhochfläche aus und im Osten schweift der Blick über die Weiten des Ries. Der Ipf markiert den nordöstlichsten Punkt der Alb. Besonders schön ist der Berg von der Ruine Flochberg aus zu sehen. Die Ruine selbst erhebt sich auf einem Kalksteinfelsen, der durch den Meteoriteneinschlag im Ries hierhergeschleudert wurde. Als 1722 erste Ansiedlungen im Umland der Burg entstanden, wurden Steine der Ruine verarbeitet. Heute künden noch einige Mauerreste von der ehemaligen Burg, die als stumme Überbleibsel auf dem Felsen in den Himmel ragen.

☺ Mit dem Bus ist das Schloss Baldern von Bopfingen aus erreichbar.

Schloss Baldern, geschichtsträchtiges Barockschloss, Schlossparkstraße 12, 73441 Bopfingen-Baldern, ☏ 073 62/96 88-0, schlossbaldern@fuerstwallerstein.de, www.fuerstwallerstein.de, März-Okt Di-So 9:00-17:00

3. Etappe: Bopfingen – Unterkochen

26,8 km, 8 Std. 15 Min., ↑ 570 m, ↓ 580m, ⇧ 475-719 m

0,0 km	⇧ 480 m	Bopfingen
3,0 km	⇧ 570 m	Ruine Schenkenstein
5,0 km	⇧ 520 m	Egerquelle
8,3 km	⇧ 640 m	Schöner Stein
9,5 km	⇧ 637 m	Abzweig nach Lauchheim 2,1 km,
11,8 km	⇧ 640 m	Hülen, Kapfenburg
14,5 km	⇧ 660 m	Spindelhau
16,5 km	⇧ 718 m	Abzweig zum Naturfreundehaus Braunen Berg 2,6 km,
18,9 km	⇧ 650 m	Simmisweiler
21,8 km	⇧ 680 m	Parkplatz Vierwegzeiger bei Brastelburg 1 km,
23,8 km	⇧ 535 m	Ursprung Weißer Kocher
26,8 km	⇧ 480 m	Unterkochen

Die Höhendifferenzen nehmen im Vergleich zu den vorangegangenen Etappen zu, daher sind etwas anstrengendere Auf- und Abstiege zu bewältigen. Dennoch ist diese Etappe als leicht einzustufen. Die Strecke verläuft durch ausgedehnte Waldgebiete, vorbei an einigen schönen Aussichtspunkten wie der Ruine Schenkenstein oder der Kapfenburg. Traumhaft gelegene Rastplätze wie beispielsweise am Kocherursprung laden zum Verweilen ein. Wem die Etappe dennoch zu lang ist, der hat in Hülen oder in Brastelburg die Möglichkeit, eine Unterkunft zu finden.

Ausgangspunkt ist der Bopfinger Bahnhof, den Sie geradeaus passieren. Sie gelangen zu einem kleinen Park. Durch eine schmale Unterführung geht es unter den Bahngleisen hindurch und anschließend rechts bergauf. Direkt vor den Gleisen biegen Sie links ab und gehen dann nochmals links auf den steil nach oben führenden Sandbergweg. Dann folgen Sie dem Weg über eine Wiese bis in den Wald hinein, wo es auf einem schmalen Trampelpfad weitergeht. Nach einigen Minuten trifft der Pfad auf einen breiteren Schotterweg, dem Sie zunächst nach rechts und an der folgenden Weggabelung nach links folgen. Hier sollten Sie genau auf die Wegmarkierungen achten, um nach wenigen Metern den schmalen Weg bergauf nicht zu verpassen.

An warmen Tagen sonnen sich hier jede Menge Zecken auf den langen Grashalmen.

Den Gipfel des Sandbergs erreichen Sie nach etwa 2 km in der Nähe eines Steinbruchs.

Nach etwa 300 m entlang des Steinbruchs folgen Sie den Markierungen nach rechts in den Wald hinein. Von hier gehen Sie bergab in Richtung Aufhausen. Dabei kommen Sie an der Ruine Schenkenstein ❶, einem lohnenden Aussichtspunkt, vorbei. Weiter unten am Ortsrand befindet sich links des Weges ein jüdischer Friedhof, dann erreichen Sie über die Schenkensteinstraße Aufhausen.

Anschließend gehen Sie links auf der Michelfelderstraße entlang und biegen rechts bei der Walkmühle in den Quellweg ein. Nach 250 m stoßen Sie auf den Sachsenbergweg und wandern auf diesem an einer großen Holzfabrik vorbei. Von hier gelangen Sie durch einen kurzen Tunnel zur Egerquelle. An mehreren Stellen sprudelt das klare Quellwasser aus dem Berg heraus und vereint sich zur Eger, die in Hoppingen in die Wörnitz mündet.

Nach der Quelle folgt die zweite Bergetappe des Tages in Richtung Tierstein. Der Weg führt links unterhalb des Aussichtspunktes Tierstein den Hang hinauf. Auf dem anschließenden Wegabschnitt vom Schönen Stein bis zur Kapfenburg sollten Sie trotz guter Beschilderung besonders genau auf die Markierungen achten. Hier verläuft ein verzweigtes Netz vieler Forstwege in alle Himmelsrichtungen, was leicht zu Orientierungsschwierigkeiten führen kann.

Am Wegweiser „Schöner Stein" ❷ und an der darauffolgenden Wegkreuzung befindet sich jeweils ein ⌂ Unterstand mit einer Sitzgelegenheit.

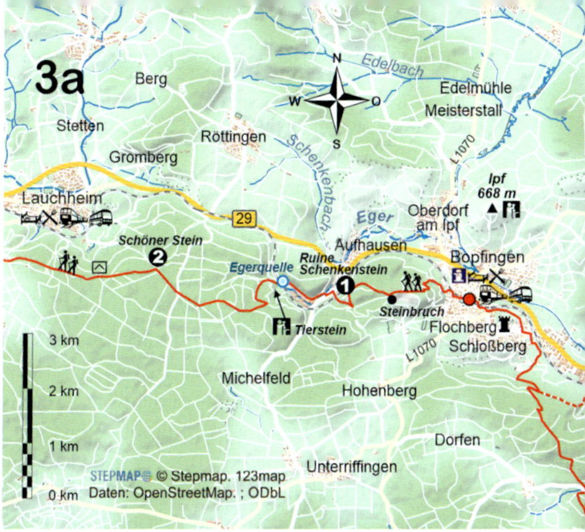

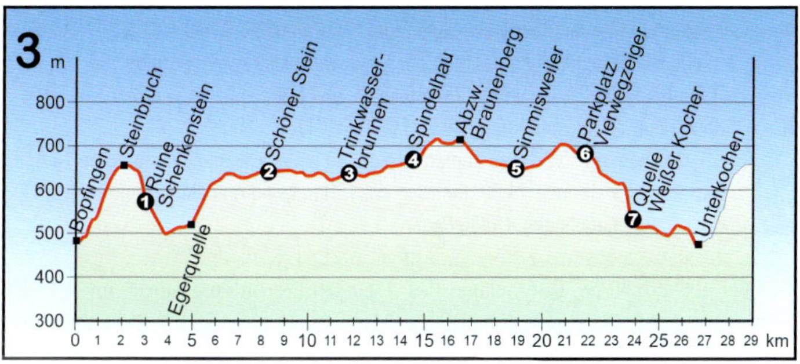

Nach etwas über 1 km nach dem Wegweiser „Schöner Stein" gelangen Sie zu einer weiteren Wegkreuzung mit ⌂ Schutzhütte. Wenn Sie hier halb rechts abbiegen, gelangen Sie auf der Kuhsteige, einem breit angelegten Forstweg, ins 2 km entfernte Lauchheim. Dazu bleiben Sie auf dem Schotterweg und halten sich an den Weggabelungen rechts. Es geht stetig bergab und der Weg ist praktisch nicht zu verfehlen.

Lauchheim 73466, 4.700 Einw.

Hotel Restaurant Roter Ochsen, Hauptstraße 24, ☎ 073 63/53 29,
info@roter-ochsen-lauchheim.de, www.roter-ochsen-lauchheim.de,
ÜF DZ € 94, EZ € 67, Di-So 9:30-14:30 und 17:30-22:00, Mo Ruhetag

Pizzeria Rose, Hauptstraße 4, 073 63/53 65, Do-Di 11:30-13:30 und 17:00-21:00, Mi Ruhetag

Café am Marktbrunnen, Hauptstraße 31, 073 63/95 38 33, Mo-Fr 6:00-18:00, Sa 6:00- 17:00, So 7:30-18:00

in Richtung Aalen, Unterkochen, Bopfingen, Donauwörth

in Richtung Bopfingen, Aalen, Hülen

Wenn Sie den Wald verlassen, blicken Sie auf das Dorf Hülen und gehen auf den dortigen Wanderparkplatz zu, wo sich ein Trinkwasserbrunnen befindet ❸. Rechts erhebt sich die Kapfenburg, die allein schon wegen der Aussicht in das weite Jagsttal einen Besuch wert ist (Kapf = Aussichtspunkt).

Hülen/Kapfenburg 73466, 630 Einw.

Gasthaus/Café Villing, Härtsfeldstraße 89, 073 63/65 11, Café-villing@web.de, Ü DZ € 60, EZ ab € 30, Di-So ab 12:00, Mo Ruhetag

Restaurant Fermata, Schloss Kapfenburg, 073 63/96 99 40, fermata@schloss-kapfenburg.de, www.schloss-kapfenburg.de, Do-Sa 17:30-21:30, So und Feiertage 11:30-21:30

Kapfenburg, Schlossführung, 073 63/96 18 17, zimmermann@schloss-kapfenburg.de, www.schloss-kapfenburg.de, April-Sep So und Feiertage 14:30, Führung ca. 1 Std., keine Anmeldung erforderlich

nach Aalen, Lauchheim, Unterkochen

Die gut erhaltene Burganlage des Deutschritterordens wurde im 13. Jh. erbaut. Sie wurde bis zur Auflösung des Ordens zu Beginn des 19. Jh. immer wieder baulich verändert und vereint dadurch mehrere Baustile in sich. Zu besichtigen ist heute der eindrucksvolle Rittersaal im Renaissancestil, mehrere Schauräume und ein kleines Museum. Von der Burg aus genießt man den Blick in die Weiten des Jagsttals und auf das direkt unter der Burg befindliche Lauchheim. Seit 1999 nutzt die Internationale Musikschulakademie Kulturzentrum Schloss Kapfenburg die historischen Räume zum Proben.

Von Hülen aus geht es weiter auf dem gepflasterten Tannwaldweg. Nach 2,5 km überqueren Sie die Brücke über die A7. An der Wegkreuzung Spindelhau ❹ geht es rechts leicht bergauf weiter in Richtung Kocherursprung. Der Wegverlauf ist nun identisch mit dem HW4. Nach einer Weggabelung folgen Sie dem Buchhauweg, bis Sie an einer weiteren Kreuzung zu einem kleinen Unterstand gelangen.

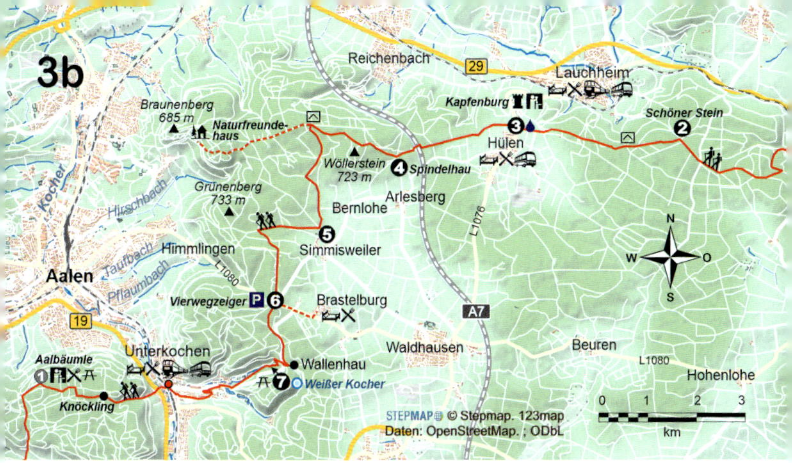

↳ Wenn Sie im Naturfreundehaus Braunenberg übernachten wollen, folgen Sie hier einfach den Wegweisern. Sie erreichen das Naturfreundehaus nach 2,6 km.

Naturfreundehaus Braunenberg, Braunenberg 4, ☎ 073 61/714 74, info@naturfreundehaus-braunenberg.net, www.naturfreundehaus-braunenberg.net, ÜF DZ € 56, EZ € 28, Do und Fr 14:00-22:00, Sa und So 11:00-22:00

Der HW1 führt von dem kleinen Unterstand links bergab, entlang eines etwas verwilderten Weges. Sie queren einen Schotterweg und gehen geradeaus weiter bis zum Simmisweg. Bald darauf verlassen Sie den Wald und gehen am Waldrand entlang bis zu einem Wanderparkplatz kurz vor Simmisweiler ❺. Der Weg schlängelt sich ab hier etwa 3 km weit durch den Wald, bis Sie vor der Landstraße nach Aalen den Parkplatz Vierwegzeiger ❻ erreichen.

↳ Das Dorf Brastelburg liegt etwa 1 km östlich des Parkplatzes. Falls Sie sich dort für eine Übernachtung oder eine Pause entscheiden, finden Sie im Gasthof Zum Weißen Rössle eine Unterkunft mit Restaurant. Dazu folgen Sie der L1080 etwa 800 m, bis Sie links über die Ettenbergstraße ins Dorf gelangen.

Gasthof Zum Weißen Rössle, Ettenbergstraße 21, 73432 Aalen/Brastelburg, ☎ 073 67/92 13 90, info@weisses-roessle.de, www.weisses-roessle.de, ÜF DZ ab € 82, EZ ab € 55, Mi-So 11:00-14:00 und 17:00-23:00

Wenn Sie auf dem HW1 bleiben, führt der Weg vom Parkplatz geradeaus weiter. Sie queren die L1080 und folgen den Markierungen den Hang hinunter bis zum Wegweiser „Wallenhau". Hier zweigt der Weg rechts ab und führt steil bergauf zu einer Straße. Auch diese wird überquert. Ein schmaler Waldweg führt talwärts zum Ursprung des Weißen Kochers ❼. Klares Wasser sprudelt aus dem Karstgestein und formt sich zu einem idyllischen Bach. Die ⛼ Bänke dort laden zum Betrachten der pittoresken Landschaft ein. Links der Quelle windet sich der HW1 dem heutigen Etappenziel Unterkochen entgegen. Sie erreichen die Ortschaft über die Waldhäuserstraße, rechts befindet sich das Läuterhäusle. Bei der großen Sporthalle biegen Sie links in den Roßbrunnenweg ein. Bevor der Weg in einer Sackgasse endet, gehen Sie nochmals links leicht bergan und treffen auf den Kutschenweg, der dann in die Elisabethenstraße mündet. Dieser folgen Sie, bis am Ende der Straße ein Fußweg links abzweigt und Sie über den Hinteren Kirchberg zur Heidenheimerstraße gelangen, der Sie rechts bis zum Gasthaus Adler folgen. Die Etappe endet schließlich am Rathausplatz, der sich gleich nach dem Gasthaus anschließt.

Beim Kocherursprung

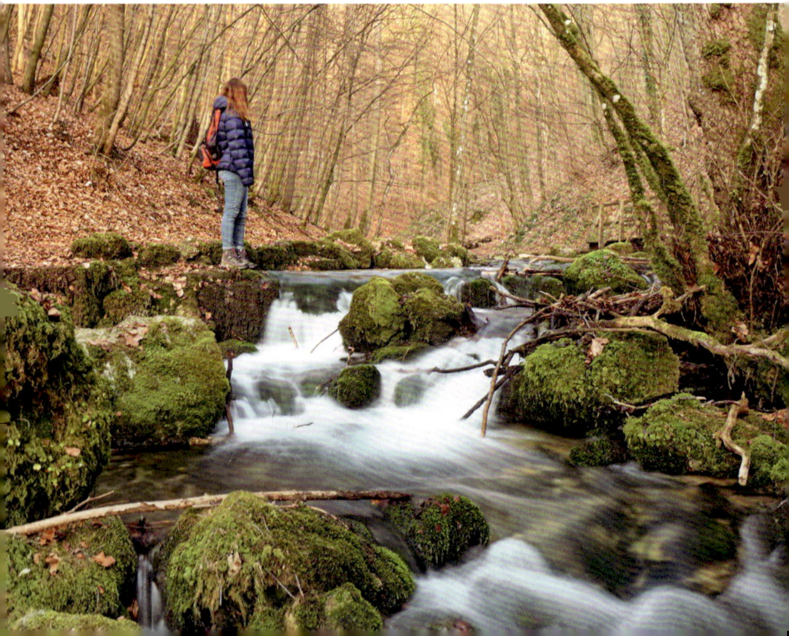

Unterkochen 73432, 5.000 Einw.

Hotel Goldenes Lamm, Kocherstraße 8, 073 61/986 80, info@das-goldene-lamm.de, www.das-goldene-lamm.de, ÜF DZ € 115, EZ € 60, Mo-Sa 18:00-22:30, So 10:30-14:00

♦ Hotel Läuterhäusle, Waldhäuserstraße 109, direkt am HW1, 073 61/988 90, info@laeuterhaeusle.de, www.laeuterhaeusle.de, ÜF DZ € ab 86, EZ ab € 60, Di-Do 12:00-21:00, Fr ab 17:30, So ab 11:30, Mo und Sa Ruhetag

Hotel Garni Stütz, Heidenheimerstraße 3, 073 61/921 98 75, info@gaestehaus-stuetz.de, www.gaestehaus-stuetz.de, ÜF DZ € 65, EZ € 45

Gasthaus Adler/Yamas, Heidenheimerstraße 2, 073 61/809 77 99, info@yamas-adler.de, www.yamas-adler.de, griechisches Restaurant, Di-So 11:30-14:00 und 17:00-22:00

♦ Ankerstuben, Heidenheimerstraße 12, 073 61/914 36 34, täglich 10:00-23:00

♦ Naturfreundehaus, Am Brand 1, 073 61/84 28, Mi 14:00-22:00, Sa 11:00-22:00, So 10:00-22:00

tägliche Verbindungen nach Aalen, Ulm, Langenau, Heidenheim

nach Aalen/Heidenheim

Unterkochen ist ein Stadtbezirk Aalens und liegt etwa 4 km in südöstlicher Richtung der Kreisstadt. Besonders schön ist in Unterkochen vor allem der Ursprung des Flusses Weißer Kocher. In Oberkochen entspring der Schwarze Kocher, beide Flüsse fließen nahe der Bahnstrecke in Unterkochen zusammen und bilden den Kocher.

4. Etappe: Unterkochen – Heubach

21,2 km, 6 Std. 45 Min., 600 m, 605 m, 475-738 m

0,0 km	478 m	Unterkochen
3,0 km	670 m	Aalbäumle
6,5 km	740 m	Volkmarsberg
10,7 km	680 m	Tauchenweiler
15,0 km	680 m	Lauterburg
17,8 km	730 m	Rastplatz mit Feuerstelle
18,6 km	675 m	Parkplatz
18,7 km	677 m	Abzweig Variante Bergplateau 2,6 km
19,8 km	680 m	Ruine Rosenstein
21,2 km	475 m	Heubach, Abzweig Naturfreundehaus Himmelreich 3,5 km,

Die Höhenunterschiede werden nochmals größer und die Hügel sowie die Zwischenanstiege zahlreicher. Die Alb nimmt spektakulärere Formen an. Sie haben anstrengende, aber vor allem lohnenswerte Etappen vor sich. Es gibt zwei Aussichtstürme: das Aalbäumle und der Turm auf dem Volkmarsberg. Beide bieten eine spektakuläre Sicht über die Weiten des Albvorlandes.

Die Tour beginnt am Rathausplatz unweit des Bahnhofs. Am Rathaus führt eine Unterführung auf die andere Seite der Bahnlinie. Direkt dahinter verläuft die Strecke rechts, dann bei der ersten Abzweigung nach links und folgt schließlich der Markierung zu einem weiteren Fußgängertunnel unter der B19 hindurch.

Dort beginnt ab der Knöcklingstraße der erste steile Aufstieg in Richtung Aalbäumle. Am Wegweiser „Knöckling" queren Sie einen Schotterweg und folgen den Schildern in Richtung Aalbäumle. Ein schöner Wald- und Wiesenweg führt Sie direkt zum markanten Aussichtsturm Aalbäumle ❶. Dort gibt es einen ⩫ Grillplatz und an Sonn- und Feiertagen unterhält die Stadt Aalen ein Wirtshaus, wo Sie einfache Speisen und Getränke bekommen.

Von der Plattform des 1992 erbauten Aussichtsturms können Sie sich einen guten Überblick über den weiteren Wegverlauf verschaffen. Im Tal sehen Sie die berühmten Limesthermen von Aalen, rechts blicken Sie auf die Kreisstadt und dahinter breitet sich die weite Fläche des Albvorlandes aus.

✕ Aalbäumle, ☏ 073 64/62 99, So und Feiertage 10:00-18:00

Vom Turm aus geht es nun links auf einem breiten Schotterweg bis ins ruhige Wolfertstal hinunter. Im Talgrund treffen Sie auf einen weiteren Schotterweg und verlassen diesen wieder über eine Wiese. Dann geht es wieder auf einem Schotterweg hinauf zum Volkmarsberg ❷. Vom Tal bis zum Plateau des schönen Aussichtsberges sind es etwa 220 Höhenmeter.

Am Gipfel des Berges befindet sich auch ein Aussichtsturm, der aufgrund der großartigen Weitsicht ebenfalls einen Besuch wert ist. An klaren Tagen ist es sogar möglich, die Allgäuer Alpen, das Wettersteingebirge mit der Zugspitze und Teile der Schweizer Alpen zu sehen. Das Bergplateau ziert eine wunderschöne Wacholder Heide mit einer Gaststätte des Albvereins und ⩫ Feuerstellen nahe der Vereinshütte.

✕ Volkmarsberg, Schutzhütte des SAV, ☏ 073 64/56 64, volkmarsbergtermin@web.de, www.albverein-oberkochen.de, einfache Speisen, Sa 13:00-20:00, So und Feiertage 10:00-18:00

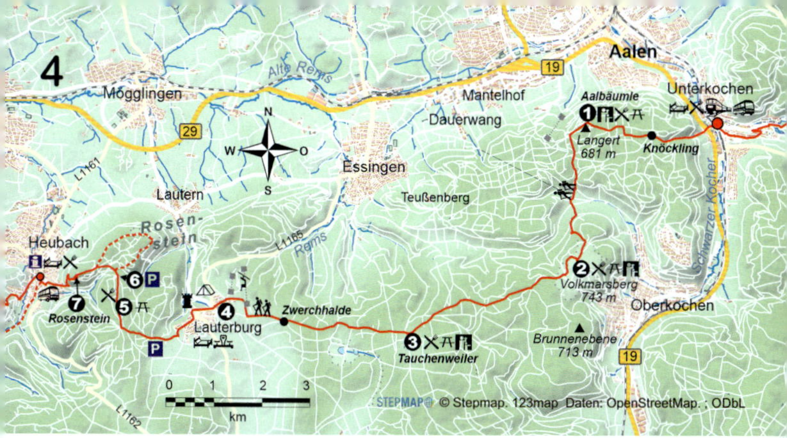

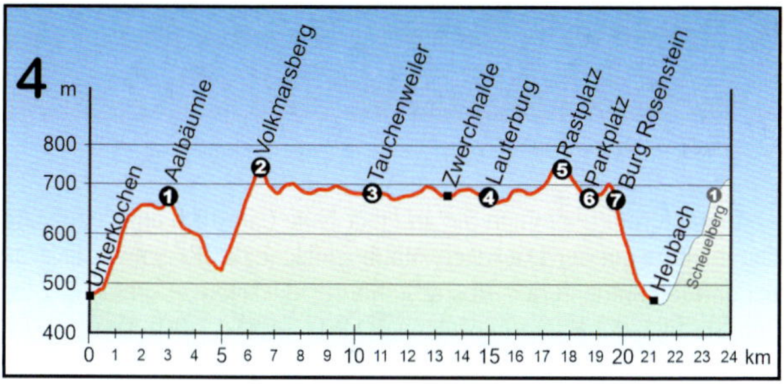

Der HW1 verläuft vom Turm aus zunächst den Volkmarsberg hinab und an der ersten Kreuzung geradewegs weiter. Bevor Sie zu einer T-Kreuzung gelangen, wenden Sie sich nach rechts und folgen auf vergleichsweise ebenem Gelände dem gut markierten Waldweg bis zur Einkehr Tauchenweiler ❸, einer gut besuchten Gaststätte mit einem von Kastanienbäumen umgebenen Biergarten. Besonders empfehlenswert sind hier die Forellen aus eigener Zucht.

✕ Ⲡ Tauchenweiler, Gaststätte mit Biergarten, ☏ 073 65/55 13, Mi-Sa 11:00-21:00, So 10:00-20:00

Bei der Gaststätte Tauchenweiler folgen Sie dem Weg geradeaus weiter. Schöne Wald- und Wiesenwege führen über die bewaldete Albhochfläche. Am Wegweiser „Zwerchhalde“ folgen Sie den Markierungen in Richtung Heubach. Nach wenigen Metern sehen Sie einen Skilift und das Dorf Lauterburg ❹, das Sie bald darauf erreichen.

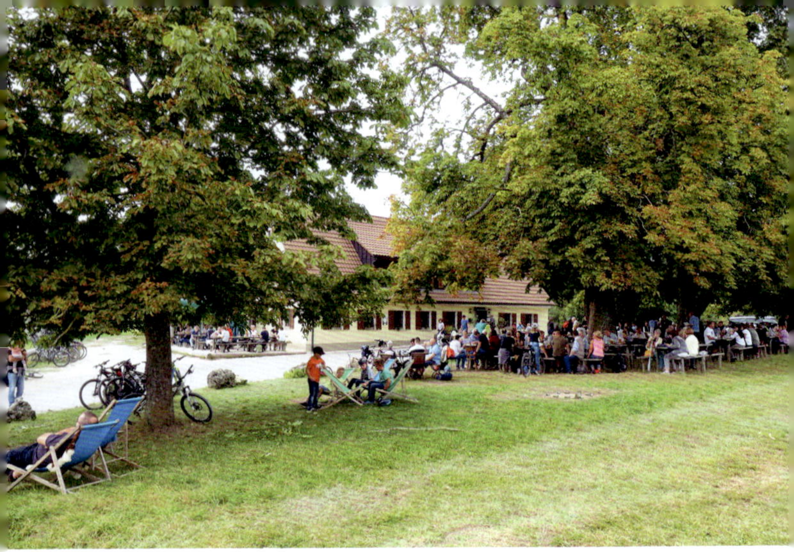

Gaststätte Tauchenweiler

In Lauterburg kommen Sie an einer Hüle (künstlich angelegtes Wasserbecken, damit wurde auf der trockenen Albhhochfläche das Regenwasser gesammelt) vorbei und folgen dann der Albstraße bis zur Bäckergasse. Passend zum Namen finden Sie hier die Bäckerei Maier (Mi-Fr 6:00-17:00, Sa 6:00-12:00), wo es das bekannte und sehr empfehlenswerte Lauterburger Holzbackofenbrot aus eigener Herstellung gibt.

Lauterburg 73457, 750 Einw.

Gästehaus Gabriele, Bäckergasse 13, 073 65/96 40 78, 01 51/53 21 74 55, info@pension-lauterburg.de, www.pension-lauterburg.de, Preis auf Anfrage

Campingplatz Hirtenteich, Hasenweide 2, 073 65/296, info@campingplatz-hirtenteich.de, www.hirtenteich.camp, Zeltstellplatz € 5, Erw. € 6, Übernachtung im Schlaffass € 28

Von der namensgebenden Lauterburg, die bereits Mitte des 12. Jh. erbaut wurde, sind nur noch die Umfassungsmauern, das Torhaus und die Schlosskirche erhalten. Obwohl die Schlosskirche 2015-2017 renoviert wurde, ist der Zutritt zur Ruine wegen Einsturzgefahr derzeit nicht gestattet. Rund um die Burg hat sich im Lauf der Jahrhunderte die gleichnamige Ortschaft Lauterburg gebildet, die heute zur Gemeinde Essingen gehört.

Lauterburg verlassen Sie über den Heubacher Weg und gelangen dann zum Wanderparkplatz Löchle. Hier führt der Weg in den Wald hinein. Nach etwa 800 m kommen Sie an einen schönen ⛼ Rastplatz ❺ mit Feuerstelle, der sich auch für eine Nacht unter freiem Himmel anbietet.

Einige Meter weiter befindet sich linker Hand die Hütte des Schwäbischen Albvereins Heubach. An Wochenenden gibt es hier Getränke und eine kleine Auswahl an warmen und kalten Gerichten.

✕ SAV-Hütte Heubach, ☏ 071 73/81 11, 💻 www.albverein-heubach.de,
🚪 je nach Witterung am Wochenende

Nach weiteren 500 m erreichen Sie den Parkplatz Rosenstein ❻. Hier halten Sie sich am großen Wegweiser links und erreichen nach nicht einmal 1 km die idyllisch gelegene Waldschenke nahe der Ruine Rosenstein.

↳ Aussichtsreicher, aber dafür etwa 2 km länger ist eine Wegvariante, bei der Sie das Bergplateau an seinem äußeren Rand begehen. Hier folgen Sie ab dem Parkplatz Rosenstein einfach dem mit einem liegenden Y gekennzeichneten Weg.

Besonders an Sonn- und Feiertagen wird der Rosenstein von zahlreichen Wander- und Kletterfreundinnen und -freunden bevölkert, was zum einen an der geradezu traumhaften Aussicht und zum anderen an der guten Einkehrmöglichkeit sowie dem dortigen ⛼ Grillplatz liegt.

✕ Rosenstein, private Hütte, ☏ 071 73/23 72, 📱 01 60/163 66 60,
💻 www.waldschenke-rosenstein.de, 🚪 ab Ostern bis Ende Okt Fr-Mi 11:00-18:00 (je nach Witterung), Do Ruhetag, Winteröffnungszeiten von Nov-Ostern Mi, Sa und So 11:00-18:00

Ab der Waldschenke verläuft der Weg an den steil abfallenden Wänden des Rosensteins entlang hinunter ins Tal. Vorher haben Sie noch die Möglichkeit, über eine Eisenbrücke die Überreste der im 12 Jh. erbauten Burg Rosenstein ❼ zu besichtigen. Von der Ruine aus sind es nur noch wenige Minuten, bis Sie die Franz-Keller-Straße in Heubach erreichen.

Entlang der Hauptstraße im Dorf gibt es diverse Einkaufs-, Einkehr- und Übernachtungsmöglichkeiten. Wenn Sie in Heubach übernachten wollen, finden Sie hier auch Fremdenzimmer.

Wer die Einsamkeit sucht, der wandert noch 3,5 km weiter über Beuren und das Beurener Kreuz hoch zur Albhochfläche, wo das Naturfreundehaus Himmelreich liegt.

In Heubach folgen Sie der Bühlstraße und biegen am Ende in die Beurener Straße ein, der Sie bis zum gleichnamigen Weiler folgen. Sie passieren Beuren und halten sich an der Weggabelung am Ortsausgang rechts. Ab hier führt ein markierter Weg zum Naturfreundehaus Himmelreich steil den Berg hinauf. Infos zur Unterkunft finden Sie bei der ☞ nächsten Etappe, an dessen Weg das Naturfreundehaus liegt.

Heubach 73540, 9.800 Einw.

Stadtverwaltung Heubach, Hauptstraße 53, ☏ 071 73/18 10, info@heubach.de, www.heubach.de, Mo-Do 8:30-11:45, Do 14:00-18:00, Fr 8:30-12:30

Jägerhaus, Bartholomäerstraße 41, ☏ 071 73/69 07, info@jaegerhaus-heubach.de, www.jaegerhaus-heubach.de, Preis auf Anfrage, Mo-Mi und Fr 11:30-14:00 und ab 17:30, Sa und So ab 11:30, Do Ruhetag, Gästezimmer geöffnet

♦ Gasthof Deutscher Kaiser, Hauptstraße 42, ☏ 071 73/87 08, info@deutscher-kaiser-heubach.de, www.deutscher-kaiser-heubach.de, ÜF DZ € 99, EZ € 62, Mo, Di, Do und Fr 11:00-14:00 und ab 18:00, Sa ab 18:00, So 11:00-14:00, Mi Ruhetag

♦ Heubach, Brauereigasthof Goldener Hirsch, Hauptstraße 83, ☏ 071 73/914 60 34, info@deutscher-kaiser-heubach.de, www.goldener-hirsch-heubach.de, ÜF DZ € 99, EZ € 62, Mo, Di, Do, Fr und So 11:00-14:00 und Mo-Sa ab 18:00

Hotel und Gästehaus Rosenstein, Mögglingerstraße 53, ☏ 071 73/92 79 20, info@gaestehausrosenstein.de, www.gaestehausrosenstein.de, ÜF DZ € 82, EZ € 62

Sudhaus, Hauptstraße 86a, ☏ 071 73/57 22, info@sudhaus-heubach.de, www.sudhaus-heubach.de, originelles Ambiente in alter Brauerei, gutes Essen, leckeres Bier, Mo-Sa 17:00-01:00, So 15:00-24:00

♦ Bella Rosa, Hauptstraße 51, ☏ 071 73/67 37, Di-Fr 11:00-14:00 und 17:00-24:00, So und Feiertage bis 22:00, Sa ab 17:00, Mo Ruhetag

Eiscafé San Marco, Hauptstraße 38, ☏ 071 73/925 92 20, Mo-So 9:30-21:30

⌘ Heubacher Geschichtssplitter, Miedermuseum und Heimatmuseum, Schlossstraße 9, ☏ 071 73/181 51, info@heubach.de, www.heubach.de, Eintritt € 2, Di-Do 9:00-12:00 und 15:00-18:00, Fr 13:00-17:00, Sa 9:00-13:00, So 14:00-17:00, Mo geschlossen

gute Verbindungen in Richtung Aalen und Schwäbisch Gmünd

Die Kleinstadt unterhalb des Rosensteins ist vor allem durch den hiesigen Textilhersteller Triumph bekannt. Im Heubacher Schloss befindet sich das Heimatmuseum Heubacher Geschichtssplitter mit Ausstellungen zu den berühmten Höhlenfunden rund um den Rosenstein und zur Entstehung der Textilindustrie sowie eine Ausstellung zur Miedermode des vergangenen Jahrhunderts.

5. Etappe: Heubach – Kuchalb

26,2 km, 9 Std., ↑ 890 m, ↓ 970 m, ⇧ 463-773 m

0,0 km	⇧ 475 m	Heubach
2,0 km	⇧ 680 m	Aussichtspunkt Scheuelberg
4,5 km	⇧ 660 m	Naturfreundehaus Himmelreich
5,8 km	⇧ 740 m	Bargauer Kreuz (Wegweiser)
9,8 km	⇧ 760 m	Jägerhaus
14,3 km	⇧ 540 m	Lauterstein (Ortsteil Weißenstein)
20,3 km	⇧ 745 m	Messelstein
23,6 km	⇧ 662 m	Naturfreundehaus Immenreute
24,3 km	⇧ 669 m	Abkürzung Kuchalb 0,9 km
26,2 km	⇧ 684 m	Kuchalb

Dieser abwechslungsreiche Streckenabschnitt führt Sie von Heubach hinauf zum Bargauer Kreuz und von dort hinunter nach Weißenstein das Sie passieren, um an der gegenüberliegenden Bergseite hinauf zum aussichtsreichen Messelstein zu wandern. Die Mühen der Anstiege lohnen sich, denn Sie werden mit fantastischen Fernsichten auf die Drei Kaiserberge und den weiten Albtrauf belohnt. Von der Malerhalde beim Weiler Kuchalb oder vom Hohenstein können Sie an klaren Abenden beobachten, wie eine glutrote Sonne westlich von den markanten Zeugenbergen am Horizont versinkt und für wenige Augenblicke einen brennenden Himmel hinterlässt, dessen Wirkung geradezu magisch ist.

Diese Etappe ist lang und anstrengend. Wem es zu viel ist, der kann die Strecke problemlos verkürzen. Es gibt gute Übernachtungsmöglichkeiten in Weißenstein. An Wochenenden hat auch das idyllisch gelegene Naturfreundehaus Immenreute geöffnet, das sich etwa 2 km vor der Kuchalb befindet.

Ausgangspunkt ist der Wegweiser „Ortsmitte“ bei der evangelischen Kirche. Von dort aus geht es die Götzenbachstraße hinunter, die nach ein paar Metern in die Scheuelbergstraße mündet und zu einem Parkplatz führt. Nun geht es stetig bergauf.

Wenn Sie die letzten Häuser von Heubach hinter sich gelassen haben, biegen Sie links in den Wald hinein und erklimmen über Serpentinen den Scheuelberg ❶. Oben angekommen wird der Anstieg mit einem schönen Ausblick auf die Ruine Rosenstein belohnt, die den Gipfel des gleichnamigen, weit ins Land hinaus sichtbaren Jurafelsen schmückt. Vom Aussichtspunkt aus gehen Sie auf dem Rücken des Scheuelbergs entlang. Nach etwa 1,5 km gelangen Sie zu einem weiteren Aussichtspunkt rechts des Weges, an dem ein Holzkreuz steht. Der weitere Verlauf des Weges führt Sie durch bewaldetes Gebiet, bis Sie schließlich das schön gelegene Naturfreundehaus Himmelreich erreichen ❷.

Naturfreundehaus Himmelreich, ☎ 071 73/59 11, Anmeldung: 071 62/231 26 oder 071 71/309 21, huettenwart-himmelreich@web.de, www.naturfreundehaus-himmelreich.com, ÜF € 22, Mi, So 8:00-18:00, Sa 8:00-23:00

am Naturfreundehaus Himmelreich, mit Einverständnis der Naturfreunde, schöne Möglichkeiten für eine Nacht im Zelt

Nun geht es leicht bergab rechts in den Wald hinein und auf schönen Waldwegen bis zum Wegweiser „Bargauer Kreuz" ❸.

Empfehlenswert ist hier ein kurzer Umweg (⇔ 2 km) zum Bargauer Horn (ausgeschildert). Vor sich sehen Sie die Drei Kaiserberge, rechts unten befindet sich Waldstetten, dahinter im Tal die Stadt Schwäbisch Gmünd.

Am Bargauer Kreuz folgt ein langes Teilstück durch bewaldetes Gebiet. Der Waldboden ist in der Frühjahrszeit übersät mit Waldmeister und feinen Gräsern, es dominiert die Buche. Der lange Abschnitt durch den Wald ist zwar überaus gut markiert, dennoch ist Aufmerksamkeit angeraten, da ein großes Netz an Forstwegen Orientierungsprobleme hervorrufen könnte. Auf dem Weg durch den Wald dient als Orientierungspunkt das im Privatbesitz befindliche Jägerhaus (Wegweiser) ❹. Dort halten Sie sich zunächst links und folgen einer Straße, bis Sie diese nach etwa 100 m rechts verlassen, um auf weichen Waldwegen weiterzuwandern. Kurz vor dem Wegweiser „Lützelalb" kommen Sie aus dem Wald heraus und haben wieder freie Sicht auf die Umgebung. Von der Anhöhe aus erkennen Sie die Windräder und den Funkturm zwischen Schnittlingen und Stötten. Folgen Sie der Albkante weiter ins Land, erblicken Sie in der Weite die dünne Silhouette des Polizeiturms von Aufhausen. Entlang des Weges gelangen Sie nun zum Hof Lützelalb. Nach dem Hof führt der Weg unmerklich rechts über ein kurzes Wiesenstück in den Wald hinein und leitet Sie nun steil abwärts nach Lauterstein, in den Ortsteil Weißenstein.

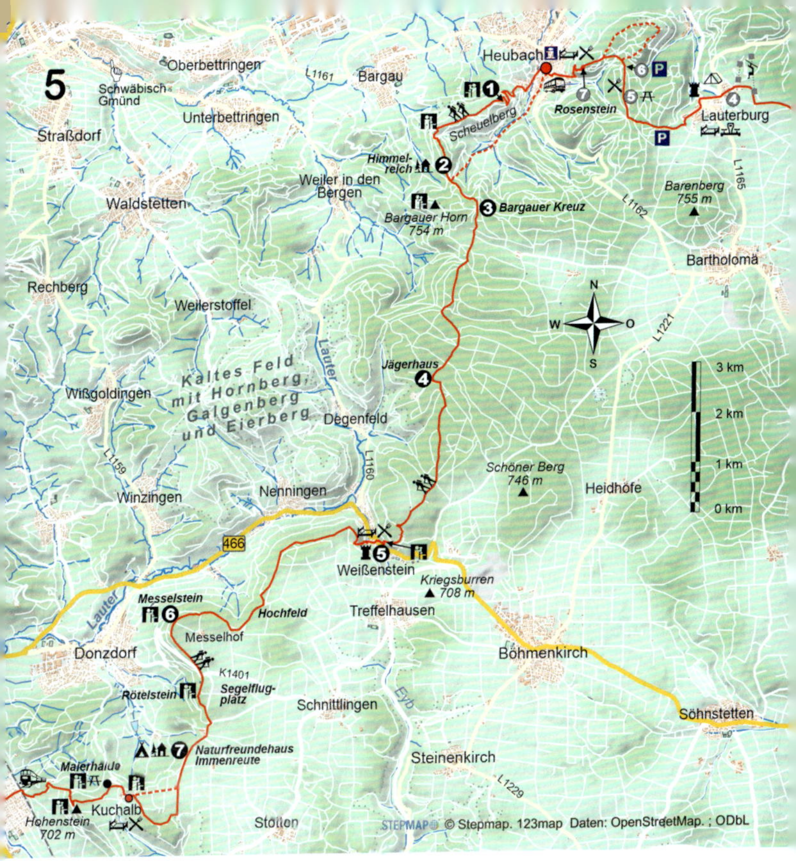
5
Heubach
Oberbettringen
Schwäbisch Gmünd
L1161
Bargau
Unterbettringen
Straßdorf
Scheuelberg
Rosenstein
Lauterburg
Himmelreich
Weiler in den Bergen
Waldstetten
Bargauer Kreuz
Bargauer Horn 754 m
L1162
Barenberg 755 m
L1165
Bartholomä
Rechberg
Weilerstoffel
N
W
O
S
L1221
Lauter
Kaltes Feld mit Hornberg, Galgenberg und Eierberg
Jägerhaus
Wißgoldingen
Degenfeld
3 km
2 km
1 km
0 km
L1159
L1160
Schöner Berg 746 m
Heidhöfe
Winzingen
Nenningen
466
Weißenstein
Kriegsburren 708 m
Messelstein
Hochfeld
Treffelhausen
Messelhof
Donzdorf
Böhmenkirch
K1401
Rötelstein
Segelflug-platz
Schnittlingen
Eyb
Söhnstetten
Naturfreundehaus Immenreute
Steinenkirch
Maierhalde
L1229
Kuchalb
Hohenstein 702 m
Stötten
STEPMAP © Stepmap. 123map Daten: OpenStreetMap. ; ODbL

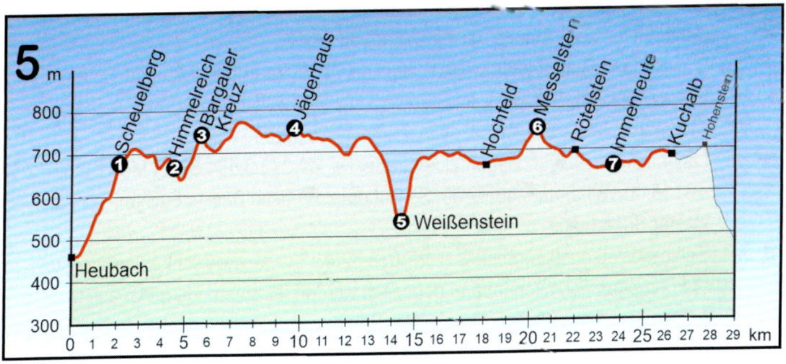
5
m
800
700
600
500
400
300
Heubach
Scheuelberg
Himmelreich
Bargauer Kreuz
Jägerhaus
Weißenstein
Hochfeld
Messelstein
Rötelstein
Immenreute
Kuchalb
Hohenstein
0 1 2 3 4 5 6 7 8 9 10 11 12 13 14 15 16 17 18 19 20 21 22 23 24 25 26 27 28 29 km

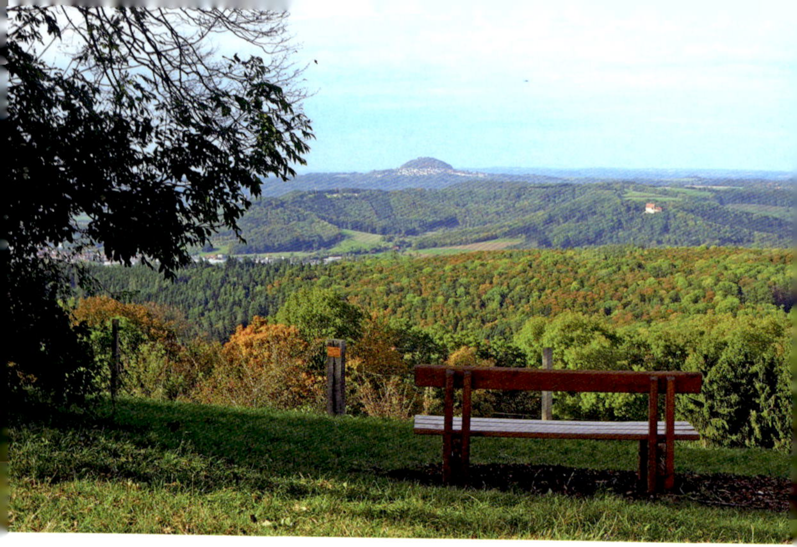

Es lohnt sich, auf halber Höhenlage am Aussichtspunkt Städlesblick zu verweilen. Von dort haben Sie eine schöne Aussicht auf das im Wald eingebettete Weißensteiner Schloss und der gleichnamigen Ortschaft ❺.

Lauterstein/Weißenstein

73111, 2.550 Einw.

Landgasthof Heldenberg, Am Heldenberg 1, 073 32/66 61, info@heldenberg.de, www.heldenberg.de, ÜF DZ € 65, EZ € 46, Mi-So 11:30-22:00

♦ Silberdistel, Kreuzbergstraße 32, 073 22/37 32, hotel-garni-silberdistel@t-online.de, www.hotel-garni-silberdistel.de, ÜF DZ 76, EZ € 54, täglich 7:00-22:00

Gasthof Linde, Im Städtle 17, 073 32/53 69, www.landgasthof-linde-weissenstein.de, Mi-So 11:30-14:00 und 17:30-21:00

♦ Vesperwirtschaft Schielein, Im Städele 3, 073 32/58 25, www.schielein-service.de, Di, Fr-So 11:00-19:00

Landbäckerei Geiger, Degenfelderstraße 19, 073 32/61 83, Mo-Fr 6:00-12:30 und 15:00-18:00, Sa 6:00-12:00, So Ruhetag, beim Bäcker befindet sich auch ein kleiner Supermarkt.

⌘ Schloss Weißenstein, Schloß 1, 073 32/43 17, www.schlossweissenstein.de, Führungen nach Vereinbarung, gezeigt werden faszinierende Bilder aus Mikrowelt, lohnende individuelle Führungen, in aufwendig gestalteten Räumen und mit Multimediashow. Eintritt je nach Führung ab € 10

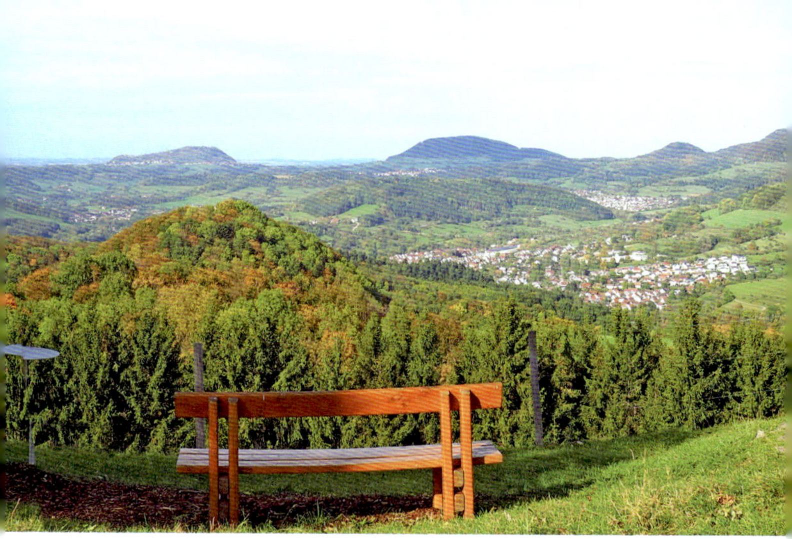

Panoramablick am Aussichtspunkt

Freibad Lauterstein, Alte Steige 64, ☏ 073 32/44 48 (automatische Ansage), www.freibad-lauterstein.de, Mai und Sep 9:00-19:00, Juni-August 9:00-20:00

Die Stadt Lauterstein besteht aus zwei Ortsteilen – Nenningen und Weißenstein. Sehenswert ist vor allem die Umgebung der ländlichen Stadt und natürlich das schön restaurierte Schloss, das sich in Privatbesitz der Familie Kage befindet. Hier können fantastische Fotografien aus der Welt des Mikrokosmoses bewundert werden. Die Ablichtungen stammen aus der Hand des 2019 verstorbenen Mikrofotografen Manfred Paul Kage. Besucherinnen und Besucher haben nach Anmeldung Zugang zum Schloss. Im Ortsteil Weißenstein liegt das vom Wald umrahmte städtische Freibad.

In Weißenstein überqueren Sie die B466 zur Gasse Im Städtle. Der Weg verläuft über die Treppen rechts von der katholischen Kirche hinauf zum Schloss. Vom Schloss biegt der Weg links in den Wald hinein, vorbei an der Forellenbachquelle steil aufwärts zur Albkante. Ab hier folgt der schmale Waldweg im stetigen Auf und Ab exakt dem Trauf – ein wunderschöner Wegabschnitt. Entlang des Hangwaldes gelangen Sie zum Wegweiser „Hochfeld“, der Ihnen den Weg nach rechts weist. Im Frühjahr, bevor die Bäume ausschlagen, haben Sie immer wieder großartige Ausblicke auf eine angenehm dezent wirkende Hügellandschaft.

Die optimale Sicht eröffnet sich 6 km nach Weißenstein am frei gelegenen Naturdenkmal Messelstein ❻. Nirgendwo sonst auf dem HW1 ist man den drei markanten und historisch bedeutungsvollen Zeugenbergen, den Drei Kaiserbergen, näher als hier (Entfernung Luftlinie vom Messelstein: Hohenstaufen 10 km, Rechberg 8 km und Stuifen 6 km). Von der Spitze des Messelsteins (749 m) aus liegt links in nordwestlicher Richtung der Hohenstaufen. Unterhalb davon befindet sich das gleichnamige Dorf. Weiter westlich ist die Burg Staufeneck zu sehen. Davor sehen Sie deutlich das kleine Schloss Ramsberg. Donzdorf liegt ebenfalls in westlicher Richtung direkt am Fuß des Messelsteins. Der mittlere Kaiserberg nennt sich Rechberg, die gleichnamige Ruine ziert das Gipfelplateau. Nördlich davon erhebt sich der Dritte im Bunde, der Stuifen. Rechts davon befindet sich der kleine Schönberg und dann schließt sich das Kalte Feld an.

Vom Messelstein führt der Weg am Kreuz zum Gedenken an die Kolpingsfamilie vorbei. Links erblicken Sie den Messelhof und an besonders klaren Tagen erhebt sich südlich am fernen Horizont das Panorama der schneebedeckten Alpen.

Entlang der Albkante schließt sich ein interessanter Lehrpfad über die Ökologie des Waldes an. Diesem folgen Sie bis zur Straße K1401, die bei der Natur- und Umwelthütte überquert wird. Dort geht es weiter am Trauf entlang, vorbei an dem Flug- und Startplatz für Segelflieger.

Etwas weiter gelangen Sie zum Aussichtspunkt Rötelstein – auch von hier sehen Sie weit ins Land und auf den Trauf.

Wenige Meter nach dem Rötelstein trifft der Wald- und Wiesenweg auf eine schmale, asphaltierte Straße, der Sie rechts zu einem Parkplatz mit Rast- und Feuerstelle folgen. Von hier aus geht es auf einer Straße an Oberweckerstell vorbei und weiter zum Naturfreundehaus Immenreute ❼.

Naturfreundehaus Immenreute, ☏ 071 62/298 28, info@naturfreundehaus-immenreute.de, www.naturfreunde-geislingen.de, ÜF Mehrbettzimmer € 18, zwischen Ostern und Nov an Wochenenden bewirtschaftet, Sa 11:00-19:00, So 10:00-18:00

Auf der Wiese vor dem Naturfreundehaus ist nach vorheriger Anmeldung Zelten erlaubt – schöner Platz mit Feuerstelle!

Von dem Naturfreundehaus Immenreute gehen Sie entlang der asphaltierten Straße.

Sie können an der folgenden Kreuzung den Strommasten folgen, um so direkt und ohne Umweg ins Dorf zu gelangen (Wegersparnis ca. 1 km).

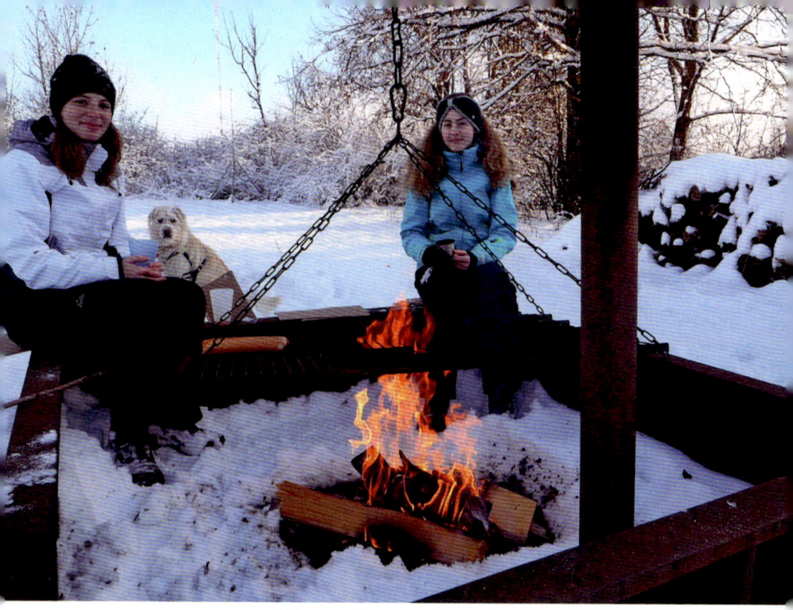

Wintergrillen am Naturfreundehaus Immenreute

Folgen Sie den Wegweisern, gelangen Sie zu einem Wald, an dessen Rand Sie bis zur Kuchalb weiterlaufen.

Kuchalb

73072, 40 Einw.

Kuchalber Hof, Kuchalb 10, ☏ 071 62/94 09 40, info@kuchalber-hof.de, www.kuchalber-hof.de, ÜF DZ € 96, EZ € 66, Mo-Mi und Fr ab 17:00, Sa und So ab 11:30, Do Ruhetag

Zur Mutter Franzl, Kuchalb 9, ☏ 071 62/294 31, 01 76/47 27 87 49, info@mutterfranzl.de, www.mutter-franzl.de, gutes Essen, sympathisches Personal, Mai-Okt Do-Sa 14:00-22:00, So und Feiertage 11:00-21:00, Okt-April Do und Fr 16:30-22:00, Sa 14:00-22:00, So und Feiertage 11:00-22:00

Die Kuchalb ist ein einsam gelegener Weiler am Rande der Albhochfläche. Wer hierher kommt, sucht entweder den schönen Ausblick von der Maierhalde hinüber zu den Drei Kaiserbergen oder die kulinarischen Freuden, die sowohl im Gasthaus Zur Mutter Franzl als auch im Kuchalber Hof serviert werden. Das Gasthaus Zur Mutter Franzl hat eine lange Tradition und hat seinen Namen von der ersten Wirtin. Sie wurde 1844 geboren, galt als redegewandt, scharfzüngig und vor allem humorvoll.

Den Erzählungen nach ließ sie sich ihre offenherzige Schlagfertigkeit auch nicht von Persönlichkeiten hohen Ranges verbieten. Das Gasthaus existiert noch heute und die Fassade wird von einem weisen Spruch geziert, der wie folgt lautet: „Wenn dies Haus so lange steht, bis auf der Welt der Neid vergeht, so steht es nicht gewisse Zeit, dann steht es bis in Ewigkeit."

Keine so lange Tradition, aber dafür eine schöne Unterkunft bietet dagegen der Kuchalber Hof. Was Ende der 80er-Jahre als umgebauter Kuhstall begann, ist heute ein komfortables Hotel, das zu seinen prominenten Gästen unter anderem den Altbundeskanzler Gerhard Schröder zählen darf.

6. Etappe: Kuchalb – Boßlerhaus

➲ 23,9 km, ⧗ 8 Std. 20 Min., ↑ 900 m, ↓ 822 m, ⇧ 395-780 m

0,0 km	⇧ 684 m	Kuchalb
1,5 km	⇧ 700 m	Aussichtspunkt Hohenstein
4,0 km	⇧ 400 m	Gingen an der Fils BANK
7,0 km	⇧ 600 m	Wanderparkplatz Grünenberg, Abzweig Gasthaus Grünenberg ➲ 1,1 km,
10,5 km	⇧ 720 m	Wasserberghaus
14,7 km	⇧ 755 m	Fuchseck
22,1 km	⇧ 632 m	Brücke über A8, Abzweig Deutsches Haus ➲ 2,1 km,
23,9 km	⇧ 761 m	Boßlerhaus

Ein Wegabschnitt mit vielen großartigen Aussichtspunkten – gleich zu Beginn die Maierhalde und der Hohenstein, dann das Wasserberghaus und im Anschluss das Fuchseck sowie der weniger bekannte Rotelstein. Die Tour endet am Boßlerhaus, von dessen Terrasse aus Sie abermals eine schöne Fernsicht haben, diesmal auf den Albaufstieg bis nach Kirchheim. Allgegenwärtig sind die Zeugenberge Hohenstaufen, Hohenrechberg und Stuifen. Das Haus hat außerhalb der Sommerferien nur am Wochenende geöffnet. Eine gute Ausweichmöglichkeit für eine Übernachtung bietet der Landgasthof Deutsches Haus am Fuß des Boßlers.

Wer diese schöne Etappe mit ihren zahlreichen Auf- und Abstiegen etwas länger genießen möchte, für den gibt es die Möglichkeit einer Zwischenübernachtung. Eine schöne Unterkunft bietet das mitten im Wald gelegene Wasserberghaus an.

An der einzigen Kreuzung der Kuchalb zweigt der Weg rechts ab. Es geht ein paar Meter den Hang hinunter, dann gleich wieder links auf eine Wiese und weiter zum Hohenstein. Vorher kommen Sie noch an der Maierhalde mit ihrem

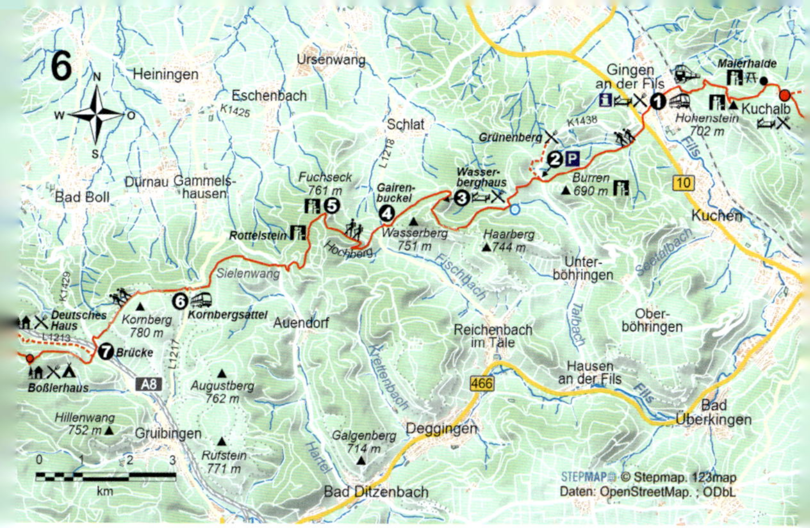

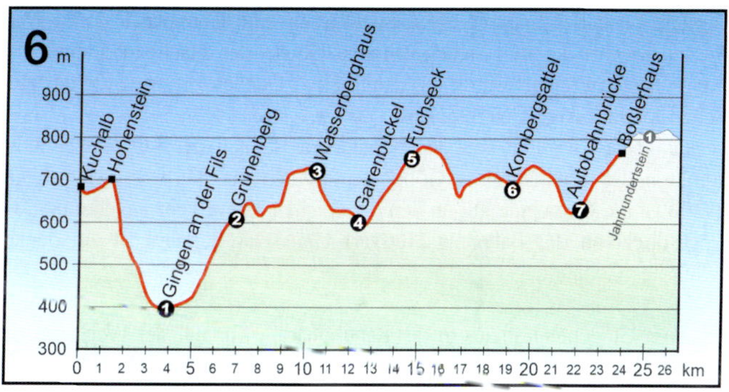

markanten Kreuz vorbei. Es ist ein fantastischer Aussichtsplatz mit schöner Fernsicht ins Filstal und auf die markanten Kaiserberge. Zwischen Staufeneck und Schloss Ramsberg thront erhaben der Hohenstaufen, weiter rechts der Hohenrechberg und der Stuifen. Von der Maierhalde gehen Sie weiter am Rand der Albhochfläche entlang, bis Sie kurz darauf zum Hohenstein gelangen.

Hier kommen Sie in den Genuss einer fantastischen Sicht. Unten im Tal erkennen Sie Gingen an der Fils, dahinter die geschwungenen Hügel der Kuppenalb. Vom Hohenstein verläuft der Weg steil abwärts im Zickzack durch den Wald. Im Anschluss an den Hangwald geht es auf asphaltiertem Weg vorbei an Obstwiesen nach Gingen ❶.

Gingen an der Fils

73333, 4.500 Einw.

Gemeinde Gingen an der Fils, Rathaus, Bahnhofstraße 25, 071 62/960 60, bma@gingen.de, www.gingen.de, Mo, Di, Do und Fr 8:30-12:00, Mo 14:00-18:30, Do 14:00-16:00, Mi, Sa und So geschlossen

Gasthaus Filseck, Lindenstraße 1, 071 62/50 15, GK1960@outlook.de, www.filseck-gingen.de, DZ € 58, EZ € 38, Di, Mi und Fr-So 10:00-14:00 und ab 17:00, Mo und Do Ruhetag

Konditorei Meyer, Hindenburgstraße 161, 071 62/970 83 03, Mo-Fr 7:00-20:00, Sa 7:00-18:00, So Ruhetag

Bahnstrecke zwischen Stuttgart und München, regionale Züge fahren stündlich in Richtung Göppingen und Ulm.

Buslinien zwischen Geislingen und Göppingen, mehrmals täglich

In Gingen wohnen etwa 4.500 Schnapper. Dieser Spitzname der Gingenerinnen und Gingener geht auf eine mittlerweile über 100 Jahre alte Geschichte zurück. Damals schnappte die Gemeinde für eine Jahrespacht von 5 Mark die Fassungsrechte an der Sieben-Brunnen-Quelle der Nachbargemeinde Kuchen weg. Diesem Ereignis wurde mit dem Sieben-Quellen-Brunnen vor der evangelischen Johanneskirche ein Denkmal gesetzt.

Gingen ist umringt von den bewaldeten Hängen der Alb und befindet sich inmitten des Stauferkreises Göppingen. Durch den Verkehrsverbund Stuttgart (VVS) ist die Gemeinde gut an den öffentlichen Nahverkehr angebunden. Gingen liegt direkt an der Bahnlinie Stuttgart–Ulm. Der Bahnhof ist ein denkmalgeschütztes Gebäude.

Vom Gingener Rathaus in der Bahnhofstraße verläuft der Weg über die Filsbrücke hin zu der ehemals stark befahrenen Hindenburgstraße, die an einer Fußgängerampel überquert wird. Anschließend folgen Sie der Grünenbergstaße. An einem Wanderparkplatz unterqueren Sie die neue B10 und folgen nach der Unterführung links den Wegweisern in Richtung Fuchseck und Boßler. Es geht an einem Bachlauf leicht ansteigend weiter. An der nächsten Weggabelung halten Sie sich links und folgen anschließend einigen Metern dem Bachlauf.

Der Weg wird etwas steiler. Zwischen April und Mai blühen hier viele Obstbäume. Auf den Wiesen leuchtet das Gelb der Schlüsselblumen zusammen mit dem Blau der Vergissmeinnicht und der knoblauchartigen Duft des Bärlauchs ist in dieser Jahreszeit allgegenwärtig.

Am Abzweig Burren folgen Sie dem Weg rechts über die Landstraße K1438 hin zum Wanderparkplatz Grünenberg ❷.

Ein Besuch des nahezu baumfreien Burren lohnt sich (ausgeschildert). Er erhebt sich inmitten einer Heidelandschaft und bietet eine schöne Aussicht auf die Kaiserberge und den Albtrauf. Der Umweg beträgt gerade mal 500 m und etwa 100 Höhenmeter.

Um zum Gasthaus Grünenberg zu gelangen, gehen Sie vom Wanderparkplatz aus rechts am Fuß des Fränkels entlang. Nach nicht ganz 500 m biegen Sie rechts zur Landstraße K1438 ab und gehen auf dieser links entlang, bis Sie nach weiteren nicht ganz 500 m den Gasthof erreichen. Die deutsche Küche bietet eine reichhaltige Speisekarte und qualitativ gutes Essen an.

Gasthaus Grünenberg, Grünenberg 3, 73333 Gingen-Grünenberg, ☏ 071 62/72 24, www.gasthaus-gruenenberg.de, Mi-So 10:00-22:00

Vom Wanderparkplatz folgt ein kurzer Anstieg entlang einer schönen Wacholderheide. Vor dem Aufstieg zum Wasserberg gelangen Sie zu einer Wegkreuzung mit zwei Sitzbänken und einem Tisch, nicht weit davon befindet sich links das 1996 erbaute Kohleck-Brünnele, aus dem der Talbach entspringt – ein schöner Rastplatz vor dem kräftezehrenden Aufstieg zum Wasserberghaus.

Wasserberghaus

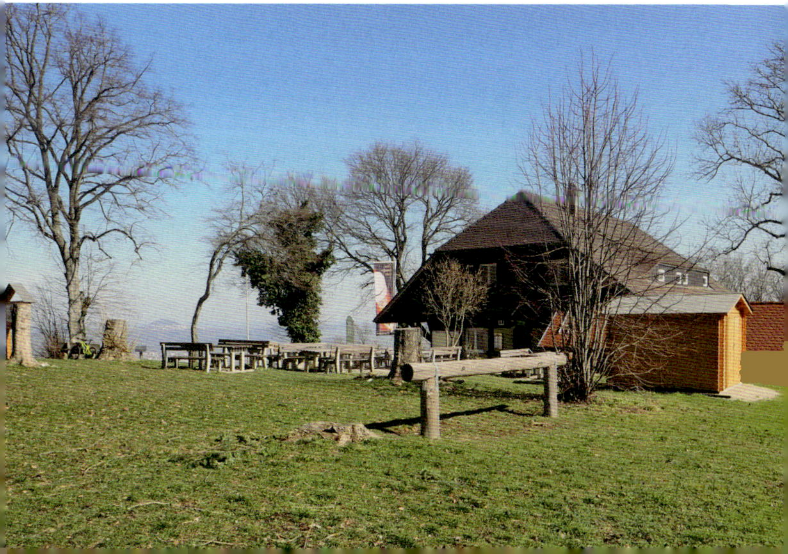

Es geht steil bergauf. Etwa auf halber Höhe wandern Sie entlang des Berges, um nach 500 m links auf einen schmalen, steilen Weg zum Plateau des Berges zu gelangen. Von dort aus geht es auf einem Schotterweg weiter bis zum Wasserberghaus ❸.

Wasserberghaus, ☎ 071 61/81 15 62, info@wasserberghaus.de, www.wasserberghaus.de, ÜF DZ € 45, EZ € 22,50, schön gelegen mit toller Aussicht, reichhaltige Speisekarte und eine große Feuerstelle für ein Picknick, Do-Mo 11:30-20:00, Di und Mi Ruhetag

Vom Wasserberghaus geht es über einige Stufen bergab hin zum Wanderparkplatz Gairenbuckel ❹. Dort überqueren Sie die Straße L1218 zwischen Schlat und Reichenbach und folgen dem Schotterweg in den Wald hinein.

Nun geht es fast 200 Höhenmeter den Hochberg hinauf. Im Frühjahr ist hier der Waldboden, wie auch an so vielen anderen Orten des HW1, übersät mit ausgedehnten Bärlauchfeldern. Nach einem schweißtreibenden Anstieg erreichen Sie über schmale Waldwege den Aussichtspunkt Fuchseck ❺. Die Fernsicht ist beeindruckend. Im Albvorland zeichnen sich die Konturen der Drei Kaiserberge ab und auch der Trauf ist weithin sichtbar. Im Norden direkt unterhalb des Fuchsecks liegt Schlat, im Westen Eschenbach und Gammelshausen.

Der Weg über den Rotelstein (ebenfalls ein schöner Aussichtspunkt, von wo aus die Burg Teck erkennbar ist) führt immer an der Albkante entlang bis zu einer schönen Wiese. Von dort aus wandern Sie über einen kurzen, steilen Abstieg hinab zum Fuchsecksattel, der zwischen Auendorf und Gammelshausen liegt.

Von der Landstraße aus erkennen Sie linker Hand die kleine Ortschaft Auendorf. Sie queren die Straße und gelangen über eine kurzen Steilanstieg zur grasbewachsenen Hochfläche Sielenwang, der Sie entlang des Traufs folgen. Zur Linken geleiten Sie ausgedehnte Wiesenflächen und zur Rechten liegt die obere Kante des Hangwaldes, von wo aus Sie immer wieder weite Ausblicke ins Albvorland haben.

Nach 1,5 km passieren Sie ein Segelfluggelände, von dem aus Sie anschließend hinab zum Kornbergsattel gehen. Sie queren die Verbindungsstraße L1217 zwischen Gruibingen und Gammelshausen.

Am Kornbergsattel befinden sich der Wanderparkplatz Kornbergsattel ❻ und eine Bushaltestelle. Von hier fahren Busse nach Gammelshausen und nach Gruibingen bzw. Mühlhausen und Wiesensteig.

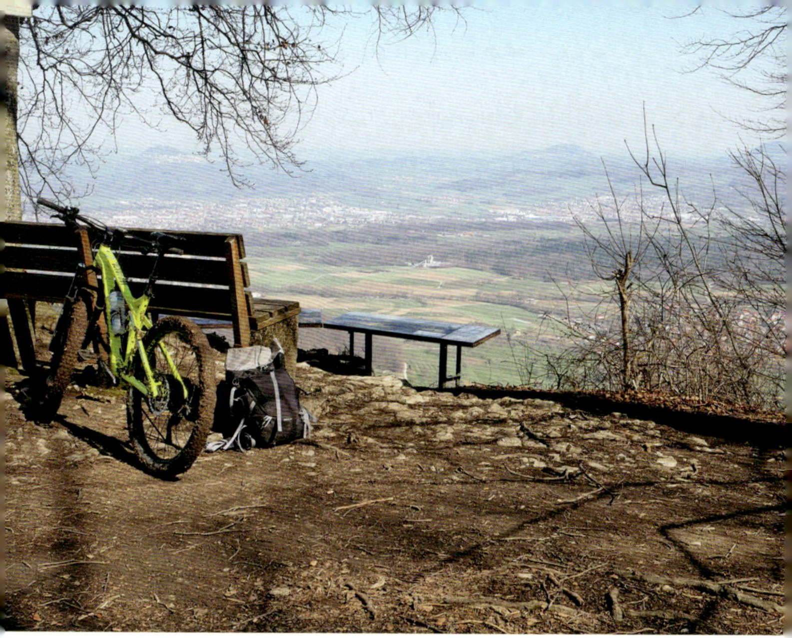

Aussichtspunkt Fuchseck

Vom Sattel aus folgt auf der anderen Straßenseite der Anstieg zum Kornberg. Auf etwa halber Höhe führt der Weg um den Kornberg herum.

Inmitten einer Wiese steht der Wegweiser „Landsöhr Süd", dieser weist Ihnen den Weg rechts in den Wald hinein. Hier erreichen Sie einen weiteren Wegweiser und werden nun auf einen schmalen Pfad geführt. Nach wenigen Metern stößt der Waldpfad auf einen Schotterweg, diesem folgen Sie links bis zur K1429. Rechts der Landstraße gibt es einen angelegten Weg, der Sie zu einer Brücke führt, auf der Sie die Autobahn überqueren können ❼.

Links befindet sich der Wanderparkplatz Boßler. Auf der gegenüberliegenden Straßenseite folgen Sie dem Wegweiser zum Naturfreundehaus Boßlerhaus.

↳ Wenn Sie im Hotel Deutsches Haus übernachten, überqueren Sie am Boßlerparkplatz ebenfalls die L1213 und folgen dieser rechts in Richtung Weilheim. Links der Straße können Sie einen Wanderweg nutzen, der Sie nach 2 km direkt zum Deutschen Haus führt. Vom Deutschen Haus können Sie am nächsten Tag direkt zum Boßlerhaus aufsteigen. Der Weg ist 1,3 km lang und ist gut ausgeschildert.

Deutsches Haus, Kaltenwanghof 1, 73235 Weilheim, ☏ 070 23/74 00 98, info@deutsches-haus-weilheim.de, www.deutsches-haus-weilheim.de, ÜF DZ € 98, EZ € 68, Do-Mo, Di, Mi Ruhetag

Über einen stetig ansteigenden Schotterweg gelangen Sie zum einsam gelegenen Boßlerhaus. Von der Terrasse des Hauses haben Sie einen schönen Weitblick auf die Kaiserberge und auf einen Teil des zurückgelegten Wegabschnitts.

Naturfreundehaus Boßlerhaus, ☏ 071 64/915 05 71 (für Übernachtungsanfragen), 01 71/542 43 79 (Telefon im Haus), Bosslerhaus@Naturfreunde-GP.de, www.naturfreunde-gp.de, ÜF DZ € 20, Lager € 7,50, Sa ab 14:00 bis So um 18:00, während der Sommerferien täglich, am Haus befindet sich eine Feuerstelle.

auf der Wiese beim Boßlerhaus nach Rücksprache mit den Naturfreunden Göppingen

7. Etappe: Boßlerhaus – Owen

26,0 km, 8 Std. 45 Min., ↑ 705 m, ↓ 1.070 m, ⇧ 384-834 m

0,0 km	⇧ 761 m	Boßlerhaus
1,2 km	⇧ 805 m	Jahrhundertstein
4,8 km	⇧ 764 m	Startplatz für Drachenflieger
8,4 km	⇧ 770 m	Burgruine Reußenstein
9,9 km	⇧ 730 m	Bahnhöfle, Abzweig zum Happrechthaus 3,1 km,
13,4 km	⇧ 769 m	Abzweig zum Otto-Hofmeister-Haus 0,9 km,
13,6 km	⇧ 764 m	Ziegelhütte
16,8 km	⇧ 831 m	Breitenstein
20,3 km	⇧ 772 m	Ruine Rauber
23,1 km	⇧ 773 m	Burg Teck
26,0 km	⇧ 384 m	Owen BANK, Bellerhof 2,2 km,

Wenn Sie am frühen Morgen vom Boßlerhaus starten, sind Sie bereits von einer reizvollen Landschaft umgeben, die zudem noch mit schönen Aussichtspunkten glänzt. Bereits nach wenigen Gehminuten gelangen Sie zum aussichtsreichen Boßlergipfel und es folgen auf dieser Etappe noch einige weitere Plätze, von denen Sie weite Panoramaaussichten genießen können. Sie gelangen durch Ochsenwang, ein Dorf, in dem der bekannte schwäbische Dichter und Schriftsteller Eduard Mörike Mitte des 19. Jh. eine Anstellung als evangelischer Vikar fand.

Viele seiner Gedichte stammen aus dieser Zeit. Nicht weit von Ochsenwang entfernt befindet sich das Randecker Maar. Der in erdgeschichtlicher Hinsicht sehr eindrucksvolle Vulkankrater wurde im Jahr 2006 als Nationaler Geotop ausgezeichnet – ein Prädikat, wodurch dieses Gebiet möglicherweise einmal in die Liste des UNESCO-Weltknaturerbes aufgenommen wird. Sie können diese Etappe bereits in der Nähe vom Reußenstein bei Schopfloch beenden und im Happrechthaus oder im Otto-Hofmeister-Haus übernachten.

Vom Naturfreundehaus steigen Sie die Treppen hoch und nach wenigen Metern gelangen Sie zum 800 m hoch gelegenen Boßlergipfel. Von hier aus blicken Sie im Westen auf den formschönen Kegelberg Limburg und dahinter auf die Burg Teck. In östlicher Richtung zeichnet sich weithin sichtbar der Albtrauf ab. Dazwischen lässt sich die A8 erkennen, die sich scheinbar unendlich weit ins Land hineinschlängelt. Nachdem Sie den Aussichtspunkt verlassen haben, gelangen Sie nach knapp 700 m zum Jahrhundertstein ❶.

Jahrhundertstein

Der Jahrhundertstein ist ein Kunstwerk, das an das vergangene Jahrhundert erinnert, und wurde von dem in Stuttgart geborenen Bildhauer Uli Gsell erschaffen. Es erinnert sowohl an den immensen Fortschritt als auch an das unvorstellbare Leid, das das vergangene Jahrhundert geprägt hat.

Jahrhundertstein

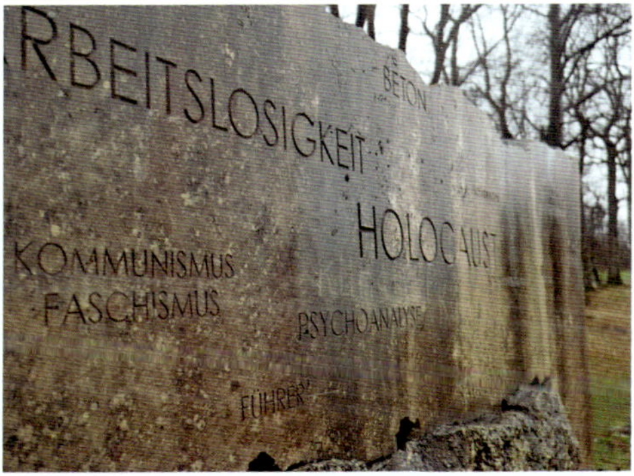

Entlang des Traufs folgt nun im stetigen Auf und Ab ein wunderschöner Streckenabschnitt. Am Waldrand erheben sich immer wieder großartige Aussichtsfelsen von der steil abfallenden Albkante. An einer Hochspannungsleitung laden zwei ⛼ Bänke mit Tischen zum kurzen Verweilen ein. Von hier geht es weiter entlang des Waldes, bis Sie zu einem Startplatz für Drachenflieger ❷ gelangen, der ebenfalls ein schöner Aussichtspunkt ist. Von diesem Standort aus sehen Sie bereits den Turm der Ruine Reußenstein.

Ein abenteuerlicher Trampelpfad führt Sie nun den Berg hinunter, bis dieser auf eine Teerstraße trifft. An dieser Stelle treffen viele Wanderwege zusammen, was auch der Grund ist, weshalb hier die Zahl der Wegweiser hoch ist. Einer davon weist Ihnen den Weg nach rechts. Dabei kommen Sie an einem Wanderparkplatz vorbei, überqueren dort die Straße L1200 und folgen dem geteerten Weg weiter. Der HW1 biegt abrupt rechts ab und über eine Wiesenweg gelangen Sie zum Aussichtspunkt Knaupenfels.

Wenn Sie diesen umgehen wollen, folgen Sie einfach dem Teersträßchen bis zur Gaststätte Reußenstein und weiter zur gleichnamigen Ruine (Wegersparnis knapp 1 km).

Vom Knaupenfels gehen Sie entlang des Hangwaldes weiter, bis der Weg links über eine Wiese führt. Sie queren die Wiese und stoßen auf einen Teerweg, dem Sie rechts zum Hofgut Reußenstein folgen.

Hofgut Reußenstein, ☎ 073 35/53 35,
www.gaststaette-reussenstein.jimdofree.com, schöner Biergarten, einfaches und ausgezeichnetes Essen mit Zutaten aus der Region, es gibt auch selbst gebackene Kuchen, Mai-Oktober an Wochenenden und Feiertagen 9:30-18:00.

Biwak beim Reußenstein

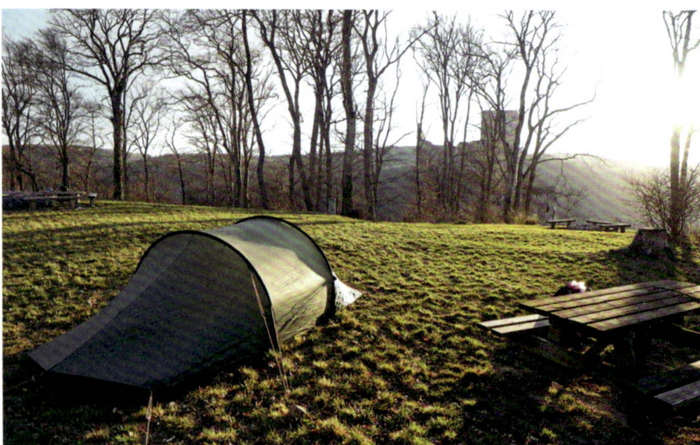

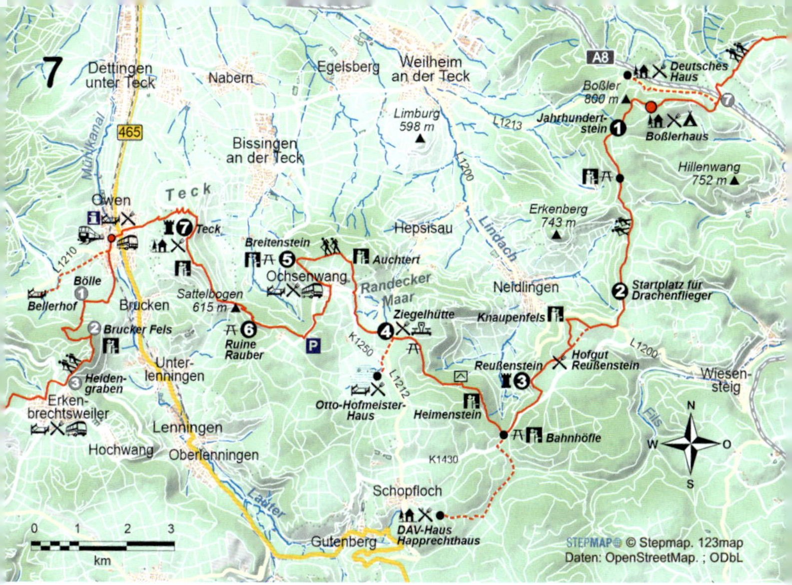

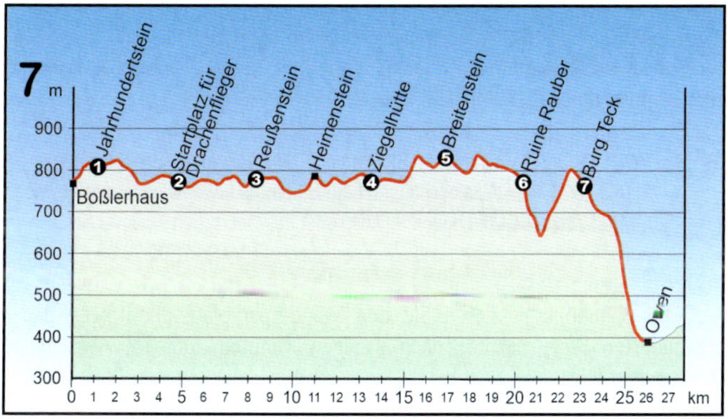

Vom Hofgut aus gehen Sie hinunter zum Waldrand und gehen dort links auf dem schönen Waldweg weiter bis zur Ruine Reußenstein ❸.

Oberhalb der Ruine befindet sich ein schöner Picknickplatz mit Feuerstelle.

Ruine Reußenstein

Der Sage von Wilhelm Hauff nach wurde die auf einem Felssporn thronende Burganlage durch den Riesen Heim von Heimenstein errichtet. Tatsächlich veranlassten Ende des 13. Jh. die Herzöge von Teck den Bau der weithin sichtbaren Burg. Die Besitzer der Anlage wechselten häufig und bereits 300 Jahre später war die Burg nicht mehr bewohnt. Seither ist sie im stetigen Verfall begriffen und wäre wahrscheinlich längst von der Natur zurückerobert worden, wenn nicht in den 60er-Jahren zahlreiche Freiwillige die Burg restauriert hätten. Bis heute müssen für den weiteren Erhalt der Ruine immer wieder Ausbesserungen vorgenommen werden.

Sie kehren nun der Ruine den Rücken zu und gehen an den spektakulären Kletterfelsen vorbei. Vor Erreichen der Landstraße wandern Sie rechts über eine Wiesenspur zu dem anschließenden Waldgebiet. Dort folgen Sie dem Trampelpfad bis zum Park- und Rastplatz Bahnhöfle.

Wenn Sie eine Zwischenübernachtung im Happrechthaus (➲ 3,1 km) einplanen, folgen Sie am Bahnhöfle noch etwa 200 m der K1430 und biegen dann links auf ein kleines Teersträßchen ab. Diesem folgen Sie und halten sich an einer Weggabelung nach 850 m rechts. Nach 2 km erreichen Sie eine Kreuzung, an der Sie rechts abbiegen. Ein ebenfalls geteerter Radweg bringt Sie dann direkt zum Happrechthaus, einem schön am Waldrand gelegenen DAV-Wanderheim.

DAV-Haus Happrechthaus, Im Stockert 1, 73252 Lenningen-Schopfloch, ☎ 070 26/21 11, info@happrechthaus.com, www.alpenverein-schwaben.de, Ü 4-Bett-Zimmer € 20, Lager €12, Mitglieder des Deutschen Alpenvereins zahlen € 5 weniger, idyllisch gelegen und mit guter Küche, Mi-So 11:00-20:00

Beim Bahnhöfle passieren Sie den Wanderparkplatz und folgen dem gut beschilderten Weg, der Sie nach wenigen Minuten zum Aussichtspunkt Heimenstein führt. Von dort haben Sie nicht nur einen schönen Blick zurück zur Burg Reußenstein, sondern Sie können auch auf abenteuerlichen Wegen die Behausung des Riesen Heim begutachten, der der Sage nach hier in der Höhle gehaust haben soll. Nach dem Aussichtspunkt gelangen Sie zur Forsthütte vom Forstamt Weilheim. Hier gibt es eine Unterstellmöglichkeit mit Tischen und Bänken. Von der Hütte aus gehen Sie in südwestlicher Richtung weiter und biegen nach 50 m rechts in den Wald hinein. Es geht leicht abwärts, bis Sie aus dem Wald heraustreten und über eine Wiese gehen. Dem anschließenden Teersträßchen folgen Sie rechts.

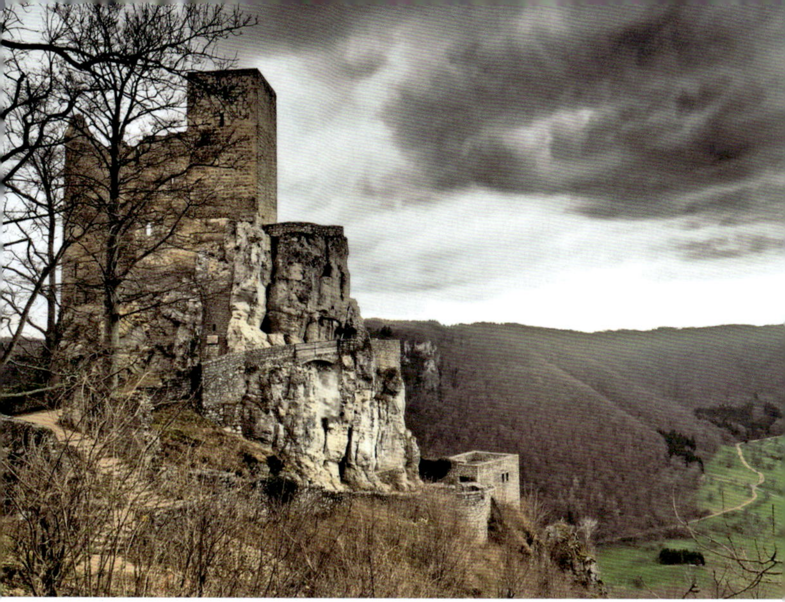

Beeindruckende Wetterkulisse bei der Ruine Reußenstein

Links folgt ein Rastplatz mit Feuerstelle und danach der Wanderparkplatz Mönchberg. Sie überqueren die L1212 und erreichen gleich darauf den Demeter-Hof Ziegelhütte ❹. In dem kleinen Hofladen können Sie Fleisch- und Käseprodukte in Demeterqualität erwerben.

Ziegelhütte, ☎ 070 23/714 38, mail@bauernhof-ziegelhuette.de, www.hof-ziegelhütte.de, Do-Fr 15:00-18:00, am Wochenende und Feiertagen ab 11:00

In etwa 800 m Entfernung von der Ziegelhütte befindet sich das Otto-Hofmeister-Haus. Sie folgen links der L1212 für etwa 300 m und biegen dann rechts auf ein kleines Teersträßchen ein. Anschließend folgen Sie links der K1250. Nach wenigen Metern erblicken Sie das Otto-Hofmeister-Haus mit seiner gut bürgerlichen Küche.

Otto-Hofmeister-Haus, Torfgrube 6, 73266 Lenningen-Torfgrube, ☎ 070 23/90 01 00, albengel-otto-hoffmeister-haus@gmx.de, www.albengel-otto-hoffmeister-haus.de, ÜF DZ ab € 80, EZ ab € 46, Mi-So 11:00-20:00 (je nach Witterung, am besten vorher anrufen)

Nachdem Sie das kleine Hofgut der Ziegelhütte durchquert haben, gelangen Sie zum Randecker Maar.

Randecker Maar

Der imposante Krater ist Zeuge des Albvulkanismus und in erdgeschichtlicher Hinsicht eine Kuriosität. Er ist vor 17 Millionen Jahren durch eine gewaltige Gaseruption entstanden und noch heute in bemerkenswerter Deutlichkeit zu erkennen. Mit einem Durchmesser von 1,2 km ist dieser Krater der größte von mehr als 350 bekannten Vulkanschloten auf der Albhochfläche. Das Randecker Maar bietet außerdem einen Lebensraum für zahlreiche seltene Pflanzen und Tiere.

Vom beeindruckenden Kraterrand des Randecker Maars haben Sie eine schöne Weitsicht auf die kahle Kuppe der Limburg und später auf die Drei Kaiserberge. Am Ende des Randecker Maars überqueren Sie die Straße unterhalb von Ochsenwang. Nun geht es über einen steil ansteigenden Weg, der rechts über eine Wiese führt, zur schönen Wacholderheide des Auchtert und weiter zum Naturdenkmal Breitenstein ❺. Auf den weiten Wiesenflächen mit den Feuerstellen bietet sich dieser großartige Aussichtspunkt für eine Rast an. Vom Breitenstein überblicken Sie das untere Filstal. Noch weiter entfernt ist sogar das Remstal zu erkennen. Sehr nahe und deutlich zeichnen sich in westlicher Richtung die Burgen Teck und Hohenneuffen ab.

Den Breitenstein verlassen Sie in südöstliche Richtung und gelangen direkt nach Ochsenwang.

Ochsenwang

73266, 410 Einw.

Landgasthof Krone, Eduard Mörikestraße 33, ☏ 070 23/95 13-0, mail@krone-ochsenwang.de, www.krone-ochsenwang.de, ÜF DZ € 70, EZ € 42, Mi-So 11:30-21:00, Mo und Di Ruhetag, Biergarten und Kaffeeterrasse vorhanden

♦ Gasthaus Rössle, Bissingerstraße 2, ☏ 070 23/743 83 33, roessle_ochsenwang@gmx.de, www.gasthof-alb.de, ÜF DZ € 60, EZ € 30, Fr-Di 11:00-23:00, Mi und Do Ruhetag

⌘ Mörikehaus, Eduard-Mörike-Straße 15, ☏ 070 23/23 04, www.moerikehaus-ochsenwang.de, Eintritt € 2,50, nach Vereinbarung

täglich nach Bissingen, Kirchheim und Oberlenningen, Ruftaxi, ☏ 070 25/912 66 39

In dem Dorf lebte kurzzeitig der berühmte Dichter Eduard Mörike. Er genoss eine humanistische Bildung, absolvierte eine kirchliche Prüfung und durchlitt nach eigenen Worten eine „achtjährige Vikariatsknechtschaft“.

Im Laufe dieser Ausbildung übernahm er 1832 für ein Jahr das Vikariat in Ochsenwang. Später wurde er Lehrer für Literatur am Königin-Katharina-Stift. Wer sich näher mit dem Dichter und Schriftsteller beschäftigen möchte, findet in Ochsenwang das Mörikehaus – ein kleines Literaturmuseum, das sich mit den Werken und dem Leben von Mörike befasst.

Ochsenwang erreichen Sie über die Eduard-Mörike-Straße. Dieser folgen Sie rechts bis zur Bissinger-Straße, die Sie beim Gasthof Rössle überqueren. Von hier geht es den Bühlweg hinauf bis zum Wasserspeicher von Ochsenwang. Dort führt der Weg ein kurzes Stück den Berg hinab und bevor Sie die nächste Wegkreuzung erreichen, biegt der Weg rechts auf eine kaum wahrnehmbare Wiesenspur ab. Sie gelangen zur Landstraße und folgen dieser links. Parallel zur Straße haben Sie die Möglichkeit auf einem schmalen Trampelpfad entlangzuwandern. Am Parkplatz Rauberweide führt Sie der Weg rechts am steilen Hangwald entlang. Am Ende des etwas abenteuerlichen Weges gelangen Sie zum Friedhof der Familie Rall. Von dort führen nun zwei Wege weiter zur Ruine Rauber ⛼ ❻, der links gelegene Weg ist der bequemere.

Wieder ein Aufstieg geschafft

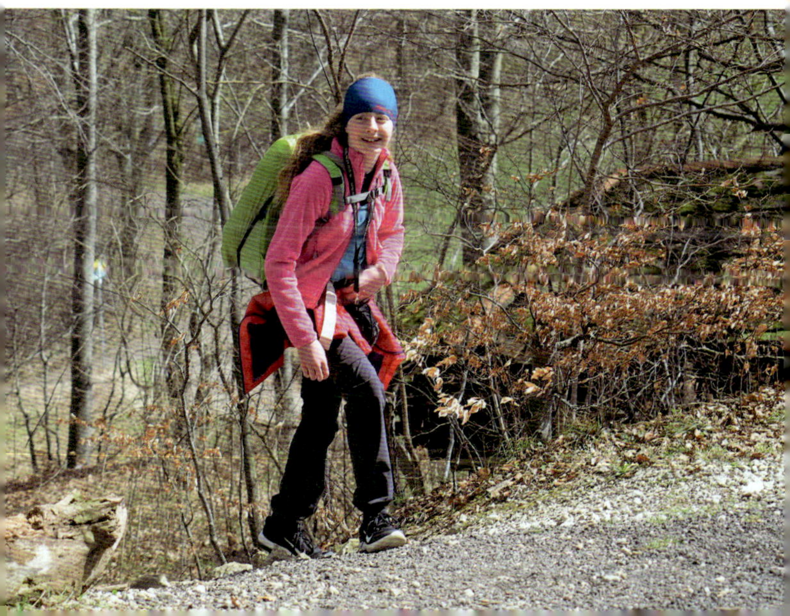

Die Wiese mit der Feuerstelle eignet sich gut für eine Rast.

An der Holzbrücke vor der Ruine führt ein Weg in Serpentinen abwärts durch den Wald bis zum Sattelbogen. Von dort schlängelt sich der Weg hinauf zum schönen Aussichtspunkt Gelber Fels. Etwa 100 m weiter gibt es rechts erneut einen Rastplatz mit Feuerstelle. An der nächsten Kreuzung erreichen Sie einen Schotterweg, auf dem Sie nach wenigen Metern zur Burg Teck gelangen ❼.

Burg Teck

775 m hoch am Rande der Alb gelegen bietet die Burganlage wunderschöne Ausblicke in das Lenninger Tal und die weitere Umgebung bis nach Stuttgart und Esslingen. Die Burg wurde im 12. Jh. von den Herzögen von Zähringen erbaut und während des blutigen Bauernkriegs im Jahr 1525 vollständig zerstört. Über 200 Jahre später begann man mit dem Wiederaufbau. Im Jahr 1941 übernahm der Schwäbische Albverein die Burganlage. Damit einher gingen weitere bauliche Veränderungen, die im Jahr 1955 abgeschlossen wurden. Neu hinzugekommen waren nun der schlanke Turm, eine Wirtschaft und das Übernachtungsheim.

Unterhalb des Turmes befindet sich die Sybillenhöhle, der Sage nach wurde sie von der großzügigen Sybille bewohnt, die sich für ihre drei missratenen Söhne so schämte, dass sie auf einem feurigen Wagen aus ihrer Höhle flüchtete. Für die Archäologen wurde die Höhle bereits Ende des 19. Jh. zur interessanten Fundstelle eiszeitlicher Tierknochen von Mammuts, Bären und Wildpferden.

Wanderheim des Schwäbischen Albvereins, ☏ 070 21/552 08, mail@burg-teck-alb.de, www.burg-teck-alb.de, ÜF DZ € 70, Mehrbettzimmer p. P. € 25, Mitglieder des SAV zahlen € 5 weniger, Mi-Sa 10:00-22:00, So und Feiertage bis 18:00, Mo, Di Ruhetag

Von der Burg aus führt ein breiter Weg zunächst steil hinab nach Owen (Auen). Von diesem Weg biegt dann ein Pfad bei einem Unterstand scharf links ab und führt weiter im Zickzack bis zu einer großen Wiese. Es geht nun entlang schöner Obstwiesen, bis Sie die ersten Häuser von Owen erreichen. Sie gehen die Teckstraße hinunter und kommen an geschichtsträchtigen Häusern vorbei.

Sie überqueren die Hauptstraße bei der Brücke und gelangen über die Bahnhofstraße direkt zum Bahnhof, wo diese Etappe endet.

Owen

73277, 3.400 Einw.

Kontakt zur Stadtinfo, Kirchheimer Straße 51, 070 21/982 93 62, stadtinfo@owen.de, www.owen.de, Sa und So 11:00-17:00

In Owen finden Sie einige schöne, teils direkt am Weg gelegene Ferienwohnungen

♦ Apartmenthaus Däschler, Brühlstraße 12, 070 21/982 02 52, info@apartmenthaus-daeschler.de, www.apartmenthaus-daeschler.de, DZ € 70, EZ € 55

Ladners Ochsen Beck, Kirchheimer Straße 89, 070 21/510 28, info@ochsenbeck.de, www.ochsenbeck.de, Mo-Fr 5:30-18:00, Sa 5:30-17:00, So 8:00-17:00

Schwabenstüble, Kirchheimer Straße 84, 070 21/982 80 45, info@schwabenstueble-owen.de, http://www.schwabenstueble-owen.de, Di-Fr 11:00-13:30 und 18:00-21:00, Sa 17:00-21:00, So 11:00-20:00

♦ Osteria Brücke, Kirchheimer Straße 67, 070 21/734 52 80, Di-So 10:00-23:00, Mo Ruhetag

stündliche Verbindungen nach Kirchheim/Plochingen und Lenningen

in Richtung Lenningen, Kirchheim, Neuffen

Den Status einer Stadt erhielt die Ortschaft bereits während der Stauferzeit. Sie ist die kleinste Stadt der Alb. Alles andere als klein ist die Zahl der hier ansässigen Schnapsbrennereien (mehr als 30!). Im Frühling blicken Sie von der Burg Teck auf weite Obstwiesen, die bunt um die Stadt herum blühen und deren Früchte gerne zu Schnaps gebrannt werden.

Weg zum Bellerhof: Vom Bahnhof folgen Sie dem HW1 weiter über die Gleise und dann weiter auf der Beurener Straße. An der zweiten Möglichkeit verlassen Sie links die Landstraße und queren auf einem Teersträßchen eine Feld- und Streuobstwiesenlandschaft. Sie folgen dem Sträßchen immer geradeaus. Links, in einiger Entfernung, sehen Sie bereits das Hofgut. Kurz bevor Sie wieder die Landstraße erreichen, biegen Sie bei der T-Kreuzung links ab. Der Hof ist nun nicht mehr zu verfehlen, an der ersten Weggabelung gehen Sie rechts, an der zweiten Gabelung links. Sie passieren eine kleine Schutzhütte und stehen schließlich vor dem anschaulichen Bellerhof und der schwäbischen Whisky Destillerie.

Bellerhof, Berghof 1a, 070 21/518 92, info@bellerhof-brennerei.com, www.dannes.de, ÜF DZ € 90, EZ € 45, Hol- und Bringservice vom Bahnhof Owen möglich, auf dem Hofgut wird schwäbischer Whisky gebrannt, es gibt eine Grillstelle und einen Gemeinschaftsraum. Zum Hof gehört ebenfalls ein Hofladen, Mo-Sa 8:00-13:00.

8. Etappe: Owen – Bad Urach

18,6 km, 5 Std. 50 Min., 480, 410, 384-738 m

0,0 km	384 m	Owen
3,6 km	727 m	Brucker Fels
5,6 km	700 m	Erkenbrechtsweiler
8,6 km	710 m	Parkplatz Burgruine Hohenneuffen, Burgruine
10,8 km	714 m	Kunstobjekt Brille
13,0 km	715 m	Parkplatz Flieger Hülben, Abzweig alte Wegführung
14,0 km	714 m	Hülben ( )
18,6 km	465 m	Bad Urach

Der Weg folgt über weite Strecken direkt dem Traufrand und glänzt mit vielen Aussichtspunkten. Nach dem steilen Aufstieg von Owen zum Brucker Fels ist ein Großteil der Anstiege bereits geschafft. Sie kommen an kulturhistorischen Ausgrabungsstätten, dem Heidengraben und der mächtigen Burganlage Hohenneuffen vorbei. In Bad Urach schließlich sprudelt die heißeste Thermalquelle des Schwabenlandes und die Altstadt mit Fachwerkbauten und dem historischen Marktplatz lädt zum längeren Verweilen ein.

Gegenüber dem Bahnhof befindet sich ein Wegweiser. Sie folgen der Markierung rechts entlang der Bahngleise in Richtung Brucker Fels und Erkenbrechtsweiler. Nach 200 m überqueren Sie die Schienen und folgen dem Radweg in Richtung Brucken/Oberlenningen. Die Bahngleise befinden sich linker Hand. Owen verlassen Sie bei einem Firmengelände, an der anschließenden Kreuzung gehen Sie geradeaus. Dann biegt der Weg links ab und über weite Obstwiesen geht es stetig bergauf. Ein schöner Weg schlängelt sich durch diese fruchtbare Wiesenlandschaft vorbei am Wegweiser „Bölle“ ❶ und weiter zum Rand des Hangwaldes. Es folgt ein kräftezehrender, steiler Anstieg auf steinigem, teils losem Untergrund, wo Sie besonders nach Regenfällen leicht ins Rutschen geraten können. Bis zum ausgesetzten Felssporn Brucker Fels sind es von Owen rund 330 Höhenmeter. Oben angelangt stehen Sie nun auf dem Plateau der Bassgeige und folgen dem Wegweiser links in Richtung Brucker Fels ❷. Von diesem Aussichtspunkt blicken Sie in östlicher Richtung direkt auf die Silhouette des Turms der Burg Teck. Rechts davon befindet sich der Gelbe Fels und der Sattelbogen des Teckbergs. Im dichten Wald liegt versteckt die Ruine Rauber, dahinter sticht in weiter Entfernung der helle Fels des Breitensteins hervor. Unten im Tal liegen Owen und Lenningen.

Nach Verlassen des Aussichtsberges halten Sie sich links, es geht entlang der Albkante weiter. Ein schöner Waldweg führt Sie im leichten Auf und Ab am Waldrand entlang. Vor den Toren von Erkenbrechtsweiler stoßen Sie auf die Ausgrabungsstätte des Heidengrabens ❸.

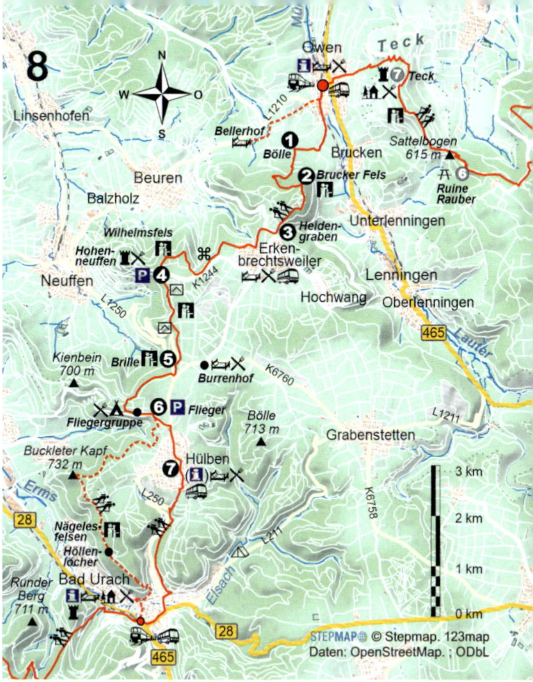

Heidengraben

Der Heidengraben ist ein spätkeltisches Oppidum, also eine befestigte Siedlungsanlage. Mit einer Fläche von knapp 1.700 ha ist der Heidengraben das größte Oppidum Europas. Für Archäologen, aber auch für geschichtliche Interessierte ein spannender Ort, der neue Erkenntnisse über die keltische Besiedlungsgeschichte auf den Höhen der Alb liefert. Aktuelle Ausgrabungen brachten bislang Unentdecktes über die Lebensweisen und Rituale der Kelten zutage.

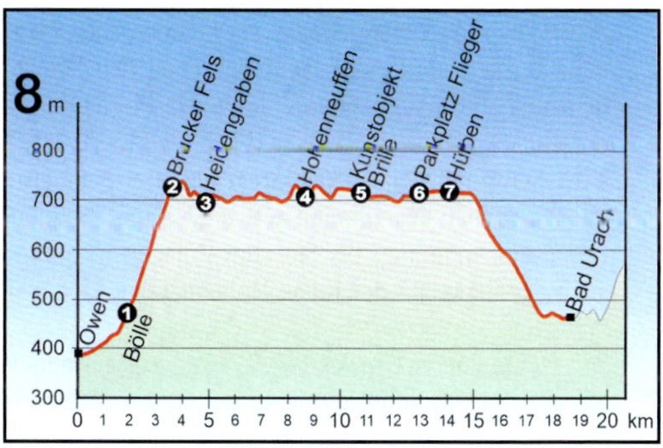

Sie gehen durch das Tor G des Heidengrabens direkt auf Erkenbrechtsweiler zu. Nachdem Sie die Kirchheimer Straße überquert haben, gehen Sie rechts entlang des Radweges. Über den Burgweg gelangen Sie zur Dorfmitte.

Erkenbrechtsweiler 73268, 2.200 Einw.

Burrenhof, an der Kreuzung Uracher Straße und L250, 070 26/73 46, erwin_waldner@web.de, www.erwin-waldner/burrenhof.de, ÜF DZ € 72, EZ € 36, Mi-So 10:00-18:00

Ladners Ochsen Beck, Uracher Straße 14, 070 26/601 79 72, info@ochsenbeck.de, www.ochsenbeck.de, Mo-Fr 6:00-18:00, Sa 6:00-12:30, So 8:00-17:00

Mostkrug (Besenwirtschaft), Kirchstraße 9, 070 26/21 96, www.mostkrug.de, So und Feiertage 12:00-19:00, Okt-Jan Do-Sa 18:00-24:00, Feb, Juni und Juli Fr und Sa 18:00-24:00

Verbindungen in Richtung Lenningen, Neuffen und Bad Urach

Da hier einst eine der ältesten Keltensiedlungen im europäischen Raum existiert hat, reicht die Besiedlungsgeschichte um Erkenbrechtsweiler über 1.000 Jahre in die vorchristliche Zeit zurück. Das Dorf und vor allem das Umland sind daher besonders in archäologischer Hinsicht bedeutsam. Heute sind die drei Gemeinden Erkenbrechtsweiler, Hülben und Grabenstetten dabei, das keltische Oppidum so zu erschließen, dass die Besucherinnen und Besucher über Erlebnispfade und Schautafeln über den neuesten Erkenntnisstand der Ausgrabungen informiert werden können.

Das kleine Dorf ist schnell durchquert. Am Ende der Burgstraße führt der Weg rechts über die Obere Straße aus Erkenbrechtsweiler hinaus. Über eine weiträumige Wiesen- und Felderlandschaft erreichen Sie einen Pfad im Wald, der exakt dem steil abfallenden Albtrauf folgt. Mächtige Jurafelsen erheben sich immer wieder entlang des Weges, sie sind kahl und die Fernsicht ist fantastisch. Vom Aussichtspunkt mit dem Gedenkstein des Kreisbaumeisters Karl Hiller geht's weiter über unzählige Wurzeln im stetigen Auf und Ab immer an der oberen Kante des Hangwaldes entlang, bis Sie zum Wilhelmsfels kommen. Hier befindet sich auch der Parkplatz der Ruine Hohenneuffen ❹.

Ein kurzer Umweg (⇔ 1,7 km) zur gewaltigen Burganlage Hohenneuffen aus dem 12. Jh. lohnt nicht nur wegen der Gaststätte, sondern vor allem wegen des eindrucksvollen Bollwerks selbst.

Hohenneuffen

In der Burg wurden im Jahr 1948 wesentliche Entscheidungen für den Zusammenschluss von Baden und Württemberg getroffen. Oben auf der Ruine haben Sie eine perfekte Sicht über die ausgedehnte Fläche des Albvorlands.

✕ Grillstation und Kiosk, ☏ 070 25/22 06, ✉ kontakt@hohenneuffen.de, 💻 www.hohenneuffen.de, 🚪 März-Nov Mi-So ab 9:00, weitere Öffnungszeiten werden auf der Homepage stetig aktualisiert.

Burganlage Hohenurach

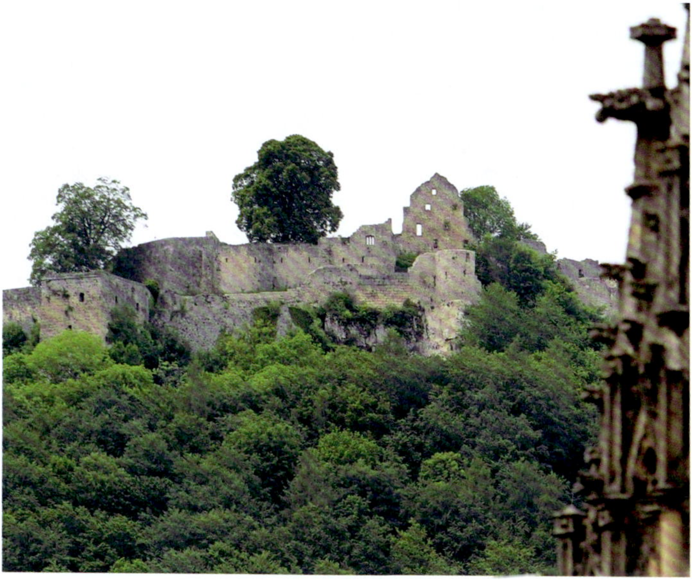

Von der Burg aus gehen Sie wieder zurück zum Parkplatz. Dieser befindet sich übrigens auf einem Massenkalkfels, der aus dem härtesten Kalkgestein besteht und andernorts in Steinbrüchen als Marmor abgebaut wird. Aufgrund der seltenen Pflanzen und Tiere, die auf diesem Plateau leben, hat der Felsen den Status eines Naturdenkmals.

Der weitere Weg verläuft durch einen abwechslungsreichen Mischwald weiter entlang des Traufs. Nicht weit vom Parkplatz entfernt erreichen Sie einen schönen Picknickplatz mit ⌂ Unterstand und Feuerstelle.

Es empfiehlt sich, gelegentlich den Weg zu verlassen und auf den einen oder anderen Felssporn hinauszutreten. Die steil abfallenden Felsen bieten immer wieder spektakuläre Ausblicke, entweder hinunter in die tiefe Talschlucht oder in die Weite des ebenen Vorlands.

Unterwegs werden Sie immer wieder auf die sogenannten Höllenlöcher (offene Felsspalten) treffen, die für das Abbröckeln und den damit verbundenen Verfall des Albtraufs mitverantwortlich sind.

Am ⌂ Unterstand Blauer Rank gehen Sie weiter, entlang des Hangwaldes, bis Sie auf eine freie Fläche kommen. Am Wegweiser „Heidengraben" geht es rechts direkt auf ein Kunstwerk zu, das in Form einer Brille ins Auge sticht ❺. Für wenige Meter folgen Sie der einsamen Landstraße zwischen Burrenhof und Hülben und verlassen diese sogleich wieder am Wanderparkplatz Ob der Neuffener Steige. Im Wald geht es weiter. Achten Sie auf die Markierungen, denn der Weg zweigt plötzlich links ab, kreuzt einen Schotterweg und führt über eine Wiese hin zum Waldrand. Links befindet sich das Segelfluggelände von Hülben. Sie folgen dem Weg um das Segelfluggelände herum. Die Fliegergruppe Hülben bietet hier lohnende Rundflüge mit dem Segel- oder Motorflugzeug an und unterhält am Wochenende eine Gaststätte.

✕ Fliegergruppe Hülben e. V., ☎ 071 25/62 26, an Wochenenden 11:00-18:00
⛺ auf der Wiese mit Feuerstelle am Vereinsheim mit vorheriger Genehmigung der Fliegergruppe Hülben

Am Wanderparkplatz Flieger ❻ haben Sie nun zwei Möglichkeiten, um nach Bad Urach zu gelangen.

Die alte, etwas aussichtsreichere Variante (ebenfalls ausgeschildert) führt Sie am Trauf entlang zum Buckleter Kapf, weiter zum Nägelesfelsen und den spektakulären Höllenlöchern. Diese ursprüngliche Wegführung des HW1 ist gegenüber der neuen etwa 2 km länger.

Die neue Wegführung des HW1 führt Sie mitten durch das Dorf Hülben ❼.

Hülben (i) BANK 72584, 3.000 Einw.

(i) Gemeindeverwaltung Hülben, Hauptstraße 1, ☎ 071 25/96 86 12, silke.meier@huelben.de oder info@huelben.de, www.huelben.de

Germania Beck, Neuffener Straße 13, ☎ 071 25/66 22, Bernd-reichert64@web.de, www.germaniabeck.de, ÜF DZ € 100, EZ € 60, Mo und Sa 6:00-12:00, Di-Fr 6:00-18:00

✕ Café/Restaurant Veranda, Daimlerstraße 2, ☎ 071 25/96 35 13, Di-So 11:30-22:00, Mo Ruhetag

✕ Gasthaus Mönchle, Uracher Straße 18, ☎ 071 25/93 93 79, Di-So 11:30-14:30 und 16:00-22:00

- BeckaBeck, Hauptstraße 22, ☏ 071 25/309 10 56, Mo-Fr 6:00-18:00, Sa 6:00-13:00, So 8:00-17:00
- Verbindungen in Richtung Bad Urach, Neuffen und Erkenbrechtsweiler

Der auf der Albhochfläche gelegene Ferienort Hülben bekam seinen Namen von den ersten Siedlern, die sich hier um zwei Hülen (Hüle = Wasserspeicher, entstanden durch wasserundurchlässige Gesteinsschichten) niedergelassen hatten. Zur Erinnerung an diese Wasserspeicher wurde Mitte der 90er-Jahre eine Hüle bei der evangelischen Kirche nachgebaut. Am Rathausplatz erinnert ein Denkmal mit zwei Wasserträgerinnen daran, wie beschwerlich der Wassertransport in früheren Zeiten auf der trockenen Albhochfläche gewesen ist.

In Hülben gehen Sie entlang der Hauptstraße und biegen dann links in die Friedhofstraße ab. Am Ende der Friedhofstraße biegen Sie bei einem Sportgeschäft rechts in die Lindenstraße ein und verlassen Hülben in Richtung Rappenfels. Nachdem Sie die Wiese überquert haben, führt der Weg steil abwärts durch einen Wald bis nach Bad Urach hinunter.

Bad Urach

BANK

72574, 9.200 Einw.

- Haus des Tourismus/Entdeckerwelt, Bismarckstraße 21, ☏ 071 25/94 32 30, entdeckerwelt@badurach.info, www.bad-urach.de, Mo-Fr 10:30-16:00, Sa und So 9:00-17:00
- Hotel Vier Jahreszeiten, Stuttgarter Straße 5, ☏ 071 25/943 40, info@flairhotel-vierjahreszeiten.de, www.flairhotel-vierjahreszeiten.de, ÜF DZ € 110, EZ € 75, Di-Sa 18:00-23:00, So 11:30-15:00, Mo Ruhetag
- ♦ Hotel Restaurant Café Buck, Neue Straße 5-7, ☏ 071 25/949 40, info@hotel-buck.de, www.hotel-buck.de, ÜF DZ € 120, EZ € 70, täglich 8:00-22:00
- ♦ Hotel Restaurant Graf-Eberhard, Bei den Thermen 2, ☏ 071 25/14 80, info@hotel-graf-eberhard.de, www.hotel-graf-eberhard.de, ÜF DZ € 110, EZ € 80, täglich 8:00-21:00
- ♦ Hotel Restaurant Bischoffs, Pfählerstraße 7, ☏ 071 25/94 73 30, kontakt@bischoffs-badurach.de, www.bischoffs-badurach.de, ÜF DZ ab € 115, EZ ab € 70, Mo-Sa 18:00-22:00
- ♦ Wirtshaus Laurentina, Marktplatz 7, ☏ 071 25/83 79, Fr-Mi 10:00-19:30, Do Ruhetag, das Restaurant vermietet auch drei Ferienwohnungen im Haus, Preis auf Anfrage.

Juhe, Seltbachstraße 9, direkt am HW1 gelegen, ☏ 071 25/80 25, info@jugendherberge-bad-urach.de, www.bad-urach.jugendherberge.de, ÜF DZ € 33, täglich 7:30-22:00

Camping Pfählhof, Pfählhof 2, ☏ 071 25/80 98, camping@pfaehlhof.de, www.pfaehlhof.de, Zelt + 2 Personen € 18, Wohnwagen + 3 Personen € 25, Blockhütte € 85, für weitere Nächte € 55, täglich 8:00-13:00 und 15:00-18:00, Jan/Feb geschlossen

Café Bek, Marktplatz 11, ☏ 071 25/407 33 07, Mo-Fr 6:30-18:30, Sa und So 7:00-18:00

⌘ Residenzschloss, Bismarckstraße 18, ☏ 071 25/15 84 99, info@schloss-urach.de, schloss-urach.de, Eintritt inkl. Führung € 5, Di-Fr 12:00-17:00, Sa und So 10:00-17:00

Alb Therme, Bei den Thermen 2, ☏ 071 25/943 60, info-albthermen@kantospa.de, www.albthermen.de, Tageskarte € 15,70, Mo-Do 8:30-22:00, Fr und Sa 8:30-23:00, So und Feiertage 8:30-21:00

♦ Höhenfreibad, Am Tiergartenberg, ☏ 071 25/81 84, www.badurach-tourismus.de, Eintritt € 4, Mai-Aug täglich 6:00-20:00 und Sep 6:00-19:00

mehrmals täglich in Richtung Reutlingen

mehrmals täglich in Richtung Reutlingen und Münsingen

Weg durch Bad Urach

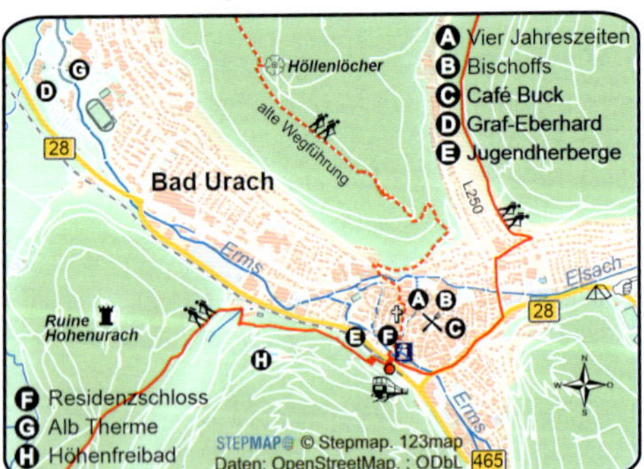

In den Gassen der Altstadt weht ein spätmittelalterliches Flair. Die imposanten Fachwerkbauten stammen aus dem 15./16. Jh. Der Marktplatz wird durch historische Fachwerkhäuser eingerahmt, in deren Räumen sich einladende Cafés und Restaurants niedergelassen haben. Die kleine Stadt besitzt außerdem ein Heilbad und ist ein Luftkurort. In Bad Urach sprudelt eine der größten und wärmsten Mineralquellen Deutschlands. In den Albthermen wird das 61° C warme Wasser auf 32-38° C abgekühlt. Aufgrund des milden Klimas findet man in der Region um Bad Urach, Neuffen und Metzingen sogar Weinanbaugebiete.

Bad Urach ist ein beliebtes Ausflugsziel, vor allem der Uracher und Gütersteiner Wasserfall, das Maisental oder die Ruine Hohenurach (☞ nächste Etappe) sind Besuchermagneten.

9. Etappe: Bad Urach- Stahleck

18,9, 6 Std., ↑ 588, ↓ 339, ⇧ 455-807 m

0,0 km	⇧ 465 m	Bad Urach
3,3 km	⇧ 604 m	Wasserfallhütte
5,2 km	⇧ 744 m	Naturfreundehaus Rohrauer Hütte
7,4 km	⇧ 807 m	Hohe Warte
8,2 km	⇧ 755 m	Gestütshof St. Johann
10,0 km	⇧ 740 m	Wanderheim Eninger Weide
11,6 km	⇧ 742 m	Picknick- und Spielplatz
15,9 km	⇧ 768 m	Hofgut Übersberg
18,9 km	⇧ 709 m	Stahlecker Hof

Ein Wasserfall, ein steiler Aufstieg und ebenso steil abfallende Felsmassive sowie Aussichtspunkte, die bei guten Witterungsverhältnissen Blicke bis zum Schwarzwald ermöglichen, zeichnen diesen besonderen und vor allem an Wochenenden viel begangenen Wegabschnitt aus. Es ist eine aussichtsreiche Genusstour, an deren Ende ein gutbürgerlicher Hof inmitten der schwäbischen Alblandschaft zum Übernachten einlädt.

Von der Touristinformation wenden Sie sich zum Bahnhof und nehmen dort die Unterführung. Wenn Sie die Gleise unterquert haben, führt der Weg rechts ein paar Meter entlang der Alten Hanner Steige. Nach etwa 80 m biegen Sie links ab in Richtung Seltbachtal. Es geht ein paar Meter bergauf, bis Sie den Waldrand erreicht haben. Diesem folgen Sie bis zur Jugendherberge von Bad Urach. Vom Parkplatz der Jugendherberge geht es über einen geschotterten Pfad leicht aufwärts.

Sie überqueren eine Wiese und sehen über dem Seltbachtal die Ruine Hohenurach aus dem 11. Jh. Von einem weiteren Parkplatz steigen Sie auf der westlichen Seite des Seltbachtals steil bergauf.

Am Bergsattelkreuz können Sie rechts einen Abstecher zur Ruine machen, ⇔ etwa 1 km.

schöner Aussichtspunkt

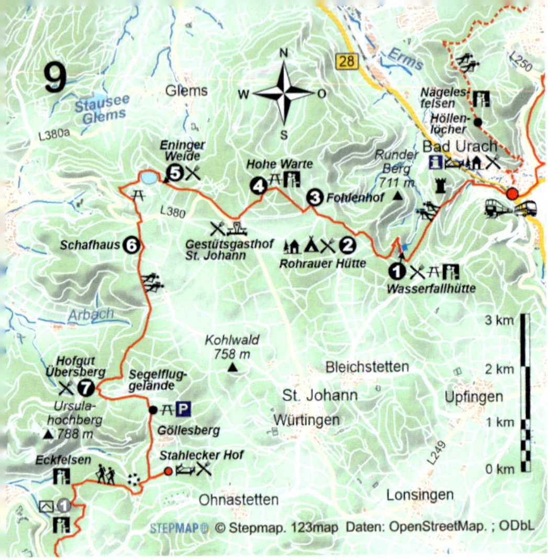

Links führt der HW1 stetig ansteigend auf breitem Schotterweg weiter bis zum Wasserfall ❶. Dort angekommen sehen Sie sehr eindrucksvoll, wie sich durch Ablagerungen des extrem kalkhaltigen Wassers ein mächtiger Kalktuffvorbau bildete, über den das Wasser weit ins tiefe Maisental hinabstürzt. Der Platz selbst bietet neben einer schönen Aussicht einen bewirtschafteten Kiosk.

An Bachläufen liegt dieser einfach gehaltene Kiosk direkt am Uracher Wasserfall, Getränke, einfache Speisen und eine Feuerstelle laden zum Verweilen ein,
März-Okt 10:00-18:00, die Öffnungszeiten sind abhängig von der Witterung.

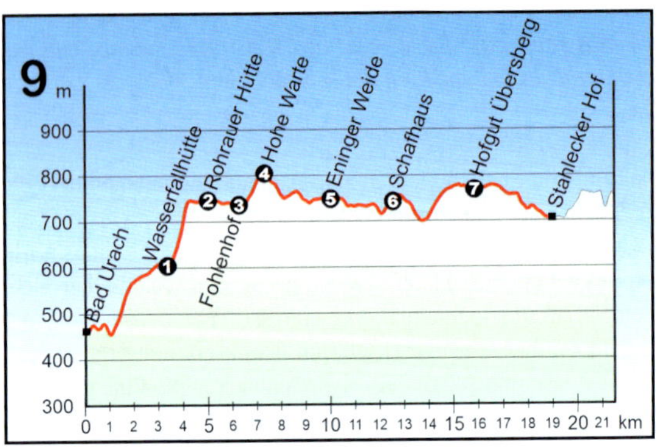

Am Kiosk überqueren Sie den mit klarem Quellwasser ruhig dahinfließenden Bach. Am Wegweiser „Elefantenhöhle" windet sich nun ein steiler Pfad durch den Hangwald hinauf, bis Sie zum Wegweiser „Rutschenfelsen" gelangen. Weil Sie nun an Höhe und Blickweite gewinnen, beginnt nun ein aussichtsreicher Teil der Wanderung.

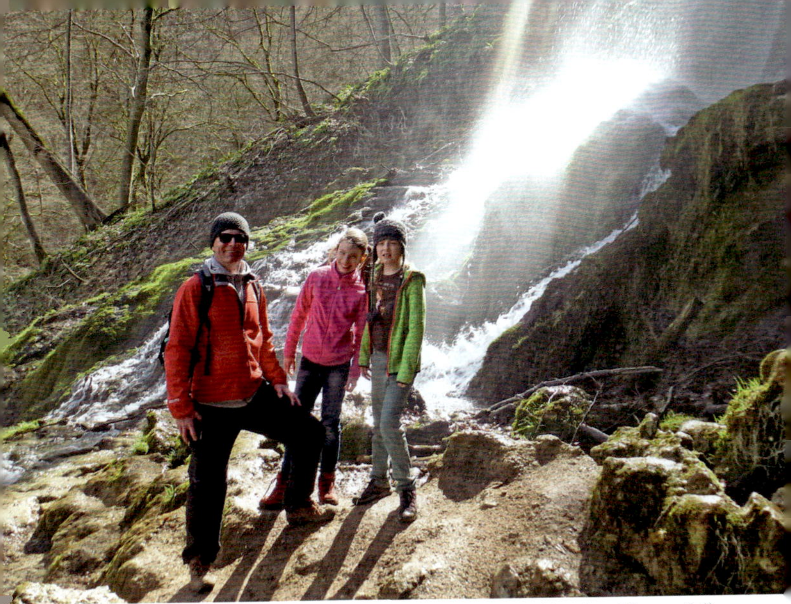

Am Uracher Wasserfall

Es eröffnet sich ein schöner Blick auf den hochaufragenden Rutschenfelsen und die Burgruine Hohenurach. Weiter im Norden erkennen Sie noch die Bastion Hohenneuffen. Auf der Hochebene befindet sich in Sichtweite das Naturfreundehaus Rohrauer Hütte ❷.

Rohrauer Hütte, ☏ 071 22/97 63 (Hüttentelefon), 01 76/98 31 87 73 (Übernachtungsanfragen), anfrage@rohrauer-huette.de, www.rohrauer-huette.de, ÜF DZ € 32, Naturfreundemitglieder zahlen € 4 weniger, wunderschön auf der Hochfläche gelegen, mit Feuerstelle, nahe einem geschützten Landschaftsgebiet – ein Traum!, Fr-So ab 10:00

Der spektakuläre Wegabschnitt führt nun entlang der Albkante über den Rutschenfelsen und dann weiter auf breiten, gut ausgebauten Wegen zum Fohlenhof. Vor den Toren des Hofes befindet sich eine Grillstelle ❸. Vor dieser biegen Sie links ab und folgen rechts dem Hans-Wiedmann-Weg durch den Wald. Nach etwa 200 m zweigt dieser abermals rechts ab, Sie aber wandern durch einen wunderschönen Buchenwald geradewegs hinauf zur Hohen Warte ❹.

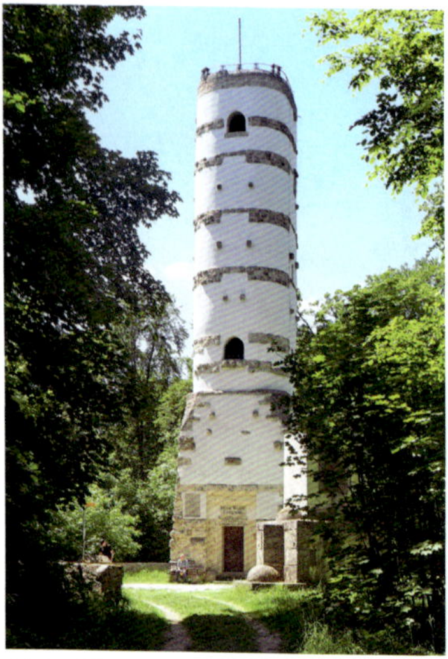

Hohe Warte

Hohe Warte

Im Jahr 1923 wurde der Turm zum Gedenken an die Gefallenen des Ersten Weltkriegs errichtet. Heute wird jeweils am ersten Sonntag im Oktober mit einer Gedenkfeier an die Opfer der beiden Weltkriege erinnert. Es lohnt sich, über die 125 Stufen auf die Plattform des 23 m hohen Turms zu steigen. Bei klaren Witterungsverhältnissen reicht die Aussicht nicht nur auf das weite Albvorland zum Roßberg oder der Burg Teck, sondern sie reicht bis weit in den Süden zu den schneebedeckten Alpen.

Die Hohe Warte verlassen Sie in südwestliche Richtung und steigen hinab zum Parkplatz bzw. dem Gestütshof St. Johann.

Gestütsgasthof St. Johann mit Biergarten, ☏ 071 22/92 96, www.gestuetsgasthof-st-johann.eatbu.com, Di-So 11:00-17:00, Mo Ruhetag

Beim Gestütshof St. Johann gibt es einen kleinen, aber feinen Hofladen mit regionalen Produkten direkt vom Erzeuger, ☏ 071 22/99 71, info@hofladen-werz.de, www.hofladen-werz.de, Sa 13:00-16:30 und So 12:00-17:00.

Eine schöne Baumallee führt Sie aus dem Gestütshof hinaus. Sie folgen dem Weg in nordwestliche Richtung parallel zur L380. Am Parkplatz Winkel gehen Sie geradewegs weiter, bis Sie zum Wanderheim Hans-Schenk-Haus auf der Eninger Weide gelangen ❺.

Hans-Schenk-Haus, Wanderheim des Schwäbischen Albvereins Eninger Weide, ☏ 071 21/873 72, Fr-Sa 14:00-18:00, So 11:00-18:00

Vom Wanderheim gehen Sie rechts um den Stausee herum. Nachdem Sie den See etwa bis zur Hälfte umrundet haben, zweigt der Weg rechts ab. Sie folgen den Markierungen in den Wald hinein und gelangen zu einem schönen Picknick- und Spielplatz.

Der Weg führt Sie nun entlang einer Wiesenfläche und führt dann rechts auf einen schmalen Pfad. Diesem folgen Sie leicht abwärts bis zur Landstraße, die Sie auch an dieser Stelle überqueren.

Am Wegweiser „Eninger Weide Parkplatz Schafhaus" gehen Sie zunächst rechts weiter, um dann gleich darauf links einer schönen Baumallee zu folgen. Es geht leicht bergan zum Aussiedlerhof Schafhaus ❻. Am Ende des Hofguts folgen Sie rechts dem Schotterweg. Ein gut markierter Wegabschnitt führt Sie durch schöne Wald- und Wiesenflächen. Links sehen Sie in einiger Entfernung den Lindenhof. Sie wandern nun durch einen schönen Buchenwald entlang der Traufkante, bis Sie zum Abzweig zur Gaststätte Übersberg ❼ gelangen.

✕ Hofgut Übersberg, ☏ 071 21/811 73, info@hofgut-uebersberg.de, www.hofgut-uebersberg.de, Di-So 11:00-21:00, Mo Ruhetag

An der Wegkreuzung führt Sie der HW1 links um das Segelfluggelände herum. Über schöne Wiesenflächen geht es nun leicht abwärts bis zum Park- und Picknickplatz Göllesberg, wo Sie der geteerten Straße weiter folgen. Links befindet sich die gleichnamige Siedlung. Sie folgen dem Weg noch einige Meter weiter zum etwas abseits gelegenen Stahlecker Hof. Auf den letzten Metern verlassen Sie den HW1 und biegen links zum Stahlecker Hof ab. Vor den Toren des idyllisch gelegenen Hofs endet diese Etappe.

✕ Stahlecker Hof, Stahleck 1, 72805 Lichtenstein, ☏ 071 22/94 27, info@stahleckerhof.de, www.stahleckerhof.de, ÜF DZ € 100, EZ € 60, Mi-Mo 11.30-20.00, Di Ruhetag

10. Etappe: Stahleck – Genkingen/Roßberg

20,0 km, 6 Std. 30 Min., ↑ 620 m, ↓ 550 m, ⇧ 693- 820 m

0,0 km	⇧ 709 m	Stahlecker Hof ✕
2,6 km	⇧ 755 m	Ruine Greifenstein
4,7 km	⇧ 699 m	Holzelfingen BANK
7,5 km	⇧ 743 m	Rötelstein
9,0 km	⇧ 705 m	Traifelberg
11,3 km	⇧ 800 m	Lichtenstein ✕
13,4 km	⇧ 748 m	Gießstein
16,0 km	⇧ 815 m	Nebelhöhle ✕
20,0 km	⇧ 781 m	Genkingen (i) ✕ BANK

Es geht im leichten Auf und Ab durch Nadel-, Buchen- und Mischwald sowie schöne Wiesenabschnitte, vorbei an der kaum erkennbaren Ruine Stahleck und den Mauerresten der Ruine Greifenstein. Von diesem schönen Aussichtspunkt können Sie das märchenhafte Schloss Lichtenstein bereits gut erkennen. Im Mittelpunkt dieses Wegabschnittes steht dann auch zweifellos dieses eindrucksvolle Schloss. Anschließend erreichen Sie die wegen ihrer Tropfsteine überregional bekannte Nebelhöhle. In Genkingen finden Sie schöne Ferienwohnungen zum Übernachten. Wer noch etwa 4 km weiterwandert, hat die Möglichkeit, am Gipfel des Roßbergs in bester Aussichtslage im Wanderheim zu übernachten.

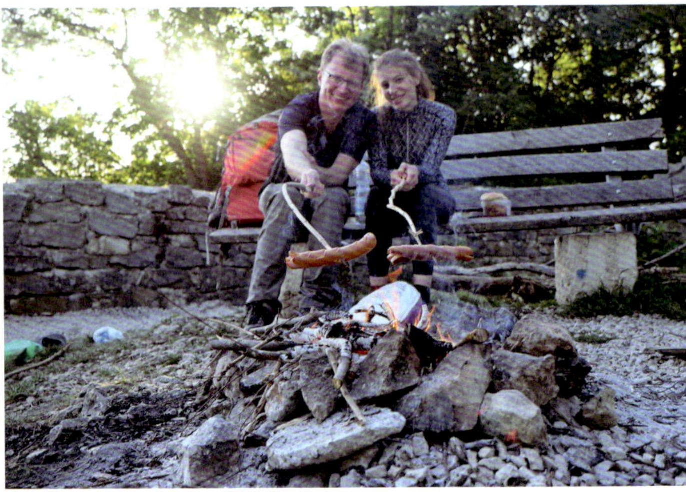

Stärkung bei der Burgruine Greifenstein

Vom Stahlecker Hof gehen Sie geradewegs den Schotterweg hinunter bis zur ehemaligen Burgruine Stahleck. Sie folgen dem Pfad durch den Wald, bis Sie auf einen Schotterweg treffen, dem Sie rechts folgen. Etwas unverhofft verlassen Sie nach einigen Metern den Schotterweg, um rechts in den Wald abzubiegen. Kurz darauf erreichen Sie den schönen Aussichtspunkt Eckfelsen. Von hier können Sie hinunter ins Echaztal auf die beiden Ortsteile Honau und Unterhausen sehen. Wenn Sie den Blick etwas in die Ferne schweifen lassen, sehen Sie den Schönbergturm, der von den Menschen in Pfullingen wegen seines Erscheinungsbildes auch gerne „gefrorene Unterhose" genannt wird. Wenden Sie den Blick nach Süden, lässt sich Schloss Lichtenstein erkennen.

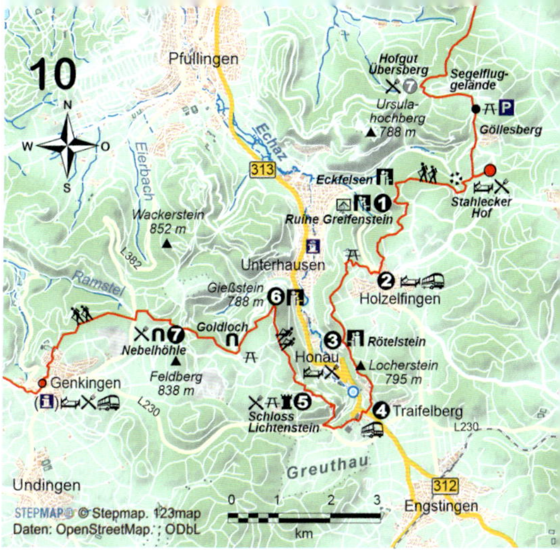

Vom Eckstein folgen Sie dem schmalen Traufweg und erreichen nach nur wenigen Gehminuten die Mauerreste der Burgruine Greifenstein ❶ mit Schutzhütte und Feuerstelle.

Der schmale Weg führt Sie stets an der steil abfallenden Traufkante entlang. Bleiben Sie ab und zu an den lohnenswerten Aussichtspunkten stehen und genießen Sie die fantastische Weite vom Trauf auf die Ebene. Wenn Sie dabei Ihren Blick über die dicht besiedelten Ballungsräume der Region um Stuttgart schweifen lassen, werden Sie die Natur auf der Albhochfläche noch mehr zu schätzen wissen. Wenn Sie schließlich aus dem Wald herauskommen, gelangen Sie über das Sträßchen Im Städele zum Ortsteil Holzelfingen ❷, der zur Gemeinde Lichtenstein gehört.

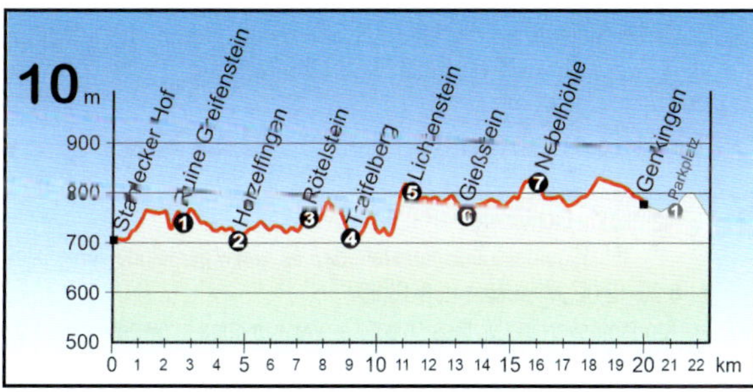

Holzelfingen

72805, 1.280 Einw.

Gästehaus Goldammer, Goldammerweg 7, ☏ 071 29/14 97 08, info@gaestehaus-goldammer.de, www.gaestehaus-goldammer.de, ab € 22 p. P.

♦ Ferienwohnung Kalkau, Kornbergstraße 19, 01 60/97 24 02 52, info@kalkau-versicherungen.de, 1-4 Personen € 55

Richtung Honau/Reutlingen

Holzelfingen war ursprünglich eine alemannische Siedlung und ist gegenwärtig, wie so viele Dörfer auf der Hochfläche, mehr ein Wohnort als ein touristischer Anziehungspunkt. Für Sie, die sich auf Wanderschaft befinden, ist es gut zu wissen, dass mitten im Dorf ein Brunnen mit Trinkwasser sprudelt, was auf der wasserarmen Hochfläche eine willkommene Gelegenheit ist, die Wasservorräte aufzufüllen.

Vor dem Brunnen im Dorfkern überqueren Sie die Römerstraße und gehen über die St.-Blasius-Straße und die Kirchgasse aus dem Dorf hinaus. Sie gelangen schließlich zu einer Wiese mit Spielplatz und Feuerstelle. Von dort gehen Sie den Hügel etwas abwärts, bis Sie zum nahe gelegenen Wald kommen und dem Pfand entlang des Traufs folgen.

Linker Hand sehen Sie die letzten Häuser von Holzelfingen. Von den hellen, steil ins Tal abfallenden Felsen ergeben sich immer wieder sagenhafte Blicke auf das an Disneyland erinnernde Schloss Lichtenstein. Besonders vom Rötelstein ❸ und auch vom Locherstein ergibt sich eine besonders schöne Sicht auf das gegenüberliegende Schloss. Nach einigen hügeligen Passagen entlang der Kalkfelsen am Albrand fällt der Weg vor der Lichtensteiner Wohnsiedlung Traifelberg ❹ steil ab.

In Traifelberg überqueren Sie nicht nur die Hauptstraße, sondern auch die Neckar-Donau-Wasserscheide.

Wenn Sie sich an der Hauptstraße rechts halten und talwärts gehen, gelangen Sie zu den Ortsteilen Honau und Unterhausen.

Gemeinde Lichtenstein

BANK ⌘

72805, 9.200 Einw.

Gemeinde Lichtenstein, Rathausplatz 17, 071 29/69 60, info@gemeinde-lichtenstein.de, www.gemeinde-lichtenstein.de, Mo-Fr 8:30-12:00, Mi auch 14:00-18:00

(♦) Tourismusverein Mythos Alb, www.mythos-schwaebische-alb.de, informative Homepage

Hotel Forellenhof Rössle, Heerstraße 20, 071 29/929 70, info@forellenhof-roessle.de, www.forellenhof-roessle.de, ÜF DZ € 100, EZ ab € 77, täglich 7:00-23:00

♦ Hotel Adler, Heerstraße 26, 071 29/40 41, info@adler-lichtenstein.de, www.adler-lichtenstein.de, ÜF DZ ab € 80, EZ ab € 65, täglich 17:30-20:30, Sa und So auch 11:30-14:00

⌘ Wilhelm-Hauff-Museum, Echazstraße 2, ☏ 071 29/41 15,
✉ wilhelm-hauff-museum@web.de, 💻 www.gemeinde-lichtenstein.de, Eintritt € 2,
🚪 Sa, So und Feiertage 14:00-17:00

🚌 Traifelberg in Richtung Reutlingen

Die Ortsteile Holzelfingen, Honau und Unterhausen bilden zusammen die Gemeinde Lichtenstein. Die beiden letztgenannten Ortschaften liegen im Tal und werden von den Hangwäldern des Albtraufs umrahmt. Über den Dächern thront das beschauliche Schloss Lichtenstein. Unterhalb des Schlosses entspringt am Waldrand die Echazquelle. Das kristallklare Wasser sprudelt aus dem Karstgestein und sammelt sich in einem Quelltopf. An der Quelle befindet sich eine Ѧ Feuerstelle – ein idealer Platz für ein ausgedehntes Picknick. Nicht weit davon entfernt befindet sich das Wilhelm-Hauff-Museum. Der bekannte Schriftsteller lieferte nicht nur mit seinem Roman Lichtenstein die Vorlage für das gleichnamige Schloss, sondern schaffte in seinem kurzen Leben – Hauff starb bereits mit 24 Jahren im Jahr 1827 an Typhus – so bekannte Märchen wie „Zwerg Nase“ oder „Der kleine Muck“.

Echazquelle

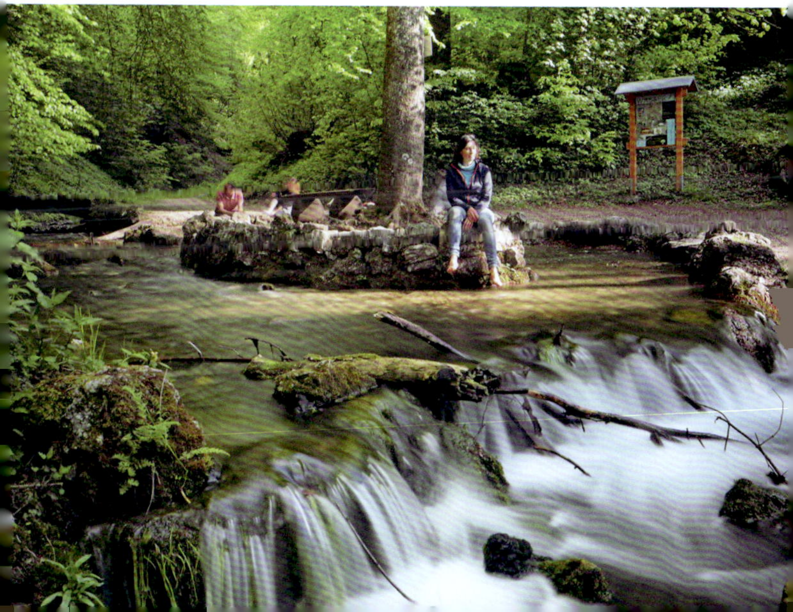

Über die Greuthestraße gelangen Sie leicht ansteigend zu einer kleinen Liftanlage, unterqueren diese und begeben sich in den Wald. Am Ende des Waldstücks gelangen Sie zur L230 und folgen dieser wenige Meter nach rechts, um dann bei der nächsten Wegkreuzung wieder rechts in den Wald abzubiegen.

Es geht steil bergauf, bis Sie wieder die Hochfläche erreichen. Wenn Sie sich im oberen Teil rechts zum Trauf begeben, finden Sie schöne Aussichtspunkte, von denen sich ideale Fotomotive auf das Schloss Lichtenstein ergeben.

Am Wegweiser „Alter Lichtenstein“ gehen Sie rechts, dann gelangen Sie nach wenigen Metern zu den Mauerresten der im Jahr 1150 hier einst erbauten Burganlage. Eine Schautafel erinnert an den schwäbischen Städtekrieg, währenddessen die Burg im Jahr 1388 zerstört wurde.

Sie kommen nun an einen schön angelegten Park, in dessen Mitte das Schloss Lichtenstein in voller Pracht steht ❺.

Schloss Lichtenstein

Das Schloss wurde einst im historischen Roman Lichtenstein vom Dichter und Märchenautor Wilhelm Hauff im Jahr 1826 detailliert beschrieben und 14 Jahre später von Graf Wilhelm von Württemberg im neugotischen Stil werkgetreu nachgebaut. Es steht erhaben auf hellem Kalkgestein und ist heute im Besitz der herzoglichen Familie von Bad Urach. Der Name des Schlosses leitet sich aus dem hell wie Licht strahlenden Felsen ab. Aus Licht-Stein wurde dann Lichtenstein. Auf dem weiträumigen Schlossgelände befindet sich der Gerobau und eine Kapelle. Im Rahmen einer 30-minütigen Führung können alte Waffensammlungen, prachtvoll gestaltete Räume sowie das größte Champagnerglas der Welt bewundert werden.

Schloss Lichtenstein, ☏ 071 29/41 02, verwaltung@schloss-lichtenstein.de, www.schloss-lichtenstein.de, Führung € 9, April-Okt täglich 9:00-17:30, März, Nov und Dez 10:00-16:00, Führung ca. 30 Min.

Schlossschenke, direkt beim Schloss Lichtenstein, ☏ 071 29/603 81, info@schlossschenke-lichtenstein.de, www.schlossschenke-lichtenstein.de, März und Nov 10:00-16:00, April-Okt 9:00-18:00, Dez-Feb geschlossen

Altes Forsthaus Lichtenstein, Schloss Lichtenstein 5, ☏ 071 29/24 40, info@altesforsthauslichtenstein.de, www.altesforsthauslichtenstein.de, April-Okt Mi-So 11:00-18:00, Mo und Di Ruhetag, Nov-März Sa, So und Feiertage 11:30-17:30

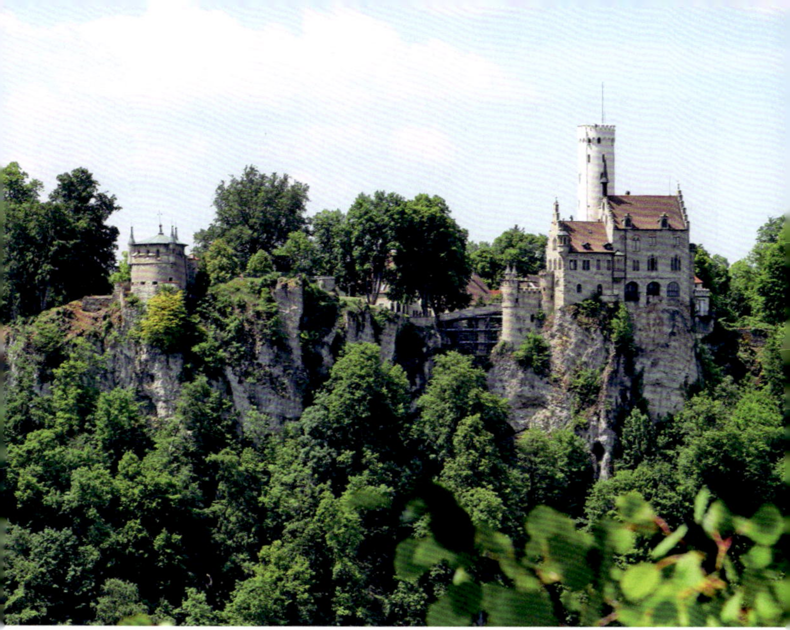

Schloss Lichtenstein

Vom Schloss aus führt der Weg an der Gaststätte Altes Forsthaus vorbei. Sie queren am Rand der hügeligen Albhochfläche Wiesen- und Waldflächen. Dazwischen gibt es immer wieder schöne Aussichtspunkte. Am Wackerstein befindet sich ein Gipfelkreuz und Sie können von hier nochmals zurück auf das Schloss Lichtenstein blicken. Nur ein paar Gehminuten weiter gelangen Sie nach einem kurzen Aufstieg zum Gießstein. Hier ist die Sicht auf Unterhausen und den Albrand in nördlicher Richtung besonders weitläufig ❻.

Vom Gießstein geht es zunächst steil hinab, bis Sie zum Goldloch gelangen. Es handelt sich dabei um eine unerschlossene Tropfsteinhöhle, die als Geotop ausgezeichnet ist. Mit einer Taschenlampe können Sie hier einige Meter auf Entdeckungstour gehen. Links, etwas abseits des Weges, befindet sich etwas weiter der Parkplatz Kalkofen mit schönen Feuerstellen. Wenn Sie dem Weg folgen, halten Sie sich allerdings rechts und marschieren am Waldrand entlang. Ein breiter Schotterweg führt Sie direkt zu einer der faszinierendsten Tropfsteinhöhlen der Alb, der Nebelhöhle. Am Wochenende ist hier reger Betrieb, viele Tagesausflüglerinnen und Tagesausflügler füllen den Platz und steuern die Schauhöhle sowie das danebenliegende Gasthaus an ❼.

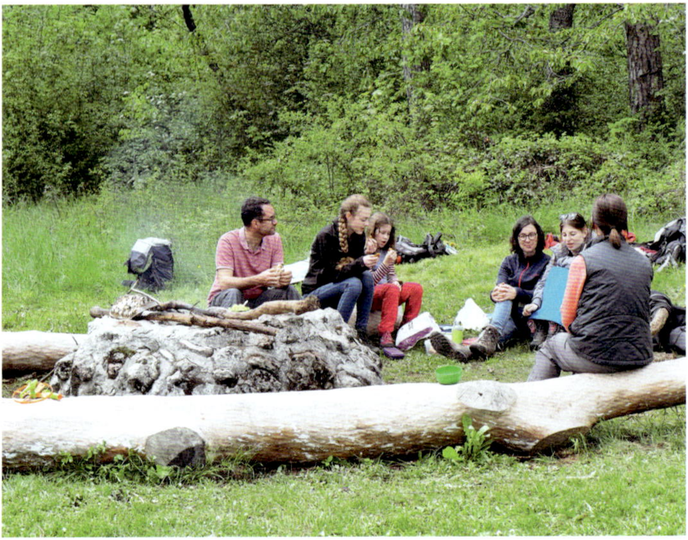

Rastplatz Kalkofen

Nebelhöhle

Durch unzählige Tropfen kalkhaltiges Wasser formten sich über Millionen von Jahren hinweg bizarre Felsgebilde, die in der 25 m tiefen und 450 m langen Höhle bestaunt werden können. Die Nebelhöhle ist wegen ihrer zahlreichen Tropfsteine eine der meistbesuchten Schauhöhlen der Alb. Im bereits an anderer Stelle erwähnten Roman „Lichtenstein" dient die Höhle als Schauplatz einer fantasievollen Liebesgeschichte.

Das nette Team um die Maultaschenwirtin bietet Ihnen hier einen Schlafplatz der besonderen Art an, nämlich die Nacht in einem Schäferwagen zu verbringen (Preis auf Anfrage). Wenn Sie eine konventionelle Übernachtung vorziehen, so ist man Ihnen bei der Suche von Übernachtungsmöglichkeiten in Genkingen und Umgebung behilflich.

Maultaschenwirt, ☏ 071 28/22 53, pudelko@maultaschen-wirt.de, www.maultaschen-wirt.de, April-Okt täglich bis 18:00, Nov und März nur an Wochenenden

Nebelhöhle, ☏ 071 28/605, www.hoehlen.sonnenbuehl.de, April-Okt täglich 9:00-17:00, Nov und März nur an Wochenenden

Am Wegweiser vor der Nebelhöhle wenden Sie sich rechts in Richtung Genkingen. Nachdem Sie eine kurze Wegstrecke hangabwärts gegangen sind, führt Sie rechts ein Pfad in den Wald hinein. Sie befinden sich nun auf dem hinteren Grubenweg. Am Ende des Waldweges gelangen Sie zu einer Wiese und zur L382. Sie überqueren die Landstraße beim Wegweiser „Rössleshart" und begeben sich auf der anderen Straßenseite abermals in den anschließenden Mischwald. Ein gut markierter und breiter Schotterweg führt Sie direkt zu dem kleinen Dorf Genkingen, das Teil der Gemeinde Sonnenbühl ist. Zuerst kommen Sie am Sportplatz vorbei, dort wenden Sie sich zunächst nach rechts, um dann gleich zwischen zwei Sportplätzen links hindurchzugehen. Sie passieren einen Spielplatz und treffen dann auf den Steinmauerweg. Am Ende des Weges biegen Sie links ab, um anschließend rechter Hand zum Schulgelände der Brühlschule zu gelangen. Diese Etappe endet am Schulgelände, links befindet sich ein Parkplatz sowie eine Bushaltestelle.

Genkingen (i) 🛏 ✕ ☕ BANK 🚌 ✉ 72820, 2.250 Einw.

(i) Fremdenverkehrsverein Sonnenbühl-Erpfingen e. V., Touristinfo, Rathaus Undingen, Hauptstraße 2, 72820 Sonnenbühl, ☎ 071 28/925 18, ✉ u.hailfinger@sonnenbuehl.de, 💻 www.sonnenbuehl.de, oder Frau Jäger, ☎ 070 71/70 03 55. An beiden Stellen bekommen Sie freundliche und vor allem informative Auskünfte.

🛏 Ferienwohnung Alb-Rose, Pfullingerstraße 32, ☎ 071 28/36 96, ✉ Alb-Rose-Ferienwohnung@web.de, Ü DZ € 65

♦ Ferienwohnung Fink, Pfullingerstraße 46, ☎ 071 28/10 84, 📱 01 63/716 86 52, ✉ marliesfink@online.de, 💻 www.manfred-fink.de, Ü DZ € 80, EZ € 40

✕ Pizzeria Amor, Gönninger Straße 20, ☎ 071 28/380 31 53, 🚪 Di-So 16:00-21:00, Mo Ruhetag

☕ Bäckerei Haug, Gönninger Straße 3, ☎ 071 28/922 00, ✉ info@baeckerei-haug.de, 💻 www.baeckerei-haug.de, 🚪 Mo-Fr 6:30-13:00 und 14:30-18:00, Sa 6:30-13:00, So 7:30-10:30

🚌 mehrmals täglich in Richtung Tübingen, Engstingen, Erpfingen

Der Name Genkingen lässt darauf schließen, dass es bereits in früher Zeit hier eine alemannische Siedlung gab. Archäologische Spuren lassen sich sogar bis in die Bronzezeit zurückverfolgen und liefern Hinweise auf eine keltische Besiedlung in vorchristlicher Zeit. Im Jahr 772 wurde der Ort erstmals urkundlich erwähnt. Die damaligen Adelsherren errichteten eine Burg. Der ehemalige Standort befindet sich etwas abseits des Dorfes und lässt sich bestenfalls nur noch erahnen. Heute befindet sich im Dorfkern eine große Schule, eine Turn- und Festhalle sowie eine architektonisch preisgekrönte Sporthalle.

↳ In Sonnenbühl-Willmandingen und Burladingen-Melchingen finden sich zwei weitere Unterkünfte, die einen Abholservice bieten.

🛏 Landhotel Sonnenbühl, Egelsbergstraße 12, 72820 Sonnenbühl-Willmandingen, ☎ 071 28/928 30, ✉ info@landhotel-sonnenbuehl.de, 💻 www.landhotel-sonnenbuehl.de, ÜF DZ € 95, EZ € 75, Gäste, die auf dem HW1 unterwegs sind, werden auf Wunsch auch von einem Hotel-Shuttle abgeholt.

♦ Gästehaus Marlene Hirlinger, Falltorstraße 9, 72393 Burladingen-Melchingen, ☎ 071 26/929 70, ✉ info@gaestehaus-hirlinger.de, 💻 www.gaestehaus-hirlinger.de, großes und komfortables Haus in Melchingen, ÜF DZ € 85, EZ € 70, Gäste, die auf dem HW1 unterwegs sind, werden auf Wunsch abgeholt.

11. Etappe: Genkingen – Talheim

14,4 km, 5 Std. 20 Min., ↑ 470 m, ↓ 680 m, ⇧ 591-878 m

0,0 km	⇧ 781 m	Genkingen (i) 🛏 ✕ ☕ BANK 🚌
1,0 km	⇧ 750 m	Parkplatz Genkingen P
3,4 km	⇧ 756 m	Abzweigung Roßberg P, ↳ Roßberghaus 0,7 km, (🏠 ✕) ⛩ 🪑
6,5 km	⇧ 878 m	Bolberg ⛰ ⛩ 🪑
7,9 km	⇧ 780 m	Abzweig ↳ Landhotel Sonnenbühl 1,6 km, 🛏 ✕
10,2 km	⇧ 852 m	Riedernberg ⛰ 🪑
12,3 km	⇧ 693 m	Wegweiser „Eichhalde" 🪑
14,4 km	⇧ 591 m	Talheim (i) **B&B** ✕ ☕ BANK 🚌

Großartige Aussichtspunkte, ein schön gelegenes Wanderheim etwas abseits des Weges und genügend Zeit, um die besten Plätze des Weges ausgiebig zu genießen, kennzeichnen diesen besonders schönen Wegabschnitt. Im Jahr 2020 musste das viel besuchte Wanderheim am Gipfel des Roßbergs leider schließen. Auch wenn es noch nicht absehbar ist, wann das hoch gelegene Haus wieder seine Türen öffnet, so ist doch gewiss, dass es nicht für Ewigkeiten geschlossen bleiben wird. Lohnend ist der Abstecher zum Gipfel des Berges allemal. Es laden Feuerstellen, Tische und Bänke zum Verweilen ein und vom Gipfel ist die Aussicht großartig.

Entlang der Schmiedstraße gelangen Sie zur Hauptstraße, der Gönninger Straße. Hier befindet sich links die Bäckerei Haug und dahinter der sehenswerte Fachwerkbau aus dem 17. Jh., in dem sich heute das Rathaus befindet.

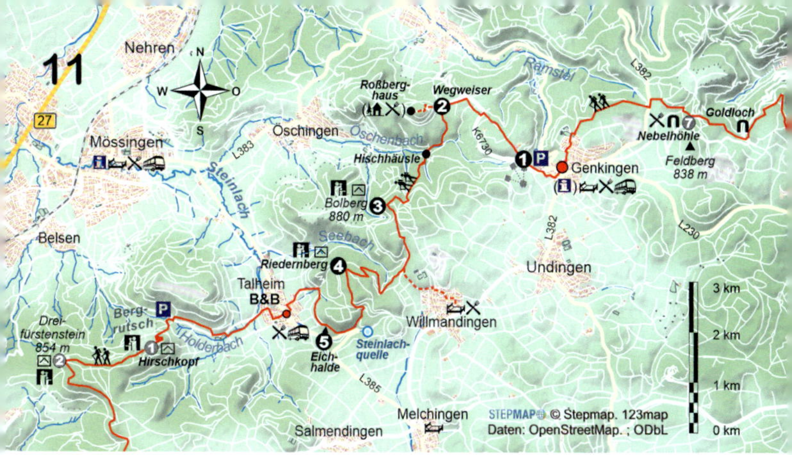

Sie überqueren die Gönninger Straße und gehen geradeaus weiter. Kurz vor dem Ortsausgang zweigt der Weg nochmals rechts ab, linker Hand befindet sich ein weiterer Spielplatz. Sie gehen links in die Niedere Straße und kommen beim Weitergehen direkt zum Parkplatz Genkingen ❶. Nur ein paar Meter weiter befindet sich ein ⴷ Picknickgelände mit einer Feuerstelle und einigen Spielgeräten für Kinder. Es geht im leichten Auf und Ab über Wald- und Wiesenflächen. Sie überqueren dabei den Rinderberg. Am Ende, wenn Sie aus dem letzten Waldstück dieses Wegabschnitts herauskommen, erblicken Sie vor sich die Öschinger Straße, eine Landstraße. Vor Ihnen erhebt sich der Roßberg, den Sie an seinen weithin sichtbaren Funkmasten erkennen. Sie folgen nun dem Wiesenweg parallel zur Landstraße, bis Sie zum Wanderparkplatz Roßberg gelangen.

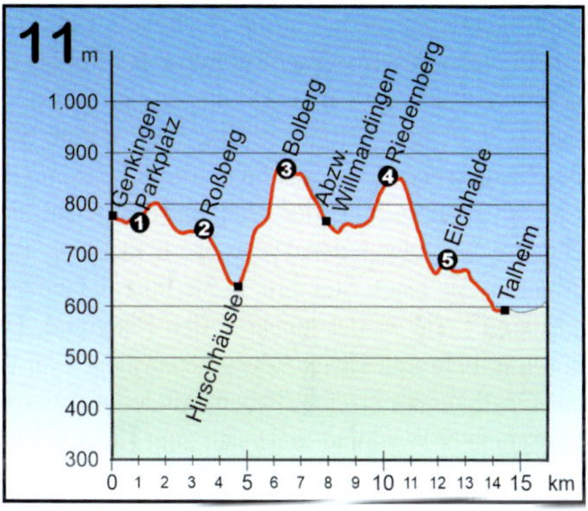

↳ Hier am Wegweiser „Parkplatz Roßberg“ ❷, auf 751 m Höhe, können Sie den HW1 verlassen, wenn Sie zum Wanderheim Roßberghaus hinaufsteigen wollen. Auf dem Gipfel können Sie in bester Aussichtslage einfache Speisen genießen oder auch die Nacht verbringen.

(🏠 ✕)Wanderheim Roßberghaus, ☏ 070 72/70 07, während der Coronapandemie musste das Haus im Jahr 2020 leider geschlossen werden. Der Schwäbische Albverein wird das Haus wieder öffnen, sobald eine Pächterin bzw. ein Pächter gefunden ist. Aktuelle Infos finden Sie unter 💻 tuerme-wanderheime.albverein.net.

Folgen Sie dem HW1, biegen Sie am Wegweiser links ab. Es geht abwärts auf Schotterwegen durch einen Buchenwald. Unten an der Talsohle angekommen geht es links am Hirschhäusle vorbei und gleich wieder bergauf. Sie folgen einigen Metern dem breiten Schotterweg, um dann rechts steil aufwärts einem schmalen Waldweg weiterzuwandern. Bis zum Aussichtsgipfel des Bolbergs muss auf einer Strecke von 2 km ein Höhenunterschied von etwa 250 m überwunden werden. Ein anstrengendes Teilstück, das am Ende mit einer fantastischen Aussicht vom Plateau des Bolbergs ❸ belohnt wird.

Hier oben gibt es einen Grillplatz, eine Schutzhütte und natürlich eine überragende Fernsicht auf die Zollernalb. Ganz rechts in nordöstlicher Richtung erhebt sich der weiße Aussichtsturm des Roßbergs, unten im Tal liegen die Ortschaften Öschingen und Mössingen, in südwestlicher Richtung erkennen Sie bereits die Burg Hohenzollern. Bei klaren Sichtverhältnissen scheinen die geschwungenen Berge des Schwarzwaldes zum Greifen nahe.

Vom Bolberg führt der Weg zunächst leicht hinunter, immer an der Albkante entlang. Sie folgen den Wegweisern Richtung Riedernberg und Talheim. Links erblicken Sie einen Steinbruch, Sie queren eine schöne Wiese und begeben sich an deren Ende wieder hinein in den Hangwald. Ein Großteil des Weges verläuft nun mit mehreren kleinen Zwischenanstiegen im Wald. Nachdem Sie eine Wiese mit Obstbäumen erreicht haben, windet sich der Weg nun wieder steil aufwärts. Ein schmaler Waldpfad rankt sich zum Aussichtspunkt Riedernberg ❹ hinauf. Die Aussicht ist ähnlich der des Bolbergs. In westlicher Richtung sehen Sie allerdings nun auch den Dreifürstenstein und das Dorf Talheim. Auch auf dem Riedernberg gibt es eine Schutzhütte sowie eine Feuerstelle.

Entlang der Albkante geht es leicht bergab, dann windet sich der Pfad steil hinab durch eine Schlucht, bis Sie das von großflächigen Obstwiesen umringte Talheim erblicken. Am Wegweiser „Talheimer Steige" folgen Sie parallel der Straße einem etwas verwilderten Wegabschnitt, bis Sie auf einen breiten Schotterweg treffen. Sie folgen diesem. Es ist ein schöner Panoramaweg, von dem aus Sie über die Dächer Talheims blicken. Beim Wegweiser „Eichhalde" ❺ führt Sie der Weg um das Dorf herum, vorbei am Friedhof. Über die Kirchstraße gelangen Sie schließlich nach Talheim. Die Etappe endet an der Bäckerei Weber, die direkt an der Steinlachstraße ihren Sitz hat.

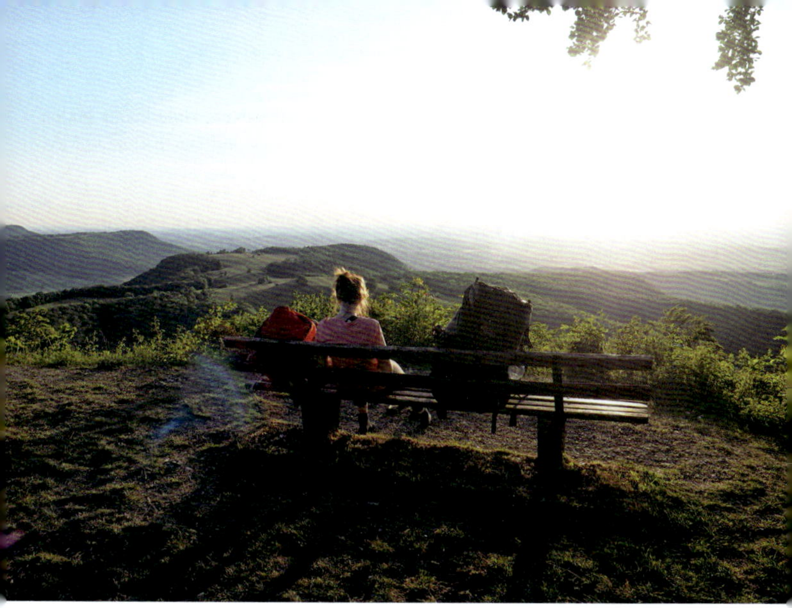

Aussicht vom Plateau des Bolbergs

Talheim

(i) B&B ✕ ☕ BANK 🚌 ✉ 72116, 1.800 Einw.

(i) Infos ☞ Mössingen

B&B Familie Jäger, Leharstraße 16, ☎ 074 73/232 64, ✉ jj_mt@web.de, ÜF DZ € 54, EZ € 40

✕ Restaurant Engel, Kreuzstraße 11, ☎ 074 73/252 63, griechische Küche, Di-Sa 16:00-22:00, So 11:30 15:00 und 17:00-21:00

♦ Zum Talwirt, Holder 1, ☎ 074 73/269 32, italienische Küche, Di-So 11:30-14:00 und 17:00-22:30, Mo Ruhetag

☕ Bäckerei Weber, Steinlachstraße 13, Di-Fr 6:30-13:00 und 15:00-18:30, Mo und Sa 6:30-13:00

🚌 tägliche Busverbindungen in Richtung Mössingen, Salmendingen und Melchingen

Die Tatsache, dass in Talheim die Steinlach entspringt, sorgte dafür, dass das Dorf bereits in vorchristlicher Zeit besiedelt wurde. Eine urkundliche Erwähnung geht allerdings auf das 776 zurück. Wegen der schönen Tallage auf der Albhochfläche gedeihen hier prächtige Streuobstwiesen. Karstquellen und kleine Wasserläufe, die sich wie offenliegende Wasseradern durch die Wiesen schlängeln, prägen das Landschaftsbild rund um das Dorf.

Mit dem Bus erreichen Sie Mössingen, wo Sie weitere Unterkünfte finden, oder Sie nutzen den Hol- und Bringservice der Hotels und Gasthäuser in Mössingen.

Mössingen 72116, 20.500 Einw.

Tourist-Informationen, Freiherr-vom-Stein-Straße 42, 074 73/37 01 20, tourismus@moessingen.de oder u.walz@motourismus@moessingen.de, www.moessingen.de, Mo-Fr 8:00-12:00, Di und Mi auch 14:00-18:00

Gasthof Ochsen, Falltorstr. 73, 074 73/62 48, info@ochsen-moessingen.de, www.ochsen-moessingen.de, ÜF DZ € ab 100, EZ ab € 75, Do-Mo11:00-22:00, Di nur 10:00-14:00, Mi Ruhetag

Fischer's Hotel, Auf der Lehr 30, 074 73/954 40, info@hotel-garni-moessingen.de, www.hotel-garni-moessingen.de, ÜF DZ € 95, EZ € 65, bietet den HW1-Wanderinnen und -Wanderern einen Hol- und Bringservice an, Mo-Fr ab 7:00, Sa und So ab 8:00

Brauwirtschaft Krone, Auf der Lehr 32, in Mössingen, 074 73/379 23 64, martinweber.tvd@gmail.com, brauwirtschaft-krone.eatbu.com, Mo-Fr 17:00-20:00, So auch 11:30-14:00, Sa Ruhtag

Café Pausa, Löwensteinplatz 2, 074 73/956 88 46, info@cafe-pausa.de, www.cafe-pausa.de, Mo-Do 10:00-17:00, Fr ab 8:00, Sa 9:00-13:00

in Richtung Talheim

Mössingen ist als Blumenstadt bekannt

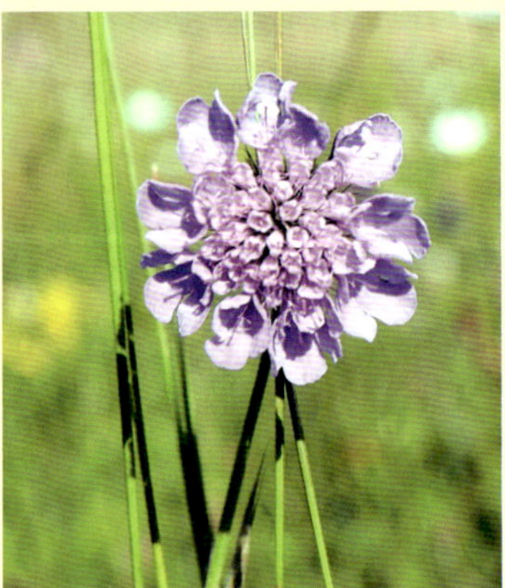

Mössingen liegt am Fuße der Alb und ist umgeben von Streuobstwiesen. Bekannt ist Mössingen auch als Blumenstadt. In den Sommermonaten sind viele Plätze und Straßen mit bunten Blumen geschmückt und es gibt sogar eine Mössinger Blumensaatmischung, die überregional bekannt ist und sich großer Beliebtheit erfreut. Im Jahr 2004 musste die berühmte Textildruckfirma Pausa ihren Betrieb einstellen. In den ehemaligen Firmengebäuden sind nun städtische Einrichtungen wie die Bibliothek oder der Regionalverband Neckar-Alb untergebracht. Im früheren Kantinengebäude befindet sich seit 2018 das Café Pausa.

12. Etappe: Talheim – Raichberg

25,6 km, 8 Std., ↑ 805 m, ↓ 440 m, ⇧ 583-965 m

0,0 km	⇧ 591 m	Talheim (i) **B&B**
3,1 km	⇧ 670 m	Parkplatz Bergrutsch
4,2 km	⇧ 815 m	Bergrutsch
6,2 km	⇧ 860 m	Dreifürstenstein
10,2 km	⇧ 856 m	Aussichtspunkt Schild
12,5 km	⇧ 851 m	Abkürzung nach Jungingen 2,2 km
13,1 km	⇧ 862 m	Köhlberg-Schutzhütte
15,5 km	⇧ 753 m	Aussichtspunkt Bürgle
17,3 km	⇧ 616 m	Jungingen (i)
19,2 km	⇧ 854 m	Himberg
24,2 km	⇧ 928 m	Hangender Stein
25,6 km	⇧ 956 m	Nägelehaus (Raichberg)

Diese Etappe führt Sie zu Aussichtspunkten, von wo aus Sie die imposanteste Burganlage des gesamten Weges bestaunen können – die Burg Hohenzollern. Ihr solitärer Stand auf dem Gipfel des Zeugenbergs Hohenzollern macht sie zu einem Blickfang. Sie werden die geschichtsträchtige Burganlage bereits aus der Ferne von den zahlreichen Aussichtspunkten des Traufweges erblicken können. Den wohl schönsten Ausblick auf die Burg haben Sie vom Rand des Raichbergs in der Nähe des Nägelehauses und des Hangenden Steins. Letztgenannter ist aus geologischer Sicht ein Naturphänomen und auch hier lohnt sich der Blick sowohl auf die tief einschneidenden Erdspalten als auch auf die Erklärungen erdgeschichtlicher Veränderungen, die hier an verschiedenen Schautafeln bildlich dargestellt sind und erklärt werden. Der Hangende Stein wurde, wie auch der Bergrutsch in der Nähe des Dreifaltigkeitsberges, als Geotop ausgezeichnet. Den kulturhistorisch und geologisch interessanten Wegabschnitt können Sie in Jungingen unterbrechen. Damit verkürzt sich die Etappe auf etwa 17 km.

An der Hauptstraße in Sichtweite der Bäckerei Weber führen Sie die Markierungen des HW1 zur Beethovenstraße. Diese gehen Sie entlang, bis Sie rechts in die Jahnstraße einbiegen. Über die Scheuerlestraße an üppigen Obstwiesen und steinigen Albäckern entlang gelangen Sie allmählich aus dem Dorf hinaus. Am Ortsrand gelangen Sie zu einem Brunnen, wo Sie vor dem Aufstieg zum Dreifürstenstein frisches Trinkwasser schöpfen können.

Das letzte Haus des Dorfes ist die Gaststätte Zum Talwirt, an dem der Belsener Weg vorbeiführt, dem Sie noch einige Meter folgen, um dann rechts etwas den Hang hinaufzusteigen. Parallel zum Belsener Weg führt Sie nun ein schöner Halbhöhenweg zum großen Wanderparkplatz Bergrutsch.

Talheimer Bergrutsch

Es ist Frühjahr im Jahr 1983. Am 12. April bricht nach wochenlangen Regenschauern ein gigantisches Stück von der Albkante des Hirschkopfbergs ab. Bäume werden entwurzelt und zusammen mit der grollenden Geröllawine talwärts befördert. Es ist bekannt, dass die Albkante schon seit Urzeiten ein sensibler Bereich ist und sich diese durch Erosionen immer weiter zurückzieht. Auch an anderen Orten des Traufs brechen Teile des Albkörpers ab und stürzen zu Tal. Neu waren beim Talheimer Bergrutsch allerdings die Ausmaße. An manchen Stellen war der Abbruch mehr als 30 m tief. Damit geht der Bergrutsch als Jahrhundertereignis in die geologische Geschichte der Alb ein. Fünf Jahre danach wurde der Bereich des Hangsturzes zum Naturschutzgebiet erklärt. So konnte sich eine besondere Flora und Fauna neu entwickeln und auch vom Aussterben bedrohte Pflanzen- und Tierarten haben sich wieder angesiedelt. Im Jahr 2006 wurde der Bergrutsch mit Unterstützung der UNESCO in den Rang des Nationalen Geotops gehoben.

Sie können sich nun an den Wegweisern in Richtung Dreifürstenstein oder dem Bergrutschweg orientieren. Der HW1 biegt dann vom Bergrutschweg links ab und Sie gelangen über steile Serpentinen hinauf zur Hochfläche des Hirschkopfbergs ❶. Am Rande des Hirschkopfbergs ist der Weg von zahlreichen Wurzeln durchzogenen. Diese Stolperfallen sollten Sie aber nicht davon abhalten, hin und wieder an den Rand des Berges zu gehen und die schöne Aussicht zu genießen. Von hier überblicken Sie auch die ganzen Ausmaße des Bergrutsches, was den allmählichen Zerfall des Albtraufs in beeindruckender Weise nachvollziehbar macht.

Nach etwa 2 km erreichen Sie den 854 m hoch gelegenen Dreifürstenstein ❷. In südwestlicher Richtung sehen Sie die mächtige Burganlage Hohenzollern, im Norden liegt Mössingen und noch weiter nördlich schließt sich Tübingen an.

Ein traumhafter Waldweg führt vom Dreifürstenstein entlang des Albtraufs. Ein Aussichtspunkt folgt auf den anderen und es ergeben sich ständig wechselnde Perspektiven auf die stets gegenwärtige Burg Hohenzollern. Beim Wegweiser „Oberer Schömberg" zweigt der Weg rechts ab. Wenn Sie nun für eine kurze Zeit aus dem Wald herauskommen und am Waldrand über Wiesen laufen, sehen Sie links die markante Erhebung des Kornbühls.

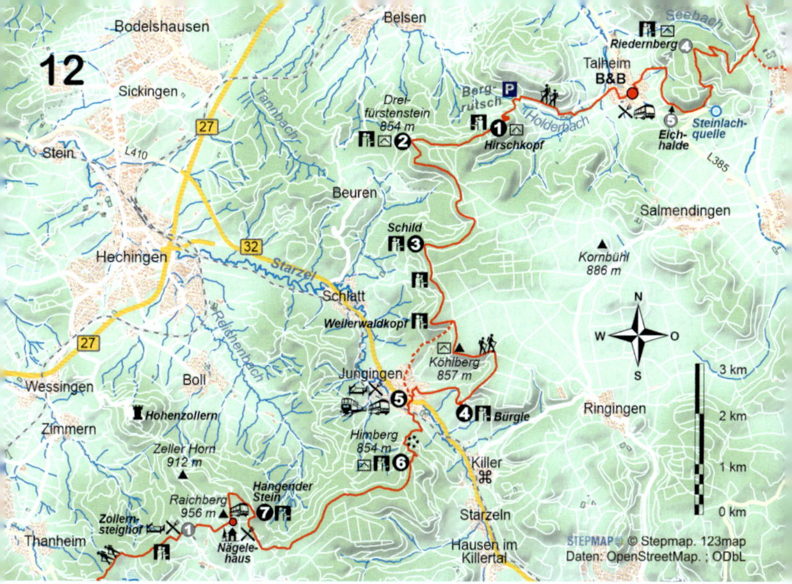

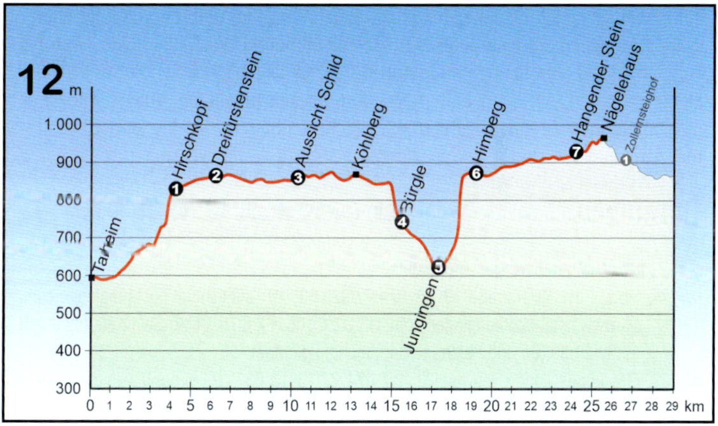

Sie gehen weiter entlang des Traufs und gelangen so zum Aussichtspunkt Schild ❸. Abermals eröffnet sich ein Blick in Richtung Burg Hohenzollern. Den Weg können Sie nun nicht verfehlen, er geht stets an der Traufkante entlang. Genießen Sie einfach die schönen Aussichten. Am Weilerwaldkopf blicken Sie auf das Dorf Jungingen hinab.

Bereits einige Meter weiter befindet sich eine Abkürzungsmöglichkeit, um direkt von hier aus nach Jungingen abzusteigen (Wegersparnis nach Jungingen ca. 2 km).

Wenn Sie weiter dem HW1 folgen, gelangen Sie bald zur Köhlberghütte. Die Schutzhütte mit Feuerstelle bietet sich für eine Rast an. Wenn Sie den Weg weitergehen, treten Sie aus dem Wald hinaus und gelangen auf einen Schotterweg. Linker Hand erhebt sich abermals der weithin sichtbare Kornbühl, auf dessen Spitze die Salmendinger Kapelle nun gut zu erkennen ist.

Kornbühl

Mit dem Begriff Bühl ist eine baumfreie Erhebung gemeint. Beim Kornbühl handelt es sich zudem noch um einen Zeugenberg, dessen witterungsbeständiges Gestein sich auffällig von der Landschaft hervorhebt. Seine beinahe kreisrunde Form macht den Berg zum Blickfang auf der Albhochfläche. Die Salmendinger Kapelle, die das Gipfelplateau des Berges ziert, ist ein gern besuchter Wallfahrtsort.

Es folgt nun ein Schotterweg, bis der HW1 bei der Ruine Frundsbürg rechts auf einem schmalen Pfad steil hinunter ins Tal führt. Am unteren Ende des Hangwaldes erreichen Sie eine unter Naturschutz stehende Wacholderheide. Vom Aussichtspunkt und heutigem Geotop Bürgle ❹ überblicken Sie die wunderbare Heidelandschaft und die dahinterliegende Ortschaft Jungingen. Vom Bürgle ist es nicht mehr weit zu einem geteerten Sträßchen, über das Sie ins Dorf ❺ hinuntergelangen.

Jungingen

(i) BANK

72417, 1.350 Einw.

(i) www.gemeinde-jungingen.de

Hotel Post, Killerstraße 19, 074 77/929 90, info@hotel-post-jungingen.com, www.hotel-post-jungingen.com, ÜF DZ € 105, EZ € 75, Mo-Sa 12:00-14:00 und 17:30-21:30, So und Feiertage durchgängig geöffnet

Gästehaus Ilona, Heuweg 22, 074 77/15 15 63, ilvoss@web.de, weitere Infos auf Anfrage

♦ Ferienwohnung Rosemarie Blickle, Schlehenweg 5, 074 77/927 96 00, weitere Infos auf Anfrage

s'Café, Herrengasse 8, 074 77/225 00 14, info@cafe-jungingen.de, cafe-jungingen.de, schöner Fachwerkbau, direkt am Weg gelegen, während der Coronapandemie nur Sa und So 15:00-20:00, zukünftige Öffnungszeiten sind noch nicht bekannt.

KaufHaus Schramm, Hochmeisterstraße 21, ☏ 074 77/83 93, www.kaufhaus-schramm.de, alternatives Kaufhaus, Bioprodukte, Di-Fr 13:00-18:00

stündlich in Richtung Hechingen und Burladingen

mehrmals täglich in Richtung Hechingen und Burladingen

Jungingen liegt im Killertal und nein, hier wohnt keine Schar von Auftragsmörderinnen und -mördern. Die Namensgebung lässt sich von Kirchweiler ableiten und war der ursprüngliche Name des Nachbardorfes Killer. Auch heute besteht noch eine Beziehung zwischen Killer und Jungingen, denn der im Jahr 2020 gewählte Bürgermeister Oliver Simmendinger ist ein Urenkel des letzten Peitschenmachers, der in Killer Peitschen mit Weltruf produzierte. Der Urenkel betrieb das in Deutschland einzigartige Peitschenmuseum und dieses Alleinstellungsmerkmal brachte das Museum im Jahr 1996 ins Guinnessbuch der Rekorde. Leider wurde das Peitschenmuseum im Jahr 2020 wegen eines Brands vorübergehend geschlossen. Eine Wiedereröffnung wird angestrebt.

Oberhalb von Jungingen befindet sich das Bürgle, ein schönes Naturschutzgebiet mit besten Aussichten. Im Frühjahr blühen auf der Wacholderheide seltene Orchideen.

☺ Das Peitschenmuseum ist auf der Bahnstrecke nur eine Haltestelle von Jungingen entfernt und gut erreichbar.

⌘ Peitschenmuseum, Am Peitschenmuseum 1, 72393 Burladingen-Killer, ☏ 07 00/19 93 19 93, www.peitschenmuseum.de, Mai-Okt nur 1. So im Monat 10:30-17:30

Sie überqueren in Jungingen die Hauptstraße und gehen über die Brücke, die Sie direkt zur Schulstraße führt. Sie kommen am ehemaligen Gasthaus Adler vorbei und gehen auf gut markierten Wegen aus dem Dorf hinaus. Am Wegweiser „Ruine Hohenjungingen“ biegt der Weg links ab. Dann verlassen Sie den Schotterweg und gehen in den Wald hinein.

Ein gut markierter, schmaler Trampelpfad steigt in Serpentinen steil bergauf. Nach dem Aufstieg erreichen Sie den Aussichtspunkt Hoher Berg auf dem Himberg ❻ auf 854 m Höhe.

Am Lagerfeuer genießen Sie bei der Schutzhütte den Sonnenuntergang über der Burg Hohenzollern.

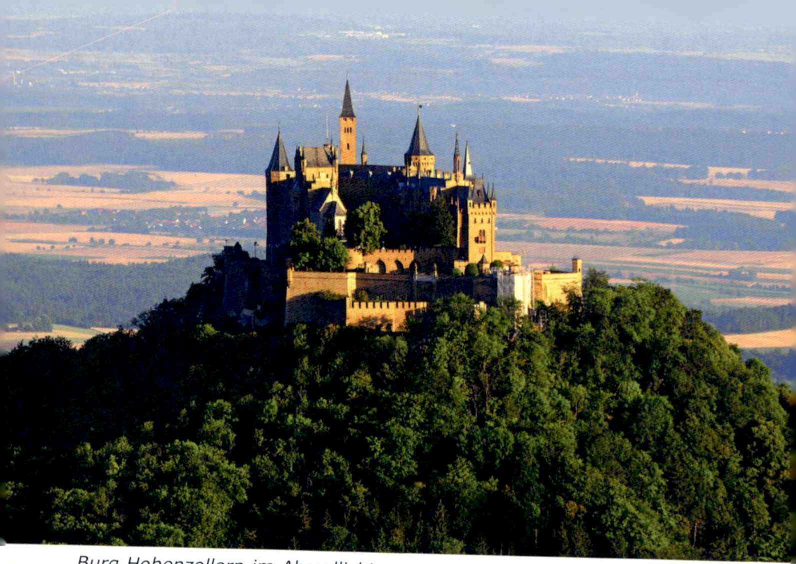

Burg Hohenzollern im Abendlicht

Vom Hohen Berg zum Raichberg sind es noch etwa 5 km. Der von Baumwurzeln durchzogene Waldweg führt relativ eben an der Albkante entlang. Immer wieder ergeben sich großartige Perspektiven auf die Burg. Am Wegweiser „Dolen“ auf 901 m Höhe zweigt der Weg nochmals rechts ab und führt Sie zum Hangenden Stein ❼. Dort haben Sie nicht nur eine weitere schöne Aussicht, sondern Sie begegnen auch einem großartigen Naturschauspiel.

Hangender Stein

Der Albtrauf zieht sich Jahr für Jahr zurück. Erosionen nagen stetig an der Alb, die vor etwa 15 Millionen Jahren bis Stuttgart reichte. Die Naturelemente formen seither fantastische Formen aus dem Karstgestein. Beim Hangenden Stein kommt noch die Nähe zum Hohenzollerngraben hinzu. Durch tektonische Gesteinsverschiebungen wird der Berg hier noch zusätzliche destabilisiert. Am Rand der Albhochfläche entstehen schmale Risse und Wasser dringt in den Stein ein. Wenn es gefriert, dehnt sich das Wasser aus und die anfangs schmalen Risse weiten sich durch die sogenannte Frostsprengung aus. Mit der Zeit entstehen so immer breitere Klüfte, bis große Schollen sich vom Rest der Alb abspalten und auf der glatten Mergelschicht hinab ins Tal stürzen. Das Phänomen der Bergstürze findet sich immer wieder an der steilen Albkante des Nordrandweges. Neben dem Hangenden Stein wiederholt sich dieses Schauspiel noch am Hirschkopf beim Dreifürstenstein und am Gespaltenen Fels auf dem Schafberg in der Nähe des Lochensteins.

Über eine kleine Eisenbrücke gehen Sie über die tiefe Kluft zweier Felsen und schlagen den Weg in Richtung Raichberg bzw. Nägelehaus ein. Am Ende des Waldes erblicken Sie einen großen Sendemast und den 22 m hohen Aussichtsturm, auf den Sie geradewegs zusteuern, und so erreichen Sie schließlich das über 956 m hoch gelegene Nägelehaus des SAV.

Wanderheim Nägelehaus, 074 32/217 15, info@naegelehaus.de,
www.naegelehaus.de, ÜF DZ € 79, EZ € 49, Mitglieder des Albvereins zahlen p. P. € 5 weniger, Mi-So 11:30-20:30

Aussichtsturm Raichberg

in Richtung Onstmettingen, Albstadt

13. Etappe: Raichberg – Laufen an der Eyach

➲ 17,6 km, ⏳ 5 Std. 40 Min., ↑ 330, ↓ 635, ⇧ 657-973 m

0,0 km	⇧ 956 m	Nägelehaus (Raichberg)
1,0 km	⇧ 910 m	Berghotel Zollernsteighof
3,6 km	⇧ 893 m	Aussichtspunkt Heiligenkopf
5,6 km	⇧ 827 m	Gasthaus Stichwirtschaft
7,2 km	⇧ 898 m	Parkplatz Zitterhof
10,2 km	⇧ 798 m	Brunnen bei Pfeffingen
13,2 km	⇧ 922 m	Böllat
16,6 km	⇧ 702 m	Wanderparkplatz Steineberg
17,6 km	⇧ 614 m	Laufen an der Eyach (i)

Die Albfläche erhebt sich in Höhen von weit über 900 m. Sie haben erneut wunderschöne Aussichten von den hoch aufragenden, weißen Kalkfelsen. Der steinige Untergrund entlang des Hangwaldes ist von einem Geflecht zahlreicher Wurzeln durchzogen. Am Ende der Tour steigen Sie hinab ins Tal der Eyach.

Vom Nägelehaus wenden Sie sich westlich zu einer schönen Wiesenfläche und einer Wacholderheide hin. Es geht auf einem geschotterten Weg hinunter zum Gasthaus Zollersteighof ❶.

Berghotel und Restaurant Zollersteighof, Zollersteighof 2, 72461 Albstadt-Onstmettingen, 074 32/218 40, info@hotel-restaurant-zollersteighof.de,
www.hotel-restaurant-zollersteighof.de, ÜF DZ ab € 109, EZ ab € 69,
Fr-Di 11:30-20:00, Mi und Do Ruhetag

Vom Berghotel wenden Sie sich ab zu ausgedehnten Feld- und Wiesenflächen. Der deutlich markierte Weg führt Sie zum Wald am Albtrauf. Auf diesem Teilstück ergeben sich immer wieder wunderschöne Panoramen auf die Burg Hohenzollern und das Voralbgebiet, genannt seien hier die Aussichtspunkte Zollernblick, Heiligenkopf ❷ oder Irrenbergblick.

Auch auf dem weiteren Weg bewegen Sie sich weiterhin auf der Traufkante, die hier einem endlosen Aussichtsbalkon gleicht. Wenn Sie auf einen Schotterweg treffen, hört die Endlosigkeit allerdings auf und Sie wenden sich von der Albkante ab. Ein steil abwärtsführender Weg bringt Sie zum Gasthaus Stichwirtschaft ❸.

Stichwirtschaft, Stich 2, 72461 Albstadt, ☏ 074 32/62 98, http://www.stichwirtshaus.de, Fr-Mo und Mi 16:00-22:00, Di und Do Ruhetag

in Richtung Bisingen, Hechingen und Onstmettingen

Der Wanderweg folgt ein kurzes Stück der K7141 in Richtung Albstadt/Pfeffingen. Nach wenigen Metern verlassen Sie die Straße bei den Stromleitungen, wo rechts ein Weg hinunter in den Wald führt. Dort in der Senke führt links ein schmaler, steil ansteigender Weg in Serpentinen hinauf zur Hochfläche. Sie treffen dort auf einen Schotterweg, dem Sie links aus dem Wald hinaus folgen. Am Waldrand begeben Sie sich nun nach rechts zum Parkplatz beim Zitterhof ❹ auf 898 m Höhe.

Sie queren den Parkplatz und gehen leicht rechts direkt auf den Zitterhof zu. Dort biegen Sie rechts ab und folgen dem Teersträßchen, das auf einen geschotterten Weg trifft, der Sie links wieder in den Wald hineinführt. Sie passieren anschließend eine Wacholderheide und gehen am Wegweiser „Roschbach" auf 784 m Höhe links zum Parkplatz Wünschtal. Hier überqueren Sie rechts die Landstraße, wo sich links das Dorf Pfeffingen befindet.

Pfeffingen

BANK 72459, 2.000 Einw.

Ferienwohnung am Irrenbach, Unter Hornau 23, 01 76/81 02 90 16, familie-bross@gmx.de, www.ferienwohnung-irrenbaechle.de, DZ ab € 70, EZ € 60

Gasthaus Zum Sepp, Zillhauserstraße 49, ☏ 074 32/504 09 10, dagmar.rainer@gmx.net, Mo-Fr 15:00-22:00, Sa und So Ruhetag

Pfeffinger Backstube, Brielstraße 1, ☏ 074 32/907 58 22, Mo-Fr 6:30-12:00 und 14:30-18:00, Sa 6:30-12:00

tägliche Busverbindung in Richtung Albstadt und Lautlingen

Auf der gegenüberliegenden Seite führt Sie ein Weg die Böschung hinauf, der Sie zu einem Trinkwasserbrunnen ❺ führt. Unterhalb des Brunnens liegt Pfeffingen.

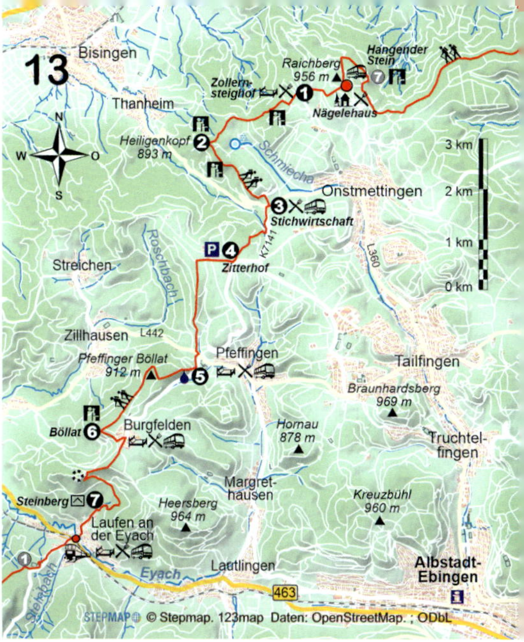

Der Anstieg nach dem Brunnen ist steil, aber nicht sehr lang. Oben auf der Hochfläche, am Pfeffinger Böllat, folgen Sie den Wegweisern in Richtung Böllat. Es geht entlang des Waldrands und einer schönen Wiese zum 920 m hoch gelegenen Aussichtspunkt Böllat ❻. An klaren Tagen sehen Sie weit im Westen den Schwarzwald. Etwas näher ist im Südwesten der Lochenstein, im Tal blicken Sie auf Balingen. Direkt am Fuß des Böllats im Nordwesten liegt das Wannental, wo einst ein Kloster stand. Über dem Tal erhebt sich die Schalksburg auf dem Steinberg.

Vom Böllat aus begeben Sie sich am Waldrand entlang direkt zur Ortschaft Burgfelden. An der Straße Im Gäßle kommen Sie am Gasthof Post vorbei.

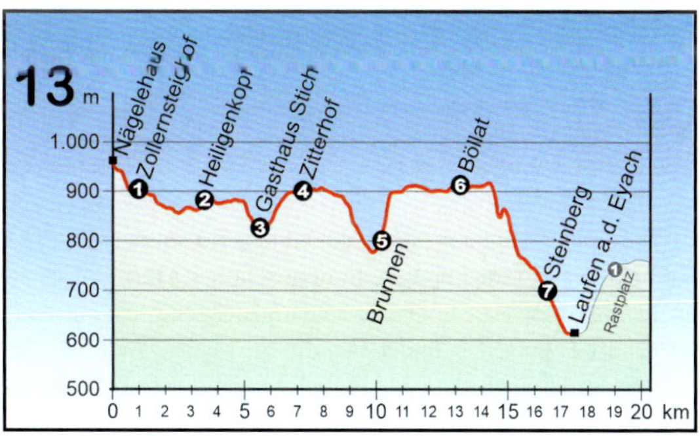

Burgfelden (i) 72458, ca. 300 Einw.

(i) Touristinformation Albstadt, Marktstraße 35, 72458 Albstadt-Ebingen, ☎ 074 31/160 12 04, touristinformation@albstadt.de, www.albstadt-tourismus.de, informative Homepage

Landgasthof Post, Im Gäßle 5, ☎ 074 35/12 97, Landhaus-Post@web.de, www.landhaus-post.de, ÜF DZ € 70, EZ € 50, Di-Sa 11:30-20:00, So 11:30-17:00, Mo Ruhetag

Ferienwohnung Landglück, Burgweg 4, ☎ 07 43/11 60 12 04 (über Touristinfo), 1-6 Personen, pro Nacht ab € 60

Bergcafé Burgfelden, Im Gäßle 6, ☎ 074 35/365, info@bergcafe-burgfelden.de, www.bergcafe-burgfelden.de, Mi-Sa 14:00-21:00, So und Feiertage ab 10:00

in Richtung Pfeffingen/Albstadt

Bergcafé Burgfelden

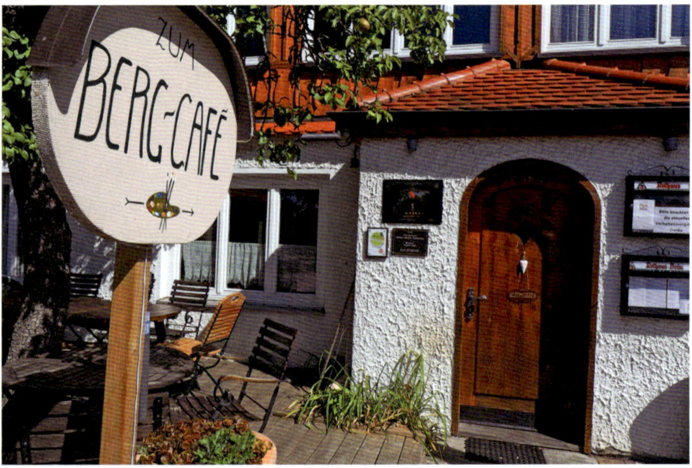

Burgfelden liegt abgeschieden auf den Höhen der Alb (912 m) und gehört zur Gemeinde Albstadt-Ebingen. In dem schönen Dorf gibt es zwei Restaurants und im Landgasthof Post finden Sie auch gleichzeitig eine attraktive Übernachtungsmöglichkeit. Im Ort befindet sich die St.-Michaels-Kirche, die wegen ihrer romanischen Malerei aus dem 11. Jh. bekannt ist. Diese bedeutungsvollen Künste wurden Ende des 19. Jh. entdeckt und bewahrten die Kirche vor dem drohenden Abriss. Heute befindet sich die Kirche auf dem Gelände des Burgfelder Friedhofs.

Über den Burgweg verlassen Sie das Dorf. Auf dem Rücken des Steinbergs führt Sie ein schmaler Grat zur Ruine Schalksburg. Nachdem die Ruine Mitte des 16. Jh. dem Zerfall preisgegeben worden war, konnte sie in den Jahren 1957 bis 1960 wieder so hergerichtet werden, dass sie heute vom renovierten Aussichtsturm der Ruine einen wunderschönen Blick zurück auf den steilen Felsabbruch des Böllats haben.

☺ Auf der Wiese befindet sich eine schön gelegene Feuerstelle.

Von der Ruine aus führt ein Pfad steil bergab, bis Sie auf einen Schotterweg treffen. Diesem folgen Sie geradeaus weiter abwärts ins Tal. Bevor Sie die ersten Ausläufer von Laufen erreichen, kommen Sie am Parkplatz Steinberg ❼ mit Feuerstelle vorbei. Über die Steinbergstraße gehen Sie nun hinunter ins Dort Laufen, bis Sie die Balinger Straße (B463) erreichen.

Laufen an der Eyach

BANK

72459, 1.700 Einw.

siehe Burgfelden

Albhotel Schalksburg, Balinger Straße 96, 074 35/891 89, hotel-schalksburg@t-online.de, www.albhotel-schalksburg.de, ÜF DZ ab € 76, EZ ab € 52, Di-So 16:30-22:00, So 11:30-21:00, Mo Ruhetag

Ferienhaus Albstadt, Am Heersberg 36, 074 35/705, www.ferienwohnung-albstadt.de, 1 Person pro Tag € 30, 2 Personen € 40

♦ Ferienwohnung Bitzer, Am Heersberg 65, 074 35/82 41, jgb.bitzer@t-online.de, www.ferienwohnung-bitzer.de, Mietpreise pro Tag nur auf Anfrage

Pizzeria Sardegna, Balinger Straße 62, 074 35/368, Mi-Mo 12:00-14:00 und 17:00-22:30, Di Ruhetag

täglich in Richtung Albstadt und weiter nach Sigmaringen oder nach Balingen und Tübingen

nach Albstadt und Balingen

Eingebettet im Tal der Eyach und umgeben von den Hochflächen der Alb liegt Laufen an der Eyach. Die Verkehrsanbindung nach Balingen und Albstadt durch die Zollernalbbahn besteht bereits seit beinahe 150 Jahren und auch heute verkehren hier im Stundentakt Züge in beide Richtungen. Schön anzusehen ist der Wasserfall nahe der Steinbergstraße, er wird auch der Eyachlaufen genannt. Der Begriff „Laufen“ lässt sich mit „Stromschnelle“ übersetzen, woraus sich letztlich der Name des heutigen Dorfes ableiten lässt.

14. Etappe: Laufen an der Eyach – Ratshausen

17,6 km, 6 Std. 40 Min., ↑ 822 m, ↓ 877 m, ⇧ 614-1.002 m

0,0 km	⇧ 614 m	Laufen an der Eyach (i)
1,5 km	⇧ 745 m	Sport- und Parkplatz
5,3 km	⇧ 958 m	Aussichtspunkt Hörnle
7,7 km	⇧ 896 m	Jugendherberge Lochen
8,5 km	⇧ 964 m	Lochenstein
10,3 km	⇧ 980 m	Hoher Fels
13,2 km	⇧ 1.002 m	Plettenberg
14,0 km	⇧ 976 m	Plettenberghütte, Abstecher Schömberg 5,2 km, i
17,6 km	⇧ 664 m	Ratshausen BANK, Abstecher Gasthof Obere Säge 1,7 km,

Sie gelangen in die Region der 10 Tausender. Die Alb erhebt sich nun in ihre höchsten Höhen. Von Laufen aus steigen Sie zunächst hoch bis zum Aussichtspunkt Hörnle. Dann verläuft der Weg lange Zeit am Rande der steil abfallenden Felsen entlang, mit bester Aussicht vom Trauf ins Tal. Beim Gespaltenen Fels, einem Naturdenkmal, wird in beeindruckender Weise ersichtlich, wie sich immer wieder große Felsstücke vom Albkörper lösen und sich der Trauf weiter zurückzieht. Nahe dem Ende der Etappe gelangen Sie zum über 1.000 m hoch gelegenen Plettenberg. Von dort haben Sie nicht nur eine weite Sicht, sondern Sie können auch eventuell von der Plettenberghütte über den Hohenzollern-Alb-Weg nach Schömberg absteigen, wo es verschiedene Übernachtungsmöglichkeiten gibt. Ratshausen hat zwar ein überregional bekanntes Gasthaus, aber leider keine Gästezimmer. Wenn Sie nicht bis nach Schömberg wandern möchten, finden Sie im Gasthof Obere Säge, das etwa 1,5 km von Ratshausen entfernt liegt, komfortable Zimmer.

Vor dem Platz der evangelischen Kirche gehen Sie in Richtung Bahnhof. Sie queren die Gleise der Zollernalbbahn und spazieren entlang der steil ansteigenden Tieringer Straße, bis Sie am Wegweiser „Laufen" auf 687 m Höhe rechts in den Wald abbiegen. Es folgt ein Wegstück durch einen Nadelwald und Sie passieren die Sportplätze von Laufen. Nur wenige Meter danach schließt sich ein Spielplatz mit Feuerstelle an ❶. Ein breiter Weg führt links wieder in den Wald hinein und es geht Schritt für Schritt hinauf zur Hochfläche.

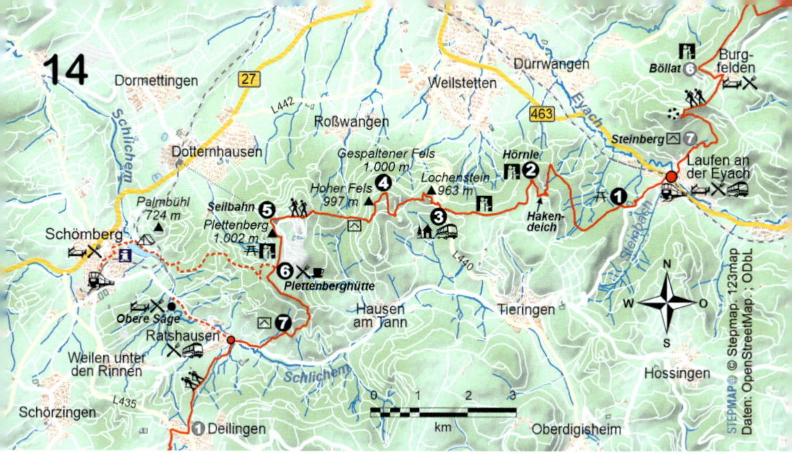

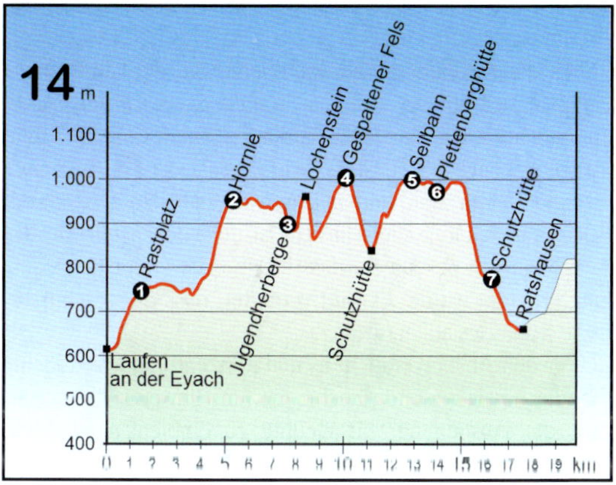

An der ersten Weggabelung halten Sie sich rechts. Am Wegweiser „Buchlohweg“ auf 762 m Höhe windet sich nun ein schmaler Pfad den Hang hinauf. Sie kommen am Gudrun-Brünnele, einem possierlich eingefassten Bachlauf, vorbei und gelangen schließlich auf der Hochfläche zu einer Wacholderheide. Die Alb erreicht hier schon knapp die 1.000 m. Der Wegweiser „Hakendeich“ steht immerhin schon auf 925 m Höhe. Hier gehen Sie weiter leicht bergauf an der Albkante entlang, bis Sie über den Hakenfelsen zum schönen Aussichtspunkt Hörnle ❷ gelangen. Von hier überblicken Sie die Weite der Zollernalb und erkennen den nahen Lochenstein.

Dem Hörnle kehren Sie nun den Rücken zu und gehen auf dem Wiesenweg etwas bergab, bis Sie nach etwa 200 m die Wacholderwiese rechts am Kriegsdenkmal überqueren, um dann entlang des Waldrands über eine hügelige Wiesenfläche zu gehen. Im leichten Auf und Ab schlendern Sie hier am Albrand entlang, mal über Heideflächen, mal durch kurze Waldabschnitte und stets mit besten Aussichten. Kurz: ein besonders schöner Traufweg. Bevor Sie die Jugendherberge Lochen erreichen, kommen Sie an der Schinderlucke vorbei und Sie gehen auf einem von unzähligen Wurzeln durchzogenen Waldweg steil bergab bis zur Herberge ❸.

Jugendherberge am Lochen, Auf dem Lochen 1, 72336 Balingen-Lochen,
074 33/373 83, JH-Lochen@jugendherberge.de,
www.balingen-lochen.jugendherberge.de, ÜF pro Person ab € 27,20,
täglich 9:00-19:00

Direkt an der Jugendherberge verkehren Busse nach Balingen.

An der Jugendherberge überqueren Sie die Landstraße am Lochenpass und begeben sich auf der anderen Straßenseite nach ein paar Metern rechts hinauf zum Lochenstein. Ein steiler Pfad mit alpinem Charakter führt Sie auf den 963 m hoch gelegenen Lochenstein. Von dort ist die Aussicht auf das Voralbgebiet bis zum Schwarzwald und an klaren Tagen bis zu den Schweizer Alpen sagenhaft. Auch in archäologischer Hinsicht ist der Lochenstein ein bedeutungsvoller Berg. Ausgrabungen bestätigen, dass hier bereits in der Jungsteinzeit eine Höhensiedlung errichtet wurde. Es wird vermutet, dass die geschützte Lage der Grund für diese frühe Besiedlung war.

Für den Abstieg braucht es nun Konzentration, vor allem bei Regen, wenn die Oberfläche steinig und rutschig ist. Ein Hinweisschild macht darauf aufmerksam, dass der Abstieg nur für Geübte zu empfehlen ist – es gibt zwar mehrere Abstiegsmöglichkeiten, aber welchen Weg Sie für den Abstieg auch wählen, es geht stets steil hinab.

Unten angekommen befindet sich am Wegweiser „Lochenstein West" eine Feuerstelle am Fuße des Lochensteins.

Der weitere Schotterweg führt Sie nun wieder leicht ansteigend den Berg hinauf. An der ersten Wegkreuzung halten Sie sich rechts und folgen einem schmalen Waldweg bis zum Naturdenkmal Gespaltener Fels ❹. Sie erreichen auf dessen Gipfel die 1.000-m-Marke und haben abermals fantastische Aussichten. Große Teile der Alb hängen hier schon bedrohlich nahe über dem Abgrund. Es fällt nicht schwer, sich auszumalen, dass es hier, wie beispielsweise bereits bei Talheim geschehen, auch zu einem Erdrutsch gigantischen Ausmaßes kommen könnte.

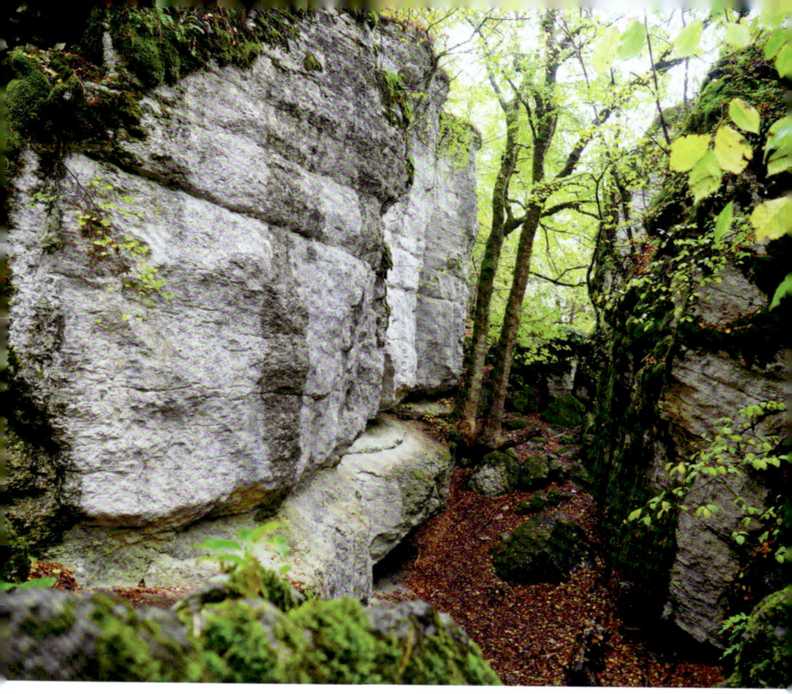

Naturdenkmal Gespaltener Fels

Geologinnen und Geologen haben berechnet, dass hier der sensible Albtrauf auf diese Weise in dem Jahrmillionen andauernden Zerfallsprozess durchschnittlich um 16 mm pro Jahr zurückgedrängt wird.

Auf dem weiteren Weg entlang des Traufes kommen Sie bald darauf wieder zu einem Aussichtspunkt, dem Hohen Fels. Dieser liegt nur unwesentlich niedriger und bietet ebenfalls eine großartige Fernsicht.

Am Wegweiser „Schafsberg West" fällt der Weg nun wieder etwas ab und Sie gehen leicht talwärts. In der Talsohle treffen Sie auf ein Weggeflecht. Links etwas versteckt im Wald befindet sich eine kleine Schutzhütte. Sie folgen allerdings dem roten Dreieck steil zum Plettenberg hinauf. Wenn Sie vor den Toren des Steinbruchs stehen, gehen Sie noch ein paar Meter hinauf. Rechts erhebt sich nun der schon weithin sichtbare Funkturm, links befindet sich das große Gelände des Steinbruchs und dazwischen gehen Sie an einer schönen Wacholderheide entlang und genießen die Fernsicht auf das Albvorland, den Schwarzwald und die Alpen.

Steinbruch am Plettenberg

Am großen Steinbruch wird bereits seit Jahren Kalkstein abgebaut. Etwa 1 Million t Stein werden hier jährlich aus den verschiedenen Schichten der Alb herausgesprengt und über eine Seilbahn zu den Zementwerken nach Dottenhausen ins Tal transportiert. Die brachliegenden Flächen werden seit einigen Jahren wieder rekultiviert und es hat sich bereits eine Artenvielfalt entwickelt, wie sie auf der Albhochfläche typisch ist. Enzian, Silberdistel, verschiedene Schmetterlingsarten kommen vor und auch Weideflächen für Schafe sind neu entstanden. Ein gelungenes Beispiel für nachhaltige Rohstoffnutzung.

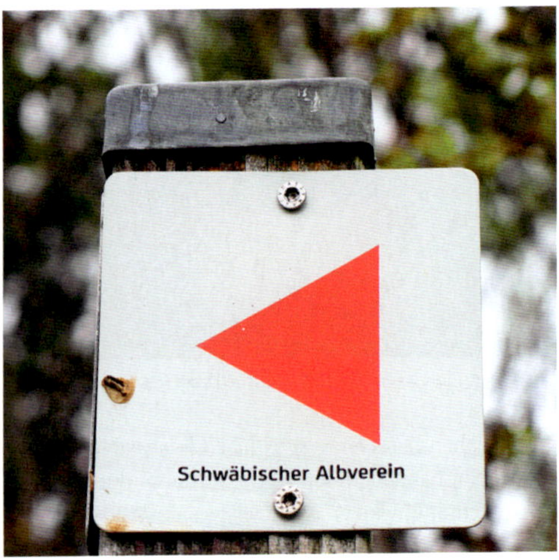

Wegmarkierung

Über eine Holzbrücke überqueren Sie die Seilbahn ❺, die die vom Steinbruch herausgeschlagenen Steine ins Tal zum monströsen Zementwerk nach Dotternhausen transportiert. Von der Seilbahn sind es nur noch wenige Meter und Sie haben das 1.002 m hohe Gipfelplateau des Plettenbergs erreicht. Wieder einmal eröffnet sich Ihnen ein toller Ausblick und es ist gar nicht mal so selten, dass Sie von hier die Paradeberge der Schweizer Alpen erkennen können, die mit ihren weißen Spitzen hinter dem Schwarzwald in den Himmel ragen. Der Abstieg vom Plettenberg erfolgt auf einem Schotterweg in südliche Richtung. Wenn Sie die kleine Straße erreichen, die sich von Dottenhausen hier heraufschlängelt, stehen Sie auch vor der Plettenberghütte ❻.

Plettenberghütte, Plettenberg 1, 01 76/32 59 73 99, www.plettenberghuette.com, schön gelegene Hütte mit Feuerstelle, Spielplatz, Tischen und Bänken, nur So und Feiertage 10:00-18:30

↳ Weg nach Schömberg (➲ 5,2 km): Sie gehen noch ein paar wenige Meter der Straße entlang. An der ersten Rechtskurve zweigt der Weg in den Wald ab. Hier folgen Sie den Wegweisern des Zollernalbweges. Es geht stetig bergab, bis Sie den markanten Stausee von Schömberg erkennen können. Direkt am Stausee gibt es eine schöne Liegewiese und Bademöglichkeiten.

Ein Campingplatz schließt sich daran an. Im Dorf gibt es weitere Übernachtungsmöglichkeiten.

Schömberg

72355, 4.700 Einw.

Touristikgemeinschaft Oberes Schliechemtal, Schillerstraße 29, ☏ 074 27/949 80, sekretariat@gvv-os.de, www.oberes-schlichemtal.de, Mo-Fr 8:30-11:30, Di auch 14:00-17:30

♦ www.stadt-schoemberg.de

Hotel Konditorei Café Baier, Balinger Straße 1, ☏ 074 27/25 50, cafe.baier@t-online.de, www.cafe-baier.de, ÜF DZ € 86, EZ € 54, Di-So 6:00-19:00, Mo Ruhetag, Hol- und Bringservice für Wanderinnen und Wanderer

♦ Hotel Gasthof Plettenberg, Bahnhofstraße 2, ☏ 074 27/39 69, hotelplettenberg@aol.com, www.hotel-plettenberg.de, Übernachtungspreise auf Anfrage, Do-Di 11:30-14:00 und 17:30-22:00, Mi Ruhetag

Campingplatz beim Stausee, Beim Stausee 2, ☏ 074 27/911 11, info@heinerscamp.de, www.heinerscamp.de, Zelt p. P. € 10, Dez geschlossen

Restaurant Waldschenke, Beim Stausee 4, ☏ 074 27/81 88, mail@waldschenke-schoemberg.de, www.waldschenke-schoemberg.de, Mi-So 11:30-21:00, Juli/August täglich geöffnet

♦ Ölmühle, Untere Säge 8, ☏ 074 27/913 00, oelmuehle.schoemberg@t-online.de, www.oelmuehle-schoemberg.com, Mi-Sa ab 12:00, So ab 11:00, Mo und Di Ruhetag

⌘ Narrenmuseum, Schulgasse 13, ☏ 074 27/940 20, freier Eintritt, nach Absprache

Badesee in Schömberg

von Schömberg in Richtung Balingen, nur an Sonn- und Feiertagen von Mai-Okt

In Schömberg gibt es einen Badesee mit schöner Liegewiese, die an warmen Sommertagen zahlreiche Besucherinnen und Besucher anlockt. In der Alten Schule befindet sich heute ein Museum der Schömberger Narrenzunft. Vor allem zur Fasnet wird in den Straßen von Schömberg gerne getanzt.

Der Weg führt Sie hinter der Hütte weiter. Es geht über eine weiträumige Wiesenfläche zur naturgeschützten Albkante, von wo aus Sie wieder mal den Blick über das Land schweifen lassen können. Ein abenteuerlicher Abschnitt führt Sie zu der ehemaligen Plettenburg.

Über Felsstufen gelangen Sie zu den Überresten der Burg. Ein schmaler Grat führt Sie anschließend über einige Meter steil bergab. Am Wegweiser „Im Steilaufstieg" auf 917 m Höhe folgen Sie der Beschilderung rechts hinunter nach Ratshausen. Die Wege werden nun stets bequemer. Erst folgt ein breiter Schotterweg und schließlich führt Sie ein Teersträßchen weiter in Richtung Ratshausen.

Kurz vor dem Dorf liegt rechts ein großer Picknickplatz ❼ mit Feuerstelle und Schutzhütte. Wenn Sie an der Hauptstraße angekommen sind, liegt rechts Ratshausen.

Weg zum Hotel Gasthof Obere Säge (➲ 1,7 km): Sie kommen über die Vorstadt- und Hohnerstraße nach Ratshausen. Am kleinen Dorfplatz folgen Sie der Schömbergstraße bis zum Ortsausgang. Kurz vor den letzten Häusern von Ratshausen können Sie links auf einem Weg parallel zur Landstraße etwa 800 m entlangwandern. Dann treffen Sie auf die Straße Obere Säge. Dieser folgen Sie noch wenige Meter nach links, bis Sie das Hotel erreicht haben.

Hotel Gasthof Obere Säge, Obere Säge 1-3, 72355 Schömberg,
01 72/260 96 04, Info@oberesaege.de, www.obere-saege.de,
ÜF DZ € 104, EZ € 58, gut geführtes Hotel in ruhiger Lage, Di-So 15:00-21:00, Hotel täglich geöffnet

Ratshausen

BANK 72365, 780 Einw.

Gasthof Adler, Hohnerstraße 3, 074 72/22 60, adler-ratshausen@t-online.de, www.adler-ratshausen.de, Mi-So 17:30-24:00, So auch 11:30-13:30

kleiner Dorfladen bei der Kirche, Di-Sa 6:30-10:00

in Richtung Balingen, Rottweil und Deilingen

Im sonst ruhigen Ratshausen sticht das von einer langen Familientradition geführte Gasthaus Adler hervor. Was zu Beginn des 19. Jh. als unscheinbare Dorfkneipe begann, ist heute ein Restaurant der gehobenen Klasse, das aber seine Ursprünglichkeit bewahren konnte. Neben feinen Fischgerichten gibt es auch Linsen und Spätzle. Wer nicht essen möchte, der „schlotzt" eben sein Viertele (0,25 l Wein).

15. Etappe: Ratshausen – Risiberg

25,7 km, 8 Std. 30 Min., 855, 680, 664-1.015 m

0,0 km	664 m	Ratshausen
2,3 km	826 m	Deilingen
5,3 km	885 m	Wanderparkplatz Schörzing
6,3 km	1.011 m	Ruine Oberhohenberg
8,5 km	1.015 m	Lemberg
10,7 km	840 m	Gosheim ()
13,2 km	1.000 m	Grillstelle am Berg Kehlen
16,4 km	970 m	Übernachtungsheim Klippeneck
18,6 km	963 m	Abzweigung Dreifaltigkeitsberg 0,8 km,
23,3 km	878 m	Wegweiser „Osterberg“
25,7 km	845 m	Risiberg

Sie befinden sich auf der Hohen Schwabenalb und gelangen nun auf diesem anstrengenden Abschnitt auf das Dach der Alb, den Lemberg. Mit einer Höhe von 1.015 m ist dieser Berg die höchste Erhebung des Mittelgebirges. Die gesamte Alb erhebt sich hier an mehreren Stellen über 1.000 m und glänzt mit faszinierenden Landschaften sowie weitläufigen Aussichten. Wenn Sie etwas mehr Zeit einplanen möchten, bietet es sich an, in Gosheim zu übernachten. Ansonsten ist das Gasthaus Waldeck im idyllisch gelegenen Weiler Risiberg eine gute Adresse – und zwar schon deswegen, weil der Küchenchef sein Handwerk versteht.

Region der 10 Tausender

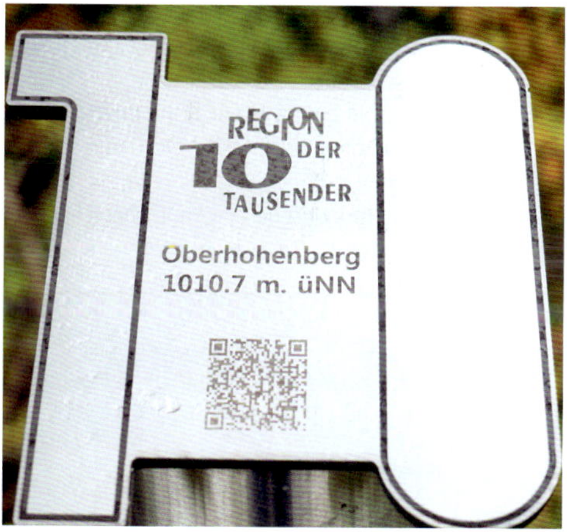

In Ratshausen gehen Sie links in die Egertstraße leicht ansteigend an der Kirche und dem schön renovierten Fachwerkbau der Pfarrscheuer vorbei. Ein breiter Weg führt aus dem Dorf hinaus leicht ansteigend über Felder bis zum Wald. Auf einem steiler werdenden Schotterweg durchqueren Sie den Wald, bis Sie schließlich die Hochfläche erreichen und auf das Dorf Deilingen blicken. Am Wegweiser „Rinnen" auf 820 m Höhe gehen Sie über die gleichnamige Straße in das Dorf hinein ❶. Dort gehen Sie zur Hauptstraße (Lange Straße) und folgen dieser nach rechts.

Deilingen

78586, 1.700 Einw.

- Hütte am Turm, beim Fernmeldeturm, 01 62/905 12 89, info@huetteamturm.de, www.huetteamturm.de, So und Feiertage 10:30-18:30
- Pizzeria Azzurra, Lange Straße 12, 074 26/29 31, info@pizzeriaazzurra.de, www.pizzeriaazzurra.de, auch glutenfreie Produkte, Di-So 11:00-14:00 und 17:00-22:30
- Albert's Backstub, Industriestraße 4, 074 26/963 32 90, ah.backstub@hotmail.de, www.alberts-backstub.de, Mo-Fr 6:00-12:30, Sa 6:00-11:00
- in Richtung Gosheim, Aldingen und Königsheim, Spaichingen

Deilingen liegt in einem Hochtal inmitten der Region der 10 Tausender. Die Wandermöglichkeiten rund um das Dorf sind zahlreich und führen zu schönen Aussichtspunkten.

Leider ist das touristische Angebot überschaubar und so wird man sich hier nicht lange aufhalten.

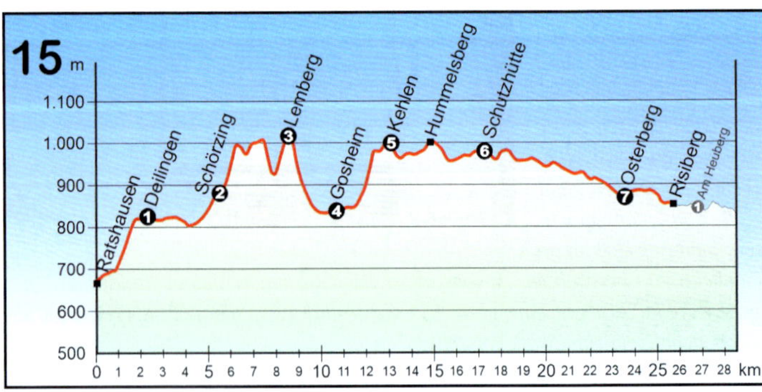

An der Reuthofstraße folgen Sie links dem Wegweiser in Richtung Lemberg. Etwas unvermittelt zweigt der Weg links ab. Sie gehen über eine breite Wiesenfläche und passieren ein kleines Industriegebiet. Bei der Firma Geschwendner biegen Sie rechts auf ein Teersträßchen ab, auf dem Sie die Ortschaft verlassen. Rechter Hand kommen Sie am angelegten Hummelsee vorbei. Über eine schöne Wiesenfläche wenden Sie sich dem angrenzenden Waldstück zu. Auf einem schönen Waldweg gelangen Sie zum Wanderparkplatz Schörzing ❷. An Sonn- und Feiertagen ist die nahe beim Parkplatz gelegene Schörzinger Hütte geöffnete. Auf dem Gelände befindet sich eine Feuerstelle, ein Spielplatz und eine ⌂ Schutzhütte.

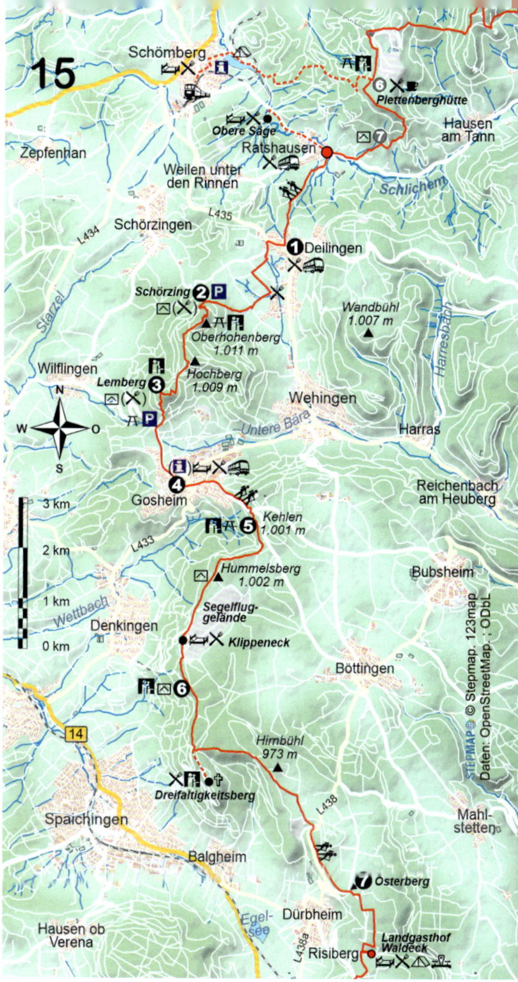

✕ Schörzinger Hütte, ▯ Mai-Okt So und Feiertage ab 10:00

Vor der Schörzinger Hütte folgen Sie dem Pfad links in den Wald hinein. An der nächsten Abzweigung halten Sie sich ebenfalls links und wandern nun auf einem schmalen Pfad hinauf zum zweithöchsten Gipfel der Schwäbischen Alb, dem Oberhohenberg (1.011 m). Dabei gehen Sie an der Nikolauskapelle vorbei und steigen weiter bergauf, bis Sie zu den Mauerresten der Ruine Oberhohenberg gelangen.

Ruine Oberhohenberg

Die Anlage wurde 1170 erstmals erwähnt und war damals im Besitz der Grafen von Oberhohenberg. Durch das europäische Förderprogramm LEADER konnte die Ruine zu einem Kulturdenkmal erhoben werden. Das Förderprogramm versucht altes, teils vergessenes und verfallenes Kulturgut im Lande wieder sichtbar zu machen. Die achteckige Metallkonstruktion zeichnet beispielsweise die Fläche des ehemaligen Turmes nach. Ansonsten ist von der Burg selbst leider nicht mehr viel übrig geblieben. Zeichnungen und Bilder an Schautafeln zeigen allerdings, welche glorreichen Zeiten diese Anlage mal hatte. Von der Ruine haben Sie eine schöne Fernsicht ins Tal nach Schörzingen und weiter bis zum Schwarzwald.

Links vom Stahlpodest führt ein Pfad etwas hangabwärts entlang des Traufs. Immer wieder zeigen sich schöne Aussichten von der Albkante, die weit ins Land reichen. Am Wegweiser „Hochberg Süd" (1.005 m) zweigt der Weg links ab. An der nächsten Kreuzung beim Wegweiser „Lembergsattel" auf 925 m Höhe zweigt der Weg rechts ab. Nach 90 Höhenmetern erreichen Sie schließlich den höchsten Gipfel der Alb, den Lemberg ❸.

Lemberg

Auf dem Lemberg befindet sich eine Hütte, die je nach Wetterlage geöffnet hat. Das Gipfelplateau ziert außerdem eine Feuerstelle und ein Aussichtsturm. Es lohnt sich, das im Jahr 1899 erbaute und 33 m hohe Stahlskelett zu besteigen und von seiner Aussichtsplattform den Blick über das Land schweifen zu lassen. Bei guter Wetterlage können Sie von hier in südlicher Richtung den gesamten Allgäuer Hauptkamm, die Zugspitze und auch die westlich gelegenen Schweizer Alpen erkennen – sagenhaft! Unten im Tal fällt ein hoch aufragender Turm auf. Das ist der 246 m hohe Thyssenkrupp-Turm in Rottweil. Hier testet die Firma Thyssenkrupp Aufzüge mit modernster Technik wie Express- und Hochgeschwindigkeitsaufzüge. Der Turm ist ein Besuchermagnet. Sie können hier die 232 m hoch gelegene Besucherplattform besuchen, die die höchste Plattform dieser Art in Deutschland ist.

Vom Lemberg führt ein breiter Schotterweg hinunter, der dann plötzlich abzweigt und auf einem schmalen Pfad im Zickzack den Berg hinunterführt. Dann gelangen Sie zu einem Teersträßchen, dem Sie rechts bis zum Parkplatz Lemberg folgen. Wie beim Wanderparkplatz Schörzing gibt es auch hier einen Spielplatz und eine Feuerstelle. Wenn Sie den Parkplatz passiert haben, überqueren Sie die Landstraße und folgen links einem Weg parallel zur Straße nach Gosheim ❹.

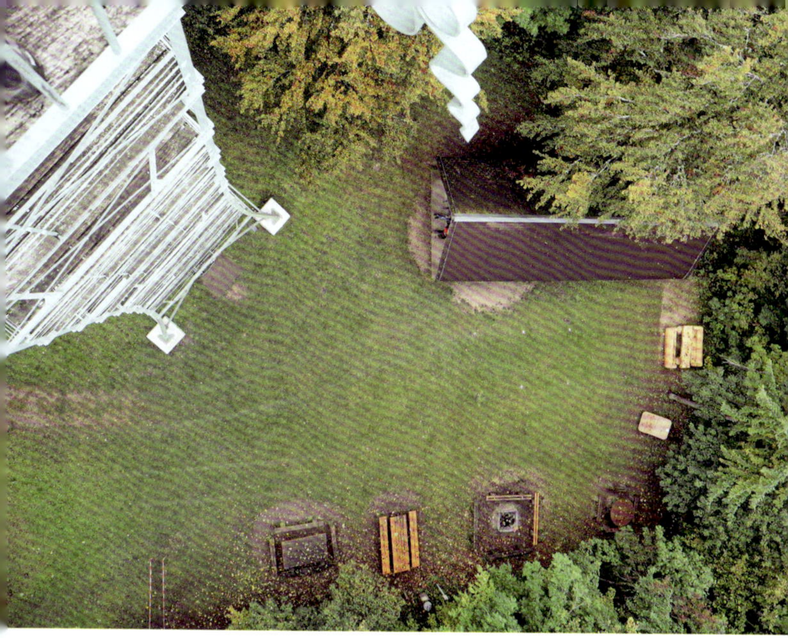

Blick vom Lembergturm

Gosheim (i) 🛏 ✕ ☕ 🛒 BANK ⚕ 🏊 🚌 ✉ 78559, 3.800 Einw.

(i) Gemeinde Gosheim, Hauptstraße 47, ☎ 074 26/961 20, ✉ info@gosheim.de, 💻 www.gosheim.de, weitere informative Homepage: 💻 www.zollernalb.com

🛏✕ Gasthaus Krone, Hauptstraße 5, ☎ 074 26/79 17, ✉ info@krone-gosheim.de, 💻 www.krone-gosheim.de, ÜF DZ € 80, EZ € 45, 🚪 Mo-So 11:00-14:00, Do-Di 18:00-22:00, Mittwochabend geschlossen

🛏 Ferienhaus Silvia, Bergstraße 6, ☎ 074 26/62 41, ✉ silvia.stehlo66@googlemail.com, 💻 www.ferienhaus-silvia.com, DZ € 45, EZ € 25

✕ Gasthof Bären, Hauptstraße 42, ☎ 074 26/963 85 72, griechisch/deutsche Küche, 🚪 Mi-Mo 11:00-14:00 und 17:00-22:00, Di Ruhetag

♦ Pizzeria Taormina, Hauptstraße 20, ☎ 074 26/91 25 38, 🚪 Mi-So 12:00-14:00 und 17:00-24:00

🏊 Jurabad, Schwimmbad mit Sauna und Dampfbad, Gehrenstraße 18, ☎ 074 26/96 11 18, 💻 www.gosheim.de, 🚪 Mo-Fr 17:00-22:00, Sa 13:00-20:00, So 9:00-16:00

🚌 in Richtung Deilingen, Spaichingen, Rottweil und Tuttlingen

Das Dorf bezeichnet sich gerne als die Spitze der Alb, was aufgrund der Höhenlage auch passend ist. Gosheim liegt auf 850 m Höhe am Fuße des höchsten Berges der Alb inmitten der Region der 10 Tausender. Viele Wanderwege und Skiloipen führen um das Dorf herum. Von der Hochfläche haben Sie oft eine weite Sicht. In den vergangenen Jahren haben sich bei Gosheim einige Firmen aus der Metallbranche niedergelassen, was die Gemeinde in wirtschaftlicher Hinsicht gestärkt hat.

Entlang der Lembergstraße, die in die Hauptstraße und die Heubergstraße übergeht, durchqueren Sie das Dorf und es geht etwas bergauf. Bevor Sie die letzten Häuser von Gosheim erreichen, zweigt der Weg links in den Wald hinein ab. Sie gehen im Wald steil bergauf. Der Weg führt rechts nochmals zur Straße, diese überqueren Sie und gelangen dann über eine schöne Aussichtsfläche zum Berg Kehlen (1.001 m) mit Feuerstelle und wunderbarem Blick auf den Lemberg ❺. Der weitere Weg führt Sie kurzzeitig durch ein Waldgebiet und dann wieder an der Traufkante entlang. Sie queren einen Mischwald und folgen den Wegweisern in Richtung Hummelsberg (1.002 m). Dort stoßen Sie auf eine Heidefläche mit Schutzhütte und Feuerstelle.

Nicht weit vom Aussichtspunkt entfernt kommen Sie zum Klippeneck, wo sich das höchstgelegene Segelfluggelände der Alb befindet.

Am Wanderparkplatz Hummelsberg gelangen Sie zur Landstraße Auf dem Klippeneck. Dieser folgen Sie, bis Sie nach etwa 600 m das große Übernachtungsheim Klippeneck erreichen. Hier führt auch der Baden-Württembergische Luftfahrtverband Ausbildungen, Schulungen und Freizeiten durch. Das Klippeneck ist sozusagen die erste Adresse für den Segelflugsport in Baden-Württemberg. Das Übernachtungsheim ist aber für alle Gäste offen.

Gästehaus Klippeneck, Klippeneck 7, 78588 Klippeneck, 074 24/846 34, klippeneck@bwlv.de, www.gaestehaus-klippeneck.de, ÜF DZ € 72, EZ € 56, Do-Mo 11:00-22:00, Di, Mi Ruhetag

Sie queren den großen Parkplatz und folgen den Wegweisern rechts in Richtung Tuttlingen. Bald darauf gelangen Sie zu einem weiteren Aussichtspunkt mit Kreuz. Wenige Meter weiter steht eine schöne Schutzhütte in bester Aussichtslage ❻. Am Wegweiser „Schrofe“ auf 963 m Höhe zweigt der Weg 1,3 km nach der Schutzhütte links ab.

Wenn Sie hier dem Weg weiter geradeaus folgen, gelangen Sie nach etwa 800 m zum Dreifaltigkeitsberg.

Dreifaltigkeitsberg

Der Berg liegt auf fast 1.000 m Höhe. Von hier oben ergeben sich großartige Fotomotive. In der bei Radlerinnen und Radlern beliebten und von Spaichingen hier heraufführenden Dreifaltigkeitsstraße wohnt der ehemalige Landesvater Erwin Teufel. Er wurde 1939 in Rottweil geboren und regierte 14 Jahre von 1991-2005 das Ländle. Heimatverbunden, fleißig und stets integer sind Attribute, mit denen die Württembergerinnen und Württembergerer gerne ihren einstigen Landesvater beschreiben. Auch er besucht gerne den Dreifaltigkeitsberg, um beispielsweise mit Firmlingen im Schatten des Claretinerklosters über Gott und die Welt zu plaudern.

Es lohnt sich ein Besuch der neben dem Kloster stehenden und frei zugängliche Wallfahrtskirche. Deren Kuppel über dem Altar gleicht nämlich der des römischen Petersdoms – nur zehnmal kleiner. Der Dreifaltigkeitsberg ist eine Pilgerstätte und zieht viele Besucherinnen und Besucher an. Aber auch ohne den Berg in den Rang des Übersinnlichen zu heben, fühlt man sich an besonders klaren Tagen, schon allein wegen der fantastischen Fernsicht, dem Himmel ganz nahe.

Gaststätte Dreifaltigkeitsberg, ☎ 074 24/22 90, www.spaichingen-claretiner.de, Di-Sa 11:00-20:30, So bis 19:30, Mo Ruhetag

Sie folgen dem breiten Schotterweg weiter. Der Weg ist hier bestens ausgeschildert. Sie halten sich einfach an die Wegweiser Richtung Risiberg bzw. Tuttlingen. Wenn Sie aus dem Wald herauskommen und auf eine Wiesenfläche kommen, sehen Sie links die sanfte Erhebung des Hirnbühls. Der Schotterweg geht hier in ein Teersträßchen über, dem Sie rechts folgen. Sie erreichen bald die L438 und überqueren diese, um auf der gegenüberliegenden Seite weiter dem Wanderweg in den Wald hinein zu folgen. Es geht hier stets geradeaus parallel zur Landstraße.

Wenn Sie aus dem Wald herauskommen, folgen Sie dem Schotterweg bis zum Wegweiser „Osterberg“ ❼ auf 878 m Höhe. Von hier können Sie auf der Straße weitergehen, die Sie nach ein paar Metern links verlassen, um auf den Wanderweg auszuweichen. Sie treffen abermals auf die Straße, bis ein deutliches Hinweisschild links in den Wald zeigt. Am Ende des Waldstücks biegen Sie rechts ab und gehen bis zur Kreuzung, an der Sie zum Wegweiser „Forchenbühl“ gelangen. Hier weist die Beschilderung geradewegs in Richtung Wald. Am Ende des kleinen Waldstücks treten Sie ins Freie. Vor Ihnen liegt der Weiler Risiberg mit dem schönen Landgasthof Waldeck.

Risiberg

78589

Landgasthof Waldeck, Risiberg 8, 074 24/24 19, info@waldeck-risiberg.de, www.waldeck-risiberg.de, ÜF DZ € 78, EZ € 49, gut geführter und überregional beliebter Gasthof, gutes Essen, Stellplätze für Wohnmobile und Zelte sind vorhanden, Preise auf Anfrage, Mo-Sa 11:00-22:00, So 10:00-21:00

Hofladen, Metzgerei Dreher, Risiberg 8a, 074 24/50 11 41, info@landmetzgerei-dreher.de, www.landmetzgerei-dreher.de, Do-Fr 14:00-18:00, Sa 9:00-12:00

Landgasthof Waldeck

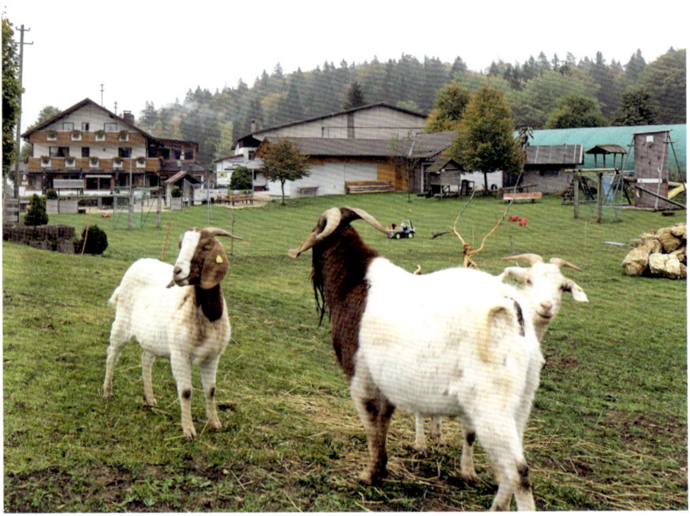

Der Weiler Risiberg besteht hauptsächlich aus dem Gasthaus und den angrenzenden Weideflächen. Gegenüber der Gaststätte hat die Landmetzgerei Dreher einen Hofladen eröffnet. Hier können Sie tierische Produkte aus der Region erwerben.

16. Etappe: Risiberg – Tuttlingen

12,2 km, 3 Std. 40 Min., 135 m, 340 m, 601-855 m

0,0 km	845 m	Risiberg
1,0 km	855 m	Parkplatz Heuberg
2,7 km	850 m	Rußberg
4,2 km	855 m	Martinskreuz
6,8 km	818 m	Wegweiser „Steigberg“
8,5 km	817 m	Wegweiser „Kapf“, Abstecher zum Aussichtspunkt Kapf 0,9 km,
10,5 km	688 m	Aussichtsstand Eichenbühl
12,2 km	645 m	Tuttlingen

Die letzte Etappe auf dem Albsteig HW1 führt Sie von der hohen Albhochfläche hinunter in das tief eingeschnittene Donautal zur Stadt Tuttlingen. Die Etappe ist so gewählt, dass Sie genügend Zeit haben, um sich Tuttlingen etwas näher anzusehen.

Wenn Sie dem Gasthof Waldeck den Rücken kehren, führt der Weg links der Straße entlang. Vorbei an den Weidenflächen geht es dann nochmals links zwischen den Weideflächen zum Wald leicht bergauf. Nun folgen Sie stets den Wegweisern in Richtung Tuttlingen. Der Weg zweigt im Wald rechts ab und Sie gelangen nach kurzer Gehzeit zum Wanderparkplatz „Am Heuberg“ ❶. Sie überqueren den Wanderparkplatz und die Landstraße links. Am Wegweiser „Ziegelhütte“ halten Sie sich links. Ein Schotterweg zwischen Waldrand und schönen Wiesenflächen führt geradewegs zum Weiler Rußberg ❷.

Rußberg 78604, 80 Einw.

Gasthaus Rose, Rußberg 39, 074 24/61 17, info@rose-russberg.de, www.rose-russberg.de, Ferienwohnung: Preis auf Anfrage, ruhig gelegenes Gasthaus mit Weinhandlung, Ferienwohnung und Wohnmobilstellplatz auf einer idyllischen Wiese hinter dem Gasthaus, Mi-So 11:00-23:00

Gasthaus Krone, Rußberg 14, 074 24/38 90, gute Vesperstube, selbst gebackenes Brot aus dem Backhaus, kleiner Biergarten vor dem Haus, Mo-Mi 14:00-22:00, Sa und So 11:30-22:00, Do und Fr Ruhetag

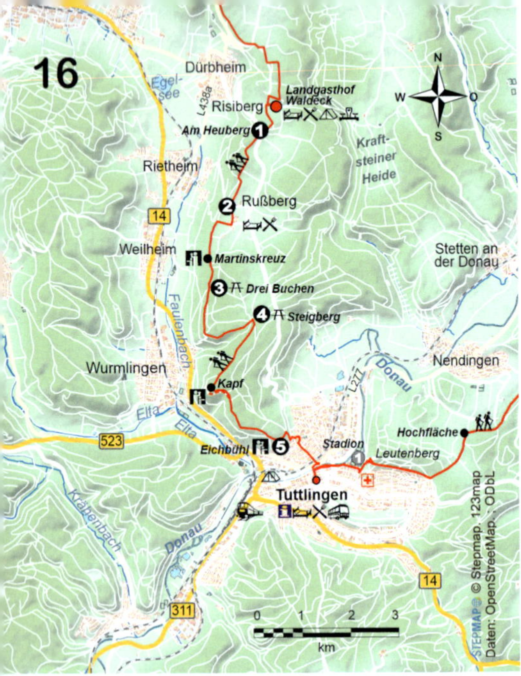

Am Wegweiser „Rußberg Mittelhof“ zweigt der Weg rechts ab und ein Teersträßchen führt Sie aus dem Dorf hinaus. Am Waldrand wandern Sie nun links entlang, dabei wechseln sich Wald- und Wiesenflächen ab. Schließlich gelangen Sie zum sehr großen Martinskreuz. Wenn Sie von diesem Aussichtspunkt hinunter in Tal blicken, sehen Sie unter sich Weilheim, rechts davon ist die Gemeinde Riedheim und links Wurmlingen. Der HW1 führt Sie nun weiter entlang des Albtraufs, bis Sie zur Wegkreuzung der Drei Buchen gelangen ❸. Eine große ⛼ Bank umarmt die drei außerordentlich schönen und mächtigen Bäume und lädt zum Sitzen ein. Der Weg wird etwas breiter und es geht im leichten Auf und Ab immer an der Traufkante entlang. Sie passieren Stellen, an denen sich Steine aus dem brüchigen Jurafels lösen und es zu Hangrutschungen kommt.

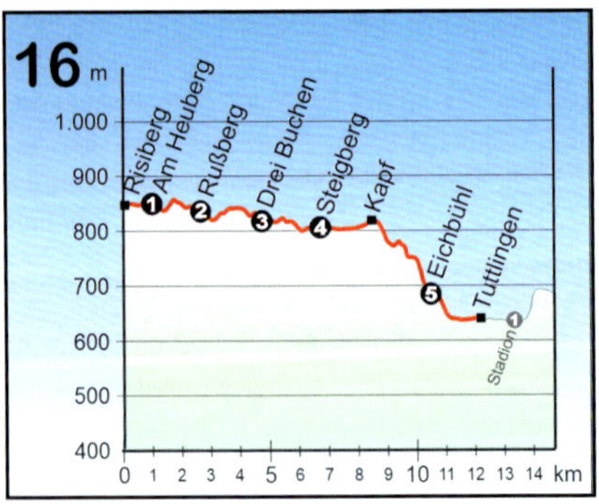

Etwas plötzlich zweigt der Weg rechts ab und es folgt ein schönes, von Wurzeln durchzogenes Wegstück. Immer wieder ergeben sich auch schöne Aussichten auf das Tal und wie auch schon anderenorts können Sie von diesen Stellen an besonders klaren Tagen die Schweizer Alpen erkennen. Der Traufweg endet an einer Landstraße, die von Wurmlingen herkommend zur Albhochfläche führt. Den Parkplatz Steigberg ❹ mit ⛼ Feuerstelle und Bänken überqueren Sie und folgen dann rechts den Hinweisschildern wieder in den Wald hinein. Noch ist der schöne Traufweg nicht zu Ende und es folgt wieder ein von schönen Aussichten geprägtes Wegstück. Am Wegweiser „Kapf" zweigt der Weg zwar links ab, schöner ist es aber, wenn Sie noch die 50 m bis zum Aussichtspunkt Kapf weitergehen und hier dem Weg folgen, bis dieser wieder auf den HW1 trifft. Welchen Weg Sie auch wählen, es geht stetig bergab und am Ende des Waldweges führt ein Panoramaweg oberhalb der Dächer von Tuttlingen am Waldrand entlang. Besonders schön ist der Blick vom Aussichtsstand Eichbühl ❺. Am Wegweiser „Hungerkreuz" auf 727 m Höhe zweigt der Weg ein letztes Mal rechts ab. Über die Egertstraße gelangen Sie schließlich nach Tuttlingen. Sie folgen den Markierungen des HW1 durch die Stadt bis zum Marktplatz auf der anderen Seite der Donau.

Tuttlingen

78532, 36.100 Einw.

Stadt Tuttlingen, Rathausstraße 1, 074 61/99-340 oder -254, touristik@tuttlingen.de, www.tuttlingen.de, Mo, Do 8:00-18:00, Di, Mi 8:00-16:30, Fr 8:00-13:00, Sa 9:00-12:00

Hotel Restaurant Engel, Obere Hauptstraße 4, 074 61/140 79 98, info@restaurant-engel.com, www.restaurant-engel.com, DZ € 69, EZ € 56, bekannt für gut dimensionierte Schnitzel, Mo-Fr 17:00-22:00, Sa und So geschlossen

♦ Hotel Restaurant Ritter, Königsstraße 12, 074 61/96 63 30, info@hotel-restaurant-ritter.de, www.hotel-restaurant-ritter.de, ÜF DZ € 65, EZ € 45, Di-Sa 17:30-24:00, So 11:30-14:00, 17:30-24:00, Mo Ruhetag

Hotel Café Schlack, Bahnhofstraße 59, 074 61/94 40, info@hotelschlack.de, www.hotelschlack.de, ÜF DZ € 79, EZ € 57, Mo-Fr 6:00-14:00, Sa und So 7:00-14:00

Hotel Garni Rosengarten, Königsstraße 17, 074 61/962 70, info@rosengarten-tuttlingen.com, www.rosengarten-tuttlingen.com, ÜF DZ € 65, EZ € 45, Mo-Fr 7:00-21:30, Sa und So 8:00-21:30

♦ Légère Hotel, Königstraße 25, 074 61/96 16-0, reservations.tuttlingen@legere-hotels-online.com, www.legere-hotelgroup.com, ÜF DZ € 120, EZ € 99

♦ Hotel Rössle, Honbergstraße 8, 074 61/29 13, info@hotelroessle.eu, www.hotelroessle.eu, ÜF DZ € 72, EZ € 46

Zeltplatz, Im Umläufle, 074 61/993 40, touristik@tuttlingen.de, einfacher, mitten in Tuttlingen gelegener Platz, Stellplatz ist kostenlos, Schlüssel für sanitäre Anlagen gibt es im Hallenbad TuWass, April-Ende Okt

- Rittergarten, Neuhauser Straße 47, ☏ 074 61/171 87 18, ts@restaurant-rittergarten-tuttlingen.de, www.restaurant-rittergarten-tuttlingen.de, Mo, Di, Do-Sa17:00-21:00, So 11:30-14:00 und 17:00-23:00, Mi Ruhetag
- Pizzeria Italia, Gutenbergstraße 18, ☏ 074 61/16 18 17, info@italia-tuttlingen.de, www.italia-tuttlingen.de, Di-So 11:30-14:00 und ab 17:00, Mo Ruhetag
- Fruchtkasten, Donaustraße 50, ☏ 074 61/151 35, info@museen-tuttlingen.de, www.tuttlingen.de, freier Eintritt, Sa und So 14:00-17:00, Wechselausstellungen im Hugo-Geißler-Saal: Di, Do, Sa, So 14:00-17:00
- Tuttlinger Haus, Donaustraße 19, ☏ 074 61/151 35, info@museen-tuttlingen.de, www.tuttlingen.de, freier Eintritt, von Ostern bis 01. Nov Di, Do, Sa, So 14:00-17:00
- TuWass, Freibad, Hallenbad, Thermalbad, Mühlenweg 1-5, ☏ 074 61/966 55 66, info@tuwass.de, www.tuwass.de, Mo-Sa 11:00-22:00, So 8:00-20:00
- in Richtung Sigmaringen, Spaichingen, Immendingen
- alle umliegenden Gemeinden sind mit dem Bus erreichbar

Pyramidenbrunnen am Marktplatz

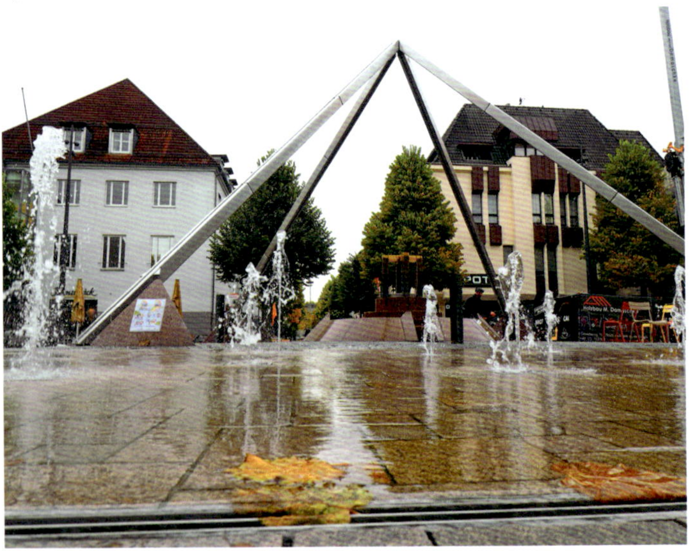

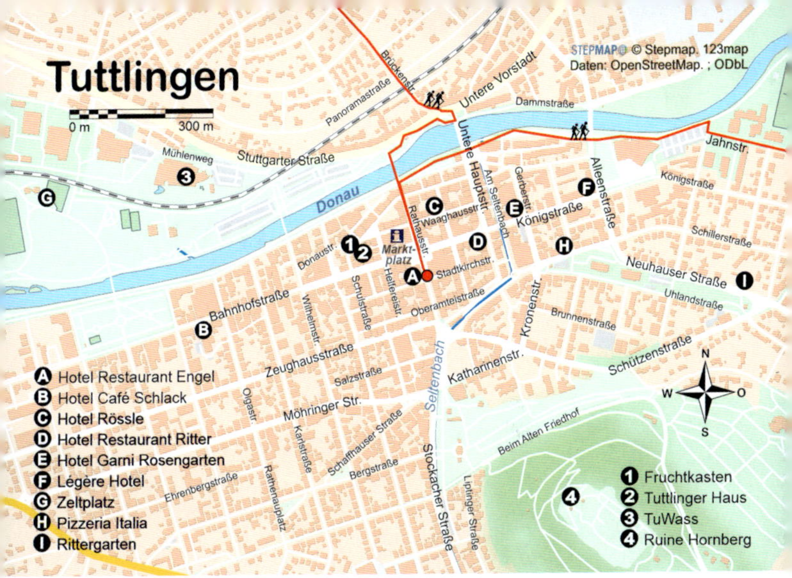

Obwohl die Besiedlungsgeschichte des Gebietes um das heutige Tuttlingen bis weit in die mittlere Steinzeit zurückreicht und die Stadt bereits im Jahre 797 urkundlich erwähnt wird, präsentiert sich das heutige Stadtbild sehr modern. Nach dem verheerenden Brand am 1. November 1803 wurde die gesamte Stadt innerhalb der Stadtmauern zerstört und anschließend mit klaren Strukturen wiederaufgebaut. Der von Martin Riessler entworfene und im Jahr 1987 im Zuge eines Wettbewerbs ausgewählte Pyramidenbrunnen am Marktplatz symbolisiert verschiedene Merkmale der Stadtgeschichte. Die nüchterne Form der quadratischen Pyramide spiegelt den ebenso quadratischen Grundriss der ab 1804 wiederaufgebauten Stadt wider. Die Pyramidenform des Brunnens entspricht der Form der Dächer der alten Bürgerhäuser (Tuttlinger Hut). Das verwendete Material, bestehend aus Nirosta-Stahl, zielt auf die bekannten, in Tuttlingen gefertigten medizinischen Instrumente ab. Die Stadt wird heute als Weltzentrum der Medizintechnik bezeichnet.

Etwas über der Stadt auf dem Hornberg ragen die Reste der gleichnamigen Ruine auf. Im Jahr 1460 erbaut und 200 Jahre später während der Schrecken des Dreißigjährigen Kriegs zerstört ist die Ruine auf dem Hornberg das Wahrzeichen der Stadt. Vom 739 m hoch gelegenen Gipfel ergeben sich schöne Ausblicke auf Tuttlingen. Im Sommer findet auf dem Gelände der Ruine Honberg ein unter Musikkennern beliebtes Festival statt. National und international bekannte Bands treten hier auf und sorgen für beste Stimmung.

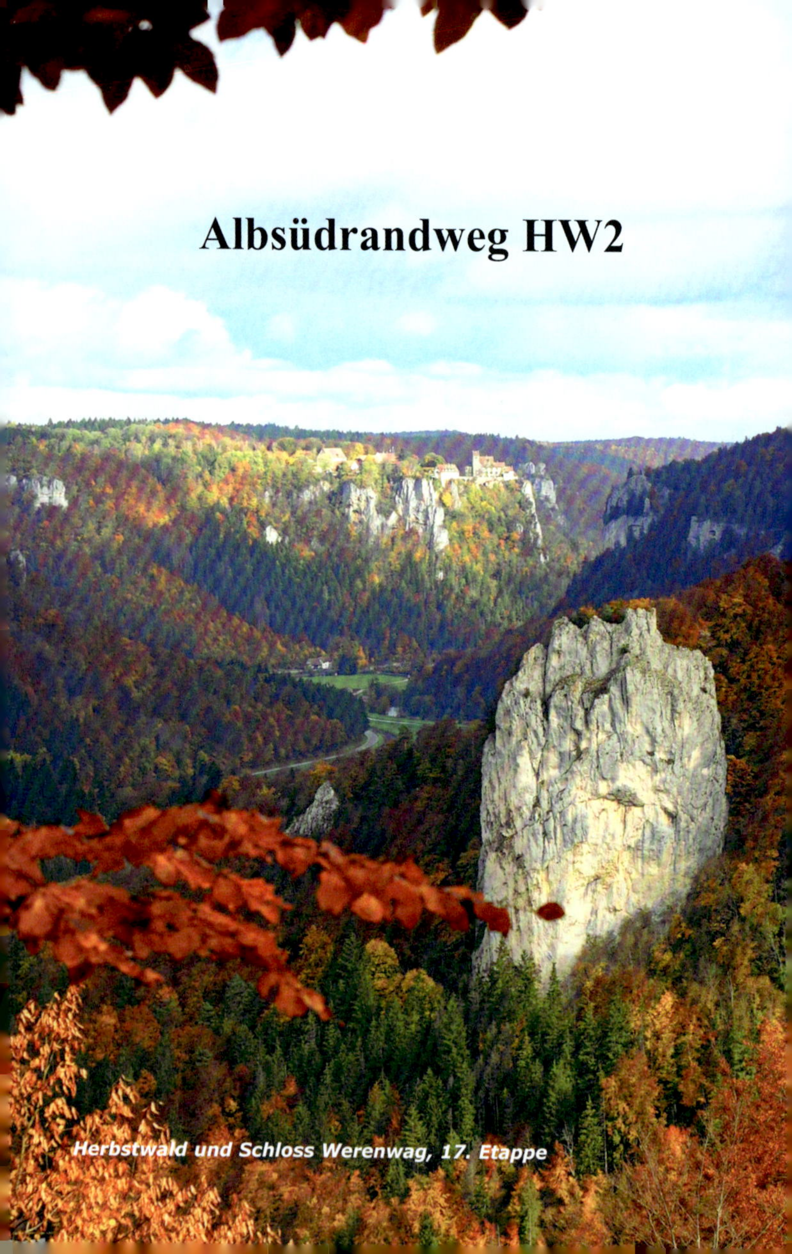
Albsüdrandweg HW2
Herbstwald und Schloss Werenwag, 17. Etappe

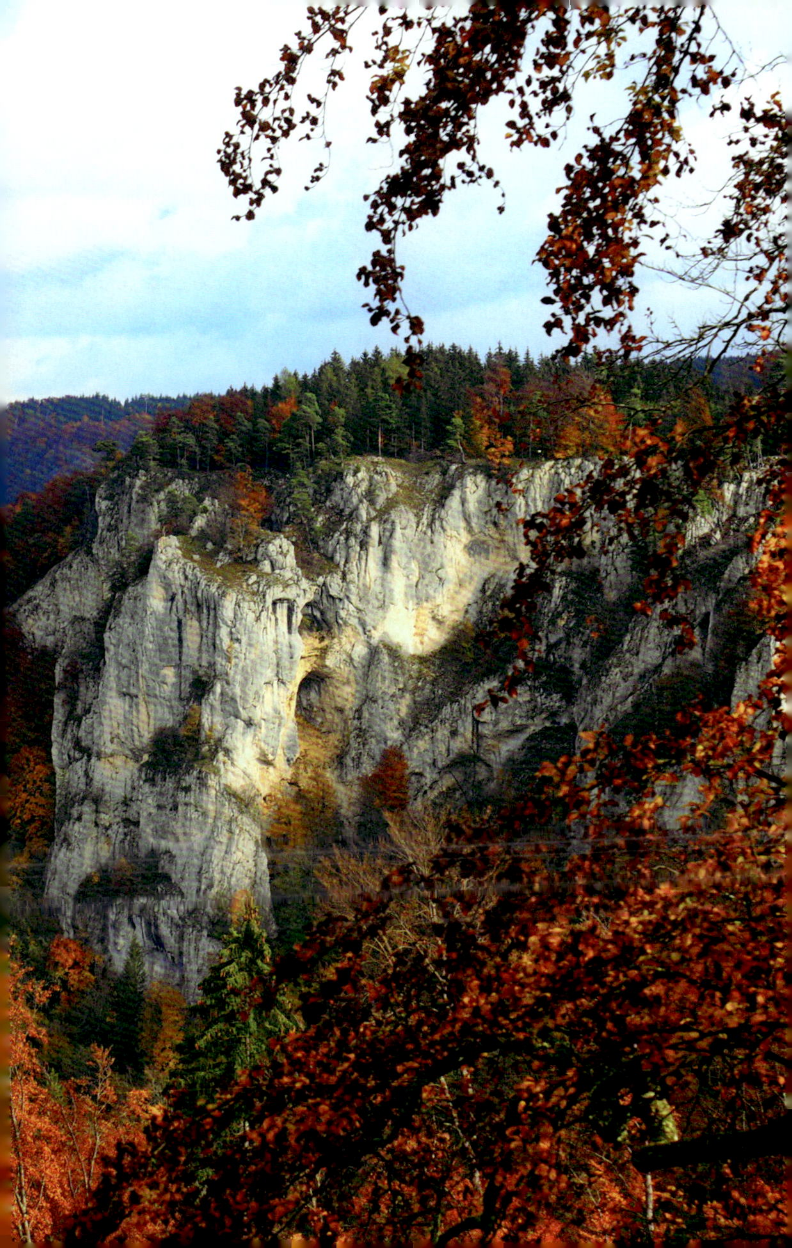

Der HW2 beginnt bei Tuttlingen mit einer grandiosen Etappe durch das Donautal. Das Tal beeindruckt mit riesigen, hoch aufragenden Kalkfelsen, imposanten Burgen und dem natürlichen Lauf der Donau inmitten der engen Schlucht. Bis zur ehemaligen Stauferstadt Sigmaringen verläuft der Weg sowohl im Tal als auch am Rand der hohen Albkante mit großartigen Aussichtspunkten. Zwischen Sigmaringen und Ulm werden Sie am ehemaligen Kloster Zwiefalten an der Wasserhöhle in Wimsen und dem burgenreichsten Gebiet, dem Großen Lautertal, vorbeikommen. Von Ulm aus gelangen Sie über die Heidenheimer Alb und das teils sehr einsame Härtsfeld schließlich wieder zurück nach Donauwörth.

Spiegelungen in der Donau

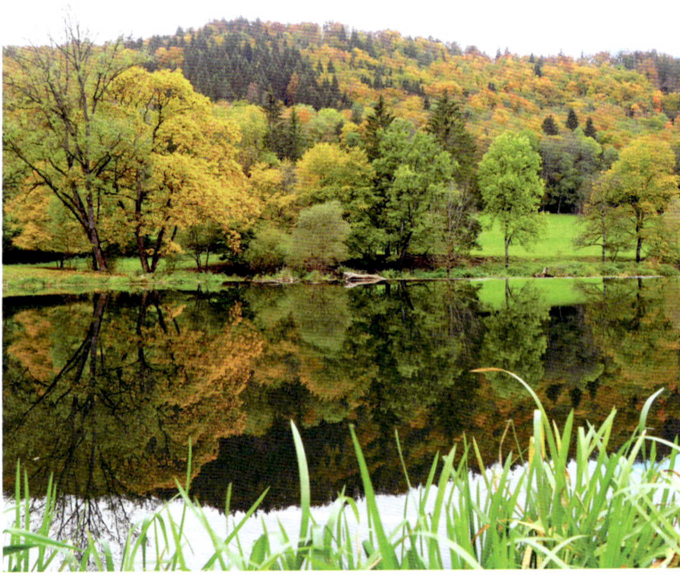

Beachten Sie noch, dass die Beschilderung des HW2 ebenfalls wie der HW1 von Donauwörth aus erfolgt. Ab Tuttlingen gehen Sie daher entgegen der Spitze des roten Dreiecks, denn diese zeigt von Donauwörth kommend in Richtung Tuttlingen.

Naturpark Obere Donau

Der 1980 gegründete Park umschließt eine Fläche von 1.496 km^2. 3.500 km markierte Wanderwege führen durch dieses landschaftlich abwechslungsreiche und geologisch interessante Gebiet.

Bemerkenswert sind die Versickerungsstellen zwischen Tuttlingen und Friedingen, wo ein großer Teil der Donau im Spaltenlabyrinth des kalkhaltigen Untergrunds abfließt und erst 12 km weiter im Aachtopf wieder auftaucht. Die Vegetation auf den hohen Felstürmen im Donautal und der Holzwiese bei Irndorf auf dem Großen Heuberg ist einzigartig, denn hier konnte sich eine seltene, der Alpenflora ähnliche Pflanzenwelt entwickeln, die bis heute erhalten blieb. Daher lockt der Naturpark, insbesondere das Donautal, zahlreiche Besucherinnen und Besucher an. Es kann sein, dass an einem schönen Herbsttag bis zu 20.000 Ausflüglerinnen und Ausflügler in das Tal strömen, um dies zu Fuß, mit dem Rad, dem Kajak, dem Kletterseil etc. zu erkunden.

Informationen zum Naturpark gibt es hier:

Naturschutzzentrum Obere Donau, Wolterstraße 16, 88631 Beuron, 074 66/928 00, info@nazoberedonau.de, www.naturschutzzentren-bw.de, Mo-Fr 8:30-17:00, Ausstellung: Mo-Fr 9:00-17:00, April-Nov auch an Wochenenden von 13:00-17:00

17. Etappe: Tuttlingen – Wildenstein

24,2 km, 7 Std. 30 Min., ↑ 640 m, ↓ 430 m, ⇧ 600-812 m

0,0 km	⇧ 645 m	Tuttlingen
1,8 km	⇧ 684 m	Panoramaweg
3,0 km	⇧ 679 m	Philosophenweg
5,9 km	⇧ 671 m	Zachers Kreuz (Wegweiser)
9,9 km	⇧ 687 m	Bergsteig, Landhaus Donautal
12,4 km	⇧ 627 m	Ziegelhütte
13,0 km	⇧ 636 m	Abzweig Höhenweg
14,1 km	⇧ 625 m	Feuerstelle mit Schutzhütte
16,1 km	⇧ 624 m	Jägerhaus
19,7 km	⇧ 620 m	Beuron
22,0 km	⇧ 800 m	Jägersausblick
24,2 km	⇧ 809 m	Burg Wildenstein

Von Tuttlingen aus gelangen Sie ins tiefe Tal der Donau hinein. Über weite Strecken können Sie dem Flusslauf folgen oder wahlweise oberhalb des Tales entlang des Traufs marschieren (5 km länger und viele Gegenanstiege). Beide Wege führen Sie zum bekannten Kloster Beuron. Über einen steilen Aufstieg erreichen Sie schließlich die auf einem Felssporn gelegene Jugendherberge Burg Wildenstein mit sensationellen Ausblicken hinunter ins Donautal. Beachten Sie, dass die Rote Spitze des Dreiecks weiterhin nach Tuttlingen zeigt und Sie nun entgegen der Dreiecksspitze gehen.

Die Etappe beginnt am Marktplatz beim Pyramidenbrunnen. Von dort gehen Sie in nördliche Richtung entlang der Rathausstraße, bis Sie die Donau erreichen. Hier spazieren Sie rechts entlang eines Fuß- und Radweges. Dabei unterqueren Sie die Untere Hauptstraße, rechts befindet sich das Kino Skala und etwas weiter die Stadthalle. Dort biegen Sie in die Blumenstraße ein und dann in die Jahnstraße. Wenn Sie an der Hermann-Hesse-Realschule und dem Stadion ❶ vorbei sind, steigt der Weg etwas an. Ein schmaler Fußweg führt am Ende der Straße aufwärts in Richtung Klinikum. Dort folgen Sie dem Schlössleweg, bis an einem deutlichen Wegweiser der HW2 rechts in den Wald hineinführt und oberhalb von Tuttlingen am Fuße des Leutenbergs weitergeht.

Bei guter Sicht können Sie einen Blick auf den Säntis und einen Teil der Schweizer Alpen werfen. An einer Wegkreuzung treffen Sie auf den Philosophenweg. Sie gehen hier links steil den Berg hinauf, bis Sie die Hochfläche erreicht haben.

Hier oben breiten sich Wiesenflächen aus, von wo aus Sie die beiden Dörfer Mülheim und Friedingen im Donautal sehen. Auf einem geteerten Weg geht es entlang eines Waldstücks steil bergab. Am Waldeck biegen Sie rechts in den Sengenbühltraufweg, der Wegweiser hier trägt den Namen „Schinderheldele". An der folgenden Wegkreuzung Zachers Kreuz ❷ (671 m) zweigt der Weg rechts ab, um nur wenige Meter weiter wieder links den Hang hinaufzuführen. Sie folgen dann dem Wegweiser „Grundwiesen" (784 m) nach links und verlassen den Schotterweg.

Über einen Wiesenweg gelangen Sie zum Waldrand und folgen dort dem Weg, bis am Wegweiser „Wirtenbühl" der HW2 auf einem schmalen Pfad bergab führt. Deutliche Markierungen in Richtung Friedingen und Beuron leiten Sie über die hügelige Hochfläche hinab zum Weiler Bergsteig. Vor Bergsteig überqueren Sie am Wegweiser „Kesselkreuzung" die L277 und gehen über die im „Kessel" liegende Wiesenfläche. Es geht einen letzten kleinen Hang hinauf und dann leitet Sie der Weg direkt nach Bergsteig ❸.

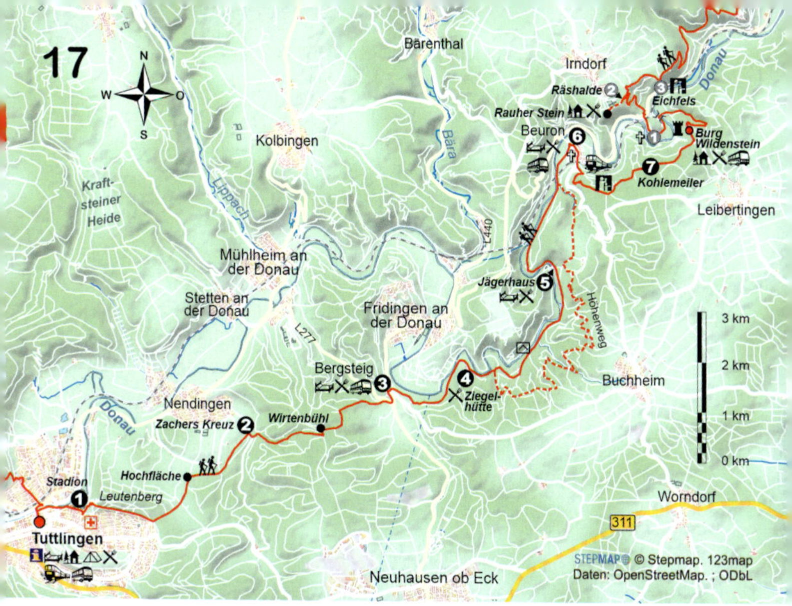

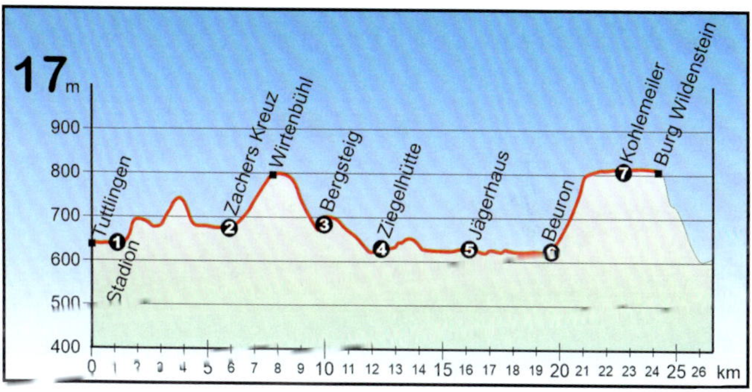

Bergsteig

🛏 ✕ ☕ 🚌 ✉ 78567

🛏 ✕ ☕ Landhaus Donautal, Bergsteig 1, 78567 Friedingen, ☏ 074 63/469, info@landhaus-donautal.de, www.hotel-donautal.de, ÜF DZ € 100, EZ € 68, Mo, Do und Fr 11:30-14:00 und 17:00-23:00, Sa und So 11:30-23:00, Di und Mi Ruhetag

✕ Pizzeria Bella Ciao, Bergsteig 4, ☏ 074 63/991 81 99, Fr-So, Di und Mi 11:00-14:00 und 17:00-21:00, Mo und Do Ruhetag

🚌 Richtung Tuttlingen und Beuron

Der Weiler gleicht einer Passhöhe und besteht im Wesentlichen aus zwei Gasthäusern. In dem einen befindet sich eine Pizzeria, im andern ein schönes Hotel mit gutem Café und Restaurant. Nahe dem Hotel gibt es einen Aussichtspunk mit großem Holzkreuz, von dem Sie einen ersten Blick hinab ins Donautal haben.

Das Hotel befindet sich beim Weitergehen auf der linken Seite, rechts ist der große Wanderparkplatz. Sie folgen dem Teersträßchen, es geht bald den Hang hinunter und auf gut ausgebauten Spazierwegen gelangen Sie an die Donau. Ein weites Teilstück führt am Ufer des Flusses entlang, das Sie zum beliebten Rad- und Wandertreffpunkt der Ziegelhütte ❹ führt.

Ziegelhütte, Ziegelhütte 1, 78567 Friedingen, 01 63/395 35 75, yvonnezepf@web.de, www.ziegelhuette-fridingen.com, April-Okt täglich 11:30-18:30, sonst nur an Wochenenden

Unweit der Ziegelhütte teilt sich der HW2 in einen Höhen- und Talweg, beide Wege treffen sich in Beuron nahe dem Kloster wieder.

Schloss Bronnen

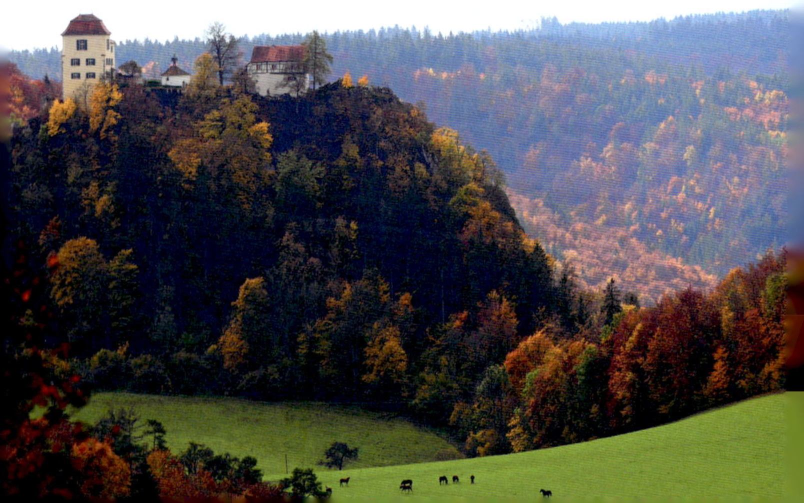

Höhenweg

Es erfolgt ein steiler Aufstieg ins Wolfertstal und weiter im ständigen Auf und Ab durch das Buttental, Bachtal, Eselstal zum Schloss Bronnen. Dann folgt der Abstieg über das Liebfrauental nach Beuron. Dieser Streckenabschnitt ist weniger frequentiert als der Talweg, er hat einige Gegenanstiege und ist etwa 4 km länger. Zwischendurch ergeben sich schöne Ausblicke auf das Donautal. Unterwegs gibt es keine Einkehrmöglichkeit.

Talweg

Flussabwärts geht es entlang am wunderschönen Donauufer über das Jägerhaus nach Beuron. Der Weg ist nicht zu verfehlen, er läuft stets parallel zur ruhig dahinfließenden Donau. Sie kommen an einer Schutzhütte mit Feuerstelle vorbei. Auf dem Talweg treffen Sie auf viele Tagesausflüglerinnen und Tagesausflügler und Sie haben eindrucksvolle Aussichten auf die hoch aufragenden Felsen und die darauf thronenden Schlösser. Eine Einkehr- und Übernachtungsmöglichkeit finden Sie am Jägerhaus ❺.

Jägerhaus, Bronnen 7, 78567 Friedingen, 074 66/254, info@jaegerhaus.de, www.jaegerhaus.de, ÜF DZ € 90, EZ € 55, direkt am Weg und der Donau gelegen, gutes Essen, schöne Zimmer, auf Anfrage Möglichkeit zum Zelten, Mi, Fr, Sa 18:00-22:00, Kiosk Mi-So 11:30-17:00, Winterpause Jan-Mitte März

Vom Jägerhaus gehen Sie nun stets an der Donau entlang. Am Wegweiser „Donau" (608 m) treffen sich der Tal- und der Höhenweg wieder. Von dort geht es unter der Bahnlinie hindurch und nach einigen Metern sehen Sie schon das eindrucksvolle Kloster Beuron ❻.

Beuron

88631, 650 Einw.

www.beuron.de

Hotel Pelikan, Abteistraße 12, 074 66/910 00-0, info@pelikanhotel.de, www.pelikanhotel.de, ÜF DZ ab € 100, EZ € 75, Mo, Di und Fr-So 11:30-20:30, Mi und Do Ruhetag

Pension Buck und Café Drahtesel, Abteistraße 24, 074 66/284 32 88, info@fahrrad-buck.de, www.fahrrad-buck.de, ÜF DZ € 78, EZ € 48, Mi-Fr 14:00-18:00, Sa 9:00-12:00

Haus im Donautal, Wolterstraße 11, 01 76/80 57 67 37, info@haus-im-donautal.de, www.haus-im-donautal.de, ÜF DZ € 75, in der Zeit vom 1. Nov-1. April geschlossen

Camp im Donautal, Haus im Donautal, Abteistraße 22, 01 76/80 57 67 37, info@camp-im-donautal.de, www.camp-im-donautal.de, Übernachtung im Holzfass, Nacht für 2 Personen ab € 48, in der Zeit vom 1. Nov-1. April geschlossen

Gästehaus Maria Trost, Edith-Stein-Weg 1, 074 66/483, mariatrost@t-online.de, www.mariatrost.de, ÜF DZ ab € 80, EZ ab € 44, Voranmeldung notwendig!

Café Härtl, Wolterstraße 1, 074 66/71 00, mbless@t-online.de, www.cafe-haertl-beuron.de, Di-So 10:00-19:00

Kloster Beuron, keine Führungen, Interessierte haben Zutritt zur Klosterkirche, täglich von 5:00-20:15

Beuron Bootsvermietung Brandenburger, Sigmaringer Straße 2, 074 66/15 25, info@donautal-touristik.de, www.donautal-touristik.de, wunderschöne Tour durch den Grand Canyon der Schwäbischen Alb, April-Okt, je nach Wasserstand

mehrmals täglich in Richtung Tuttlingen und Sigmaringen

in der Zeit von Mai-Okt täglich in Richtung Meßkirch, Burg Wildenstein, Schwenningen

Zusammen mit den Gemeinden Langenbrunn, Neidingen, Thiergarten und Hausen im Tal bildet Beuron das Herzstück des Naturparks Obere Donau. Hier treffen sich Wanderinnen und Wanderer, Rad- und Bootsfahrerinnen und -fahrer, Kletterbegeisterte genauso wie Pilgerinnen und Pilger sowie Kunst- und Kulturinteressierte. Ein besonderer Anziehungspunkt ist das Kloster. Im Jahr 1077 erbaut, ist es eines der ältesten Augustiner-Chorherrenstifte Deutschlands. Nachdem das Kloster während der Wirren des Dreißigjährigen Kriegs beinahe vollständig zerstört worden war, konnte bereits im Jahr 1694 mit dem Wiederaufbau begonnen werden. Seit 1863 ist es ein Benediktinerkloster. Auf dem Gelände befindet sich eine bemerkenswert große Klosterbibliothek mit 435.000 Bänden. Das Innere der Kirche glänzt mit beeindruckenden Deckenfresken. Einige Kunstwerke gehen auch auf die Künstlergruppe Beuroner Schule zurück. Dieser sakrale Malstil orientiert sich an byzantinischen und ägyptischen Werken. Gegründet wurde die Beuroner Schule von dem Maler, Architekten und Bildhauer Pater Desiderius Lenz im Jahr 1886. Das erste sakrale Kunstwerk, das aus dieser Gruppe heraus entstand, lässt sich bei der Kapelle St. Maurus bewundern. Zutritt zum Kloster haben Gäste nicht, lediglich die Klosterkirche ist täglich für die Öffentlichkeit zugänglich.

Von Beuron aus führt der weitere Weg am Fuße des Liebfrauentals auf der gegenüberliegenden Straßenseite steil die Abteistraße hinauf. Ringsherum erheben sich mächtige Kalkfelsen wie der Petersfels mit seinem großen Kreuz.

Sie überqueren an einer Brücke die Bahnlinie. Dann verlassen Sie die Straße und gehen links in den Wald hinein. Bereits beim Aufstieg haben Sie vom Aussichtspunkt Alpenblick eine schöne Sicht auf das Schloss Bronnen und je nach Wetterlage eben auch bis zu den Alpen. Über Schotter- und Waldwege gelangen Sie zum Aussichtsfels Jägerausblick, von wo aus Sie eine schöne Sicht auf das Donautal und das Kloster Beuron haben. Nicht weit davon entfernt gelangen Sie zu einem ehemaligen Kohlemeiler ❼.

Kohlemeiler

Kohlemeiler sind kleine Denkmäler einer vergangenen Industriekultur. Vor etwa 200 Jahren waren Hunderte von Meilern um das Donaugebiet in Betrieb, denn Holzkohle war ein gefragter Rohstoff. Hauptsächlich wurde sie für die Verhüttung von Bohnerzen verwendet, deren Vorkommen auf der Alb reichlich war. Im 18./19 Jh. war die Köhlerei ein florierendes Gewerbe – allerdings mit spärlichem Einkommen für die Betreiber. Doch schon bald ließ die Nachfrage nach und Ende des 19. Jh. wurde die Produktion von Holzkohle im Donautal eingestellt.

An einer Wegkreuzung führt rechts der Weg entlang eines Nadelwaldes und weiter zu einem Mischwaldgebiet. Am Wegesrand gelangen Sie zu einem Brunnen und bald darauf erreichen Sie den Wanderparkplatz bei der Burg Wildenstein. Hier gibt es eine schön gelegene Feuerstelle, Picknickmöglichkeiten und einen Spielplatz. Nach links gelangen Sie zur Burg.

Burg Wildenstein

Die aus dem 12. Jh. stammende Burganlage wurde auf der Spitze steil abfallender Felsen erbaut und ist nur aus südlicher Richtung zugänglich. So blieb die Burg weitgehend vor kriegerischen Zerstörungen verschont und konnte bis heute in ihrer ursprünglichen Struktur erhalten bleiben. Im Jahr 1921 wurde sie zur Jugendherberge umgebaut und entwickelte sich von da an zu einem der beliebtesten Ausflugsziele im Donautal. Im Innenhof der Burg befindet sich ein lauschiger Biergarten.

Burg Wildenstein, 86637 Leibertingen, ☏ 074 66/411, JH-Burg-Wildenstein@jugendherberge.de, www.jugendherberge-bw.de/jugendherbergen/leibertingen-wildenstein-114, ÜF DZ ab € 57,40, EZ ab € 28,70, täglich, außer Weihnachten

Burgschenke, 86637 Leibertingen, ☏ 074 66/411, Ostern-Herbstferien Di-So 11:00-17:00, in den Ferien auch Mo

nach Beuron, Meßkirch

18. Etappe: Burg Wildenstein – Thiergarten

20,8 km, 7 Std. 10 Min., 674 m, 868 m, 602-814 m

0,0 km	809 m	Burg Wildenstein
2,5 km	616 m	Kapelle St. Maurus
4,2 km	777 m	Abzweig Wanderheim Rauher Stein
5,3 km	787 m	Eichfelsen
9,0 km	786 m	Schloss Werenwag
12,8 km	797 m	Schloss Hausen
16,2 km	798 m	Steighöfe, Naturfreundehaus
17,6 km	776 m	Schaufelsen
19,1 km	718 m	Abzweig Hotel Neumühle 0,9 km,
19,4 km	748 m	Ruine Falkenstein
20,8 km	618 m	Thiergarten

Dieser Abschnitt ist eine spektakuläre Wanderung über die Höhen des Donautals mit vielen Aussichtspunkten, von denen sich immer wieder Postkartenmotive ergeben. Die hoch aufragenden Felsen mit ihren senkrecht abfallenden Wänden sind ein Eldorado für alle Klettersportbegeisterten. Wer es weniger aufregend haben möchte, verweilt einfach auf den baumfreien Gipfelplateaus und genießt die Aussicht bei einem Picknick. Das Naturfreundehaus Donautal bietet Ihnen eine schöne Möglichkeit für eine Zwischenübernachtung oder eine kurze Einkehr.

Vom schönen Aussichtsfelsen westlich der Burg gehen Sie unterhalb der Burgmauern vorbei und gelangen über Treppen zu einem weiteren Aussichtspunkt und zum Standort der Burg Alt Wildenstein. Es geht steil den Berg hinunter, vorbei an den bizarren Felsgebilden des Bandfelsens und hinunter zur Donau. Diese überqueren Sie auf einer Fußgängerbrücke und folgen den Wegweisern links in Richtung Wanderheim „Rauher Stein" und Eichfels. Nach etwa 500 m erreichen Sie die Mauruskapelle ❶, die als Pionierwerk der von Pater Desiderius gegründeten Beuroner Schule gilt (☞ Beuron). Von der Kapelle führt nun ein breiter Weg geradeaus weiter, bis Sie zur L277 gelangen. Sie überqueren die Landstraße und gehen nun etwas steiler bergan bis zur Hochfläche.

Zur Landstraße gelangen Sie auch, wenn Sie direkt bei der Mauruskapelle den schmalen Trampelpfad zur Bendiktushöhle gehen.

Wenn Sie an der Hochfläche angekommen sind, folgen Sie dem Wegweiser „Räshalde" ❷ rechts in Richtung Eichfels.

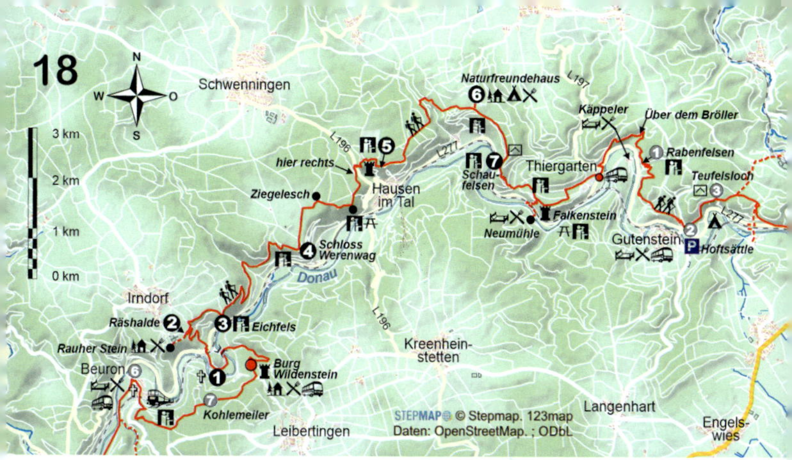

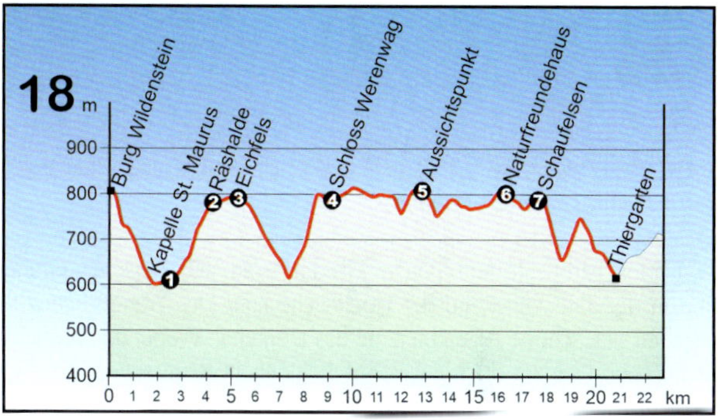

Wenn Sie links nach Irndorf wandern, gelangen Sie nach wenigen Gehminuten zum Wanderheim Rauher Stein.

Irndorf

78597, 695 Einw.

Gemeindeverwaltung Irndorf, Eichenfelsstraße 22, ☏ 074 66/227, info@irndorf.de, www.irndorf.de, Mo-Do 8:00-12:00, Mo, Di, Do 14:00-16:00, Fr geschlossen

Wanderheim Rauher Stein, Rauher Stein 1, ☏ 074 66/276, wanderheim@rauher-stein.de, www.rauher-stein.de, ÜF Mehrbettzimmer € 27, Mitglieder des Schwäbischen Albvereins erhalten € 6 Rabatt, Mo-Sa 11:00-21:00, So ab 10:00

in Richtung Beuron und Friedingen

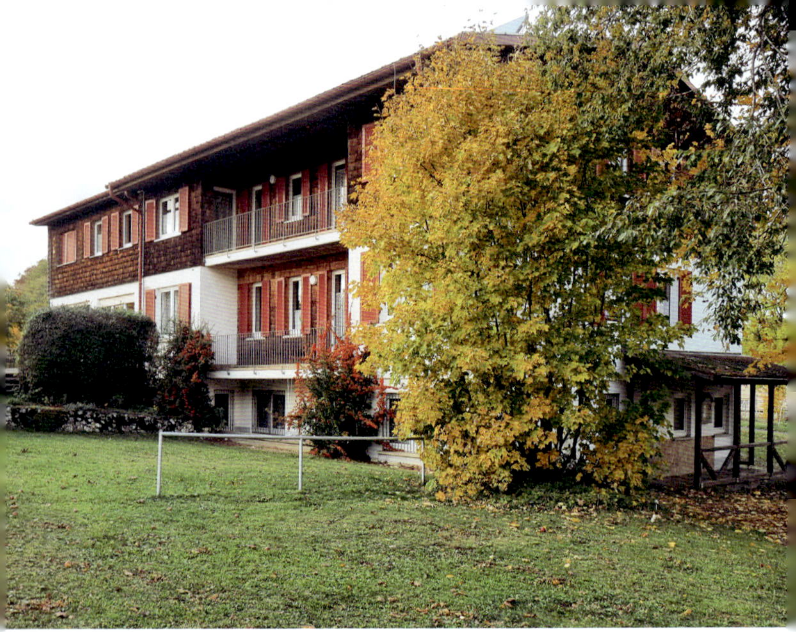

Naturfreundehaus im Donautal

Irndorf wirbt mit dem Slogan: „Irndorf – am schwäbischen Grand Canyon" – und in der Tat, vom Rand der Hochfläche nahe des Wanderheims Rauher Stein ergeben sich schöne Aussichten auf das Donautal. Wobei der Vergleich zum amerikanischen Pendant doch etwas Bescheidenheit vermissen lässt.

Entlang der steil abfallenden Felskante führt Sie ein sehr lohnender Wegabschnitt durch das Naturschutzgebiet des Irndorfer Felsgartens bis zum Aussichtspunkt Eichfels ❸, von dessen Rand Sie wunderschöne Einblicke hinunter ins tiefe Donautal haben. Auf der gegenüberliegenden Talseite erblicken Sie die Burg Wildenstein. In nordöstlicher Richtung thront auf einem Felssporn das Schloss Werenwag. Einige Meter nach dem Aussichtspunkt gehen Sie auf einem breiten Weg ein längeres Wegstück bergab, bis Sie die Talsohle des Finstertals erreicht haben. Am gleichnamigen Wegweiser steigen Sie nun auf der gegenüberliegenden Bergseite die eben abgestiegenen Höhenmeter wieder hinauf. Nach knapp 180 m im Aufstieg erreichen Sie den schönen Aussichtspunkt Korbfelsen. Anschließend wandern Sie entlang einer Baumallee bis zum Schloss Werenwag ❹. Das Schloss befindet sich in Privatbesitz und ist für die Öffentlichkeit nicht zugänglich.

Sie nehmen links den Schotterweg und kehren dem Schloss auf einem langen, geradeaus führenden Weg den Rücken. Zwischen Weideflächen und einer Apfelbaumallee hindurch gelangen Sie zu einer Wegkreuzung, an der eine auffällig schöne und alte Esche steht, halten Sie sich hier rechts. Im leichten Auf und Ab geht es auf gut markierten Wegen im Wechsel durch Wald- und Wiesenabschnitte. Der Wegweiser „Ziegelesch" weist Ihnen den Weg nach rechts.

Auf manchen Karten führt der HW2 weiter geradeaus und ist identisch mit dem Radweg. Die Wegmarkierungen weisen allerdings den Verlauf über den Glasträgerfels, was letztendlich auch die schönere Variante ist.

Vom Aussichtspunkt Glasträgerfels mit Bank führt ein breiter Schotterweg durch ein Waldstück, bis dieser an einem leicht zu übersehenden Zeichen rechts über einen schmalen Trampelpfad zur L196 abzweigt. Sie überqueren die Landstraße und gehen den Weg auf der anderen Straßenseite wieder hinauf und gelangen zum Privatgrundstück Schloss Hausen. Dort gehen Sie entlang des Zaunes leicht bergan. Am Wegweiser „Schloss Hausen" folgen Sie den Markierungen nach rechts. Nur unweit vom Schloss entfernt gelangen Sie zu einem aussichtsreichen Wegeabschnitt mit schönem Talblick ❺. Am Wegweiser „Schlosssteige" führt der Weg leicht ansteigend in Richtung Naturfreundehaus Donautal. Wenn der schmale Waldweg auf einen breiten Schotterweg trifft, folgen Sie diesem nach rechts, bis ein Pfad rechts über einen kurzen Abstieg hinunter ins Reiftal abbiegt. Auf der gegenüberliegenden Talsohle steigen Sie bergauf und folgen dabei den Markierungen in Richtung Naturfreundehaus. Über die Steighöfe gelangen Sie schließlich zum Übernachtungsheim des Naturfreundevereins Tuttlingen ❻.

Naturfreundehaus im Donautal, Steighöfe, 72510 Stetten am kalten Markt,
075 73/25 91 oder 074 63/15 94,
naturfreundehaus@naturfreunde-tuttlingen.de,
www.naturfreunde-tuttlingen.de, UF DZ € 35, EZ € 25, März-Nov an Wochenenden. Es gibt auch wunderschöne Zeltstellplätze auf der Wiese beim Naturfreundehaus. Die Benutzung der sanitären Anlagen ist auch außerhalb der Öffnungszeiten möglich.

Vom Naturfreundehaus gehen Sie rechts am Waldrand hinunter zur steil abfallenden Albkante und zum Aussichtspunkt Mühlfels. Den breiten Schotterweg verlassen Sie nun und gehen weiter entlang der Felskante. Bald erreichen Sie die Stettener Schutzhütte und den, nicht nur bei Kletterfreunden beliebten und bekannten Aussichtspunkt Schaufelsen ❼.

Schaufelsen

An dem größten Mittelgebirgsfelsen Süddeutschlands, der an seiner höchsten Stelle bis zu 120 m hochragt, gelang dem ehrgeizigen Kletterer Karl Binder mithilfe zweier zusammengebundener Leitern am 25. Mai 1927 eine spektakuläre Erstbesteigung des Felsturmes. Dies war der Startschuss für die Entstehung eines der beliebtesten Klettergebiete der Schwäbischen Alb. Aber auch für diejenigen, die nicht klettern, ergeben sich sowohl vom Mühlfels als auch vom Massiv des Schaufels beeindruckende Perspektiven hinunter in den Naturpark Donautal. Am Schaufelsen befindet sich die Schutzhütte Stettener Hütte mit Feuerstelle.

Der HW2 führt dicht an den steil abfallenden Felsen entlang, bis er hinunter zu einer Wiese führt. Sie gehen am Waldrand weiter und steigen im Wald wieder bergauf zur Falkenwand und der Ruine Falkenstein.

Nach dem Aussichtspunkt Falkenwand können Sie von hier zum Hotel Gasthof Neumühle laufen. Halb rechts biegt ein Weg hinunter zur Donau ab. Es ist ein schmaler, steil abwärtsführender Weg. Nach wenigen Abstiegsmetern kreuzen Sie einen Höhenweg und steigen weiter talwärts. Bei einem Wohnhaus queren Sie die Gleise und gehen links ein kurzes Wegstück an der L277 entlang. Nach 300 m gehen Sie rechts auf einer Brücke über die Donau und gelangen so zum Hotel Gasthof Neumühle.

♦ Hotel Gasthof Neumühle, Neumühle 1, ☎ 075 70/278, mail@Neumuehle.de, www.neumuehle.de, ÜF DZ € 100, EZ € 80, Fr-Di ab 18:00, Mi, Do Ruhetag, Nov Betriebsferien

Burgruine Falkenstein

Die ehemalige Burg wurde von 1975-1990 renoviert und kann heute über eine Stahlwendeltreppe erkundet werden. Auf dem Gelände befindet sich eine Feuerstelle, eine kleine Schutzhütte und es ist bestens für ein Biwak geeignet.

Von der Ruine führt ein Schotterweg zunächst etwas bergab.

Die Markierungen sind nicht so eindeutig platziert, daher Augen auf!

Sie verlassen den Schotterweg links über einen steil abwärtsführenden Pfad. Dann queren Sie einen Forstweg und gelangen zu einer Wiesenfläche im Talgrund. Auf der gegenüberliegenden Seite am Wegweiser „Buttenloch“ gehen Sie rechts am Fuße des Mittelbergs entlang, vorbei am Steinbruch und weiter hinunter nach Thiergarten.

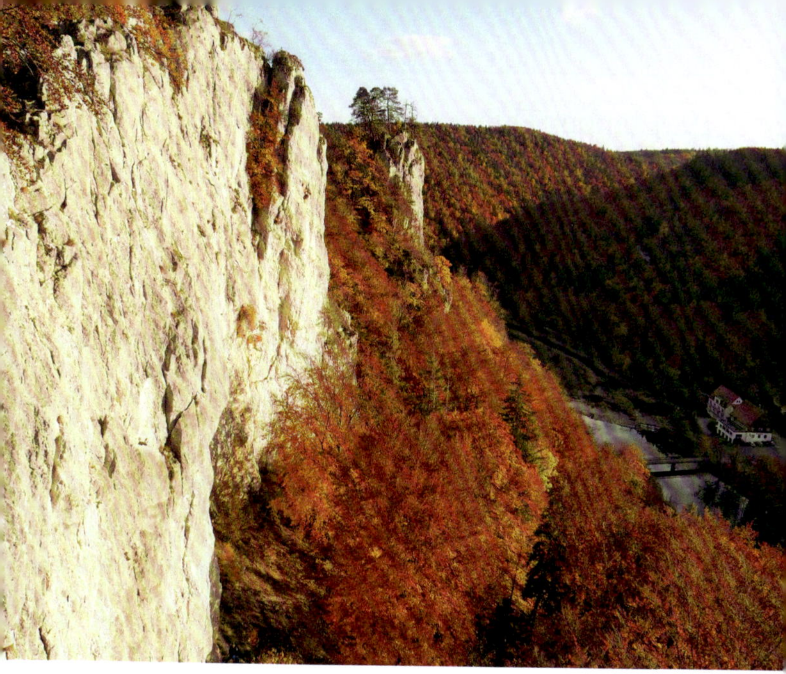

Schaufelsen

Thiergarten

🛏 ✕ 🚌 ✉ 88631, 85 Einw.

🛏✕ Gutshof Käppeler, Hofstraße 22, 📱 01 75/855 26 58, ✉ info@gutshof-kaeppeler.de, 💻 www.gutshof-kaeppeler.de, wunderschöne Lage, gepflegte Ferienwohnungen, Ü Ferienwohnung für zwei Personen ab € 50, vier Personen ab € 75. Im Restaurant gibt es einen Frühstücksraum für Übernachtungsgäste, Infos zum Restaurant: Hofstraße 20, ☎ 075 70/479, ✉ auuln.oha@gmx.de, 💻 www.restaurant-gutshof-kaeppeler.de, 🚪 Mi-Mo 12:00-20:00, Di Ruhetag.

🚌 in Richtung Beuron und Sigmaringen

Idyllisch, direkt an der Donau gelegen, befindet sich Thiergarten. Zum pittoresken Weiler gehört neben der Burgruine auch die Falkensteiner Höhle (☞ Burgruine Falkenstein). Sie liegt etwa 2 km von der Ortschaft entfernt. In dieser Tropfsteinhöhle fand man im vorigen Jahrhundert Skelettreste, Werkzeuge und Schmuck aus der Mittelsteinzeit. Die Höhle gehört zu den „wilden Höhlen“ der Alb, das heißt, sie ist für die Öffentlichkeit gesperrt und kann nur zusammen mit kundigen Personen ausgekundschaftet werden.

19. Etappe: Thiergarten – Sigmaringen

16,1 km, 5 Std. 30 Min., 534 m, 590 m, 580-751 m

0,0 km	618 m	Thiergarten
2,5 km	678 m	Rabenfels
5,3 km	607 m	Gutenstein
6,2 km	733 m	Schutzhütte Teufelsloch
6,6 km	713 m	Abzweig Unterschmeien/Gasthaus Krone 1,5 km,
7,1 km	659 m	Abzweig Mühle Dietfurt 1,0 km,
8,2 km	643 m	Schmeiebrücke
10,2 km	582 m	Bahnhof Inzigkofen
11,1 km	610 m	Grotten und Nickhof **B&B**
11,3 km	630 m	Nickhofkreuz, Abzweig Nickhof 0,3 km, **B&B**
12,4 km	582 m	Schloss Inzigkofen
14,5 km	580 m	Laiz ( )
16,1 km	581 m	Sigmaringen BANK

Eine Etappe, bei der Sie an vielen Glanzpunkten des Donautals vorbeikommen. Beindruckend ist der Ausblick vom Teufelsfelsen, spektakulär sind die Überreste der Ruine Gebrochen Gutenstein, einzigartig die Grotten bei Inzigkofen und pompös das Schloss Sigmaringen. Es ist eine sehr abwechslungsreiche Tour, direkt am Weg gibt es einige Einkehr- und Übernachtungsmöglichkeiten. Wer sich länger im Donautal aufhalten möchte, findet hier sicherlich ein schönes Urlaubsdomizil mit einem großen Freizeitangebot.

In Thiergarten gehen Sie bei der Abzweigung zum Gutshof Käppeler die Hauptstraße entlang. Am Ortsausgang gehen Sie links hinunter zum Wanderparkplatz Thiergarten und steigen dort rechts steil im Wald hinauf. Fortan schlängelt sich dort ein schmaler Pfad entlang, bis Sie beim Wegweiser „Über dem Bröller" rechts über einen Steig mit alpinem Charakter zum Rabenfels gelangen ❶. Von den steil abfallenden Wänden des Felsens blicken Sie auf die Donauschleife bei Thiergarten.

Ein schmaler, ausgesetzter Weg führt Sie um den Eichbühl herum, bis er dann am Wegweiser „Eichfels" etwas breiter wird. Der Wegverlauf des HW2 ist hier übrigens mit dem Donau-Zollern-Alb-Weg identisch und Sie können daher auch diesen Markierungen folgen, falls die Wegweiser des HW2 in zu großen Abständen aufgestellt sind.

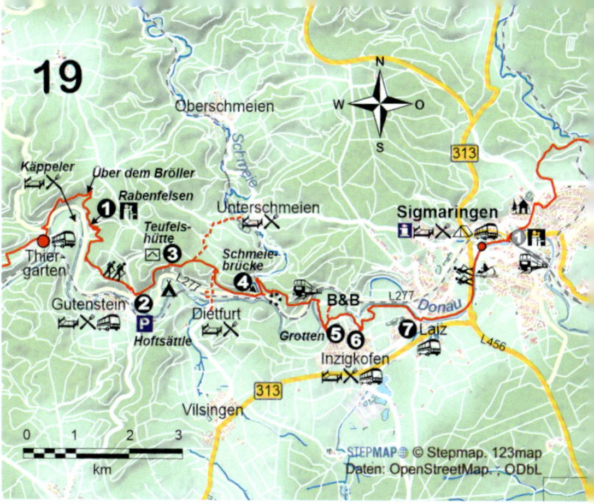

Sie kommen zu einem Teersträßchen und folgen diesem kurz links, um dann auf der gegenüberliegenden Seite wieder in den Wald zu gehen. Am Wegweiser „Feldstättweg“ halten Sie sich rechts. Nun kommen Sie zum Aussichtspunkt Kreuzfelsen. Vom Kreuz aus blicken Sie auf Gutenstein und folgen dem Weg weiter hinunter zum Wanderparkplatz Hofsättle ❷ mit Feuerstelle.

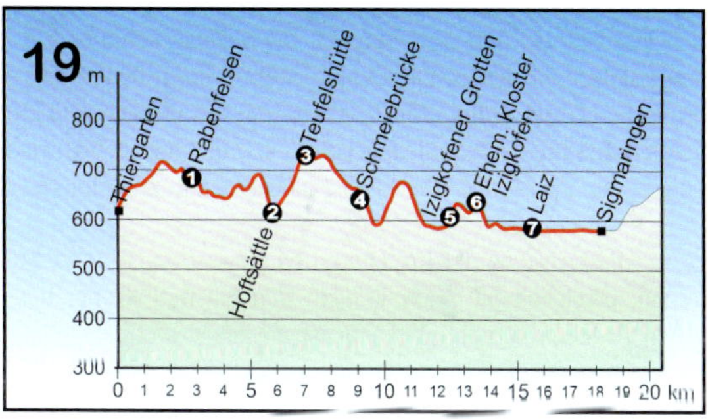

Gutenstein 72488, 510 Einw.

Restaurant Donauperle, Burgfeldenstraße 16, ☏ 075 70/95 13-88, info@donauperle.com, www.donauperle.com, ÜF DZ € 80, EZ € 50, Di-Sa ab 17:00, So 11:00-14:00, Mo Ruhetag

Ferienwohnungen Donautalferien, Schiffgarten 3, ☏ 075 70/13 18, info@donautalferien.de, www.donautalferien.de, Zimmer für 2 Personen ab € 50

♦ Backpackers Hostels an der Donau, Burgfeldenstraße 37/1, 01 71/552 78 04, Backpackers.hotel@t-online.de, www.donautal-backpackers.de, ÜF DZ € 64, EZ € 32

Jugendzeltplatz Aisnau, Hohenbergstraße 1, 01 73/652 89 65, Preis auf Anfrage, Mai-Sep nur für Zelte

Gasthaus zum Bahnhof, Langharter Straße 9, 075 70/279, Öffnungszeiten richten sich nach Wetterlage, Mi ist Ruhetag. Bitte vorher telefonisch Kontakt aufnehmen.

Kanuverleih, Bei der Brücke 1, 01 73/860 30 75, info@donautal-kanuverleih.de, www.donautal-kanuverleih.de, Mai-Okt, je nach Wetterlage

Richtung Sigmaringen und Beuron

Das besonders reizvoll an der Donau gelegene Gutenstein hat einen hohen Freizeitwert. Von der kleinen Siedlung aus können Sie einige attraktive Tagestouren unternehmen. Das Netz der Wander- und Radwege ist groß und es lassen sich viele lohnende Ziele von hier aus erreichen. Ein besonderes Erlebnis ist eine Kanutour von Gutenstein nach Sigmaringen.

Am Wegweiser „Wanderparkplatz Hofsättle" geht es wieder rechter Hand in den Wald hinein und dort bergauf, bis Sie den schönen Aussichtspunkt am Teufelsfelsen erreichen. Die Donau liegt zu Ihren Füßen und rechts erkennen Sie noch die Häuser von Gutenstein. Unweit des Aussichtspunktes befindet sich die Schutzhütte beim Teufelsloch ❸ mit Feuerstelle. Von hier führt der Weg geradewegs am Albrand weiter, bis Sie eine Wegkreuzung mit Wegweisern erreichen.

Wenn Sie an der Kreuzung dem liegenden „Y" in Richtung Unterschmeien folgen, erreichen Sie nach 1,5 km den Gasthof Krone, der weithin für seinen guten Zwiebelrostbraten bekannt ist.

Gasthof/Pension Krone, 075 71/5 19 12, kroneunterschmeien@t-online.de, www.krone-unterschmeien.net, ÜF DZ € 74, EZ € 48, Mi-Mo 11:30-13:30 und 17:30-21:00, Di Ruhetag

Die Markierungen des HW2 weisen Ihnen den Weg halb rechts auf einen schön angelegten Waldweg. Sie gelangen zu einer weiteren Kreuzung. Hier gehen Sie geradeaus weiter.

Nur etwa 40 m nach der Kreuzung zweigt rechts ein Weg hinab ins Tal, den Sie nehmen, wenn Sie nach Dietfurt wollen. Sie gehen stets talwärts und erreichen die L277, hier wenden Sie sich nach rechts, queren die Straße an einer Abzweigung und gelangen so nach insgesamt 1 km zum Gasthaus Mühle in Dietfurt.

Dietfurt 72514

Gasthaus Mühle Dietfurt, Burgstraße 9, 075 71/517 15, info@muehle-dietfurt.de, www.muehle-dietfurt.de, ÜF DZ € 90, EZ € 65, in der Zeit von Okt-April € 10 günstiger, Di-Fr 11:30-14:30 und 17:00-21:30, Sa und So 11:30-21:30

Am Wegweiser „Gutensteiner Berg“ folgen Sie rechts den Markierungen in Richtung Gebrochen Gutenstein und Inzigkofen. Es geht nun bergab, bis Sie die Hauptverkehrsstraße erreichen.

Links folgen Sie dem HW2 über die Schmeiebrücke ❹. Am Ende der Brücke gehen Sie rechts die Böschung hinunter, unterqueren nun die Schmeiebrücke und gehen entlang der Zugline, die in Richtung Unterschmeien führt. Über Holzstufen und Wurzelwege gehen Sie dann steil bergan zu den Ruinenresten der ehemaligen Burg Gebrochen Gutenstein. Die vom Absturz bedrohten Überreste der Burg thronen auf der Spitze einer Felsnadel und eignen sich von den umliegenden Aussichtspunkten für ein spektakulär in Szene gesetztes Fotomotiv.

Sie gehen nun etwas weiter an der Hangkante entlang und folgen dann dem Wegweiser rechts hinunter nach Inzigkofen.

Inzigkofer Grotten

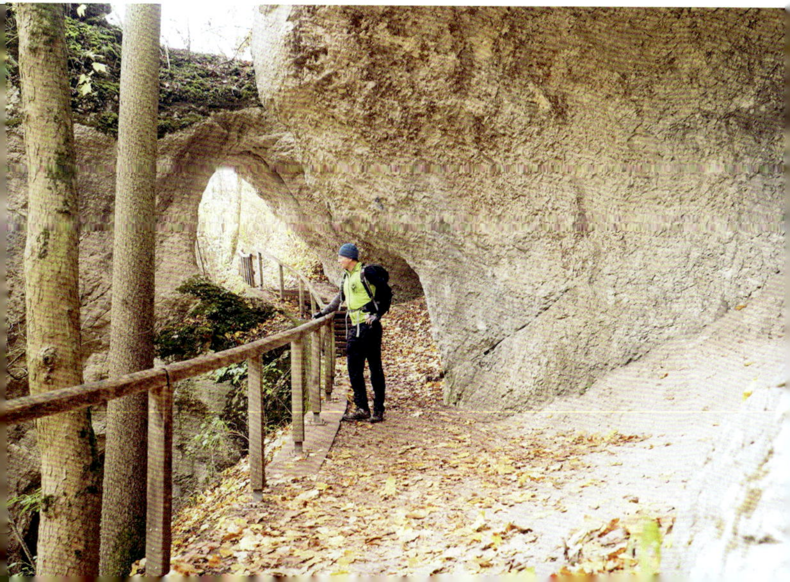

Nach dem Abstieg gelangen Sie direkt zu dem Bahnhofsgebäude des Ortes. Sie überqueren hier die Hauptstraße und auch die Donau und gelangen zu einem Wanderparkplatz. Anschließend gehen Sie rechts in Richtung Donauufer und folgen dort dem Wanderweg. Zur Linken leitet Sie nun der Waldrand zu einer schön gelegenen Feuerstelle an der ruhig dahinfließenden Donau. Am Wegweiser „Unterm Känzele" geht es links ansteigend über Stufen den Berg hinauf. Sie gelangen zu bizarren Felsgebilden und den Inzigkofer Grotten ❺. Ein sehr beliebter Ort, der besonders an Wochenenden ein Touristenziel ist. Einen schönen Blick auf die Donau haben Sie vom Aussichtspunkt Känzele.

Wenn Sie aus dem Wald herauskommen, treffen Sie auf das Nickhofkreuz.

Falls Sie zum **B&B** am Nickhof wollen, zweigen Sie hier links ab. Den schön im Grünen gelegenen Hof erreichen Sie nach etwa 300 m.

Wenn Sie geradewegs weitergehen, führt Sie der HW2 zu einem abenteuerlichen Weggelände. Entlang von steilen Felswänden gelangen Sie über Stufen und einen kühn angelegten Weg bis zur fotogenen Teufelsbrücke. Bald darauf erkennen Sie rechts die Mauern des Klosters von Inzigkofen ❻.

Teufelsbrücke

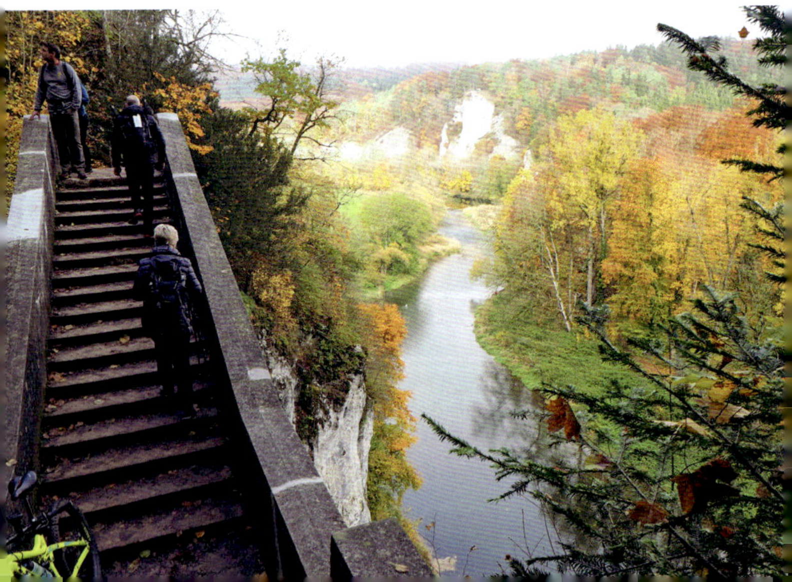

Inzigkofen (i) 🛏 B&B ✕ ☕ ⌘ 🚌 ✉ 72514, 2.819 Einw.

(i) 💻 www.inzigkofen.de, informative Homepage

🛏 Pension Kreuz, Rathausstraße 15, ☎ 075 71/518 12, ✉ info@kreuz-inzigkofen.de, 💻 www.kreuz-inzigkofen.de, Ü DZ € 65, EZ € 37

B&B Nickhof, Nickhof 1, ☎ 075 71/505 32, ✉ info@nickhof.de, 💻 www.nickhof.de, ÜF DZ € 145, EZ € 115

✕ ☕ Parkstüble, Schloßbühlweg 1, ☎ 075 71/517 33, ✉ info@parkstueble-inzigkofen.de, 💻 www.parkstueble-inzigkofen.de, 🚪 April-Okt Mo-Sa ab 14:00, So ab 11:00

✕ Winkelhof, Im Winkel 4, ☎ 075 71/68 55 42, ✉ info@winkel-hof.de, 💻 www.winkel-hof.de, 🚪 Di ab 14:00, Fr 11:00-18:00, Sa 14:00-18:00, So ab 12:00

⌘ Schwäbisches Bauernmuseum, Parkweg, ☎ 075 71/524 15, 💻 www.inzigkofen.de, freier Eintritt, 🚪 Mai-Okt jeden 1. und 3. Sonntag im Monat 14:00-17:00

♦ Klostermuseum, Parkweg, ☎ 075 71/739 80, 💻 www.inzigkofen.de, freier Eintritt, 🚪 Mai-Okt jeden 1. und 3. Sonntag im Monat 14:00-17:00

🚌 täglich in Richtung Beuron und Sigmaringen

Weg durch Inzigkofen

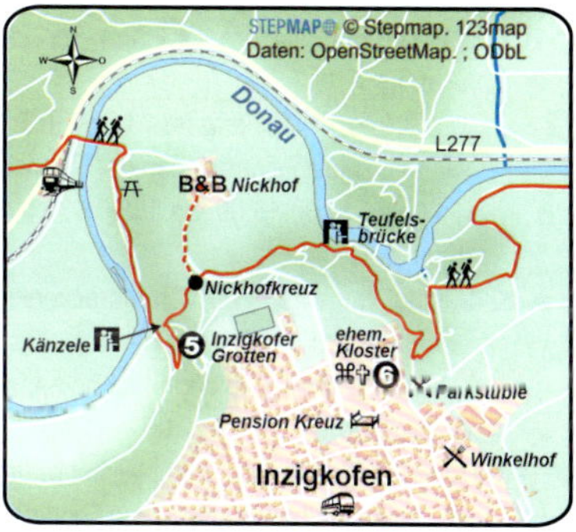

Das Herzstück des Kleinods Inzigkofen ist das Kloster des ehemaligen Augustiner-Chorfrauenstifts. Während des 17. Jh. erlebte das Frauenkloster seine Blütezeit. Es wuchs zu einem wirtschaftlich bedeutsamen Faktor heran und prägte die Umgebung in kultureller Hinsicht durch seine musikalischen Künste und seine spirituelle Strahlkraft. Zu Beginn des 19. Jh. fiel das Kloster an das Fürstenhaus Hohenzollern-Sigmaringen. Anschließend wurde es aufgelöst. 1856 starb die letzte hier lebende Nonne. Heute werden die Räumlichkeiten des Klosters hauptsächlich vom Volkshochschulheim Inzigkofen genutzt.

Nach dem Kloster führt Sie der Weg etwas hinunter nach Laiz. Es geht über Serpentinen abwärts, bis Sie wieder an der Donau entlanggehen. Über den Wendelinusweg gelangen Sie schließlich nach Laiz ❼.

Laiz

(i) Apotheke, Bus, PLZ 72488, 2.977 Einw.

(i) siehe unter Sigmaringen

Bus: täglich in Richtung Sigmaringen und Beuron

Laiz ist ein Ortsteil von Sigmaringen, der bereits 1974 in die Stadt eingemeindet wurde. Die Übergänge zwischen Laiz und Sigmaringen sind kaum erkennbar. Unter Modedesignern ist die in der ehemaligen Strickfabrik untergebrachte Modefachschule bekannt. Sie gehört zu einer der größten Modefachschulen in Süddeutschland.

In Laiz überqueren Sie die Donau. Nach der Brücke gehen Sie links, unterqueren die Brücke und gehen an der nun breiter werdenden Donau entlang in Richtung Sigmaringen. Auf diesem Weg werden Sie Schwäne, Spielplätze, Hängebrücken und Kanutinnen und Kanuten sehen. Sie werden schöne Aussichten auf die Donau haben und vielleicht an einem der Picknick- und Rastplätze verweilen. Dann gelangen Sie nach Sigmaringen. Dabei kommen Sie am Café Bootshaus vorbei, von wo aus Sie eine schöne Sicht auf das fotogene Schloss Sigmaringen haben.

Sigmaringen

BANK, PLZ 72488, 12.340 Einw.

i Tourist-Info, Apothekergasse 1, ☏ 075 71/10 62 24, tourismus@sigmaringen.de, www.sigmaringen.de, April-Sep Mo-Fr 10:00-13:00 und 14:00-18:00, Sa 10:00-13:00, Okt-März nur Mo-Fr 10:00-13:00 und 14:00-16:00

Gasthof zum Alten Fritz, Zimmerackerstraße 5, ☏ 075 71/20 59, gasthof-zum-alten-fritz@t-online.de, www.gasthof-zum-alten-fritz.homepage.t-online.de, Mo-Fr 10:30-14:00 und 16:30-22:00, So 10:30-22:00

♦ Hotel Gasthof Traube, Fürst-Wilhelm-Straße 19, ☏ 075 71/645 10, traube@hotel-traube-sigmaringen.de, www.hotel-traube-sigmaringen.de, ÜF DZ ab € 70, EZ ab € 45, täglich 11:00-22:00

♦ Pension Eichamt, Donaustraße 15, ☏ 075 71/149 18, 01 71/681 18 02, info@pension-eichamt.de, pension-eichamt.jimdo.com, ÜF DZ € 80, Einzelzimmerbelegung möglich, täglich 14:00-21:00

Gästehaus Pfefferle mit Kanuverleih, Leopoldstraße 22, ☏ 075 71/24 48, info@gaestehaus-pfefferle.de, www.gaestehaus-pfefferle.de, ÜF DZ ab € 80, EZ € 65

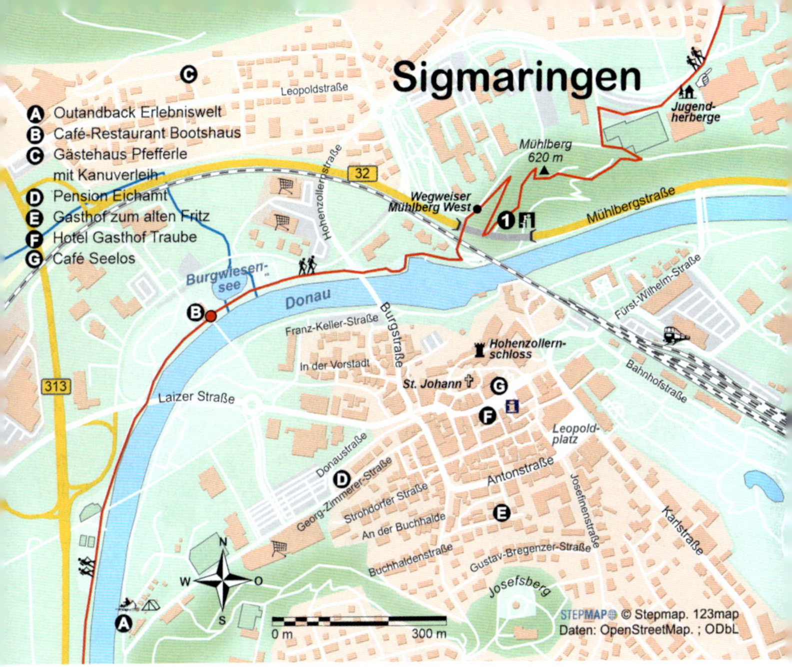

Hohenzollern-Jugendherberge, Hohenzollernstraße 31, ☎ 075 71/132 77, JH-Sigmaringen@jugendherberge.de, www.sigmaringen.jugendherberge.de, ÜF DZ ab € 28,70

Outandback Erlebniswelt, Georg-Zimmerer-Straße 6, ☎ 075 71/504 11, info@outandback.de, www.outandback.de, Stellplatz p. P. € 16,50, Kanuverleih, April-Okt

Hofkonditorei Café Seelos, Fürst-Wilhelm-Straße 22, ☎ 075 71/68 41 23, info@hofkonditoren-huthmacher.de, www.hofkonditorei-huthmacher.de, Mo-Sa 9:30-17:00, So 12:00-17:00

⌘ Schloss Sigmaringen, ☎ 075 71/72 92 30, besichtigung@hohenzollern.com, www.hohenzollern-schloss.de, Eintritt mit Führung € 12,50, März-Juni und Okt-Jan 10:00-17:00, Juli-Sep 10:00-18:00

täglich in Richtung Tuttlingen, Beuron, Ehingen

stündlich in Richtung Ulm, Tuttlingen

Das Wahrzeichen von Sigmaringen ist das weithin sichtbare Residenzschloss inmitten der historischen Altstadt. Erhaben steht es auf einem Kalksteinsockel und repräsentiert die Geschichte des Adelsgeschlechts Hohenzollern.

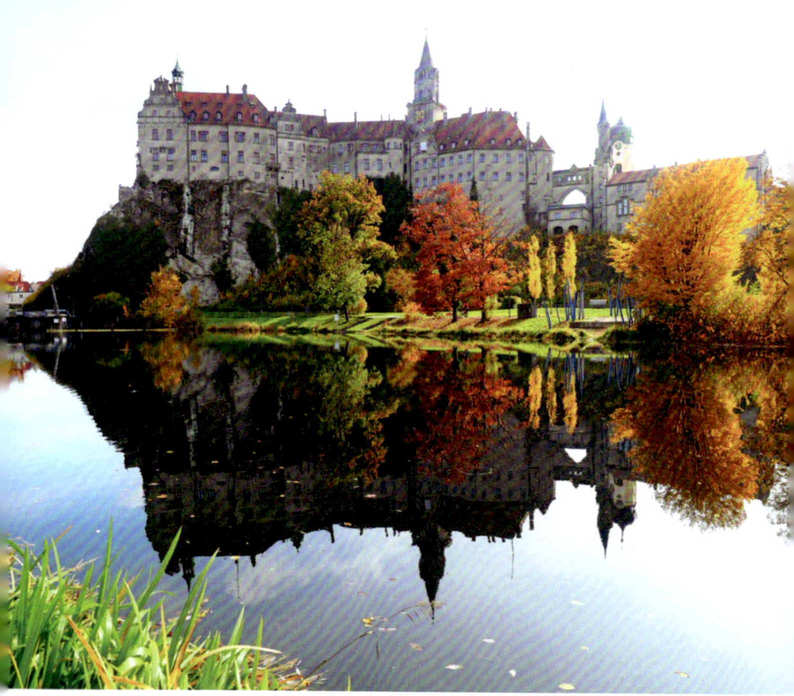

Residenzschloss Sigmaringen

Seit 1535 ist das Schloss Sitz der Fürsten von Hohenzollern. Im Jahr 1893 gab es einen großen Brand, daraufhin wurde das Schloss zwischen 1900 und 1907 von Emanuel von Seidl wiederaufgebaut. Insbesondere die historische und teils im Jugendstil anmutende Innenarchitektur geht auf diesen Architekten zurück. Zum Ende des Zweiten Weltkriegs war das Schloss Amtssitz der nationalistischen Vichy-Regierung des Franzosen Marschall Pétain. Heute ist es der touristische Anziehungspunkt in Sigmaringen. Bei einer Führung durch die mit prunkvollen Gobelins und zahlreichen Jagdtrophäen ausgestatteten Räume können Sie u. a. die größte private Waffensammlung Europas besichtigen.

Ein Aufenthalt lohnt sich aber auch in der historischen Innenstadt. Die Kleinstadt ist bestens auf Besucherinnen und Besucher eingerichtet. Kleine Cafés und nette Kneipen lohnen einen Besuch. Wer es etwas sportlicher will, kann sich ein Kanu leihen und die Landschaft vom Fluss aus genießen. Kletterfans finden an den steilen Kalkfelsen viele Routen mit allen Schwierigkeitsgraden und nicht zuletzt lassen sich auf dem gut ausgebauten Radwegenetz schöne Fahrradtouren durch den pittoresken Naturpark machen.

20. Etappe: Sigmaringen – Zwiefalten

32,2 km, 9 Std. 45 Min., ↑ 645 m, ↓ 660 m, ⇧ 563-781 m

0,0 km	⇧ 581 m	Sigmaringen
1,0 km	⇧ 615 m	Aussichtspunkt Mühlberg/Schlossblick
3,7 km	⇧ 615 m	Aussichtspunkt Nägelesfelsen
6,2 km	⇧ 605 m	Bittelschießer Höhle
8,0 km	⇧ 605 m	Bingen
13,1 km	⇧ 655 m	Abzweigung Ruine Schatzberg
15,0 km	⇧ 706 m	Abzweig Gasthaus Post in Wilfingen 3,4 km,
15,5 km	⇧ 730 m	Billafingen
17,4 km	⇧ 645 m	Warmtal
21,3 km	⇧ 660 m	Friedingen
24,8 km	⇧ 728 m	Ruine Heuneburg
26,2 km	⇧ 772 m	Upflamör
32,2 km	⇧ 563 m	Zwiefalten, Abzweig Radlerherberge in Baach 1,7 km,

Der Weg von Sigmaringen nach Zwiefalten ist lang und das Aufkommen von wanderfreudigen Touristinnen und Touristen nimmt im Vergleich zum Donautal deutlich ab. Auch die touristische Infrastruktur ist nicht mehr so ausgebaut wie im Donau-Naturpark. Zwischen Sigmaringen und Zwiefalten gibt es nur wenige Übernachtungsmöglichkeiten. Um die Etappe etwas abzukürzen, können Sie nach etwa 15 km nahe Billafingen im etwa 3,5 km entfernten Hotel und Gasthof Löwen in Wilfingen eine Übernachtung einplanen.

Möchten Sie die Strecke in einem Tag bewältigen, so ist das bei einem frühen Start auch möglich. Der Weg verläuft über weite Strecken vergleichsweise eben und er ist gut ausgebaut. Dabei gelangen Sie zu idyllisch gelegenen Tälern, kuriosen Höhlen und letztendlich zum weithin bekannten Münster in Zwiefalten.

Vom Café Bootshaus gehen Sie noch einige Meter am Donauufer entlang, bis Sie am Wehr unterhalb des Schlosses über eine Wendelbrücke hinaufsteigen. Am Wegweiser „Mühlberg West“ haben Sie den Aufstieg fast hinter sich und Sie können vom Mühlberg ❶ aus einen fantastischen Blick auf das Hohenzollernschloss Sigmaringen genießen. Vom Aussichtspunkt gehen Sie weiter durch den Stadtwald, bis Sie die Sportplätze des Hohenzollerngymnasiums erreicht haben, die Sie links umgehen. Ab hier folgen Sie der Hohenzollernstraße aufwärts.

Auf der linken Straßenseite zieht ein hoch aufragendes und quaderförmiges Gebäude den Blick auf sich. Hier befindet sich die Jugendherberge und rechts ist das Klinikum, dessen Parkplatz Sie queren. Über einen kurzen Anstieg gelangen Sie zu einem Wohngebiet. Die letzten Häuser von Sigmaringen lassen Sie nun hinter sich. Auf der Achbergstraße verlassen Sie den Ort und unterqueren die Hohenzollernstraße auf dem Weg zum Park- und Rastplatz Sieben Kirschbäume. Der folgende Wegabschnitt steht im Gegensatz zum touristisch stark besuchten Donautal. Nur wenige Wanderinnen und Wanderer finden den Weg hierher. Sie passieren den Parkplatz und nehmen den rechten Weg, auf dem Sie direkt zum Nägelesfelsen ❷ gelangen. Unten im Tal sehen Sie, wie sich der natürliche Lauf der Lauchert durch die Wiesen schlängelt. Vom Aussichtspunkt steigen Sie hinunter zur ruhig fließenden Lauchert, folgen dieser flussabwärts bis zu einer Holzbrücke und überqueren dort den Fluss. Auf der gegenüberliegenden Flussseite führt der Weg nun direkt in das pittoreske Bittelschießer Tal. Sie gelangen so zu dem 14 m hohen, beeindruckenden Tor der Bittelschießer Höhle ❸. Vor der Höhle windet sich die Lauchert durch den urwüchsigen Wald. Über eine etwas abenteuerliche Holzbrücke überqueren Sie diese nochmals und folgen dem Weg weiter durch das märchenhaft anmutende Tal. Wenn Sie aus dem Wald herauskommen, gehen Sie links zur Unterführung der Bahngleise. Entlang der Lauchert gelangen Sie schließlich über die Bittelschießer Straße in den Ort Bingen.

Bingen

72511, 2.700 Einw.

(i) www.bingen-hohenzollern.de, informative Homepage

Bantles Ferienwohung, Sandbühl 16, 075 71/522 38, bantlesferienwohnung@gmx.de, www.bantlesferienwohnung.de, DZ € 75, EZ € 40, auf Anfrage

♦ Ferienwohnung Glaser, Lauenweg 19, 075 71/68 33 76, 01 74/162 21 88, ferienwohnungglaser@freenet.de, www.ferienwohnungglaser.de, Preise auf Anfrage, auf Anfrage

Pizzeria Bellavista, Egelfingerstraße 11, 075 71/929 84 41, info@bellavista-bingen.de, www.bellavista-bingen.de, Di-Fr, So 11:00-14:00 und 17:00-22:00, Sa 17:00-22:00, Mo Ruhetag

Eingebettet zwischen dem Südrand der Schwäbischen Alb und dem Donautal liegt das ländliche Bingen inmitten einer pittoresken Landschaft. Die Lauchert und das Bittelschießer Tal prägen das Landschaftsbild und bieten attraktive Ausflugsziele in der Umgebung. Einen Besuch lohnt die Burgruine Hornstein. Einmal im Jahr findet im Juni eine überregional bekannte Reiterprozession zu Ehren des heiligen Eulogius statt.

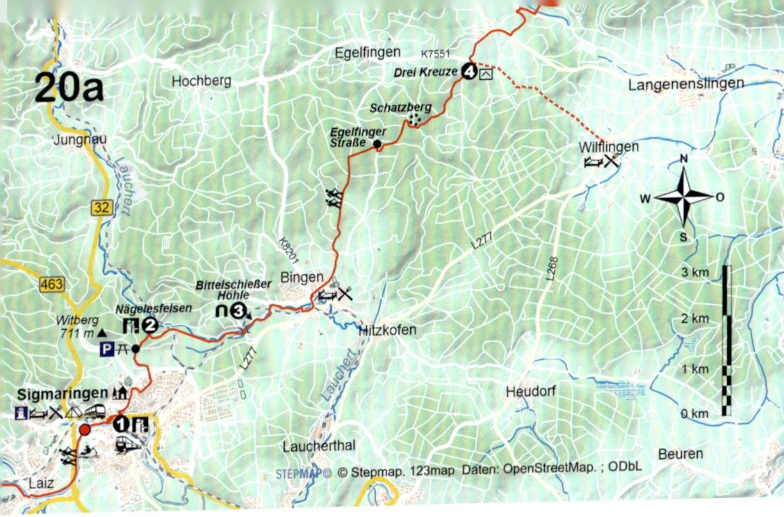

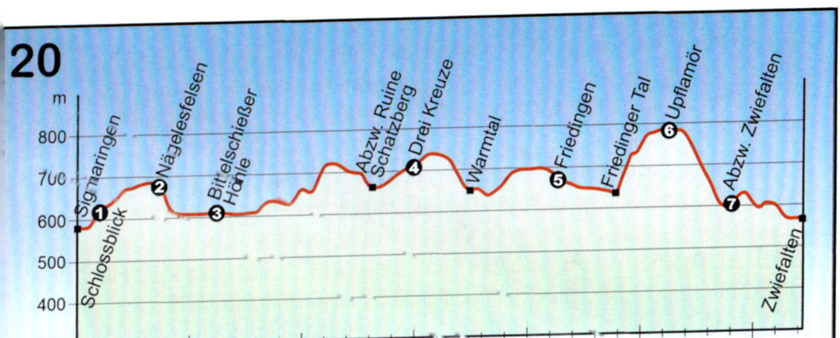

In Bingen gelangen Sie über die Lauchertstraße zur Ortsmitte. Auf der leicht ansteigenden Straße kommen Sie an der Bäckerei Schneider vorbei. Biegen Sie nun rechts in die Kleingasse in Richtung Schatzberg ab. Am großen Sportplatz und der Gemeindehalle verlassen Sie dann über die Egelfingerstraße die Ortschaft.

Ein geteertes Sträßchen führt Sie etwas bergab. Sie folgen dem Paul-Mayer-Weg links und gehen auf einem Schotterweg weiter. An der Wegkreuzung mit dem Wegweiser „Vordere Wannenhalde“ (699 m) folgen Sie dem Weg weiterhin geradeaus über einen sanft ansteigenden Hügel. Sie kommen zu einem Teersträßchen, diesem folgen Sie am Wegweiser „Egelfinger Straße“ kurz rechts und gehen dann auf der gegenüberliegenden Straßenseite links in den Wald hinein. Sie spazieren auf einem schönen Waldweg leicht bergab.

Etwas oberhalb des Weges liegen die kaum erkennbaren Reste der Burgruine Schatzberg. Bei der Abzweigung zur Ruine gehen Sie geradewegs weiter, um dann beim darauffolgenden Wegweiser „Schatzberg" links abzubiegen. Ein wenig begangener Wegabschnitt führt Sie durch die Stille dieses einsamen Waldstücks. An einer Kreuzung folgen Sie dem Teersträßchen leicht aufwärts und Sie verlassen bald darauf das Waldgebiet. Vor Ihnen breitet sich die Ortschaft Billafingen mit den markanten drei Kreuzen im Vordergrund aus. Am Parkplatz Drei Kreuze ❹ kurz vor Billafingen gibt es eine schöne Grillstelle und eine Schutzhütte.

Wenn Sie hier in der Nähe eine Übernachtung einplanen wollen, können Sie auf das Gasthaus Löwen in Wilfingen ausweichen. Gleich nach dem Parkplatz zweigt bei einem Wegkreuz ein geteerter Weg rechts ab. Diesem Teersträßchen folgen Sie stets geradeaus, bis Sie nach 3,4 km den Gasthof Löwen in Wilfingen erreichen.

Gasthaus Löwen, Riedlingerstraße 1, 88515 Wilfingen, ☎ 073 76/733, info@loewen-wilflingen.de, www.loewen-wilflingen.de, ÜF DZ € 92, EZ € 72, Mo und Fr 11:00-17:00, Di ab 17:00, Sa und So durchgehend, Mi und Do Ruhetag

Um nach Bilafingen zu gelangen, gehen Sie weiter zur K7551 und folgen dieser nach rechts, bis Sie die Ortschaft Billafingen erreichen.

Billafingen

88515, 111 Einw.

Rund um den Weiler gab es einige Funde aus alemannischer Zeit, was auf eine Besiedlung bereits im 7. Jh. hindeutet. Heute ziert den Dorfmittelpunkt die romanische Kirche aus dem 18. Jh. Von Billafingen und der Umgebung ergeben sich bei klarer Sicht wunderschöne Panoramen auf die Alpen.

Entlang der Fürst-Friedrich-Straße verlassen Sie die Ansiedlung und gehen kurz an der Landstraße entlang, bis Sie zu einem großen Holzkreuz gelangen und dort links gegenüber dem Hang hinunter abbiegen. Achtung! Die Beschilderung ist hier etwas spärlich. Sie kommen nun zum Wiesentalweg, dem Sie beim Wegweiser „Beim Warmtal" rechts folgen. Der Weiler Warmtal liegt inmitten von sanft geschwungenen Hügeln. Dazwischen liegt die kaum noch erkennbare Burg Emerfeld, durch deren einstigen Burggraben ein Wanderweg hindurchführt. Bei Pflanzeninteressierten ist das Warmtal wegen seiner seltenen Blumen, die hier gedeihen, bekannt. Es gehört wie Billafingen und Friedingen zur Gemeinde Langenenslingen.

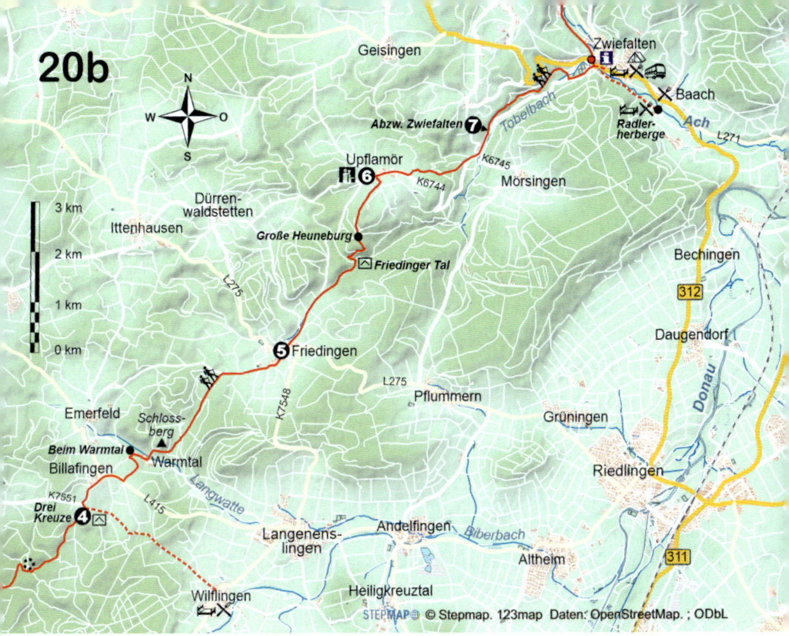

Mitten in der Häuseransiedlung des Kleinodes Warmtal zweigt der Weg links ab. Sie verlassen die kleine Siedlung und gehen rechts des Schlossbergs durch das Warmtal. Am Talschluss kommen Sie wieder auf ein Teersträßchen. Diesem folgen Sie rechts, bis Sie nach Friedingen ❺ gelangen. Friedingen liegt in einem Trockental umgeben von lieblichen Landschaftsschutzgebieten. Seltene Pflanzenarten und eine Vielzahl von Orchideen können hier in den früheren Flusstälern gedeihen.

An der einzigen Kreuzung im Dorf gehen Sie über die Neue Landstraße und biegen dann links in die Straße Im Unterdorf ab. Sie folgen den Wegweisern aus Friedingen hinaus. An einer stattlichen Buche mit einem Steinkreuz verläuft der Weg geradeaus weiter. Am Wegweiser „Friedinger Tal", wo sich auch eine kleine ⌂ Schutzhütte befindet, gehen Sie links leicht ansteigend den Berg hinauf. Sie gelangen zu der früheren Höhensiedlung und den Ringwällen der Heuneburg.

Große Heuneburg

Von der Burg zeugen lediglich noch die Schemen der Mauern, die das Plateau eingefasst haben. Einen Großteil hat sich die Natur wieder zurückerobert und auf den Mauerresten gedeihen heute viele Pflanzen. Für Interessierte gibt es eine Infotafel, die zeigt, welche Ausmaße die Große Heuneburg einst hatte.

Bei der Infotafel „Große Heuneburg" folgen Sie dem Weg geradeaus weiter. Es geht weiterhin den Berg leicht ansteigend aufwärts. Sie folgen den Markierungen, bis Sie oberhalb des Weilers Upflamör ❻ aus dem Wald herauskommen.

Upflamör

88529, 80 Einw.

Die schön am Südrand der Alb gelegene Ansiedlung ist seit 1974 ein Ortsteil von Zwiefalten. Die kleine Dorfkirche wurde bereits im Mittelalter errichtet und im 16. Jh. zu Ehren des heiligen St. Blasius geweiht. Von Upflamör aus blicken Sie vom Ortsausgang bereits auf das romantisch im Tal der Ach eingebettete Zwiefalten und das Kloster.

Vorbei an weitläufigen Feldern gehen Sie links die Ellhauser Gasse hinunter. Dann treffen Sie auf die Landstraße, der Sie rechts folgen, bis Sie aus dem Dorf wieder herauskommen. Von diesem Standort aus sehen Sie wie oben beschrieben hinab ins Tal der Ach, in dem Zwiefalten und die beiden Türme des Münsters den Blick auf sich ziehen.

Von der Landstraße bei Upflamör zweigt der Weg links hinunter in Richtung Zwiefalten. An der ersten Weggabelung halten Sie sich rechts. Wenn Sie auf die nach Zwiefalten führende K6745 treffen, folgen Sie dieser noch einige Meter. Dann beachten Sie, dass sich der HW2 auf der linken Straßenseite von der Landstraße entfernt ❼. Über das Tobeltal gelangen Sie zu den Sportplätzen und einem großen Parkplatz nach Zwiefalten.

Zwiefalten

BANK ⌘

88529, 2.250 Einw.

- Zwiefalten Verkehrsamt, Marktplatz 3, ☎ 073 73/205 20, info@zwiefalten.de, www.zwiefalten.de, Mo-Fr 8:00-12:00, Di 14:00-16:00, Do 14:00-18:00
- Hotel Post, Hauptstraße 44, ☎ 073 73/581 99 40, w.feldhahn@t-online.de, www.zwiefalten-post.de, ÜF DZ € 82, EZ € 49
- Jugendzeltplatz/Wohnwagenstellplatz, neben dem Höhenfreibad, ☎ 073 73/205-20, Erw. € 10, Kinder € 7,50, inklusive Eintritt ins Freibad, Mai-Sep
- ✕ Klosterbräu Gaststätte und Bierhimmel, Hauptstraße 24, ☎ 073 73/912 12, reservierung@klosterbraeu-gaststaette.de, www.zwiefalter.de/klosterbraeu, täglich 10:00-21:00, Biergarten Bierhimmel geöffnet je nach Witterung
- ♦ Zum Münsterwirt, Hauptstraße 1, ☎ 073 73/921 65 40, info@zum-muensterwirt-zwiefalten.de, www.zum-muensterwirt-zwiefalten.de, Mi-So 17:00-23:00, Sa und So auch 10:00-14:00, Mo und Di Ruhetag

- Pizzeria Fässle, Hauptstraße 19, ☏ 073 73/92 14 17, Di-Sa 16:00-23:00, So 12:00-22:00, Mo Ruhetag
- Café, Bäckerei Böck, Hauptstraße 5, ☏ 073 73/28 34, info@baecker-boeck.de, www.baecker-boeck.de, Mo-Sa 7:00-18:00, So 8:00-17:30
- Brauereibesichtigung, Hauptstraße 24, ☏ 073 73/200 99, stoerkle@zwiefalter.de, www.zwiefalter.de, täglich außer Mi, So, Feiertage, Eintritt € 15, inklusive Bierverkostung, Dauer der Führung 1,5-2 Std.
- Psychiatriemuseum, Hauptstraße 9, ☏ 073 73/10 32 23, zwiefalten.bibliothek@zfp-zentrum.de, www.wuerttembergisches-psychiatriemuseum.de, Sa und So 13:30-16:30 und nach Vereinbarung
- Höhenfreibad, Brunnensteige 20, ☏ 073 73/911 24, www.zwiefalten.de, Eintritt p. P. € 3, täglich 9:00-20:00
- Münster, Kloster und Wallfahrtsort, ☏ 073 73/22 52, Muensterpfarramt.Zwiefalten@drs.de, www.zwiefalten.de, freier Eintritt ins Münster, Führungen bis 20 Personen € 40
- Richtung Münsingen, Hayingen, Upflamör und Riedlingen

Klosterbräu Gaststätte und Bierhimmel in Zwiefalten

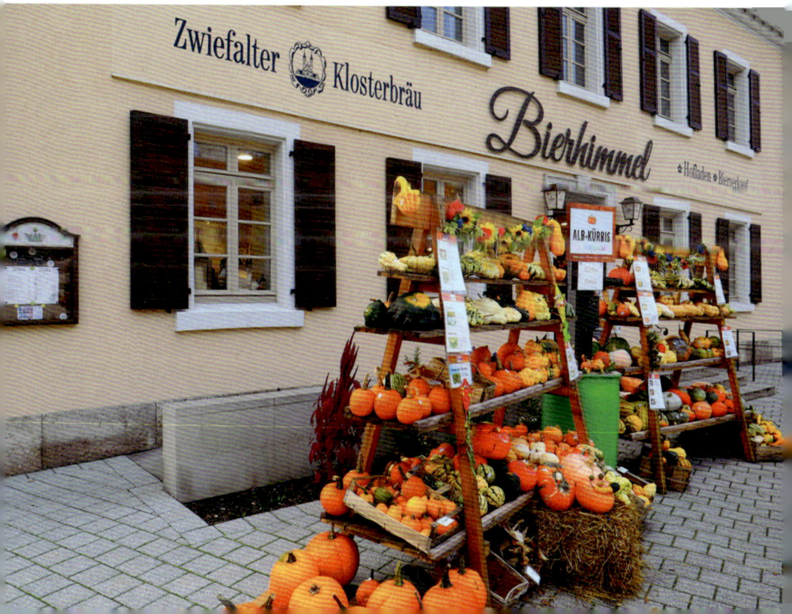

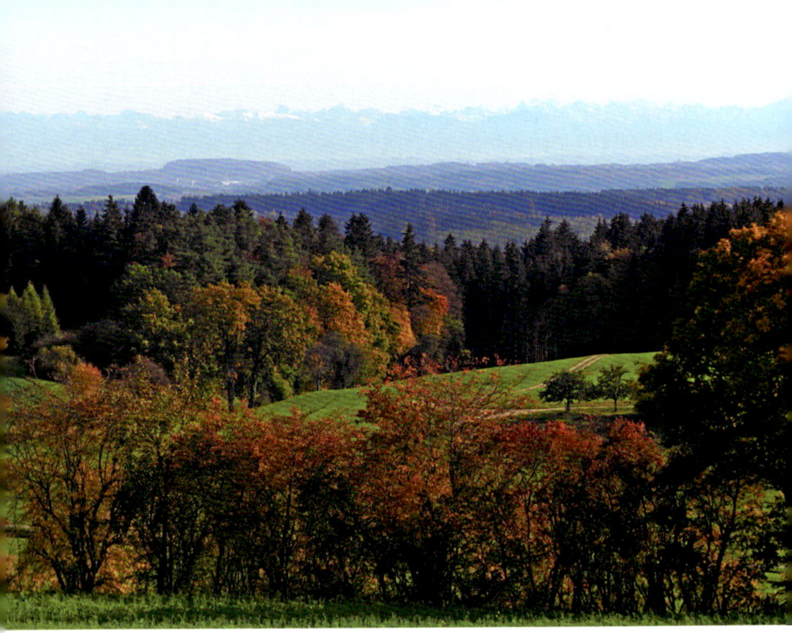

Blick ins Tal

Der Erholungsort liegt malerisch an den klaren und fischreichen Bächen Zwiefalter Ach und Kesselach. Der Ort ist bekannt für seine ehemalige Klosteranlage, die von Benediktinermönchen im Jahr 1089 gegründet wurde. Das im Barockstil erbaute, weithin sichtbare Münster entstand erst im 18. Jh. Im Zuge der Säkularisation wurde das Kloster aber im Jahr 1803 nach harten Kämpfen unfreiwillig aufgelöst. Neun Jahre später entstand dort eine Heilanstalt. Heute ist es eine Zentralstelle für Psychiatrie.

↳ Weg nach Baach: Wenn Sie vom Dobeltal auf die Hauptstraße treffen, gehen Sie rechts an der Klosterbrauerei vorbei, bis Sie vor der Mühlenbäckerei Engler rechts auf einen Radweg abbiegen. Diesem folgen Sie entlang der Zwiefalter Ach, bis Sie nach 2,1 km das aufwendig renovierte und denkmalgeschützte Fachwerkhaus erreichen, in dem sich die Radlerherberge befindet. Umgeben von einem Landschaftsidyll war hier früher das Siechenhaus des Klosters untergebracht. Heute ist es eine Unterkunft und Gaststätte, deren Räumlichkeiten auch nach der Restauration ihre Ursprünglichkeit behalten haben. Links über den Talweg erreichen Sie den Ortskern von Baach.

Baach

88529, 254 Einw.

Radlerherberge, Talweg 12, 073 73/14 22, info@radlerherberge.de, www.radlerherberge.de, das ehemalige Siechenhaus des Klosters wurde liebevoll bis ins Detail renoviert, die wunderschöne Lage lädt ebenfalls zum Verweilen ein, ÜF DZ ab € 62, EZ € 40, Herbergsstube Fr ab 16:00, Sa und So ab 14:00 und nach Vereinbarung.

Felsen, Riedlingerstraße 6, 073 73/344, info@gasthaus-felsen.de, www.gasthaus-felsen.de, sehr gute Speisen, Di-So 11:30-14:00, Mi-So auch 17:00-21:00, Mo Ruhetag

21. Etappe: Zwiefalten – Anhausen

13,2 km, 3 Std. 50 Min., 225 m, 190 m, 563-736 m

0,0 km	563 m	Zwiefalten
1,5 km	571 m	Gossenzugen
3,5 km	590 m	Wimsener Höhle
4,5 km	600 m	Glastal
7,2 km	635 m	Hayinger Brücke
10,4 km	690 m	Hayingen
12,5 km	670 m	Maisenburg
13,2 km	577 m	Anhausen, Ölmühle, Anhausen, Ortskern 0,9 km, ()

Entlang der Zwiefalter Ach geht es mäßig ansteigend zur Wimsener Wasserhöhle und weiter bergaufwärts durch das wasser- und felsenreiche Glastal nach Hayingen. Das Große Lautertal schließlich ist wegen seines natürlichen Charakters, dem Burgenreichtum und der Pflanzenvielfalt ein beliebtes Ausflugsziel. Die Etappe ist relativ kurz gewählt und so haben Sie genug Zeit, um sich Deutschlands einzige mit einem Boot befahrbare Wasserhöhle und die Burgen des Lautertals genauer anzusehen.

Der Weiterweg führt vom Kloster über die Hauptstraße rechts in die Sägmühlstraße und anschließend links in die Gerberstraße hinein. Dort gehen Sie am Ufer der ruhig dahinfließenden Zwiefalter Ach entlang. Auf dem Schotterweg leicht ansteigend und entlang des Flusses bekommt das Wandern einen ausgeglichenen, fast meditativen Charakter (wenn nicht gerade Wochenende ist und die Wanderinnen und Wanderer in Scharen einfallen).

Das erste Dorf im Tal, auf dem Weg in Richtung Wimsener Höhle, ist Gossenzugen ❶. Die kleine Häuseransammlung ist schnell durchquert. Es geht links über eine Brücke und weiter entlang an der von vielen Forellen bewohnten Zwiefalter Ach. Der Pfad im Wald steigt leicht an und ist traumhaft schön. Sie kommen an frischen, klaren Quellen und einladenden Picknickplätzen vorbei. Das Tal steigt nun etwas steiler an und bald darauf können Sie eine Pause im Gasthof Friedrichshöhle machen. Anschließend sollten Sie sich eine Besichtigung der Wimsener Höhle (Friedrichshöhle), aus der die Ach entspringt, nicht entgehen lassen ❷.

Bio-Gasthof Friedrichshöhle, ☏ 073 73/91 52 60, info@wimsen.de, www.tress-gastronomie.de, April-Okt So-Do 11:30-19:00, Fr, Sa und Feiertage 11:30-20:00, Nov-März nur an Wochenenden von 11:00-17:00

Wimsener Höhle

In die Wimsener Höhle gelangen Sie nur mithilfe eines Holzbootes. Die Rundfahrt dauert etwa eine halbe Stunde und gibt interessante Einblicke in die Unterwelt der Schwäbischen Alb. Im Jahr 1803 stieg König Friedrich I in die Höhle ein, seither ist er der Namenspatron. Durchgesetzt hat sich allerdings heute der Name Wimsener Höhle.

Wimsener Höhle, ☏ 073 73/91 52 60, info@wimsen.de, www.tress-gastronomie.de, Eintritt € 5,50, April-Okt 10:00-18:00

Der HW2 führt rechts an der Höhle vorbei. Nach einem Parkplatz geht es links einen breiten Weg hinauf, vorbei an wuchtigen Kastanienbäumen, dem Schloss Ehrenfels und weiter in das höhlenreiche und fotogene Glastal.

Schloss Ehrenfels

Bevor der Zwiefalter Abt im 18. Jh. ein Schloss im Barockstil errichten ließ, stand hier in den Anfängen ein Kloster. Das erbaute Schloss ging Anfang des 19. Jh. im Zuge der Aufhebung kirchlicher Institutionen in den Besitz des württembergischen Herzogs Friedrich II. über. Dieser schenkte das Schloss seinem Staatsminister Friedrich Freiherr von Normann. Bis heute vererbt die Familie das Schloss von Generation zu Generation. So erbte Nicoletta Freifrau von Saint-André im Jahr 2015 das Schloss Ehrenfels von ihrem Vater. Ein Jahr später wurde eine Stiftung ins Leben gerufen, um das historisch bedeutsame Schloss weiter zu erhalten und gleichzeitig künstlerische und kulturelle Aktionen zu fördern. In den Räumen des Schlosses finden derzeit Kunstaustellungen und Konzerte statt.

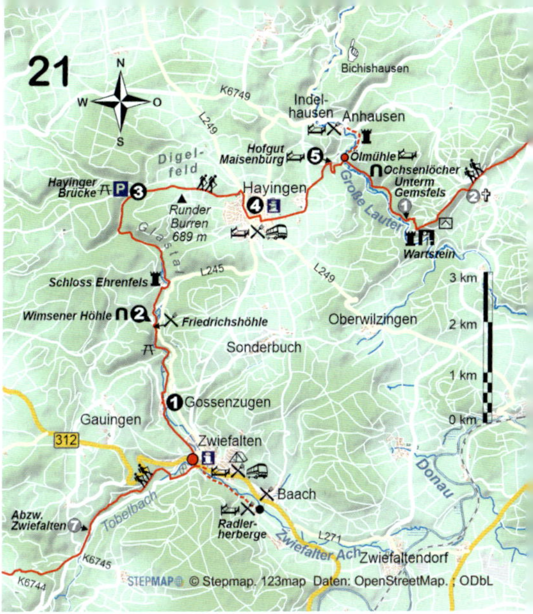

Außerdem können über das Familienunternehmen Tress Hochzeiten und andere Feierlichkeiten in den Räumen des Schlosses gebucht werden.

Am Schloss Ehrenfels zweigt der Weg zunächst rechts und gleich darauf links ab zur Glashöhe und weiter zum Park- und ⩪ Picknickplatz Hayinger Brücke ❸. Von hier folgen Sie dem Radweg nach rechts. Links befindet sich die unter Naturschutz stehende Wacholderheide Digelfeld. Rechts sehen Sie einen schönen Hügel (Schopfloch), der ebenfalls von einer Heidelandschaft umgeben ist. An einer alten Buche beim Parkplatz Lelhen wenden Sie sich nach rechts und legen die letzten Meter nach Hayingen ❹ zurück.

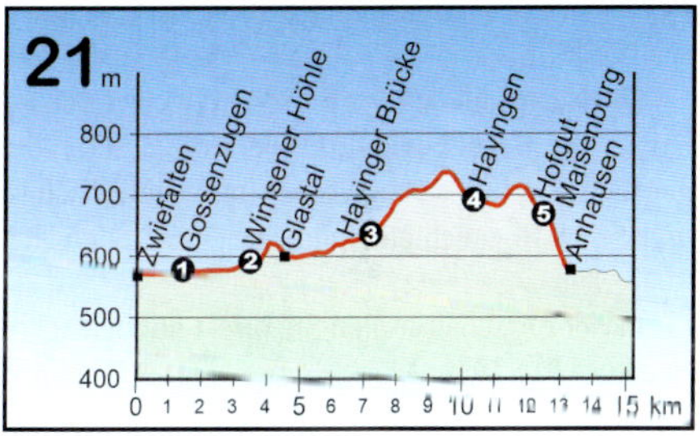

Hayingen

72534, 2.200 Einw.

Gästeinformation, Kirchstraße 15, ☏ 073 86/97 52 46,
gaeste-information@stadt-hayingen.de, www.hayingen.de,
Mo-Fr 9:00-12:00

Gasthaus zum Kreuz, Kirchstraße 4, ☏ 073 86/290,
kreuz-hayingen@t-online.de, www.kreuz-hayingen.de, ÜF DZ € 82, EZ € 56,
Do-Mo 11:00-14:30 und 17:00-20:00, Di und Mi Ruhetag

Gasthaus zum Adler, Brunnenstraße 4, ☏ 073 86/718,
www.gasthof-adler-hayingen.edan.io, ÜF DZ, Preis auf Anfrage,
Fr 17:30-22:30, Sa 17:00-21:30, So 10:00-14:00

Hofgut Maisenburg, Maisenburg 1, 01 72/875 26 51,
info@maisenburg.de, www.maisenburg.de, Ü DZ ab € 99, exklusive Lokalität, wird oft auch als Tagungsstätte genutzt, auf Anfrage

♦ Feriendorf Lauterdörfle, Lauterdörfle 1, ☏ 073 86/97 70 56,
info@lauterdoerfle.de, www.lauterdoerfle.de, in der Ferienanlage können Sie kleine Holzhütten für mehrere Personen mieten, Mindestaufenthalt 2 Tage, Mietpreis für ein Haus mit max. 4 Personen ab € 191

Gaststätte Lauterstüble, Maisenburgerweg 120, ☏ 073 86/12 49,
anfrage@lauterstueble-online.de, www.lauterstueble-online.de,
Di-So 11:00-21:00

Café Müller's Gugelhupf, Wildrosenstraße 2, ☏ 073 86/296,
info@muellers-gugehlhupf.de, www.muellers-gugelhupf.de,
Mo-Sa 9:00-12:00 und Mo-Fr 14:00-18:00, Sa nachmittags geschlossen

Naturtheater, Naturtheaterweg 1, ☏ 073 86/286,
info@naturtheater-hayingen.de, www.naturtheater-hayingen.de,
Spielzeit Juni-Aug

täglich in Richtung Ehingen, Riedlingen, Großengstingen

Die Kleinstadt liegt im Biosphärengebiet der Schwäbischen Alb und ist darüber hinaus auch ein Luftkurort. Sie wurde Mitte des 13. Jh. als Handwerkerstadt gegründet. Es gibt einige schön renovierte Fachwerkhäuser, wie beispielweise das im Jahr 1536 errichtete Spital, welches zu den ältesten Bauwerken der Stadt zählt.

In der Ortschaft treffen Sie direkt auf den schönen Marktplatz mit dem Goissa Brunna. Auf dem Maisenburgerweg verlassen Sie Hayingen in Richtung der Ferienanlage Lauterdörfle. Dort führt der Weg links weiter zum Hofgut Maisenburg ❺ und schließlich steil abwärts direkt ins Große Lautertal. Wenn Sie den Abstieg geschafft haben, erreichen Sie einen gepflegten, direkt an der Großen Lauter gelegenen Picknickplatz, rechts davon befindet sich ein Parkplatz. Hier am natürlichen Lauf der Großen Lauter ist an Wochenenden viel Betrieb, ganz im Gegensatz zu den Werktagen, wenn der Raum vom leisen Plätschern der Großen Lauter erfüllt ist. Über eine Brücke überqueren Sie den Fluss.

Um in den Ortskern von Anhausen zu gelangen, folgen Sie dem Burgenweg HW5 nach links. Nach wenigen Metern sehen Sie die ersten Häuser der Ortschaft.

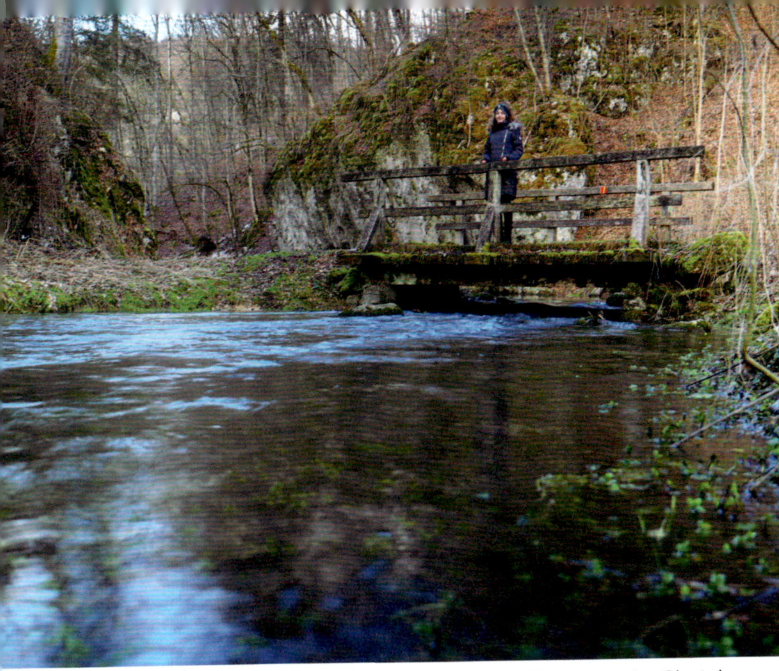

Unterwegs im Glastal

Anhausen

(ℹ) 🛏 ✗ ♜ ✉ 72534, 180 Einw.

(ℹ) ☞ siehe unter Hayingen

🛏 ✗ Gasthaus Adler, Am Mühlweg 20, ☎ 073 86/518 oder 327, 💻 www.adler-anhausen.de, ÜF DZ € 90, EZ € 48, 🚪 Mo, Mi-Fr 11:15-14:00 und 17:30-21:00, Sa 11:15-22:00, So 11:15-20:00, Di Ruhetag

🛏 Ölmühle, Ölmühle 3, Selbstversorgerhaus, ☎ 073 86/10 00, ✍ info@bayers-unterkuenfte.de, 💻 www.bayers-unterkuenfte.de, Preis auf Anfrage

♦ Ferienwohnungen Holder, Schülzburgweg 8, ☎ 073 95/668, ✍ info@ferienwohnungen-holder.de, 💻 www.ferienwohnungen-holder.de, Wohnung für 1-2 Personen ab € 64

♦ Haus Roswitha, Schülzburgweg 14, ☎ 073 86/324, ✍ post@hausroswitha.de, 💻 www.hausroswitha.de, Preis auf Anfrage

♜ Schülzburg, die Burganlage ist die mächtigste Anlage im Lautertal. Aufgrund der fortschreitenden Erosionen am Burggemäuer ist sie allerdings bis auf Weiteres für die Öffentlichkeit wegen Einsturzgefahr gesperrt.

Wenn Sie von Anhausen noch 200 m weiter entlang der Mühlstraße gehen, gelangen Sie nach Indelhausen. Dort befindet sich ein weiteres Gasthaus.

Gasthaus Hirsch, Wannenweg 2, Indelhausen, ☎ 073 86/977 80, info@hirsch-indelhausen.de, www.hirsch-indelhausen.de/de, ÜF DZ ab € 95, EZ ab € 63, Di-Fr 11:30-13:45 und 17:45-20:00, Sa und So durchgehend, Mo Ruhetag

Das große Lautertal

Die Große Lauter entspringt im Klostergarten bei Offenhausen und schlängelt sich über weite Strecken in ihrem ursprünglichen Flussbett durch das malerische Lautertal. Von den 14 hoch gelegenen Burgen offenbaren sich Traumausblicke über die Weiten der Schwäbischen Alb und hinunter in die Talschlucht. Es lohnt sich, etwas Zeit im Großen Lautertal zu verbringen. Nicht nur wegen der beeindruckenden Burgenvielfalt, sondern auch wegen des hohen Erholungswertes am stillen, wiesenbewachsenen Ufer der Großen Lauter. Anhausen ist auf Feriengäste eingerichtet. Von hier gibt es viele Möglichkeiten, das Große Lautertal zu Fuß oder mit dem Fahrrad zu erkunden.

☺ In Bichishausen bietet ein Anbieter auch Kanutouren an.

Kanutouren im Wilden Süden, Fürstenbergstraße 2, 72525 Münsingen-Bichishausen, ☎ 073 83/408, info@kanutouren.com, www.kanutouren.com, Juli-Sep von Mo-Fr

22. Etappe: Anhausen – Hütten

21,9 km, 6 Std. 50 Min., ↑ 520 m, ↓ 510 m, ⇧ 560-759 m

0,0 km	⇧ 577 m	Anhausen, Ölmühle
2,5 km	⇧ 630 m	Ruine Wartstein
3,8 km	⇧ 627 m	Erbstetten
6,7 km	⇧ 625 m	Wolfsfalle
9,3 km	⇧ 687 m	Granheim
13,0 km	⇧ 729 m	Frankenhofen, Abkürzung Frankenhofen Dorf 0,9 km
18,4 km	⇧ 692 m	Schutzhütte mit Feuerstelle
20,9 km	⇧ 582 m	Schmiechtal und Abzweig Hütten
21,9 km	⇧ 589 m	Hütten

Sie wandern durch ein Teilgebiet des Großen Lautertals und über die weite Ebene der Albhochfläche, vorbei an einsamen Weilern und schließlich hinunter ins Tiefental und dann weiter zum Schmiechtal, das mit seiner Abgeschiedenheit, der Pflanzenvielfalt und dem Vorkommen seltener Schmetterlingsarten beeindruckt.

Am Selbstversorgerhaus Ölmühle folgen Sie links der Großen Lauter dem schönen Wiesenweg in Richtung Ochsenlöcher. Dabei handelt es sich um zwei Höhleneingänge, die sich am Fuße eines Kalkfelsens befinden. Der Weg ist hier nicht zu verfehlen und bereits nach eine paar weiteren Metern gelangen Sie zur nächsten kuriosen Felsformation, den Schwarzlochfelsen. Der Weg führt noch weiter durch das schöne Lautertal und folgt zum Teil dem natürlichen Lauf des Flüsschens, stets am Waldrand entlang. Am Wegweiser „Unterm Gemsfels" ❶ steigen Sie aus dem Tal empor zum gleichnamigen Aussichtspunkt. Von hier oben fällt der Blick hinunter auf das Große Lautertal, durch das sich der natürliche Flusslauf der Großen Lauter schlängelt. Auch nach dem Gemsfels ergeben sich immer wieder schöne Einblicke in das Tal, wie an der nur wenige Meter entfernten Ruine Wartstein. Über eine Stahltreppe können Sie den Turm erklimmen, um ein fantastisches Panorama zu genießen, das an klaren Tagen bis zu den Alpen reicht.

An der Lauter, im Hintergrund der Schwarzlochfelsen

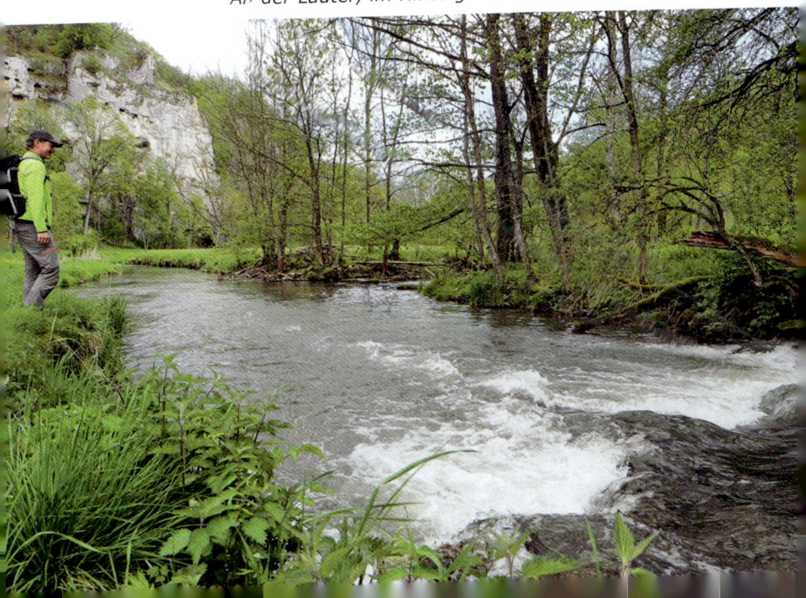

Auf einem breiten Schotterweg geht es ab der Ruine weiter über den Heumacherfels mit ⌂ Schutzhütte und dann weiter talwärts bis nach Erbstetten ❷. Hier hat sich die frühere Wegführung des HW2 leicht verändert, die neue Strecke führt nun am Rande des Dorfes und des Waldes weiter, rechts erkennen Sie die K7337.

Erbstetten ✝ ✉ 89601, 183 Einw.

Erbstetten liegt oberhalb des Großen Lautertals. Ältestes Bauwerk im Dorf ist die neugotische St.-Stephanus-Kirche. Insbesondere die künstlerische Gestaltung im Innern machen die Kirche zu einem Juwel. In den Jahren 1978/79 konnten im Zuge von Renovierungsarbeiten wertvolle Fresken freigelegt werden.

Während eines Luftangriffs im Zweiten Weltkrieg stürzte etwa 1 km südlich von Erbstetten im Jahr 1944 ein amerikanischer Bomber ab. An der Stelle des Absturzes wurde dazu ein Mahnmal für die Opfer errichtet.

Heute gelangt man auf mehreren Wanderwegen nach Erbstetten, denn nicht nur der HW2 führt zu dem Dorf, sondern auch der Schwarzwald-Schwäbische Alb-Allgäu-Weg (HW5) und der als Qualitätsweg ausgezeichnete Besinnungsweg.

Sie kommen nahe an die Straße heran, gehen aber am Waldrand auf einem etwas wilden Pfad weiter. Dann treffen Sie nochmals auf die eben erwähnte Landstraße und folgen dieser kurz nach rechts, um dann auf der gegenüberliegenden Straßenseite leicht abwärtszugehen, bis Sie schließlich den Parkplatz Wolfsfalle mit ⌂ Schutzhütte und Feuerstelle erreichen ❸. Ein weiteres Mal überqueren Sie die Landstraße. Auf einem schmalen Waldweg folgen Sie den etwas spärlichen Markierungen durch ein Waldstück. Wenn Sie auf einen etwas breiter angelegten Schotterweg treffen, gehen Sie auf diesem links weiter. Sie gelangen aus dem Wald hinaus und kommen zum Wegweiser „Hochberg" (721 m). Dieser zeigt Ihnen den Weg nach rechts und dann gelangen Sie an den Ortsrand von Granheim.

Granheim 🛏 ⌘ ✉ 89584, 245 Einw.

🛏 Ferienwohnung Baur, Von-Speth-Schülzburg-Straße 43, ☎ 073 95/12 78, ✉ info@ferienwohnung-baur.de, 💻 ferienwohnung-baur.de, Ü p. P. € 20

♦ Haus Granheim, Von-Speth-Schülzburg-Straße 10, ☎ 073 95/96 14 65, ✉ info@haus-granheim.de, 💻 www.haus-granheim.de, Ü EZ € 29

⌘ Turmuhrenmuseum, Pfarrgasse 20, ☎ 073 95/533, ✉ info@turmuhrenmuseum-granheim.de, 💻 www.turmuhrenmuseum-granheim.de, freier Eintritt, 🚪 Mai-Okt jeden ersten So von 11:00-17:00

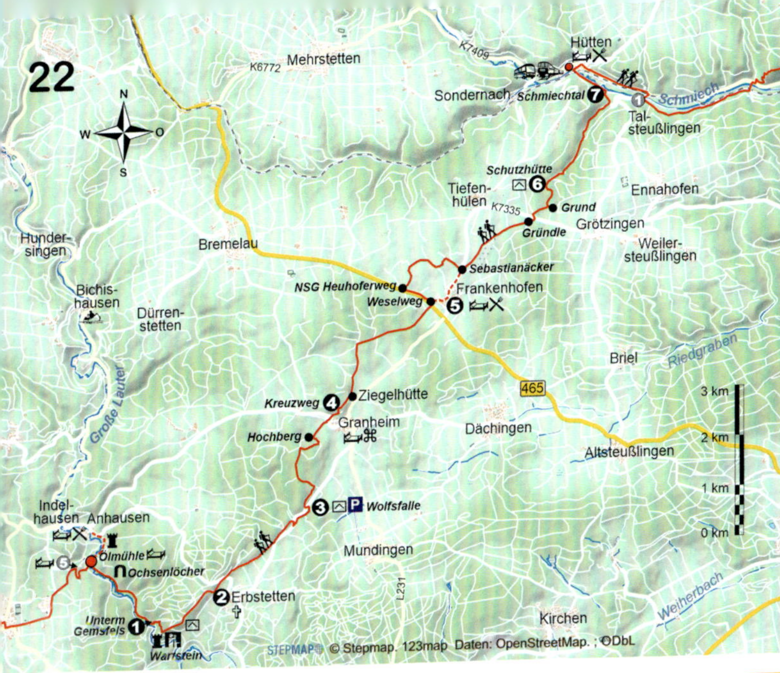

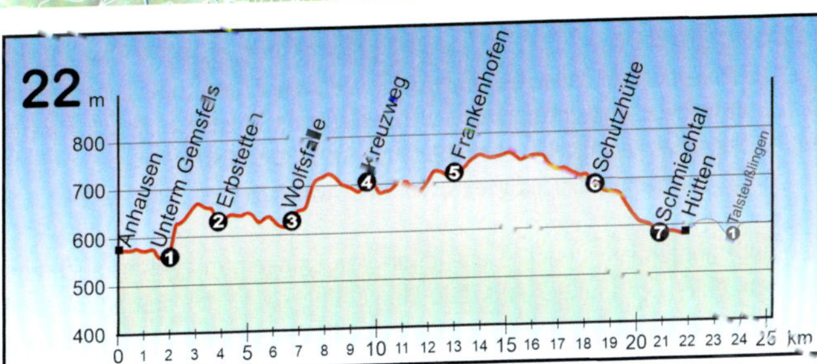

Granheim ist einer von 17 Teilorten der Bierkulturstadt Ehingen. In Granheim gibt es zwar keine 30 Brauereien, wie dies einst vor langer Zeit in Ehingen der Fall war, aber dafür strahlt der ländlich gelegene Weiler eine genussvolle Ruhe aus. Schade ist nur, dass der Gaumengenuss zu kurz kommt und es auch keinen Ausschank mehr für das in Ehingen gebraute Bier gibt. Das Gasthaus Adler wurde im Jahr 2020 leider geschlossen und eine Alternative gibt es bisher nicht. Geblieben ist das Turmuhrenmuseum, in dem es auch Motorräder und eine Apparatesammlung zu bestaunen gibt.

Oberhalb des Dorfes führt Sie der HW2 nun zu einem Kreuzweg ❹, dem Sie bis zur kleinen Kapelle auf der Halde hangaufwärts folgen. An der Kapelle zweigt der Weg rechts ab und Sie kommen zur kleinen Siedlung Ziegelhütte. Sie folgen der Straße links und haben nach wenigen Metern auch schon das Ende des Weilers erreicht. Auf einem Teersträßchen, das bald in einen Schotterweg übergeht, gelangen Sie zu einer Kreuzung. Hier schlagen Sie den rechten Weg ein.

In älteren Karten unterscheidet sich die eingezeichnete Wegführung von der neu beschilderten Strecke. Hier würde der Weg geradeaus weitergehen in Richtung Heuhof und von dort hinunter ins Tal, wo Sie schließlich der Bahnlinie bis nach Hütten folgen.

Gemäß der aktuellen Wegführung gehen Sie ohne weitere Abzweigungen durch einen Wald bis zur B465. Diese unterqueren Sie und über den Weselweg erreichen Sie schließlich den Ortsrand von Frankenhofen ❺.

Die Wanderschilder führen Sie um das Dorf herum. Wenn Sie aber dem Weselweg beim gleichnamigen Wegweiser durch das Dorf folgen, sparen Sie sich etwa 1,5 km, beide Wege treffen sich wieder am Ortsausgang an der Kamerer-Schott-Straße.

Frankenhofen

89584, 280 Einw.

Gasthof Grüner Baum, Weselweg 2, ☏ 073 95/10 37, Infos zu Öffnungszeiten, Speisenangebot und Übernachtung nach telefonischer Anfrage

Ferienhaus em Biehl, Hintere Weiden 8, ☏ 073 95/92 47 37, viktor-bettina.rudolf@embiehl.de, www.embiehl.de, Ü p. P. € 24

Frankenhofen ist seit 1973 ein Teilort von Ehingen und gehört auch zum Biosphärengebiet der Ehinger Alb. Die Umgebung sowie der neu angelegte Besinnungsweg laden zu herrlichen Spazier- und Radtouren ein.

Wenn Sie um das Dorf den Markierungen folgen, gelangen Sie zum Wegweiser „Naturschutzgebiert Heuhoferweg“, der Ihnen den Weg rechts hin zu einem Wiesenweg weist. Sie treffen dann auf einen Schotterweg, dem Sie rechts folgen. Sie stoßen auf einen weiteren Schotterweg, wenden sich nach rechts und biegen nach wenigen Metern links über einen Wiesenweg ab. Über ein Teersträßchen steigen Sie rechts hinunter zur Kamerer-Schott-Straße, die Sie beim Wegweiser „Sebastianäcker“ überqueren, Sie folgen links einem Schotterweg parallel zur Landstraße.

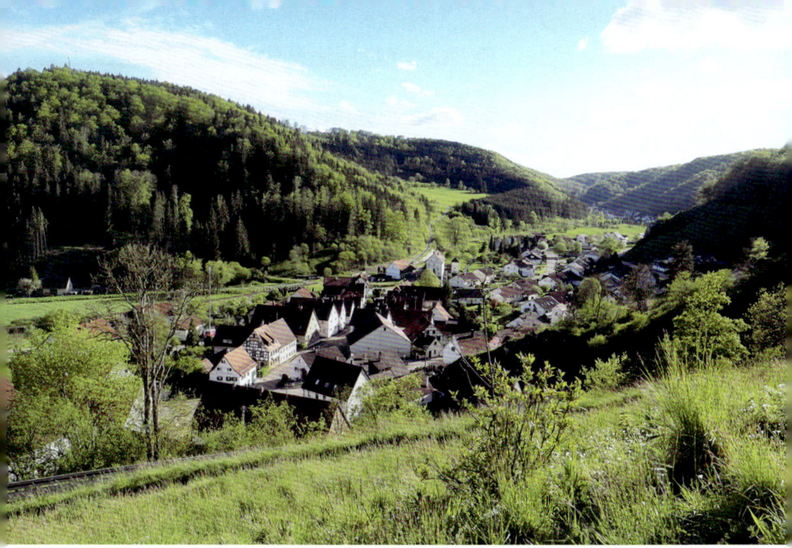

Hütten im Schmiechtal

Rechts erkennen Sie bald darauf die sanfte Erhebung des Hungerbergs, der von einer schönen Wacholderheide umgeben ist. Beim Wegweiser „Gründle" überqueren Sie nochmals die K7335 und folgen dem Weg auf der anderen Straßenseite in Richtung eines Waldstücks. Hier gehen Sie rechts entlang des Waldrandes, bis Sie zum Wegweiser „Grund" gelangen und an der dortigen Wegkreuzung links in den Wald hineinwandern. Auf einem breiten Forstweg gelangen Sie schließlich zu einem idyllisch gelegenen ⛺ Rastplatz mit Feuerstelle und Schutzhütte ❻. Das leicht abwärtsführende Wegstück geleitet Sie durch ein dichtes Mischwaldgebiet. Nach knapp 3 km erreichen Sie das Schmiechtal ❼ und sehen direkt auf die Bahnlinie, auf der die Schwäbische-Alb-Bahn zwischen Schelklingen und Münsingen verkehrt. Der HW2 würde nun rechts dem Schmiechtal in Richtung Schelklingen folgen. Hütten liegt allerdings links, daher folgen Sie der Bahnlinie noch knapp 1 km, queren die Gleise und biegen rechts in die Mühlstraße ein, bis Sie schließlich vor dem Gasthof Bären in Hütten ankommen.

Hütten

ℹ 🛏 ✕ ∩ ⌘ 🚆 🚌 ✉ 89601, 400 Einw.

(ℹ) Rathaus Schelklingen, ☞ Schelklingen

ℹ ⌘ Informationszentrum Hütten, Mühlstraße 5, ☏ 073 94/24 80, ✉ biosphaeren-infozentrum@schelklingen.de, 💻 infozentrum-huetten.de, 🚪 April-Okt So und Feiertage 10:00-16:00. Hier bekommen Sie Infos zur Pflanzenwelt, Wandervorschläge und Auskunft zu Einkehrmöglichkeiten.

Gasthof Bären, Bärentalstraße 2, ☏ 073 84/95 20 83, ÜF EZ € 28, Di-So 11:00-20:00

Bärentalhöhle, 28 m der Höhle sind frei begehbar. Der weitere Weg ins Erdinnere ist den Höhlenforschern des Höhlenvereins in Blaubeuren vorbehalten.

in Richtung Schelklingen und Münsingen, hauptsächlich zur Schülerbeförderung, an Wochenenden auch für Touristinnen und Touristen

täglich zwischen Münsingen und Schelklingen

Hütten liegt mitten im Schmiechtal und gehört zum Biosphärengebiet der Schwäbischen Alb. Im Dorf gibt es dazu ein Informationszentrum, das Wissenswertes zur Tier- und Pflanzenwelt, zu geologischen Besonderheiten und der Geschichte des Schmiechtals zeigt. Hütten ist umgeben von einer schönen Heidelandschaft mit reichhaltiger Vegetation und seltenen Schmetterlingsarten.

23. Etappe: Hütten – Blaubeuren

20,3 km, 6 Std. 50 Min., ↑ 660 m, ↓ 770 m, ⇧ 500-725 m

0,0 km	⇧ 589 m	Hütten
1,7 km	⇧ 608 m	Talsteußlingen, Mühlrad
4,3 km	⇧ 495 m	Aufstieg Muschenwang
6,4 km	⇧ 725 m	Hof Muschenwang
9,3 km	⇧ 550 m	Parkplatz Urspring, Variante nach Schelklingen 1,6 km
10,8 km	⇧ 523 m	Schelklingen BANK
11,3 km	⇧ 600 m	Ruine Hohenschelklingen
15,0 km	⇧ 550 m	Tiefental
18,0 km	⇧ 690 m	Ruine Günzelburg
20,3 km	⇧ 507 m	Blaubeuren (Bahnhof) BANK

Eine Tour mit einigen Aufs und Abs. Vom beschaulichem Schmiechtal aus steigen Sie auf die Höhen der Südalb, dann hinab nach Schelklingen und wieder hinauf zur Hochfläche, um schließlich durch das Felsenlabyrinth wieder hinunter nach Blaubeuren abzusteigen. Die Dörfer auf der Hochfläche strahlen Ruhe aus, nur vereinzelt gibt es Einkehr- und Übernachtungsmöglichkeiten. Etwas munterer wird es in Schelklingen und vor allem in Blaubeuren. Beide Orte profitieren von Sensationsfunden in der Höhle Hohle Fels und dem von der UNESCO verliehenen Prädikat, nun Weltkulturerbe zu sein. In Blaubeuren zieht vor allem der Blautopf zahlreiche Tagesausflüglerinnen und -ausflügler an.

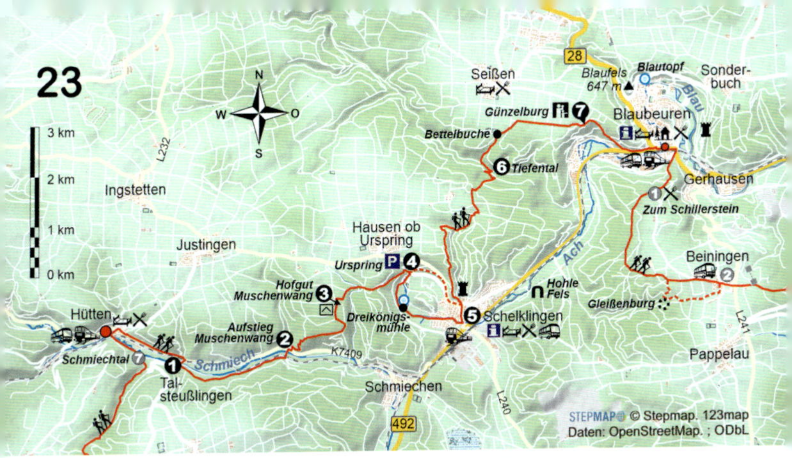

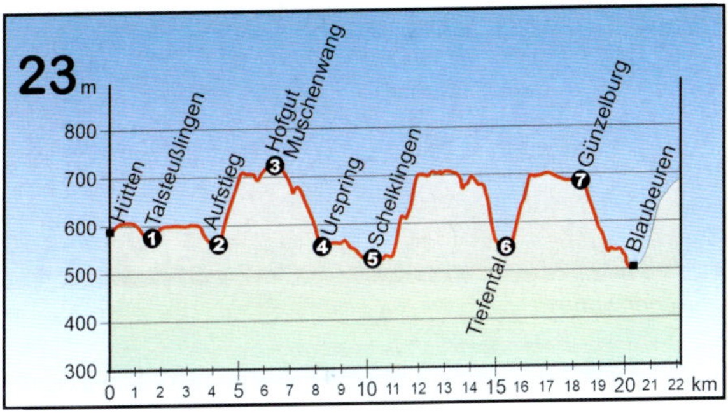

Das Tiefblau der Karstquelle muss man einfach gesehen haben und die wahren Erkenntnisse vom Grund des Sees, die der Höhlenforscher Jochen Hasenmeyer ans Licht gebracht hat, sind mindestens so spannend wie die zahlreichen Mythen und Legenden, die sich um die eindrucksvolle Quelle ranken.

Die Etappe startet in Hütten am neu gestalteten Dorfplatz beim Brunnen „Bärenfigur mit Forelle". Hier gehen Sie entlang der Poststraße, bis Sie an den letzten Häusern von Hütten angekommen sind und ein Pfad links am Waldrand parallel zur Straße entlangführt. Dies ist die ursprüngliche Wegführung des HW2 und zum Teil befinden sich auch noch die alten Markierungen an dem ein oder anderen Baum. Bei Talsteußlingen kommen Sie aus dem Wald heraus und überqueren hier die Landstraße und die Bahnlinie ❶. Rechts befindet sich das ehemalige Wasserrad, das über 80 Jahre hinweg Antriebsrad der ehemaligen Getreidemühle von Talsteußlingen war.

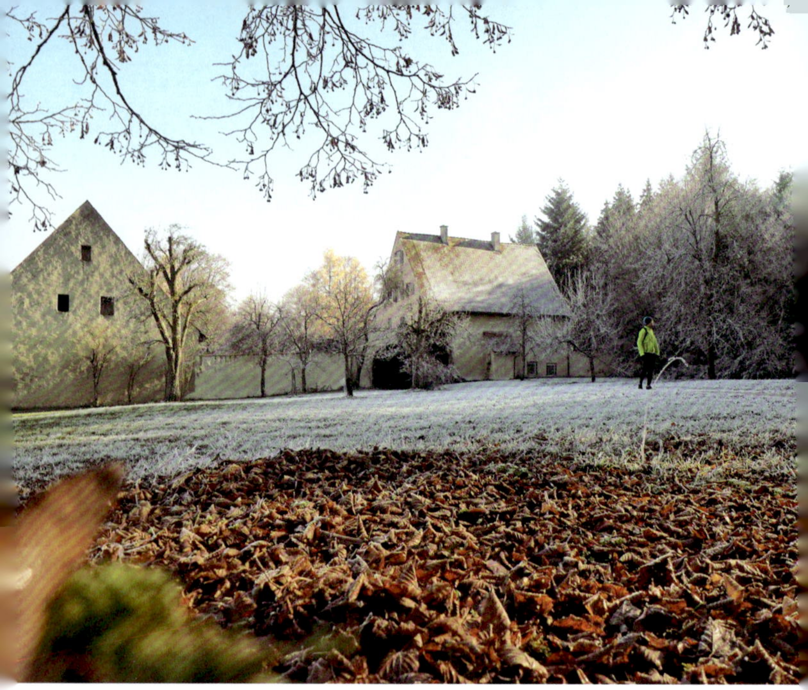

Muschenwang

Sie gehen nun links auf einem Forstweg am Waldrand entlang. Nach etwa 2,5 km überqueren Sie nochmals die Bahnlinie bzw. Landstraße und folgen auf der gegenüberliegenden Seite einem schmalen Pfad ❷ steil aufwärts zur Ruine Muschenwang. Nachdem Sie den Aufstieg hinter sich gebracht haben, folgen Sie dem Wegweiser „Eichhalde" (702 m), der rechts in Richtung Ruine Muschenwang zeigt. Von der ehemaligen Ruine ist kaum noch was übrig, nur ein paar Mauerreste des ehemaligen Wohnturms sind noch zu erkennen. Nicht weit von der Ruine befindet sich das Hofgut Muschenwang ❸, das rechts auf einer schönen Wiesenfläche liegt und nicht zugänglich ist. Davor befindet sich eine kleine Schutzhütte.

Literaturtipp: Muschenwang, mein Muschenwang von Ottmar Schilling. Das nur in kleiner Auflage veröffentlichte Buch beschreibt das harte und zuweilen auch abenteuerliche Leben auf dem Hofgut Muschenwang, das der Autor elf Jahre lang zusammen mit seinen Eltern und seiner Schwester in den 30er-Jahren des vorigen Jahrhunderts dort verbracht hat. Erhältlich ist es im Stadtmuseum in Schelklingen.

Sie folgen nun auf der Hochfläche den Wegweisern, die hier teils spärlich angebracht sind. Es geht stetig bergab, mal auf Schotterwegen, mal auf weichen Waldpfaden. Etwa 1 km vor Urspring ist die Wegführung eindeutig und Sie gelangen nach einem langen Abstieg direkt zum Parkplatz Urspring ❹ beim ehemaligen Kloster, in dem heute ein Gymnasium mit Internat untergebracht ist.

Am Parkplatz befindet sich ein Wegweiser, dem Sie links in Richtung Ruine Hohenschelklingen folgen können. Es ist ein ausgesprochen schöner Wiesenweg, der Sie ohne nennenswerte Steigungen direkt nach Schelklingen bringt. Diese Variante ist etwa 1 km kürzer als der Weg um den Lützelberg.

Wenn Sie die ursprüngliche Wegführung wählen, gehen Sie rechts am Gymnasium und dem Sportplatz vorbei. Nun müssen Sie nur noch um den formschönen Lützelberg herumwandern und den Quelltopf des Achursprungs bei der Dreikönigsmühle passieren, dann gelangen Sie über den Wiesenweg in die Stadt Schelklingen ❺.

Schelklingen

89601, 7.200 Einw.

Rathaus Schelklingen, Markstraße 15, ☎ 073 94/248 17, tourismus@schelklingen.de, www.schelklingen.de, Di-Do 9:00-12:00, Do auch 14:00-16:00

Gasthof zur Sonne, Marktstraße 9, ☎ 073 94/93 33 75, gasthof-sonne-schelklingen@t-online.de, www.gasthof-sonne-schelklingen.de, ÜF DZ € 58, EZ € 29, täglich 9:30-23:00

Hotel HGS3, Heinrich-Günter-Straße 3, ☎ 073 94/93 14 90, info@hgs3.de, www.hgs3.de, ÜF DZ € 95, EZ € 85

Indian Villa, Maximilian-Kottmann-Platz 15, ☎ 073 94/608 04 01, info@indian-villa-schelklingen.de, www.indian-villa-schelklingen.de, indische Küche, Mo, Do-So 11:30-14:00 und 15:30-21:30, Di 15:30-21:30, Mi Ruhetag

Eiscafé Oase, Markstraße 14, ☎ 073 94/91 69 54, täglich 10:00-20:00

⌘ Stadtmuseum, Spitalgasse 6, ☎ 07 31/38 49 10, info@museum-schelklingen.de, www.museum-schelklingen.de, Eintritt € 2, So 10:00-12:00 und 14:00-16:00

Hohle Fels, Hohler Felsenweg, ☎ 073 94/248 17, tourismus@schelklingen.de, www.schelklingen.de, € 4,50 p. P., Mai-Okt Mo-Fr 14:00-17:00, Sa 12:00-17:00, So 11:00-17:00

Burgruine Hohenschelklingen, Burgturm, Mai-Sep jeden 1. Sonntag im Monat 14:00-17:00

Freibad Schelklingen, Hohler Felsenweg 41, ☏ 073 94/23 01,
Mai-Sep 10:00-20:00
in Richtung Ulm, Ehingen, Sigmaringen
nach Blaubeuren, Ehingen, Hütten

Wer auf Schelklingen blickt, sieht zunächst das monströs wirkende Zementwerk am Südrand von Schelklingen. Dieses Werk blickt auf eine bewegte Geschichte zurück und ist heute wie damals ein wichtiger Arbeitgeber der Stadt und des Umlandes. Hergestellt wird vor allem der bekannte Heidelberg-Zement.

Doch mehr in den Schlagzeilen stand die Kleinstadt am Südrand der Alb wegen eines aufsehenerregenden Funds in der Kartshöhle Hohle Fels. Im September 2008 fand der mittlerweile weltbekannte Archäologe Nicholas Conard in der Höhle eine aus Mammutelfenbein geschnitzte Frauenfigur, die Venus. Ein Sensationsfund, der um die Welt ging, denn die Figur gehört zu den weltweit ältesten Kunstwerken überhaupt. Nach genauen Überprüfungen ist die nur 6 cm große Darstellung etwa 40.000 Jahre alt. Die Nordhalbkugel befand sich gerade in der Eiszeit und es wird vermutet, dass sich in dieser Epoche Neandertaler und der moderne Mensch, Homo sapiens, in den Höhlen der Alb getroffen haben. Auch in anderen Höhlen der Alb wurden die Archäologen fündig (☞ Vogelherdhöhle). Einige davon wurden daher 2017 in den Rang des UNESCO-Weltkulturerbes gehoben.

Die Kleinstadt hat aber auch eine historische Altstadt und etwas über den Dächern regiert die Burgruine Hohenschelklingen aus dem 12. Jh. Sie befindet sich auf einem Bergsporn des Schlossbergs. Vom Turm aus hat man einen schönen Blick auf Schelklingen, die Ach und die Seitentäler. Die Burganlage ist nach einer umfangreichen Renovierung seit 1999 wieder frei zugänglich.

Vom Wiesenweg biegen Sie rechts in die Achstraße ein und folgen anschließend links der Bahnhofstraße, bis diese in die Schulstraße mündet. Am Ende der Straße biegen Sie rechts in die Straße Im Längental ein und folgen dann wieder den Wegweisern zur Burgruine Hohenschelklingen.

Sie steigen über eine schöne Wacholderheide aufwärts und gewinnen nicht nur an Höhe, sondern auch an Blickweite, es beginnt nun der interessante Teil des Weges. Der Blick gleitet dabei über die Stadt und die ländliche Umgebung.

Am Turm der Ruine Hohenschelklingen gehen Sie links vorbei. Am folgenden Wegweiser „Schlossberg" (681 m) gehen Sie rechts in Richtung Längental weiter. Sie kommen an Weideflächen vorbei, die sich rings um das kleine Dörfchen Hausen ob Urspring ausbreiten. Der Abstieg ins Längental erfolgt auf einem schmalen Pfad, der im Wald rechts hinunterführt.

Im Tal kommen Sie zu einer Teerstraße, der Sie links wenige Meter folgen. Bei der folgenden Linkskurve verlassen Sie den breiten Weg und gehen geradeaus auf einem Waldweg eine Böschung hinauf. Ein Wiesenweg führt Sie links zu einem Wäldchen, an dessen Rand Sie entlanggehen. Sie erreichen dann ein Bannwaldgebiet und steigen rechts weit hinab ins Tiefental ❻.

Bannwald

Ein von menschlichen Einflüssen weitgehend verschontes Gebiet soll sich zum Urwald entwickeln. Der Bannwald dient wissenschaftlichen Beobachtungen, daher dürfen keine Pflanzen etc. mitgenommen werden. Es besteht Gefahr, durch herunterfallende Äste verletzt zu werden.

Im Talgrund gehen Sie zunächst beim Wegweiser „Feuchte Halde" links einen Waldweg entlang und biegen dann nach ca. 200 m rechts auf einen schmalen Pfad ab. Nun gleichen Sie die Höhenmeter wieder aus, die Sie auf der anderen Seite beim Abstieg verloren haben. Es geht steil bergauf zur Hochfläche bis zur Bettelbuche. Vor Ihnen liegen die Sportplätze von Seißen.

↳ Folgen Sie hier noch ein Stück dem HW1 und biegen bei der ersten Möglichkeit links ab, gelangen Sie direkt nach Seißen zum Jägerstüble.

Bei Seißen

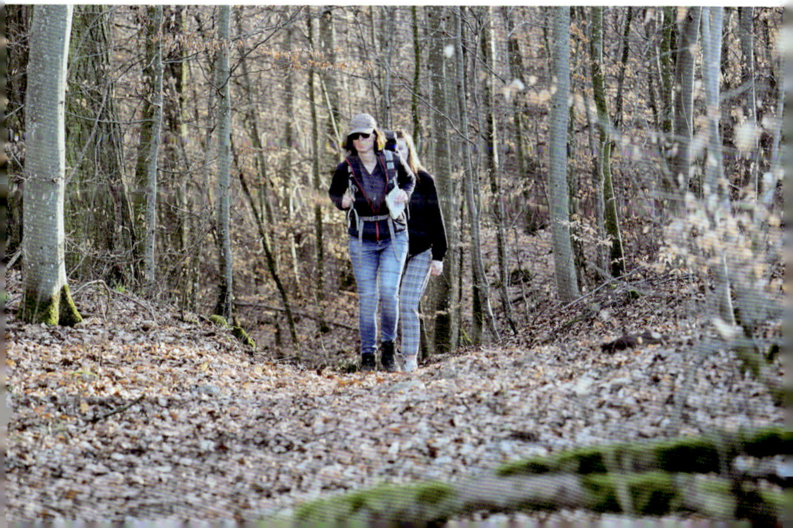

Seißen

89143, 1.630 Einw.

Gasthaus Jägerstüble, Schäferweg 14, ☏ 073 44/64 53, mail@jaegerstueble.net, jaegerstueble.net, ÜF DZ € 78, EZ € 44, Mi-Fr 17:00-23:00, Sa und So 11:30-13:45 und 17:00-23:00, Mo und Di Ruhetag

Trattoria Doline, Flurstraße 55, ☏ 073 44/922 10 00, mail@trattoriadoline.de, www.trattoriadoline.de, Di-So 12:00-21:00

Zur Rechten geleitet Sie der Hangwald, zur Linken eine reizvolle Wacholderheide und in nicht allzu weiter Ferne liegt ein schöner Aussichtspunkt bei der Günzelburg ❼. Wenn Sie an der ehemaligen Felsenburg angekommen sind, können Sie am Fuße des Burgfelsens noch einige Mauerreste erkennen. Eine Treppe führt zu dem Felsplateau hinauf. Von hier oben sind das Tal der Ach und die kleine Gemeinde Weiler gut zu sehen.

Der Abstieg nach Blaubeuren erfolgt durch das Felsenlabyrinth, ein von Kletterinnen und Kletterern sehr geschätztes Gebiet. Besonders beeindruckend ist das Felsbildnis mit dem treffenden Namen Küssende Sau. Kurz bevor Sie die Bundesstraße erreichen, biegt der Weg nochmals links ab und Sie folgen dem Waldweg, bis Sie am Wegweiser „Reichlensbergweg“ noch ein paar Meter bergab

Felsbildnis Küssende Sau

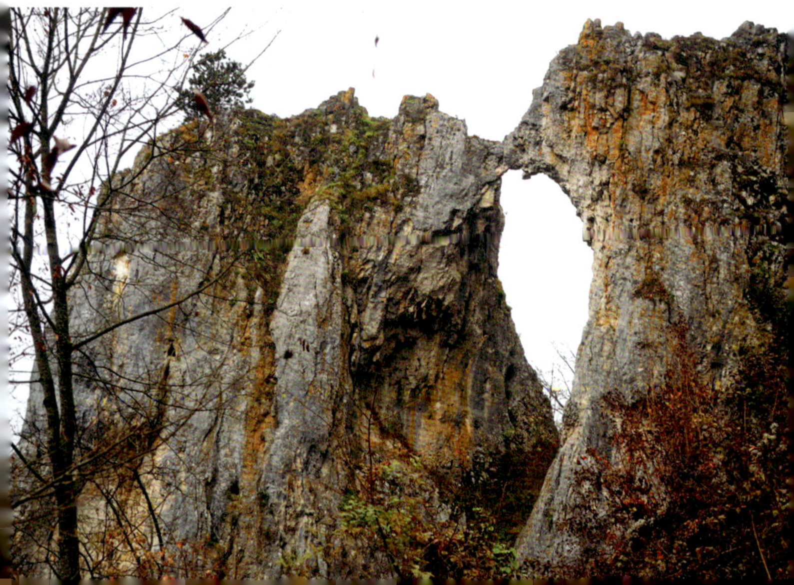

gehen und dann schließlich über eine Treppe den Bahnhof von Blaubeuren erreichen. Bevor Sie die Hauptstraße queren, sollten Sie unbedingt den Weg zum Blautopf einschlagen. Die imposante Quelle der Blau liegt eingebettet unter dem Blauberg. Der Weg dorthin ist gut ausgeschildert.

Blaubeuren

89143, 5.300 Einw.

Touristinformation, Kirchplatz 10, 073 44/96 69 90, tourist@blaubeuren.de, www.blaubeuren.de, März-Nov 10:00-17:00, Dez-Feb Mo-Sa 10:00-12:00, So 10:00-17:00

Hotel Ochsen, Marktstraße 4, 073 44/96 98 90, info@ochsen-blaubeuren.de, www.ochsen-blaubeuren.de, ÜF DZ ab € 79, EZ ab € 59, täglich, Küchenzeiten Mo-Sa 11:45-14:00 und 18:00-21:00

♦ Gasthof Café zum Löwen, Marktstraße 1, 073 44/92 80 50, info@hotelcafeloewen.de, www.hotelcafeloewen.de, ÜF DZ ab € 68, EZ € 42, Do-Di 11:30-14:00 und 17:00-24:00, Mi Ruhetag

Jugendherberge, Auf dem Rucken 69, 073 44/64 44, JH-Blaubeuren@jugendherberge.de, www.jugendherberge-bw.de, ÜF DZ ab € 27, täglich 7:00-22:00

Gasthaus zum Schwanen, Webergasse 10, 073 44/179 96 95, wirtschaft.zumschwanen@gmail.com, www.schwanen-blaubeuren.de, Mi-Fr 17:00-23:00, Sa 11:00-14:00

♦ Gasthaus König Karl, Karlstraße 25, 073 44/92 23 62, kk-blaubeuren@t-online.de, www.koenig-karl-blaubeuren.metro.biz, Mo-Do 11:00-23:00, Fr-So 10:00-23:00

♦ Pizzeria Vesuvio, Karlstraße 102, 073 44/92 48 88, info@vesuvio-blaubeuren.de, www.vesuvio-blaubeuren.de, Di-So 11:30-14:00 und 17:00-23:00

Café am Blautopf, Blautopfstraße 9, 073 44/92 10 27, info@blautopf.de, www.blautopf.de, Palmsonntag bis 1. Nov täglich 9:00-18:00

⌘ Urmu, Urgeschichtliches Museum, Kirchplatz 10, bei Touristinfo, 073 44/96 69 90, info@urmu.de, www.urmu.de, Eintritt € 7, April-Okt Di-So 10:00-17:00, Mo geschlossen, Nov-März Di-Sa 14:00-17:00, So 10:00-17:00, Mo geschlossen

Ruine Rußenschloss, knapp 1.000 Jahre alte Burganlage, im Jahr 2020 renoviert und wieder zugänglich, toller Blick über Blautal und die Stadt

Blautopf, www.blautopf.de, frei zugänglich

Hallenbad und Freibad, Mühlweg 16, 073 44/924 80 90, Mai-Sep 8:00-20:00

mehrmals täglich nach Ulm und Sigmaringen

nach Schelklingen, Blaustein, Ulm, Ehingen

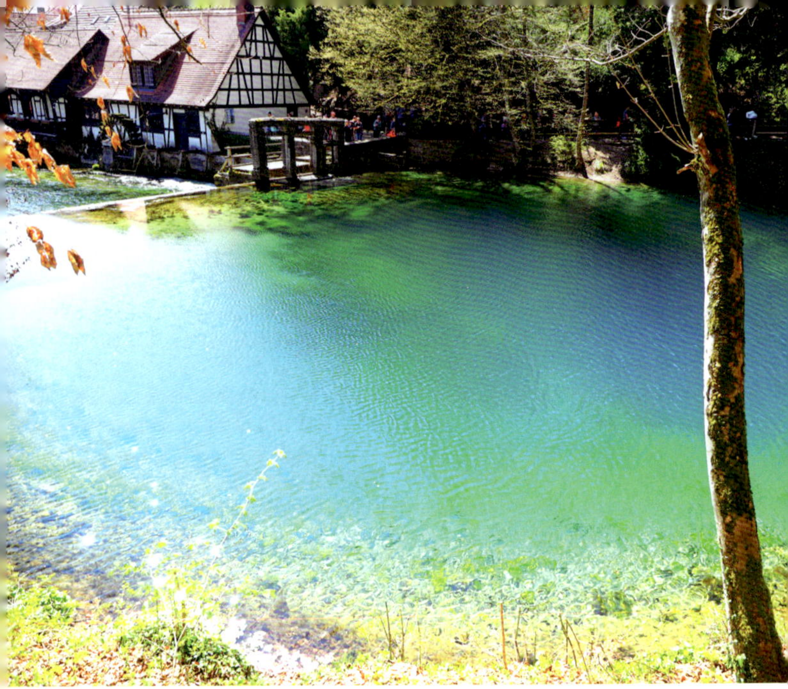

Der Blautopf in Blaubeuren

In Blaubeuren gurgelt wohl die beeindruckendste Quelle der Schwäbischen Alb, der Blautopf. Doch warum ist der Blautopf so blau? Die Tiefe der faszinierenden Karstquelle verschluckt die Sonnenstrahlen und durch die Brechung des Lichts nimmt das klare Wasser einen fesselnden, fast surrealen Blauton an. Aus dem Schlund strömen bis zu 32.000 Liter Wasser pro Sekunde heraus. Unterhalb des sagenumwobenen Quelltopfes vermutet der Höhlenforscher Jochen Hasenmayer riesige Thermalvorkommen. Mit einem selbst gebauten U-Boot ist der Höhlenforscher schon tief in das unter dem Albkörper liegende Höhlensystem vorgedrungen und entdeckte dabei im Jahr 1985 den Mörikedom, eine luftgefüllte Halle unterhalb des Blautopfs. Bis heute wurden und werden durch die Arbeitsgemeinschaft Blautopf immer wieder neue Verästelungen und Gänge entdeckt, die tatsächlich auf ein weitverzweigtes Höhlensystem schließen lassen. Um den Blautopf ranken sich aber auch viele Mythen, Märchen und Sagen. So schrieb der Dichter Eduard Mörike, dass auf dem Grund eine wunderschöne Wassernixe, die Lau, sitzen würde und dort ihr Lachen wiederfand. Das Urgeschichtliche Museum stellt dagegen einige sehr reale, aber dennoch sagenhafte Attraktionen aus.

Im Mittelpunkt steht zweifellos die Venus (☞ Schelklingen, Hohle Fels). In verschiedenen Themenräumen können Sie in die Steinzeit zurückblicken und beispielsweise so spannenden Fragen nachspüren wie: Männer und Frauen, wie war das denn damals vor 40.000 Jahren? Bei solchen Fragestellungen verwundert es kaum, dass Blaubeuren auch gerne als Hauptstadt der Archäologie bezeichnet wird.

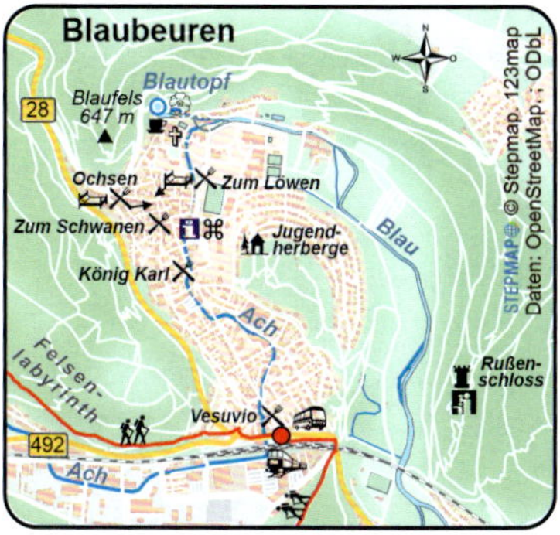

Weg durch Blaubeuren

24. Etappe: Blaubeuren – Ulm

22,1 km, 6 Std. 25 Min., ↑ 280 m, ↓ 380 m, ⇧ 400-685 m

0,0 km	⇧ 507 m	Blaubeuren
1,4 km	⇧ 665 m	Gasthaus zum Schillerstein
4,0 km	⇧ 663 m	Abkürzung Beiningen 1,1 km
5,9 km	⇧ 651 m	Beiningen
8,4 km	⇧ 626 m	Abzweig vor Erstetten
11,2 km	⇧ 621 m	Picknick- und Aussichtsplatz
13,2 km	⇧ 600 m	Allewind BANK
16,1 km	⇧ 587 m	Aussichtspunkt Römerhof
17,2 km	⇧ 579 m	Fort Oberer Kuhberg
18,4 km	⇧ 539 m	Jugendherberge Sophie Scholl
22,1 km	⇧ 478 m	Ulm (Marktplatz, Fischerviertel) B&B BANK

Diese Etappe führt Sie nach Ulm, der größten Stadt, die Sie auf der gesamten Albumrundung erreichen. Von Blaubeuren geht es über den Hochsträß, eine Erhebung, die erst kurz vor Ulm abfällt und von der an klaren Tagen das Panorama der österreichischen und Schweizer Alpen zu sehen ist. Falls das nicht möglich ist, weil mal wieder der für Ulm so typische Nebel die Szenerie beherrscht, so haben Sie vielleicht das Glück und können am nächsten Tag bei besseren Sichtverhältnissen von der weltweit höchsten Kirchturmspitze, nämlich der des Ulmer Münsters, einen ebenso unvergesslichen Fernblick genießen.

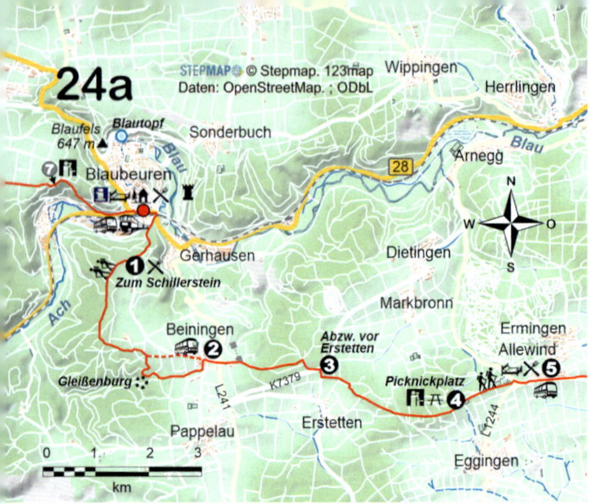

Sie gehen am Bahnhof geradewegs weiter hin zu einem Radweg. An einer Überführung queren Sie die Gleise der Bahnstrecke Ulm–Ehingen und dann folgen Sie dem Weg rechts hinauf zur Schillerhöhe. Bereits im unteren Drittel zweigt der Weg links von der Straße ab. Ein schöner Waldweg führt weiter hangaufwärts. Bei der Waldgaststätte Zum Schillerstein, nach etwa 150 Höhenmetern, haben Sie den längsten Aufstieg dieser Tagesetappe hinter sich gebracht ❶.

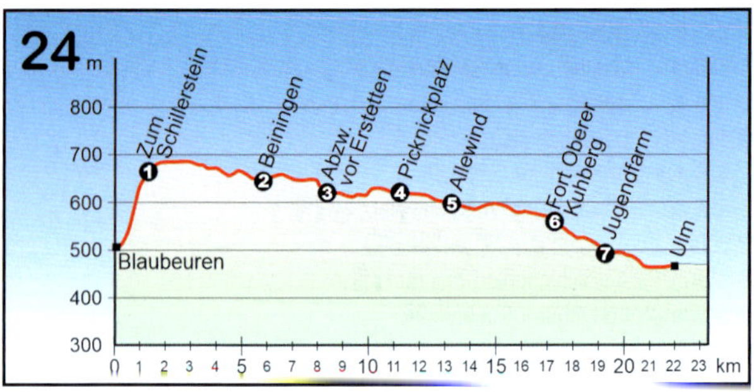

✕ Waldgaststätte Zum Schillerstein, Gleißenburg 15, ☎ 073 44/76 69, schillerstein@t-online.de, www.schillerstein-blaubeuren.de, Mi-Sa 11:00-21:00, So 10:00-21:00

An der Gaststätte führt rechts ein breiter Schotterweg am Waldrand entlang. Beim Wegweiser „Oberer Kühnenbuch“ (685 m) zweigt der Weg links in den Wald hinein ab. Zunächst gehen Sie auf einem schmalen Pfad durch den Wald, bis Sie auf einen breiteren Schotterweg treffen, dem Sie links weiterhin durch den Wald folgen.

Sie kommen nach etwa 1,7 km aus dem Waldgebiet heraus und nehmen hier den Abzweig rechts. Der Weg führt Sie am Waldrand weiter und Sie folgen dem Weg in Richtung Waldkindergarten.

↳ Beim Abzweig „Waldkindergarten" können Sie auch dem Teersträßchen links folgen, bis Sie nach etwa 500 m über die Untere Straße die ersten Häuser von Beiningen erreichen und sich so knapp 1 km Weg ersparen.

Dabei kommen Sie an der Ruine Gleißenburg vorbei, deren Mauerreste fast vollständig von der Natur zurückerobert wurden und kaum mehr erkennbar sind. Sie folgen den Wegweisern und erreichen schließlich über ein landwirtschaftlich genutztes Sträßchen die Ortschaft Beiningen ❷.

Beiningen

89143, 615 Einw.

spärliche Busverbindung in Richtung Blaubeuren

Beiningen ist ein Ortsteil von Blaubeuren und liegt auf dem Hochsträß auf etwa 650 m Höhe. Der Höhenlage sei Dank, denn im Winter kann mit etwas Glück der kleine Skilift am Ortsrand besonders bei Kindern für Winterfreuden sorgen. Etwas westlich von Beiningen befindet sich in etwa 1 km Entfernung die kaum mehr erkennbaren Reste der Ruine Gleißenburg.

Sie passieren den Ort und bleiben auf der Unteren Straße, bis Sie die L241 überqueren und dem Erstetter Weg weiter in Richtung Ulm folgen. Links befindet sich der Skilift.

Es folgt nun ein langer Abschnitt über den Hochsträß, bei dem sich Wald-, Wiesen- und Feldflächen ständig abwechseln. Sie überqueren nun nochmals eine Landstraße, diesmal die K7379 bei Erstetten. Die kleine Ansiedlung umgehen Sie an einer Abzweigung vor Erstetten ❸.

Kurz darauf unterqueren Sie eine Hochspannungsleitung und treffen dann unweit vor Allewind auf eine schöne Feuerstelle, die direkt rechts am Wegesrand zum Picknick einlädt ❹. In der Nähe befindet sich auch eine Sportgaststätte, die bei Veranstaltungen des hiesigen Vereins geöffnet ist. Immer wieder ergeben sich auf dem Weg über den Hochsträß grandiose Aussichten hinunter in die weite Ebene des Donautals. Besonders imposant ist es an klaren Tagen oder bei Föhnlage, wenn die Luft besonders rein ist und die Sicht dann bis zu den schneebedeckten Bergen der Alpen reicht. Direkt an der Straße bei Allewind ❺ befindet sich eine Panoramatafel mit allen Berggipfeln, die bei entsprechenden Sichtverhältnissen von hier aus zu sehen sind.

Ermingen/Allewind 89081, 1.100 Einw.

Rössle, Ortsstraße 56, 073 04/803 80, info@roessle-ermingen.de, www.rössle-ermingen.de, ÜF DZ € 90, EZ € 65, Mo, Mi-Fr 11:30-14:00 und 17:00-20:00, Sa und So 11:30-20:00, Di Ruhetag

stündlich nach Ulm

Die schwäbische Antwort auf den Steinkreis in Stonehenge finden Sie kurz vor den Toren Ulms, genauer gesagt in Allewind. Hier werden zwar keine mystischen Rituale gefeiert, aber einmal im Jahr entzündet die Dorfgemeinschaft das weithin sichtbare Funkenfeuer, um den Winter auszutreiben und dabei auf ein gutes Erntejahr zu hoffen. Das Steintor ist so platziert, dass jeweils zur Sonnenwende bei Sonnenaufgang die Strahlen direkt durch das Tor fallen. Im Gegensatz zum Pendant in Südengland weiß man allerdings ganz genau, wie die Steine hier so exakt hingestellt werden konnten. Die Uni Ulm machte die Standortberechnungen und eine örtliche Baufirma stellte die insgesamt zwölf Kalksteinquader entsprechend auf.

Am Steinkreis bei Allewind

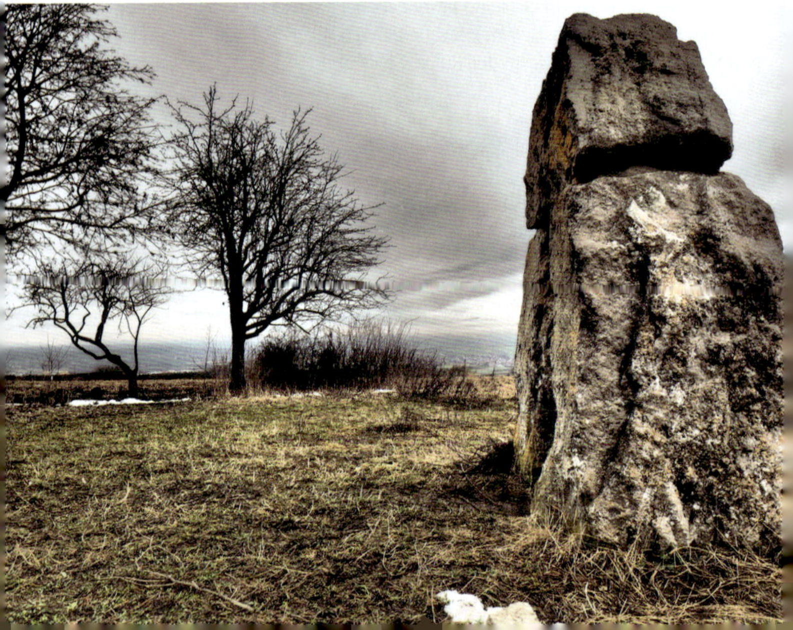

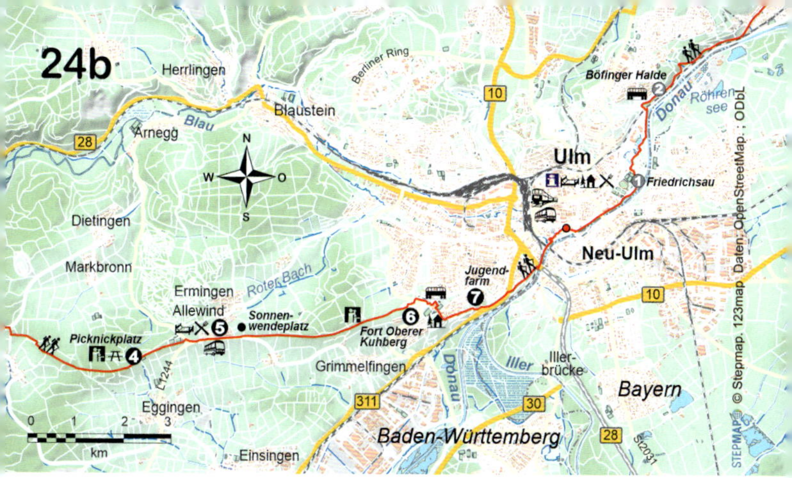

Sie erkennen schon aus der Ferne den hohen Sendemast beim Fort Oberer Kuhberg. Auf dem Radweg kommen Sie nun der Stadt Ulm immer näher. Sie passieren den Aussichtspunkt Römerhof mit Alpenblick. Das Erste, was Sie von der Universitätsstadt erkennen können, ist das Münster, das sich allmählich aus dem Tal erhebt und bald darauf in seiner vollen Größe zu sehen ist. Noch ein paar Schritte weiter und Sie überblicken vom Hochsträß einen Großteil der Stadt. Wenn Sie beim Sendemast sind, gehen Sie über den Wanderparkplatz und vor Ihnen eröffnet sich das Fort Oberer Kuhberg ❻ in seiner ganzen Größe.

Oberer Kuhberg und KZ-Gedenkstätte

Das Fort Oberer Kuhberg ist ein 40.000 m² umfassendes Freilichtmuseum über die Festungsbaukunst. Ehrenamtliche Arbeiten machten es möglich, dass dieses erhabene Gebäude vor dem Zerfall gerettet wurde und heute in seiner ganzen Größe wieder für Besucherinnen und Besucher zugänglich ist.

♦ Führungen und Preise können unter ☏ 07 31/926 77 38 angefragt werden. Weitere Informationen gibt es unter 💻 www.festung-ulm.de.

Ebenfalls beim Fort befindet sich das Dokumentationszentrum Oberer Kuhberg, kurz DOZT. Dabei handelt es sich um ein ehemaliges Konzentrationslager, in dem unmittelbar nach der Machtergreifung der Nazis im Jahr 1933 politisch Andersdenkende und Regimekritische inhaftiert wurden. Dokumentiert wird in dem gut erhaltenen Gebäude der dramatische Übergang von der noch jungen Demokratie der Weimarer Republik hin zur diktatorischen Naziherrschaft.

♦ ☏ 07 31/213 12, ✉ info@dzok-ulm.de, 💻 www.dzok-ulm.de, Eintritt € 2, 🚪 So 14:00-17:00, Dez/Jan geschlossen

Das Fort umgehen Sie auf der linken Seite. Eine Fußgängerbrücke bringt Sie über den Kurt-Schumacher-Ring hin zum großen Schulzentrum beim Kuhberg.

Die frühere Wegführung durch Ulm hat sich verändert. Während ältere Karten noch den Weg mitten durch die Stadt zeigen, führt der neue Weg nun über eine längere Strecke am Donauufer entlang, was eindeutig die bessere Alternative ist.

☺ Wenn Sie auf den langen Weg durch die Vorstadt bis zur Stadtmitte verzichten möchten, nehmen Sie hier die Straßenbahn, die im 10-Minuten-Takt bis zum Bahnhof fährt. Der Bahnhof befindet sich im Zentrum von Ulm, von hier aus können Sie bequem die Fußgängerzone hinunterschlendern oder einen Abstecher zum sehenswerten Fischerviertel machen.

Per pedes gehen Sie an der Straßenbahnhaltestelle etwas abwärts zur Kuhberghalle und dann hin zum Grimmelfingerweg, über den Sie die Jugendherberge erreichen. Sie können das Gelände der Herberge überqueren und gelangen so auf einen abwärtsführenden Fußweg am Rande eines Villengebietes, auf dem Sie auch nach etwa 600 m zur Jugendfarm ❼ am Mittleren Kuhberg gelangen. Hier hat der Verein für Jugendhilfe der Stadt Ulm ein Kinderparadies geschaffen, das einen Aktivspielplatz mit zahlreichen Tieren beherbergt. An der Jugendfarm gehen Sie rechts vorbei weiter leicht abwärts, bis Sie schließlich die breite Illerstraße unterqueren und auf dem Galgenbergweg weitergehen. An der Adenauerbrücke überqueren Sie die Bahnlinie und erreichen dann das Donauufer, an dem Sie nun ein Stück des Weges flussabwärts entlanggehen. Erst beim Fischerviertel verlassen Sie die Donau wieder, wo die Etappe am Marktplatz beim Rathaus vor dem Brunnen endet.

Ulm

B&B BANK

89073-89081, 126.000 Einw.

Touristen-Information am Stadthaus, Münsterplatz 50, und Ulm/Neu-Ulm Touristik, Neue Straße 45, 89073 Ulm, ☏ 07 31/161 28 30, info@ulm.de, www.ulm.de, Mo-Fr 9:30-18:00, Sa 9:30-16:00, So 11:00-15:00

Ulmer Spatz, Münsterplatz 27, 89073 Ulm, ☏ 07 31/680 81, info@hotel-ulmer-spatz.com, www.hotel-ulmer-spatz.com, ÜF DZ € 87, EZ € 64, 11:30-14:30 und 18:00-21:00

♦ Lago, Friedrichsau 50, 89073 Ulm, ☏ 07 31/206 40 00, hotel@lago-ulm.de, hotel.lago-ulm.de, ÜF DZ, Preis auf Anfrage, Mo, Mi-Sa 15:00-24:00, So 11:00-19:00, Di Ruhtag

Schiefes Haus, Schwörhausgasse 6, 89073 Ulm, ☏ 07 31/96 79 30, hotelschiefeshausulm@t-online.de, www.hotelschiefeshausulm.de, ÜF DZ ab € 153, EZ ab € 129, schiefstes Hotel der Welt, mitten im Fischerviertel gelegen, ausgezeichnet mit dem Denkmalpreis

♦ Hotel am Rathaus und Hotel Reblaus, Kronengasse 8-10, 89073 Ulm, ☏ 07 31/96 84 90, info@rathausulm.de, www.rathausulm.de, ÜF DZ ab € 78, EZ ab € 68

♦ Hotel ibis, Neutorstraße 12, 89073 Ulm, ☏ 07 31/964 70, H0800@accor.com, www.all.accor.com, Preise auf Anfrage

♦ Maritim Hotel, Basteistraße 40, 89073 Ulm, ☏ 07 31/92 30, info.ulm@maritim.de, www.maritim.de, ÜF DZ ab € 140, EZ ab € 71

♦ Hotel Bäumle, Kohlgasse 6, 89073 Ulm, ☏ 07 31/622 87, info@hotel-baeumle.de, www.hotel-baeumle.de, ÜF DZ ab € 98, EZ ab € 70, sehr zentral, nahe am Münster

♦ Hotel Goldenes Rad, Neue Straße 65, 89073 Ulm, ☏ 07 31/80 01 84, info@goldenes-rad.com, www.goldenes-rad.com, ÜF DZ ab € 90, EZ ab € 77

B&B Hotel B&B, Ehingerstraße 11, 89077 Ulm, ☏ 07 31/17 63 30, ulm@hotelbb.com, www.hotel-bb.com, ÜF DZ ab € 65, EZ ab € 55, Mo-Fr 6:00-23:00, Sa und So 7:00-12:00 und 17:00-22:00

Geschwister-Scholl-Jugendherberge, Grimmelfinger Weg 45, 89077 Ulm, ☏ 07 31/38 44 55, mgs-ulm@jugendherberge.de, www.ulm.jugendherberge.de, ÜF ab € 28,70, täglich 6:00-22:30

Café Einstein, Wichernstraße 10, 89073 Ulm, ☏ 07 31/256 61, reservierungen@cafeeinstein.de, www.cafeeinstein.de, täglich 8:00-23:00

♦ Café Restaurant Stadthaus, Münsterplatz 50, 89073 Ulm, ☏ 07 31/600 93, www.cafe-restaurant-stadthaus.de, Mo-Sa 8:30-20:30, So 9:00-20:30

Gasthaus Zur Forelle, Fischergasse 25, 89073 Ulm, ☏ 07 31/639 24, ralph@stutzmiller.org, www.zurforelle.com, täglich ab 11:30

♦ Restaurant Allgäuer Hof, Fischergasse 12, 89073 Ulm, ☏ 07 31/674 08, info@erstes-ulmer-pfannkuchenhaus.de, www.erstes-ulmer-pfannkuchenhaus.de, erstes Ulmer Pfannkuchenhaus, Di-So 11:30-22:00, Sa bis 23:30

♦ Gasthaus Wilder Mann, Fischergasse 2, 89073 Ulm, ☏ 07 31/205 87 43, info@wildermannulm.de, www.wildermannulm.de, Mo-Mi 16:30-00:00, Do bis 1:00, Fr und Sa bis 3:00, So bis 23:00

♦ Riolet, Pizzeria, Kronengasse 10, 89073 Ulm, ☏ 07 31/975 28 80, info@riolet.de, www.riolet.de, täglich 11:00-23:00

♦ Peppers, mexikanische Küche, Deinselsgasse 8, 89073 Ulm, ☏ 07 31/290 82 59, info@peppersulm.de, www.peppersulm.de, Mo-So 17:30-21:00

- Barfüßer, Hausbrauerei Ulm, Neue Straße 87-89, 89073 Ulm, ☎ 07 31/60 26 56 15, www.barfuesser-brauhaus.de, täglich ab 9:00
- ◆ L'Osteria, Judenhof 8, 89073 Ulm, ☎ 07 31/88 01 50 20, ulm@losteria.de, www.losteria.net, täglich 12:00-22:00
- Café Tröglen, Münsterplatz 5, 89073 Ulm, ☎ 07 31/662 94, www.cafe-troeglen.de, Mo-Fr 10:30-17:00, Sa 9:00-17:00, So 12:00-16:30
- ◆ Café Fräulein Berger, Herrenkellergasse 14, 89073 Ulm, ☎ 07 31/60 28 89 33, veganes Frühstück, Mi-Sa 9:00-20:00, So 10:00-18:00, Mo und Di Ruhetag
- ◆ Bellavista, Münsterplatz 35, 89073 Ulm, ☎ 07 31/602 69 66, info@bellavista-ulm.de, www.bellavista-ulm.de, über den Dächern der Altstadt mit Blick zum Münster, Mo-Do 8:30-17:00, Fr und Sa bis 19:00
- ◆ Café Animo, Syrlinstraße 17, 89073 Ulm, ☎ 07 31/964 29 37, info@animo-ulm.de, www.cafe-animo.de, empfehlenswertes Café in der Porzellanmanufaktur Eiden, Di-Fr 7:30-19:00, Sa und So 9:00-19:00
- ⌘ Kunsthalle Weishaupt, Hans-und-Sophie-Scholl-Platz 1, 89073 Ulm, ☎ 07 31/161 43 61, info@kunsthalle-weishaupt.de, www.kunsthalle-weishaupt.de, moderne und zeitgenössische Kunst, Eintritt € 6, Di-Fr 11:00-17:00, Sa und So 11:00-18:00, Mo Ruhetag
- ◆ Ulmer Museum, Marktplatz 9, 89073 Ulm, ☎ 07 31/161 43 30, info.museum@ulm.de, www.museumulm.de, Eintritt € 8, Di-So 11:00-17:00, Do 11:00-20:00
- ◆ Ulmer Museum der Brotkultur, Salzstadelgasse 10, 89073 Ulm, ☎ 07 31/699 55, Eintritt € 4, Do-Di 10:00-17:00, Mi 10:00-20:30
- ◆ Naturkundliches Bildungszentrum, Kornhausgasse 3, 89073 Ulm, ☎ 07 31/161 47 42, nabi@ulm.de, www.naturmuseum-ulm.de, Eintritt € 2,40, Di-Fr 11:00-16:00, Sa und So bis 17:00
- Kanuverleih Neu-Ulm, Dammstraße 11, 89231 Neu-Ulm, ☎ 07 31/970 92 98, info@kso-outdoor.de, kso-outdoor.de, p. P. ab € 20, Saisonstart ab Mai, je nach Wetterlage bis Sep/Okt
- ✞ Ulmer Münster, Münsterplatz, 89073 Ulm, ☎ 07 31/379 94 50, oder 07 31/967 50 23, Besucherbetrieb.UlmerMuenster@elkw.de, www.ulmer-muenster.de, freier Zugang zur Kirche, Turmbesteigung € 5, April-Sep 9:00-19:00, Okt-März 10:00-17:00, Turmbesteigung Mai-Sep Mo-Fr 9:00-18:00, Sa und So 10:00-18:00, Okt, Feb-April 10:00-16:00, Nov-Jan 10:00-15:45
- Bahnknotenpunkt der Hauptstrecke Stuttgart–München, täglich auch Sigmaringen, Donauwörth, Friedrichshafen, Langenau
- ZOB beim Bahnhof, Dingverband Ulm, www.ding.eu
- Die beiden Straßenbahnlinien fahren im 10-Minuten-Takt alle Stadtgebiete Ulms an.

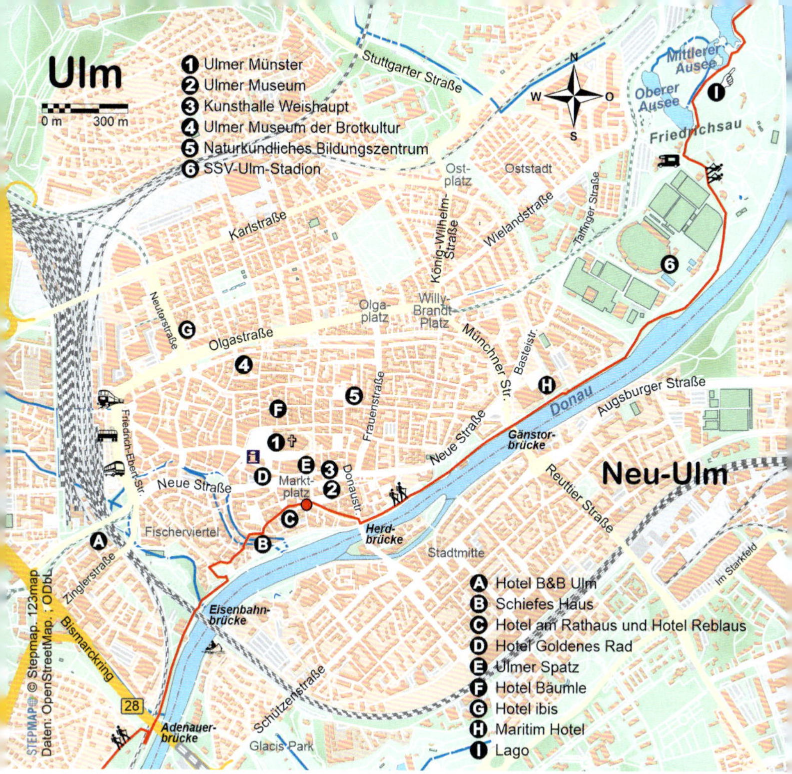

In Ulm (und um Ulm herum) ranken sich zahlreiche, teils recht skurrile Legenden. Eine der bekanntesten ist die vom Ulmer Spatz. Es wird erzählt, dass die Ulmer damals vor dem Problem standen, dass die quer auf einem Karren liegenden Balken für den Häuserbau nicht durch das Stadttor passten. Nachdem schon über das Einreißen desselben nachgedacht wurde, half ihnen die Beobachtung eines Spatzen beim Nestbau schließlich auf die Sprünge. Dieser drehte nämlich einfach einen Strohhalm im Schnabel, um ihn so der Länge nach durch einen engen Spalt zu befördern. Noch heute ist der Ulmer Spatz eine Art geflügeltes Wort in dieser Gegend für unnötig komplizierte Vorgehensweise. Für seine Verdienste beim Bau der Stadt wurde dem Spatzen ein Denkmal auf dem Dach der Münsterkirche gesetzt, welches Sie noch heute vom Turm aus bewundern können. Darüber hinaus wurden bei einer Aktion zur Rettung des vom Verfall bedrohten Münsters viele von Künstlern gestaltete Ulmer Spatzen versteigert. Heute stehen die Unikate in der Stadt verteilt an den unterschiedlichsten Plätzen.

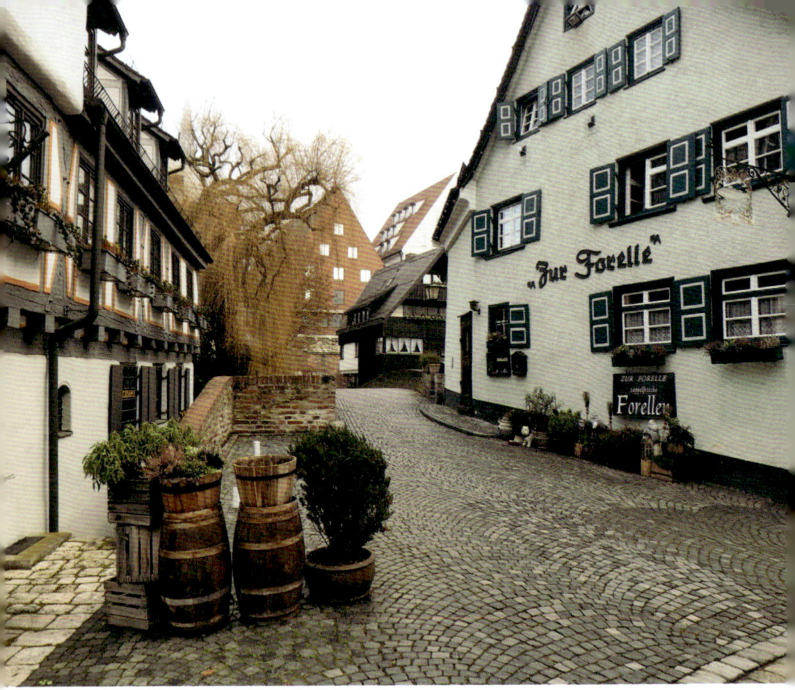

Gasthaus im Fischviertel von Ulm

Der Blick vom höchsten Kirchturm der Welt (161,53 m) ist sagenhaft. An klaren Tagen blicken Sie von der 143 m hohen Aussichtsplattform im Süd-Osten bis zur Zugspitze und im Süd-Westen bis zu den Schweizer Alpen. Wenn nicht gerade der für Ulm typische Nebel wie ein undurchdringlicher Schleier über der Stadt liegt, sehen Sie auf jeden Fall ein weites Stück über den Südrand der Alb und natürlich über die gesamte Stadt. Dort unten im Häusermeer lebten einst Persönlichkeiten, die Stoff für komische, weltbewegende oder auch tragische Geschichten boten. So etwa Albrecht Ludwig Berblinger, alias der Schneider von Ulm, der am 31. Mai 1811 mit seinem selbst konstruierten Fluggerät vor den Augen des Königs einen tollkühnen Flugversuch wagte, in die Donau stürzte und sich dabei viel Hohn und Spott einhandelte. Heute weiß man: Berblingers Eigenkonstruktion war flugtauglich, nur über der Donau fehlte die dafür notwendige Thermik.

Am 14.03.1879 erblickte Albert Einstein in der Bahnhofstraße das Licht der Welt. Das Geburtshaus wurde allerdings wie 85 % der Innenstadt im Zweiten Weltkrieg zerbombt.

Die Geschwister Hans und Sophie Scholl bauten in Ulm den Widerstand gegen das Naziregime auf, woraus später die Widerstandsbewegung Weiße Rose entstand. Gedenkstätten dazu finden sich heute im Einsteinhaus und im ehemaligen Konzentrationslager Oberer Kuhberg. Außerdem können Sie laut dem Guinness-Buch der Rekorde im schiefsten Hotel der Welt übernachten. Es gäbe noch unendlich viel mehr über die kulturell vielseitige und überaus sehenswerte Stadt zu berichten, aber das würde den Rahmen hier sprengen. Nehmen Sie sich etwas Zeit, denn ein Spaziergang durch das Fischerviertel und durch andere Teile der historisch großartigen Stadt lohnt sich unbedingt und Ulm ist einen längeren Aufenthalt wert.

25. Etappe: Ulm – Nerenstetten

24,2 km, 7 Std., 427 m, 329 m, 392-579 m

0,0 km	478 m	Ulm (Marktplatz, Fischerviertel)
2,6 km	466 m	Friedrichsau Auseen
4,2 km	479 m	Böfinger Halde
7,5 km	466 m	Thalfingen-Mitte
10,0 km	546 m	Elchingen
10,8 km	478 m	Abzweig alte Wegführung über Langenau, 8,6 km bis zum Ort,
12,7 km	530 m	Eiche am Hungerberg
15,8 km	533 m	Albeck
17,3 km	541 m	Abzweig Bernstadt mit Gasthaus Waldhorn 3,8 km,
17,8 km	530 m	Osterstetten
21,9 km	523 m	Unterführung A7
24,2 km	497 m	Nerenstetten ( )

Dem folgenden Streckenabschnitt nahe verkehrsreichen Straßen, auf faden Feldwegen und mit dem Verkehrslärm rasender Autos der A8 und A7 konnten wir nicht viel Positives abgewinnen. Trauriger Höhepunkt ist das monströse Kernkraftwerk von Gundremmingen als Blickfang – oje! Dennoch waren wir ehrgeizig und hatten uns eine vollständige Albumrundung vorgenommen. Unter dem Motto „Augen zu und durch" schafften wir auch dieses Teilstück. Immerhin bieten die Erhebungen der Hochfläche lohnende Aussichten zu der weiten Ebene des Donaurieds – ein Glanzpunkt dieser Etappe.

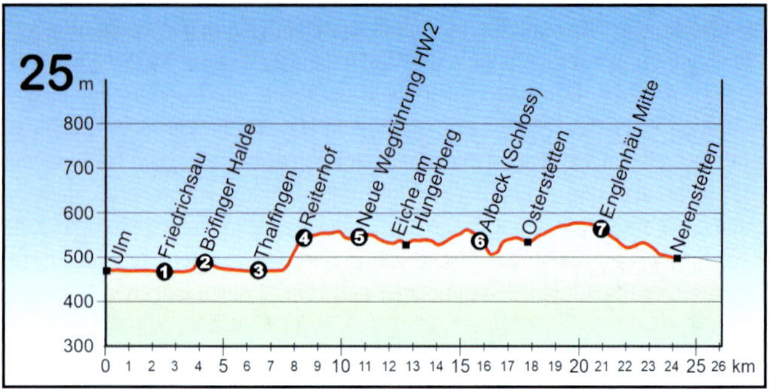

✋ Etwas geändert hat sich die neue Wegführung des HW2, die seit dem Jahr 2020 nicht mehr über Langenau verläuft, sondern über Albeck, Osterstetten und Nerenstetten. In Nerenstetten gibt es eine Übernachtungsmöglichkeit im Gasthaus Adler. Mehr Auswahl haben Sie aber in Langenau. Viele Karten, auch die mit neuerem Erscheinungsdatum, und auch einige aufgezeichnete GPS-Tracks, die im Internet erhältlich sind, zeigen noch den ursprünglichen Weg über Langenau. In dieser Etappenbeschreibung werden beide Möglichkeiten aufgezeigt.

☺ Sie kommen morgens vom Ulmer Bahnhof mit dem Zug nach Langenau, dann weiter zu Fuß nach Gingen (Brenz).

Wenn Sie vor dem Brunnen beim Rathaus stehen, wenden Sie sich in südöstlicher Richtung der Herdbruckstraße zu und folgen dieser, bis Sie wieder das Ufer der Donau erreicht haben. Beim Stadion des SSV Ulm und dem Fort Friedrichsau ❶ entfernen Sie sich ein wenig von der Donau und gehen durch die Parkanlage der Friedrichsau. Dabei kommen Sie auch an insgesamt drei Biergärten bzw. Restaurants vorbei.

- Hundskomödie, Friedrichsau 7, ☏ 07 31/945 84 14, info@hundskomoedie.de, www.hundskomoedie.de, italienisches Restaurant mit Biergarten, April-Sep Mi-Sa 11:30-22:00, So bis 21:00, Okt-März Mi-So 11:30-21:00
- ♦ Teutonia, Friedrichsau 6, ☏ 07 31/229 50, info@teutonia-ulm.com, www.teutonia-ulm.com, bayerisch-schwäbische Gerichte, März-Okt ab 10:00
- ♦ Liederkranz, Friedrichsau 9, ☏ 07 31/229 50, info@liederkranz-biergarten.com, biergarten-liederkranz.com, Mo-Fr 17:00-23:00, Sa und So 12:00-00:00

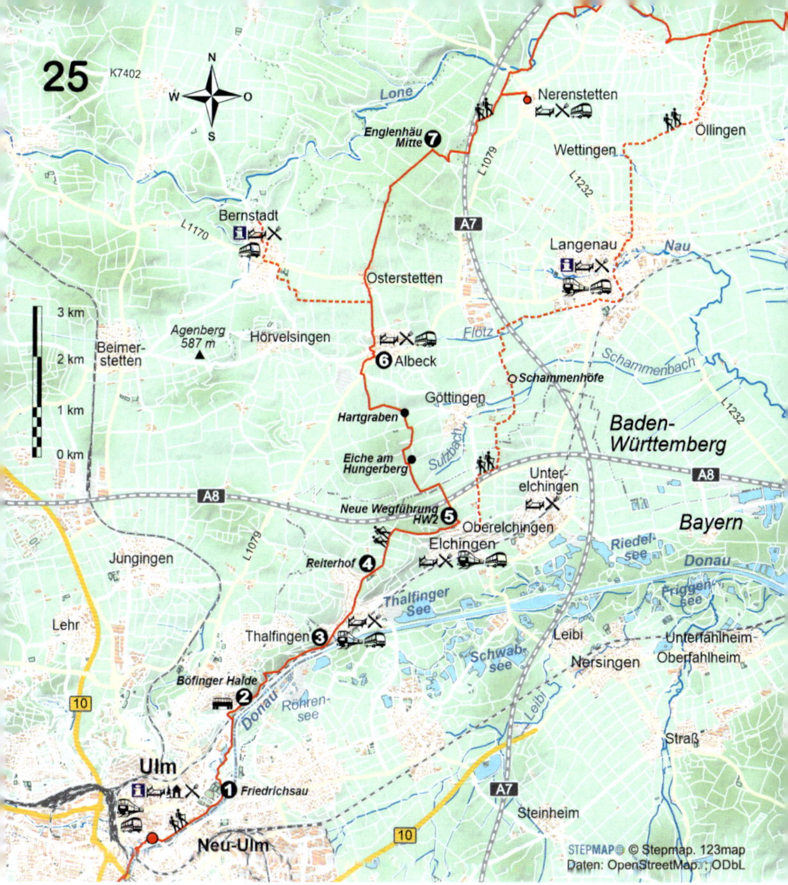

Links sehen Sie den Oberen und den Unteren Ausee, dahinter das Hotel und Restaurant Lago. Wenn Sie den Unteren Ausee hinter sich gelassen haben, kommen Sie nochmals zum Donauufer, links befindet sich das Messegelände. Dann überqueren Sie die Talfingerstraße und es geht etwas aufwärts. Etwas oberhalb des Weges befindet sich linker Hand eine Straßenbahnhaltestelle. Sie gehen nun geradewegs weiter durch ein großzügig angelegtes Waldstück hindurch. An der Böfinger Halde ❷ gabelt sich der Weg, Sie nehmen den rechten. Durch die Bäume hindurch schimmert immer mal wieder die Donau. Am Ende des etwa 2 km langen Waldweges gelangen Sie nach Thalfingen ❸.

Thalfingen

89275, 3.400 Einw.

Hotel/Restaurant Austüble, Austraße 26, 07 31/26 31 35, austueble@mail.de, www.austueble.de, ÜF DZ, Preis auf Anfrage, Mo, Mi-Fr und So 11:-23:00, Sa nur 17:00-23:00, Di Ruhetag

Brasserie Adler mit Biergarten, Elchingerstraße 11, 07 31/20 60 45 54, Di-So 11:00-14:00 und 17:00-20:00

♦ Pizzeria Jouini, Am Inselweg 31, 07 31/26 40 07 25, www.restaurant-jouini.de, Di-So 17:00-22:00, Sa und So auch 11:30-14:30

Bäckerei Aschenbrenner, Donaustraße 10, 07 31/403 41 43, www.baeckerei-aschenbrenner.de, Mo-Mi 6:30-14:00, Do-Fr 6:30-18:00, Sa 6:30-12:00, So 8:00-11:00

Thalfinger See, frei zugänglicher Baggersee, schön gelegen

in Richtung Ulm, Langenau, Donauwörth

in Richtung Ulm und Langenau

Thalfingen gehört zur Gemeinde Elchingen. Schön an der Donau gelegen bietet es neben guten Verkehrsanbindungen eine Übernachtungsmöglichkeit sowie einen fast naturbelassenen Badesee.

Sie durchqueren Thalfingen und verlassen die Ortschaft über den Kugelbergweg. Bei einem Reiterhof ❹ führt Sie der Weg durch eine weite, von Feldern geprägte Landschaft. Etwa 250 m nach dem Hof gabelt sich der Weg, Sie gehen links. Die Beschilderung lässt hier etwas Raum für Spekulationen und es ist sinnvoll, eine Karte oder ein GPS-Gerät zu nutzen. Sie gehen an allen Wegkreuzungen geradeaus, bis Sie zu einem Waldstück gelangen, an dessen Rand Sie dem Weg rechts folgen. Der HW2 ist hier identisch mit dem HW4 und Sie können auch diese Wegweiser nutzen. Rechts tauchen nun die ersten Häuser von Elchingen auf. Die Hintergrundgeräusche stammen von der A8, die sich nahe dem Wald befindet. Am Ende des Waldstücks gelangen Sie nun an jenen Punkt, an dem sich die Wegführung des HW2 verändert hat ❺.

Elchingen

89275, 5.900 Einw.

Landgasthof Zahn, Hauptstraße 35, 073 08/30 07, zahn-hotel@gmx.de, www.landgasthof-zahn.com, ÜF DZ € 85, EZ € 65, Mo, Di, Do-Sa ab 17:00, So 11:30-14:00, Mi Ruhetag

Hotel Gasthaus Krone, Klostersteige 38, 073 08/25 86, infos@gasthof-hotel-krone.de, gasthof-hotel-krone.de, ÜF DZ € 85, EZ € 65

Klosterbräustuben, Klosterhof 1, ☏ 073 08/92 90 75, info@klosterbraeustuben-oberelchingen.de, www.klosterbraeustube.de, Mi-So 11:30-14:00 und 17:00-20:00

Bäckerei Klostersteige, Postgasse 1, ☏ 073 08/92 41 93, Mo-Fr 5:30-18:30, Sa 5:30-18:00, So 7:30-10:00

Riedelsee, Meerholzweg 2, weithin bekannter Badesee, schön gelegen, viele Besucherinnen und Besucher, Biergarten vorhanden

in Richtung Ulm, Langenau, Donauwörth

in Richtung Ulm und Langenau

Über dem Donauufer liegt die Stadt Elchingen, die aus den Teilorten Thalfingen, Unter- und Oberelchingen besteht. Auf dem heiligen Berg thront die von Wallfahrerinnen und Wallfahrern gerne besuchte Klosterkirche St. Peter und Paul. Vom Kloster selbst ist nicht mehr alles zu sehen, denn ein Großteil der Gebäude wurde bereits Anfang des 19. Jh. abgerissen.

Elchingen zeichnet sich in den Sommermonaten vor allem durch seine schönen Baggerseen aus. Die Wasserqualität ist bei allen Seen gleichermaßen gut und so finden sich an heißen Tagen zahlreiche Besucherinnen und Besucher zum Baden ein.

Ursprüngliche Wegführung: Wenn Sie sich für den Weg über Langenau entscheiden, gehen Sie hier geradewegs weiter nach Elchingen. Sie folgen dem Forstweg und biegen dann links in den Göttinger Weg ein. Links kommen Sie an einem Reiterhof vorbei, Sie befinden sich nun auf der Landstraße K7300 in Richtung Göttingen. Dieser folgen Sie bis zur Brücke über die A8. Nach etwa 150 m biegen Sie rechts zu den Feldern hinunter ab. Es geht nun entlang der Autobahn nahe dem Autobahnkreuz Ulm/Elchingen weiter. Wiesen-, Schotter- und geteerte Wege wechseln sich auf hügligem Gelände häufig ab. Links befindet sich das Dorf Göttingen. Nach 1,5 km passieren Sie die Schammenhöfe und überqueren kurz darauf die Straße zwischen Göttingen und Langenau. Auch hier geht es über eine weite Ackerlandschaft, rechts befindet sich die Autobahn A7, die Sie an einer Unterführung queren. Nun folgen Sie dem Radweg entlang des kleinen Bächleins Flötz bis nach Langenau. Die Stadt erreichen Sie auf diesem Weg nach 8,7 km.

Langenau

89129, 14.300 Einw.

Stadt Langenau, Marktplatz 1, ☏ 073 45/962 21 44, touristik@langenau.de, www.langenau.de, Mo 8:00-18:00, Di, Do 8:00-16:00, Mi, Fr 8:00-12:00

- Gasthof zum Bad, Burghof 11, 073 45/960 00, info@gasthof-zum-bad.de, www.gasthof-zum-bad.de, ÜF DZ ab € 105, EZ ab € 72, Di-Sa 18:00-22:00 und Mi-So 12:00-14:00, Mo Ruhetag
- ♦ Hotel Gasthaus Linde, Angertorstraße 24, 073 45/91 31 40, info@linde-langenau.de, www.linde-langenau.de, ÜF DZ € 105, EZ € 72, Mo-Fr und So 9:30-23:00, Sa Ruhetag
- Lobinger Hotel Weißes Ross, Hindenburgstraße 29-31, 073 45/80 10, info@lobinger-hotels.com, www.lobinger-hotels.de, ÜF DZ ab € 97, EZ ab € 76
- Philoxenia, Hindenburgstraße 21, 073 45/929 64 74, griechisches Restaurant, Di-So 12:00-14:00 und 17:30-20:30, Mo Ruhetag
- Eiscafé Crema Gelato, Hindenburgstraße 14, 073 45/233 06, crema-gelato-langenau@t-online.de, www.crema-gelato-eiscenter.de, täglich 11:00-21:00
- NauBad, Hallen- und Freibad, Wörthstraße 16, 073 45/93 36 30, info@naubad.de, www.nauBad.de, Freibad Mai-Sep Mo-So 9:00-20:00, Hallenbad Sep-April Mi-Do 13:00-20:00, Fr 13:00-21:00, Sa, So 9:00-20:00
- in Richtung Donauwörth, Aalen und Ulm
- in Richtung Albeck, Elchingen, Göttingen, Hörvelsingen

Zur Stadt Langenau gehören die Gemeinden Albeck, Göttingen und Hörvelsingen. Durch die verkehrsgünstige Lage – Langenau liegt nur unweit der beiden Bundesautobahnen A7 und A8 – hat die Stadt ein vergleichsweise hohes Gästeaufkommen. Kulturelles Zentrum ist der Pfleghof. Hier hat sich über die Jahre hinweg eine künstlerische, kabarettistische und musikalische Spielstätte entwickelt, die weit über die Grenzen der Region hinaus Bekanntheit erlangt hat. Das aktuelle Programm lässt sich über die Homepage der Stadt einsehen.

Wenn Sie von Langenau auf der alten Wegführung bleiben, trifft der Weg bei Setzingen wieder mit der neuen Wegführung zusammen. Dazu folgen Sie vom Burghof aus den Markierungen durch Langenau. Die Stadt verlassen Sie schließlich über die Keplerstraße. Auf einem langen, geraden Feldweg gelangen Sie an den Ortsrand von Wettlingen. Die Markierungen weisen in den Weg rechts in Richtung Öllingen. Dort folgen Sie links der Hauptstraße, bis Sie rechts die Kirschstraße erreichen und der Weg Sie an einem weithin sichtbaren Wasserturm vorbeiführt. Sie treffen anschließend auf die Landstraße K7303. Sie folgen dieser, bis Sie östlich von Setzingen nach insgesamt 6 km an einer Kreuzung auf die Neue Wegführung des HW2 treffen. Rechts führt ein Schotterweg durch ein Waldgebiet nach Lindenau.

An einem Hinweisschild werden Sie am Ende des Waldstücks darauf aufmerksam gemacht, dass sich hier die Wegführung geändert hat. Die neue Routenführung verläuft über Albeck, Osterstetten und Nerenstetten.

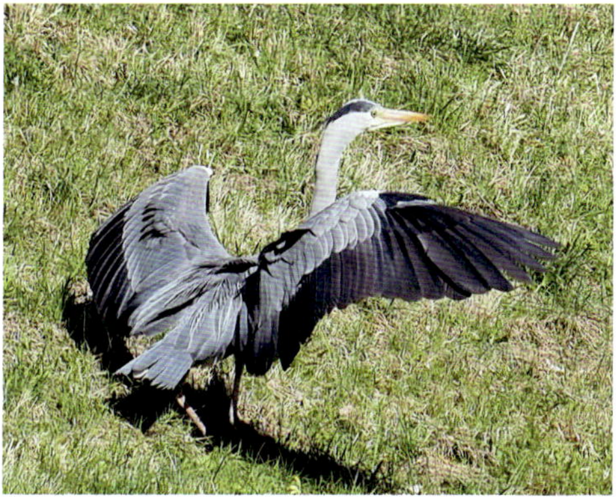

Mit etwas Glück können Sie Fischreiher beobachten

Sie folgen dem Weg links entlang der Peripherie des Waldes, bis Sie an einer Überführung die A8 überqueren. Nach 250 m biegen Sie links ab und dann wieder rechts. Entlang einer Felderlandschaft gelangen Sie zur markanten Eiche am Hungerberg. An diesem Naturdenkmal wenden Sie sich nach links und biegen nach wenigen Metern rechts ab. Eine kaum wahrnehmbare Wiesenspur geleitet Sie zu einem Waldstück, an dessen Rand Sie rechts weiterwandern. Mit etwas Glück können Sie hier Fischreiher bei ihren eleganten Start- und Landeanflügen über den Feldern beobachten. Etwas abrupt verlassen Sie den geteerten Weg und steuern rechts über eine Wiesenfläche auf den Wegweiser „Hartgraben" (517 m) zu. Hier folgen Sie den gelben Schildern, die in Richtung der Felder zeigen. Bei diesem Querfeldeinweg sind die weiteren Markierungen etwas spärlich. Sie folgen dem ausgetretenen Weg links, bis Sie wieder auf ein Teersträßchen treffen, dem Sie schließlich rechts bis nach Albeck folgen ❻.

Albeck

89129, 1.450 Einw.

Hotel/Gasthof Krone, Robert-Bosch-Straße 13, ☎ 073 45/200 90 84, info@hotel-krone-albeck.de, www.hotel-krone-albeck.de, ÜF DZ € 72, EZ € 52, Küchenzeiten täglich 11:30-13:30 und Mo-Sa 17:30-21:00, So abends geschlossen

Bäckerei, Konditorei und Café Oetinger, Osterstetterstraße 15, ☎ 073 45/91 93 20, info@oetinger-cafe.de, www.oetinger-cafe.de, Mo-Fr 6:00-12:30 und 14:30-18:00, Sa 6:00-12:00, So 14:00-16:30

mehrmals täglich in Richtung Ulm

Am 23. September 1861 erblickte der weltbekannte Ingenieur Robert Bosch im Gasthaus Krone das Licht der Welt. Der geniale Erfinder löste mit der Verbesserung eines Magnetzünders eines der wesentlichen Probleme der damaligen Automobilbranche. Es wurde die Zündkerze entwickelt, mit deren Hilfe Motoren von nun an mit hoher Drehzahl arbeiten konnten.

Eine etwas andere Art der Entdeckung wurde im Jahr 1886 gemacht, als man in Albeck eine bis dato unbekannte Birnensorte fand, die Albecker Butterbirne. Diese saftige Birne eignet sich bestens zum Schnapsbrennen und wird noch immer von der Albecker Baumschule Scheer gezüchtet und verkauft.

Der Ursprung von Albeck liegt allerdings einige Jahrhunderte vor der Entdeckung der Butterbirne und der Zündkerze und geht vermutlich mit dem Bau des Schlosses einher. Es wird angenommen, dass sich Albeck etwa im 11. Jh. um das damals erbaute Schloss gebildet hat. Das Gebäude wurde immer wieder zerstört, auf- und umgebaut. Heute ist das renovierte Schloss im Privatbesitz und dient hauptsächlich als Wohngebäude.

In Albeck geht es nun die Alte Steige hinunter, am Schloss Albeck vorbei, zur Kirche. Über Treppen steigen Sie links hinunter. Beim Wegweiser „Albeck Kirche“ folgen Sie den Schildern nach links entlang der Werdenbergstraße. Dabei kommen Sie noch an einer Metzgerei vorbei. In die Gasse Am Flötzbach biegen Sie rechts ein. Bevor Sie den Ort verlassen, geht es noch etwas aufwärts. Über die Mühlhalde verlassen Sie dann bei einem Spielplatz am Ortsrand die Gemeinde Albeck.

Felder und Wiesen geleiten Sie zum Weiler Osterstetten, den Sie passieren und die Landstraße zwischen Bernstadt und Stuppelau queren.

Um nach Bernstadt zu gelangen, können Sie bereits kurz vor Osterstetten über die Wiesen- und Feldwege zur bereits in Sichtweite gelegenen Ortschaft gehen.

Bernstadt

89182, 2.050 Einw.

Bürgermeisteramt, Schmiedgasse 5, ☎ 073 48/60 24, info@bernstadt-wuertt.de, www.bernstadt-wuertt.de, Mo-Do 8:00-12:00 und 14:00-16:00, Fr 8:00-12:00

Landgasthof Waldhorn, Herdgasse 22, ☎ 073 48/94 99 00, kontakt@landgasthof-waldhorn-noller.de, www.landgasthof-waldhorn-noller.de, ÜF DZ € 79, EZ € 57, Mo-Mi und Fr ab 15:00, Sa und So ab 10:00, Do Ruhetag

🛏 Gästehaus Lamm, Schuhgasse 1, ☎ 073 48/79 88, ✉ info@gasthauslamm.de, 💻 www.gasthauslamm.de, ÜF DZ € 62, EZ € 42, 🚪 auf Anfrage

🍴 Albgasthof Bären, Riedwiesen 1, ☎ 073 48/61 96, ✉ info@albgasthof-baeren.com, 💻 www.albgasthof-baeren.com, 🚪 Mi-So 11:30-13:30 und 17:00-19:00

🚌 in Richtung Ulm und Langenau

Bernstadt liegt etwa 2 km westlich des HW2. Dennoch eignet sich der Ort für eine Zwischenübernachtung. In der Ortschaft gibt es zwei Gasthäuser, die auch Zimmer zur Verfügung stellen. Am Ortseingang befindet sich der neu eingerichtete Gasthof Bären mit Biergarten.

Die wenigen Häuser von Osterstetten verlassen Sie auf der Osterstetter Straße. Ein Feldweg führt Sie durch eine reizarme Landschaft nach etwa 1,5 km in einen Wald hinein. Die Wegführung durch das Waldgebiet ist deutlich beschildert. Am Wegweiser „Englenhäu Mitte“ ❼ (562 m) zweigt der Weg nochmals rechts ab. Es geht leicht bergab, Sie hören bereits die Autobahn und unterqueren diese schließlich. Gleich nach dem Tunnel biegt der Weg links ab.

Landleben bei Osterstetten

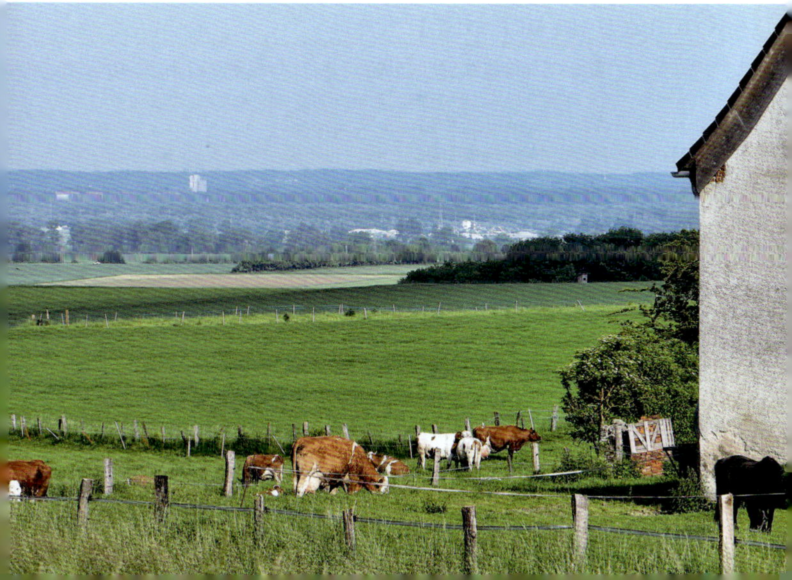

Ein kurzer Teil des Weges führt Sie nun parallel zur Autobahn, bis sich bei einem Parkplatz ein Waldstück auftut. Die Autobahnkulisse wird sowohl optisch als auch akustisch durch diesen Nadelwald glücklicherweise verschleiert. Vor den Toren von Nerenstetten kommen Sie zu ⛩ Justins Hood, einem schön am Waldrand gelegenen Spielplatz. Von hier aus sehen Sie bereits die ersten Häuser von Nerenstetten. Die letzten 600 m zum Gasthaus Adler folgen Sie dem Teersträßchen geradewegs in das Dorf hinein.

Nerenstetten

(i) 89129, 345 Einw.

(i) Informationen zur Gemeinde finden Sie unter www.nerenstetten.de.

Gasthaus Pension Adler, Hauptstraße 25, 073 45/71 35, info@ghadler.de, www.ghadler.de, ÜF DZ € 63, EZ € 44, Mo-Fr ab 16:00, So 11:00-14:00 und 17:00-20:00, Sa Ruhetag

in Richtung Langenau, Altheim

In der ehemaligen Poststation befindet sich heute die Gaststätte Adler mit der einzigen Übernachtungsmöglichkeit in Nerenstetten. Im Dorf gibt es außerdem eine Metzgerei und einen weithin bekannten Hofladen mit regionalen Produkten, die direkt vom ortsansässigen Erzeuger stammen.

26. Etappe: Nerenstetten – Giengen an der Brenz

23,5 km, 6 Std. 45 Min., ↑ 314 m, ↓ 339 m, ⇧ 461-546 m

0,0 km	⇧ 497 m	Nerenstetten (i)
3,0 km	⇧ 486 m	Neandertalerweg
6,3 km	⇧ 520 m	Grillplatz Setzingen ⛩
8,7 km	⇧ 527 m	Lindenau ⌘
12,5 km	⇧ 493 m	Stetten ob Lontal
16,1 km	⇧ 505 m	Kaltenburg ⛩
16,8 km	⇧ 462 m	Höhlenerlebniswelt ⛩ ⌘
17,8 km	⇧ 500 m	Eschklinger Heide
23,5 km	⇧ 464 m	Giengen an der Brenz (i) BANK ⌘

Ein Teil der Route führt durch das kulturhistorisch einzigartige Lonetal. In den dortigen Höhlen entdeckte man bei archäologischen Grabungen die ältesten Kunstgegenstände der Menschheitsgeschichte. Die Funde erregten weltweites Aufsehen und steigerten den Bekanntheitsgrad des Lonetals weit über die Grenzen des Landes hinaus.

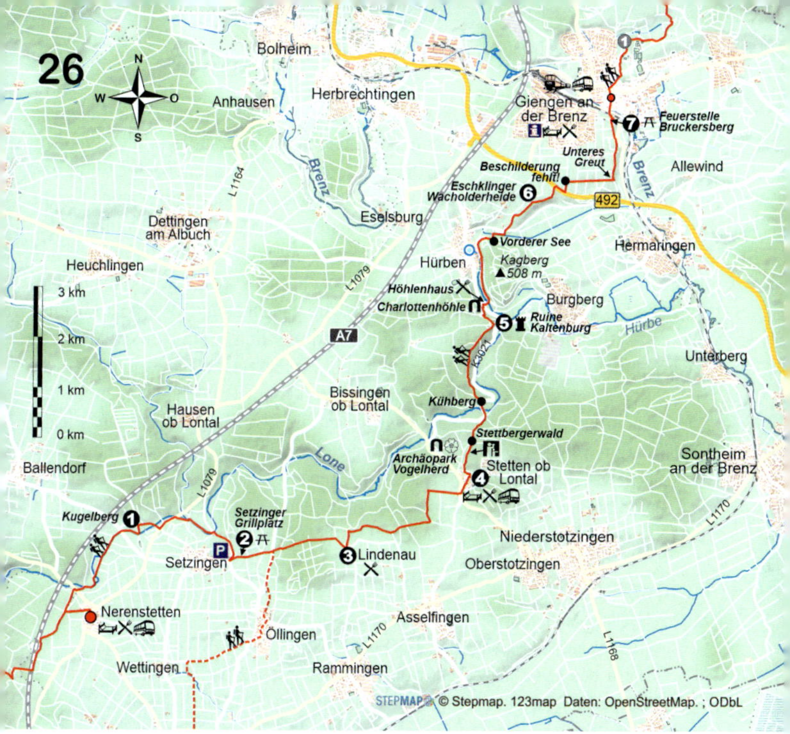

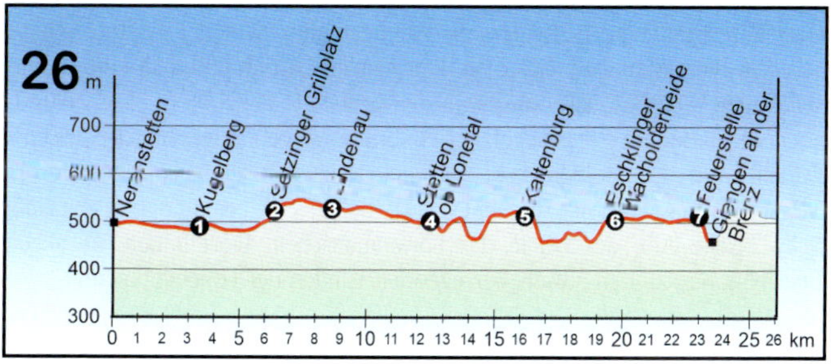

Die Region ist voller Attraktionen und wird von der Tourismusbranche gefördert, dennoch führt ein Großteil der Strecke durch eher stille Gefilde, oftmals auf naturnahen Wegen durch Heidelandschaften und Magerrasengebiete. Sie repräsentieren auch das typische Landschaftsbild dieser Region.

Nerenstetten verlassen Sie über die Schulstraße, bis Sie wieder den Spielplatz erreicht haben und hier dem Weg rechts entlang des Waldrandes in Richtung Setzingen weitergehen. Nach etwa 500 m queren Sie die Ballendorfer Straße und folgen dem Radweg entlang des Bachlaufs der Lone. Bald darauf erreichen Sie die Landstraße, die Setzingen und Ballendorf miteinander verbindet. Ab hier folgen Sie dem Neandertalerweg weiter über Wiesen durch das geschichtsträchtige und pittoreske Lonetal. Sie folgen etwa 200 m dem natürlichen Lauf der Lone und biegen dann links ab hinauf zum Kugelberg ❶. Am gleichnamigen Wegweiser gehen Sie rechts und folgen nun wieder dem Radweg durch ein von weitläufigen Wacholderheiden geprägtes Landschaftsbild. Vor Setzingen überqueren Sie die L1079 und umgehen die Ortschaft. Am Ortsrand von Setzingen gelangen Sie nun zum Wanderparkplatz Geißentäle. Hier folgen Sie den Markierungen links leicht aufwärts zum Setzinger ⩫ Grillplatz, der eingebettet zwischen Felsen auf einer Wiese liegt ❷. Oberhalb des Lonetals queren Sie einen kleinen Waldabschnitt und treffen am Ende auf die kleine Ansiedlung Lindenau mit dem von Ausflüglerinnen und Ausflüglern gern besuchten Gasthof Zum Schlössle ❸.

Lindenau ✕ ⌘ ✉ 89192

✕ Gasthaus Zum Schlössle, Lindenau 1, ☏ 073 45/53 12,
💻 www.ausflug-lindenau.de, 🚪 Di-So ab 10:00

⌘ Höhle des Löwenmenschen, beim Gasthaus in der Mönchsklause, Infopoint des Geoparks, Dauerausstellung, freier Eintritt, 🚪 April-Okt Di-So 10:00-18:00

Seit mehreren Generationen werden auf dem Anwesen Landwirtschaft und eine Gaststätte betrieben. Besonders an Wochenenden zieht der Gasthof mit seinem schönen Biergarten viele Gäste an. Der Familienbetrieb unterhält eine eigene Bioschafzucht. Die Produkte werden in der Gaststätte angeboten, gleichzeitig finden auch Vegetarierinnen und Vegetarier ein breites Angebot fleischloser Speisen. Gern gekauft wird das Holzofenbrot, welches freitags frisch gebacken wird. In der Mönchsklause, gleich neben dem Gasthof, befindet sich ein Infopoint des Geoparks Schwäbische Alb, der Höhle des Löwenmenschen. Dort finden Sie allgemeine Informationen zu den aufsehenerregenden Funden der Lonetalhöhlen.

Am Gasthaus Lindenau folgen Sie zunächst dem Teersträßchen, das wieder zum Lonetal führt. Bevor Sie in das Tal hinabsteigen, gehen Sie rechts am Waldrand und bleiben so noch etwas oberhalb des Tals. Ein Schotterweg führt Sie durch das Waldgebiet und dann erreichen Sie die kleine Ansiedelung Stetten ob Lontal an der Stotzinger Straße. Sie queren diese und folgen der Mitteldorfstraße durch das Dorf ❹.

Stetten ob Lontal

89168, 390 Einw.

Hotel und Restaurant zum Mohren, Oberdorfstraße 31, 073 25/922 47 11, info@lonetalhotel.de, www.lonetalhotel.de, ÜF DZ € 92, EZ € 66, täglich 8:00-22:30

in Richtung Giengen, Hürben und Heidenheim, nicht an Wochenenden

Stetten ob Lontal ist ein Stadtteil von Niederstotzingen. Herzstück des überschaubaren Dorfes ist das 1646 erbaute Schloss. Einst im Renaissancestil erbaut, wurde es etwa 100 Jahre später im Barockstil renoviert. Heute befindet sich das Schloss in Privatbesitz und ist für die Öffentlichkeit nicht zugänglich. In unmittelbarer Nachbarschaft zum Schloss befindet sich die Wallfahrtskirche Mariä Himmelfahrt. Die Kirche präsentiert sich im üppigen barocken Schmuck. Sehenswert sind die Deckenmalereien und die Statue einer aus Eichenholz angefertigten Schwarzen Madonna.

Sie durchqueren das Dorf und gehen bei der Kirche auf einem schmalen Weg hinunter zu Wiesenflächen. Von hier aus führt Sie der weitere Weg zu einem Waldgebiet. Ein schmaler Trampelpfad geleitet Sie durch den Wald und Sie gelangen zu einer Holzliege, von wo aus Sie auf die weithin bekannte Vogelherdhöhle blicken.

Höhlen im Lonetal

Das Mammut aus dem Lonetal ist das älteste, plastische und vollständig erhaltene Kunstwerk, das Menschen je erschaffen haben. Es ist mit Steinwerkzeugen aus dem Elfenbein eines Mammuts geformt und sehr detailreich ausgearbeitet. Das Alter des Meisterstücks wird auf 40.000 Jahre datiert. Gefunden wurde das etwa 3,7 cm große Mammutbildnis bei Ausgrabungen in der Vogelherdhöhle, die unter der Leitung des Archäologen Nicholas Conard im Jahr 2006 stattfanden. Weitere Grabungen wurden ebenfalls mit Sensationsfunden, die weltweit für Aufsehen sorgten, belohnt. So entdeckte man beispielsweise immer wieder Fragmente aus Mammutelfenbein, die zusammengesetzt ein mit viel Raffinesse und Detailreichtum ausgearbeiteten Löwenmenschen ergaben. Dieser Kunstgegenstand verbindet tierische und menschliche Eigenschaften miteinander und gibt erste Aufschlüsse über die geistig-religiösen Vorstellungen unserer Vorfahrinnen und Vorfahren. Die Höhlen im Lonetal sind damit die Wiege der menschlichen Kunst- und Kulturgeschichte. Wie der Hohle Fels bei Schelklingen wurden auch die Höhlen im Lonetal in den Rang eines UNESCO-Weltkulturerbes gehoben und sind unbedingt einen Besuch wert. An der Vogelherdhöhle, dem Fundort vieler weiterer Steinzeitschätze, entstand der Archäopark.

☺ Im Außenbereich können Sie selbst in die Rolle unserer Vorfahrinnen und Vorfahren schlüpfen und beispielsweise mit den damaligen Gerätschaften Feuer machen, Jagdszenen nachspielen oder mit Steinwerkzeugen Figuren schnitzen.

∩ ⌘ Archäopark Vogelherd, Am Vogelherd 1, 89168 Niederstotzingen-Stetten, ☏ 073 25/952 80 00, info@archaeopark-vogelherd.de, www.archaeopark-vogelherd.de, Eintritt € 7, April-Okt Di-So 10:00-18:00, Nov-März geschlossen, Führungen nur nach Voranmeldung

Sie gehen ein kurzes Stück des Weges weiter durch den Stettbergerwald. Beim gleichnamigen Wegweiser queren Sie eine Wiesenfläche und gelangen nochmals in ein Waldgebiet. Von dort geht es links hinunter zur Straße, die nach Lonetal führt. Der Straße folgen Sie etwa für 300 m, dann steigen Sie auf der anderen Talseite am Fuß des Kühbergs zu dem dortigen Pfad in Richtung Kaltenburg hinauf. Auf dem Rücken des Kühbergs erreichen Sie dann die renovierte Ruine Kaltenburg ❺.

Ruine Kaltenburg im Nebel

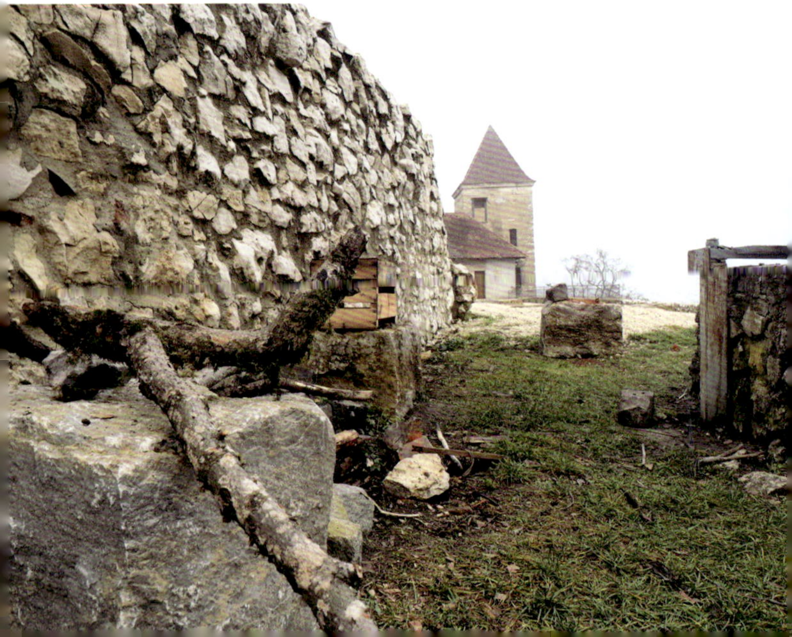

♜ Ruine Kaltenburg

Im Winter 2006 stürzte die Mauer zwischen den beiden Türmen den Hang hinab. Vier Jahre später wurden Sanierungsarbeiten aufgenommen, die aber nach einem weiteren Einsturz wieder eingestellt werden mussten. Damit der Verfall der Burg nicht noch weiter fortschreitet, formierte sich 2014 eine Interessengemeinschaft. Letztendlich ist es dieser Gemeinschaft zu verdanken, dass die Burganlage aus dem 12. Jh. mit Spenden, Fördergeldern und ehrenamtlichem Engagement erhalten blieb und heute für die Öffentlichkeit wieder frei zugänglich ist.

An der Burgmauer gehen Sie noch etwas den Hang hinauf, bis der Weg dann in kleinen Serpentinen steil zur ∩ Charlottenhöhle hinabführt. An der aus geowissenschaftlicher Sicht bedeutungsvollen Höhle erblicken Sie auch das Höhlenhaus von Hürben. Auf dem großzügigen Gelände befindet sich ein Abenteuerspielplatz, eine ⩚ Grillstelle und eine Gastwirtschaft.

Hürben ✗ ⌘ ∩ ✉ 89537, 970 Einw.

✗ Höhlenhaus, Lonetalstraße 61, ☏ 073 24/98 71 46, ✉ hoelenerlebniswelt@giengen.de, 💻 www.hoehlenerlebniswelt.de, 🚪 Fr und Sa 11:30-14:00 und 17:00-21:00, So 11:30-21:00

⌘ Höhlenerlebniswelt, Infos ☞ Höhlenhaus, Eintritt € 8, 🚪 April-Okt 9:00-19:00, Nov-März während der Ferienzeiten 9:00-19:00, außerhalb der Ferien Mi-Sa 14:00-18:00, So 10:00-18:00

∩ Charlottenhöhle, Infos ☞ Höhlenhaus, Eintritt € 5, 🚪 April-Okt Mo-Sa 8:30-11:30 und 13:30-16:30, So und Feiertage durchgehend geöffnet

Mitten im Dorf sprudelt in einem Karsttopf die Quelle der Hürbe. Sie ist zusammen mit der etwas wasserärmeren Lone ein Zufluss der Brenz.

Bekannt ist Hürben aber vor allem wegen der Charlottenhöhle. Sie wurde 1893 von vier mutigen Höhlenforschern entdeckt und für die Öffentlichkeit zugänglich gemacht. Die feierliche Eröffnung der Höhle fand unter Beteiligung der Namensgeberin, Königin Charlotte von Württemberg, noch im selben Jahr statt. Das Alter der Höhle wird auf etwa 3-4 Millionen Jahre geschätzt und sie ist mit einer Länge von 587 m eine der längsten Schauhöhlen Süddeutschlands. Die Erlebniswelt rund um die Charlottenhöhle ist ein beliebtes Ausflugsziel.

Sie überqueren den Parkplatz beim Höhlenhaus hin zur Hürbe, deren Quelle unweit inmitten des gleichnamigen Dorfes entspringt. Das glasklare Wasser animiert hier nicht nur Kinder zum Planschen, auch diejenigen, die einen langen Wandertag hinter sich haben, genießen es, hier ein erfrischendes Fußbad zu nehmen.

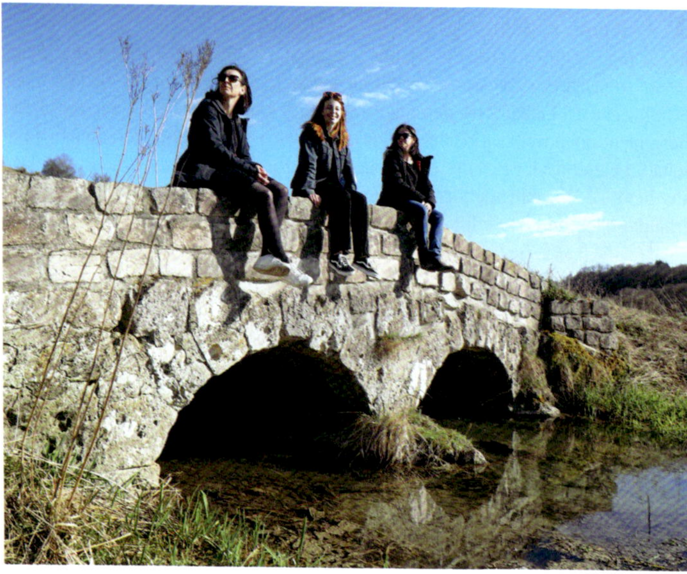

Brücke über die Hürbe

Eine kleine Holzbrücke führt über die Hürbe. Sie queren die Wiesenfläche, um dann anschließend am Fuße des Kagberges links in Richtung Hürben zu gehen. Am Ortsrand steigen Sie etwas den Kagberg hinauf und blicken über die Dächer von Hürben. Am Wegweiser „Vorderer See" folgen Sie für wenige Meter dem Radweg in Richtung Giengen an der Brenz. Nach einer unscheinbaren Brücke leitet Sie eine kaum wahrnehmbare Wiesenspur rechts zu einigen Obstbäumen und dann zu einer Landstraße. Sie überqueren die Straße und gehen leicht ansteigend zur großflächigen Eschklinger Wacholderheide ❻. Am Ende der Heidefläche unterqueren Sie die B492. Nach der Unterführung wenden Sie sich nach rechts und bei der nächsten Möglichkeit gehen Sie links. Nach etwa 200 m gelangen Sie zu einer weiteren Wegkreuzung. Achtung, hier fehlt die Beschilderung! Sie schlagen den rechten Weg ein und folgen diesem immer geradeaus, bis Sie zum Wegweiser „Unteres Greut" gelangen. Der weitere Wegverlauf führt Sie entlang des Waldrandes. Mit jedem weiteren Schritt gewinnen Sie mehr und mehr an Blickweite auf die in einer Talsohle liegende Stadt Giengen. Markant sind die beiden unterschiedlichen Kirchtürme der evangelischen Stadtkirche, die Sie bereits von der Hochfläche aus erkennen können.

Vor dem Abstieg in die Stadt gelangen Sie am Bruckersberg zu einer schön gelegenen ⛼ Feuerstelle ❼. Bis zum Marktplatz in Giengen sind es von hier oben noch knapp 700 m.

Rastplatz am Bruckersberg

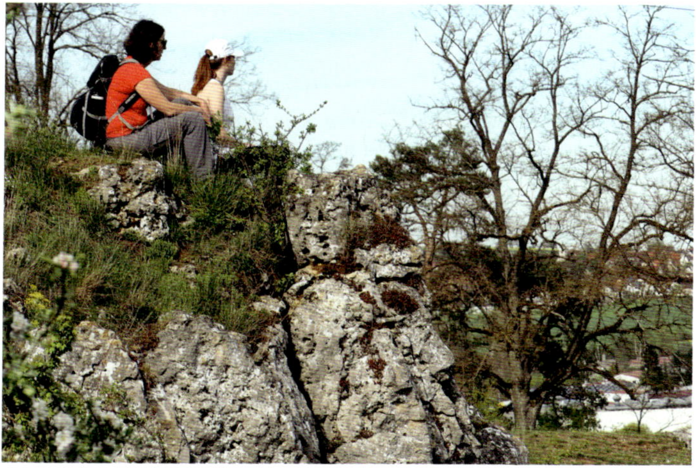

Giengen an der Brenz

89537, 15.500 Einw.

Tourist-Information, Marktstraße 9, ☏ 073 22/952 29 20, tourist-info@giengen.de, www.giengen.de, Mo-Do 10:00-12:30 und 13:30-15:30, Fr 10:00-13:00, April-Okt auch Sa 10:00-13:00

Lobinger Parkhotel, Stogstraße 110, ☏ 073 22/95 30, mail@lobinger-hotels.com, lobinger-hotels.de, ÜF DZ € 95, EZ € 85, täglich 18:00-22:00

♦ Brauereigasthof Schlüsselkeller, Oggenhauser Straße 34, ☏ 073 22/32 43, schluesselkeller@freenet.de, www.schluesselkeller.de, ÜF DZ ab € 75, EZ ab € 45, Mo, Mi-So 17:00-24:00, Sa und So auch 10:00-14:00, Di Ruhetag

Stadthotel Giengen, Richard-Wagner-Straße 5, ☏ 073 22/968 80, info@stadthotel-giengen.de, www.stadthotel-giengen.de, Neueröffnung im Sommer 2021

Delphi bei Babis, Marktstraße 14-16, ☏ 073 22/51 00, Mo-So 17:00-23, Sa und So auch 11:00-14:00

- Il Gusto, Pizzeria, Obertorstraße 4, ☏ 073 22/957 58 85, ilgusto@pizzeria-giengen.de, www.pizzeria-giengen.de, Do-Di11:30-14:00 und 17:30-22:30, Mi Ruhetag
- Pizzeria La Pergola, Im Schlössle 9, ☏ 073 22/93 13 78, Mi-Mo 11:30-14:00 und 17:30-22:30, Di Ruhetag
- Pizzeria Sud Italia, Hohe Straße 9-11, ☏ 073 22/59 18, info@suditalia-giengen.de, www.suditalia-giengen.de, Di-Sa 11:00-13:30 und 17:00-21:00, So 11:00-13:30, Mo Ruhetag
- Eiscafé San Marco, Markstraße 40, ☏ 073 22/72 21 68, täglich 10:00-21:00
- Café Relax, Makstraße 2, ☏ 073 22/957 98 19, 9:00-3:00
- Café Hemingway, Memminger Torstraße 14, ☏ 073 22/95 87 77, info@hemingway-giengen.de, Mo-Fr 8:00-3:00, Sa und So 9:00-3:00
- ⌘ Margarete Steiff Museum, Margarete-Steiff-Platz 1, ☏ 073 22/13 15 00, museum@steiff.de, www.steiff.com, Eintritt Erw. € 7, Kinder € 3, täglich 10:00-18:00
- Bergbad – Freibad, Auf dem Schießberg, ☏ 073 22/53 73, www.giengen.de, Mai-Aug 9:00-20:00
- Richtung Ulm und Heidenheim, Aalen
- täglich in Richtung Heidenheim, Herbrechtingen

Weg durch Giengen an der Brenz

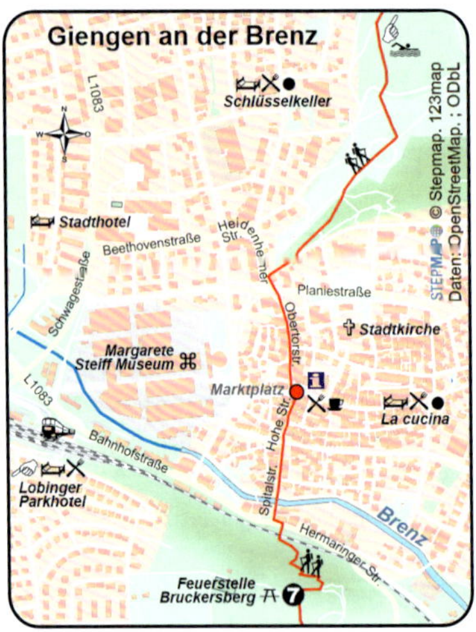

Der Ort ist schön im Brenztal gelegen, umgeben von artenreichen Wacholderheiden und weiten Buchenwäldern. Giengen wurde 1996 mit der Erschließung des Wohngebiets Memminger Wanne zur Großen Kreisstadt. Die Innenstadt ist weiträumig saniert und im Kerngebiet steht die evangelische Stadtkirche mit zwei ungleichen Kirchtürmen als Wahrzeichen. Im Bereich der Fußgängerzone laden einige Cafés zum Verweilen ein.

1858 gründete Margarethe Steiff die weltbekannte Spielwarenfabrik. Heute strömen jährlich ca. 40.000 Besucherinnen und Besucher jeden Alters ins Museum des Herstellers von Stofftieren. Im

Ausstellungsraum ist jede Menge Spielzeug von damals bis heute zu bewundern, u. a. der erste Filzelefant, der in dem Werk produziert wurde. Es gibt einen Videofilm (15 Min.) und viele neue und alte Stofftiere zu sehen. Im Juni 2002 wurde bei einer Auktion ein antiker Steiff-Teddybär aus dem Jahr 1926/27 für € 156.240 ersteigert. Damit ist er bis heute der teuerste antike Teddybär weltweit!

27. Etappe: Giengen an der Brenz – Dischingen

➲ 23,2 km, ⌛ 6 Std. 45 Min., ↑ 398, ↓ 392, ⇧ 461-612 m

0,0 km	⇧ 464 m	Giengen an der Brenz ⌘
1,4 km	⇧ 522 m	Aussichtspunkt Hölltal
4,1 km	⇧ 520 m	Parkplatz Geiwitz
7,5 km	⇧ 572 m	Spielplatz Oggenhausen
10,0 km	⇧ 521 m	Wegweiser am Steinsturz
15,5 km	⇧ 493 m	Zöschingen BANK
20,7 km	⇧ 461 m	Rappenmühle, Abzweig Ballmertshofen ➲ 0,8 km, ⌘
23,2 km	⇧ 466 m	Dischingen BANK ⌘, Abstecher zur Burg Katzenstein über Härtsfeldsee ➲ 4,3 km, ⌘

Die Alb wird nun deutlich niedriger und die Höhenunterschiede zwischen Berg und Tal nehmen ab. Charakteristische Landschaftsmerkmale sind die kargen Karst- und Trockentäler sowie die wasserarmen Wacholderheiden, die zum Teil als Biosphärengebiete ausgewiesen sind. Die gesamte Etappe verläuft durch gering besiedelte Gebiete und Sie durchwandern den östlichsten Teil Baden-Württembergs. Lediglich bei Zöschingen überschreiten Sie die Landesgrenze und gelangen in den bayerischen Regierungsbezirk Schwaben. Am Ende der Etappen streifen Sie den Rand des Härtsfelds, dessen Name sich vom Steinreichtum der Felder ableitet und so viel wie „hartes Feld" bedeutet.

Vom Brunnen beim Marktplatz gehen Sie entlang der Obertorstraße, bis Sie die Heidenheimer Straße erreicht haben. Von dieser biegen Sie rechts ab und gehen leicht ansteigend auf einem Fußgängerweg durch einen schön angelegten Stadtwald.

Sie gelangen dann zu einem aussichtsreichen Bergplateau, von wo aus Sie nochmals einen Blick über die Kleinstadt werfen können. Anders als der Name vermuten lässt, blicken Sie vom anschließenden Aussichtspunkt Hölltal ❶ nicht in einen brodelnden Schlund, sondern auf eine Heidelandschaft, wie Sie hier am Südrandweg so typisch ist.

Der HW2 verläuft über weite Strecken zusammen mit dem im Jahr 2015 angelegten Albschäferweg. Daher finden Sie immer wieder am Wegesrand Infotafeln, welche die Bedeutung der Alb-Schäferei zum Thema haben. So ist die Wacholderheide ein besonderes Refugium für seltene Pflanzen- und Tierarten, sie zu erhalten und zu pflegen ist Aufgabe des symbiotischen Zusammenspiels von Schäferei und Natur.

Vom Aussichtspunkt gehen Sie rechts weiter leicht abwärts hinunter in die sogenannte Hölle und tatsächlich kann es hier im Sommer sehr heiß werden, denn der Magerrasen bietet so gut wie keinen Schattenplatz. Am Rande der Hölle gelangen Sie nach wenigen Metern zu einer Albschäferfigur, von dort folgen Sie dem Weg rechts. Nach wenigen Metern gelangen Sie zu einem Teersträßchen, dem Sie links folgen. Nach einigen Metern gehen Sie beim Wegweiser „Weinstraße" (506 m) der Beschilderung folgend nach rechts weiter. Sie bleiben nun auf diesem Weg und erreichen nach etwa 900 m den zwischen Feldern gelegenen Parkplatz Geiwitz ❷. Von hier aus folgen Sie dem HW2 zusammen mit dem Rad- und Schäferweg. Sie unterqueren eine Hochspannungsleitung und gelangen zu einem Waldgebiet. Am Wegweiser „Schweikertsbrunnenhau" und der darauffolgenden Weggabelung halten Sie sich jeweils links. Es dauert nicht lange, dann gelangen Sie aus dem Wald heraus und folgen dem am Waldrand entlangführenden Forstweg. Links blicken Sie auf den Schratenhof. Beim Wegweiser „Schlammgrube" gelangen Sie nochmals in den Wald hinein. Dieser Wegabschnitt ist gut markiert und so können Sie den Markierungen problemlos folgen. Am Wegweiser „Abzweig Erzgrube" biegen Sie links ab und gehen an der Rötenberghütte vorbei. Sie passieren das letzte Waldstück und kommen zu einem Spielplatz ❸. Rechts liegt das Dorf Oggenhausen.

Oggenhausen

89522, 1.550 Einw.

Landgasthof Traube, Hauptstraße 27, 073 21/978 70,
mail@traube-oggenhausen.de, www.traube-oggenhausen.de,
ÜF DZ € 78, EZ € 58, Do-Di 11:30-14:00, So-Di, Do und Fr ab 17:00, Mi Ruhetag, Sa am Abend nur nach Voranmeldung geöffnet

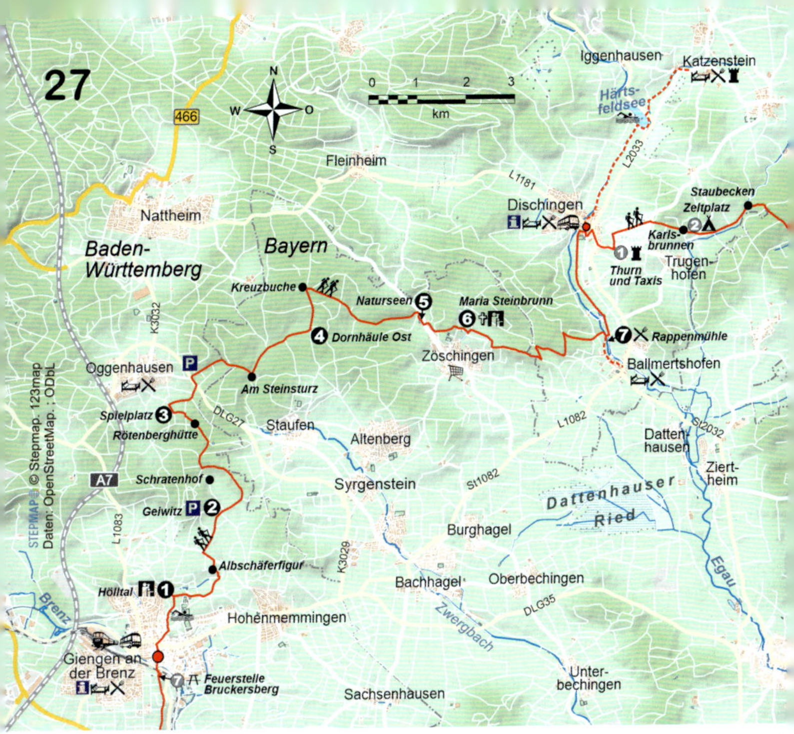

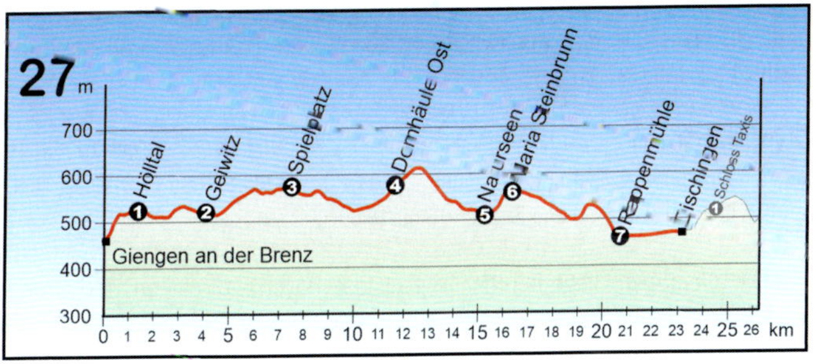

✕ Brauereiwirtschaft König, Hauptstraße 1, ☏ 073 21/609 53 53,
info@koenig-oggenhausen.de, www.koenigsbraeu.de,
Fr-Mi 11:00-14:30 und ab 17:30, Sa und So durchgehend geöffnet, Do Ruhetag

Das Dorf ist umgeben von Biotopen, die vom Schwäbischen Albverein und der Naturschutzorganisation NABU gepflegt werden. Bekannt ist das Dorf aber hauptsächlich durch die Oggenhauser Traditionsbrauerei König, die hier bereits im 16. Jh. mit dem Brauen von Bier begonnen hat. Das regional hergestellte Bier ist weithin bekannt und auch sehr beliebt.

Sie umgehen das Dorf, indem Sie bei dem am Waldrand gelegenen Spielplatz rechts abbiegen und dann bei den Weiherwiesen und dem dortigen Wegweiser „Biotop Steinriegel" auf 552 m Höhe rechts weitergehen. Sie folgen dem Weg bis zur Landstraße, die Staufen und Oggenhausen miteinander verbindet, und überqueren diese. Parallel zur Straße führt Sie der Weg links weiter bis zum Parkplatz Philippsburg.

Dort wandern Sie rechts entlang des Waldrandes immer leicht absteigend weiter, bis Sie zu einer T-Kreuzung gelangen, wo Ihnen der Wegweiser „Am Steinsturz" den weiteren Weg nach links weist. Zur Linken geleitet Sie eine Wacholderheide durch ein abgeschiedenes Tal. Der Wegverlauf ist hier nicht zu verfehlen, immer wieder geben Ihnen Schilder Auskunft, wie weit es noch bis zum nächsten Dorf ist. So auch beim Wegweiser „Dornhäule Ost" ❹, bei dem Sie links abbiegen und den Hinweis bekommen, dass es von hier nur noch knapp 12 km bis Dischingen sind.

Über den Baumkronen drehen sich die Rotoren von einigen Windrädern. Bei der folgenden Wegkreuzung biegen Sie rechts ab und folgen dem Forstweg immer leicht abwärts, bis Sie aus dem Waldgebiet herauskommen und rechts die ersten Häuser der Ortschaft Zöschingen erkennen. Vor den Toren des Dorfes liegt ein kleines Biotop mit Naturseen ❺, die Sie passieren und Sie gelangen nach Zöschingen.

Zöschingen

BANK 89447, 730 Einw.

Dorfladen, Eichstraße 3, ☏ 090 77/70 02 14, Mo und Sa 6:30-10:30, Di, Do, Fr bis 12:00 und Do und Fr auch 15:00-18:00

Die Gemeinde liegt bereits im Freistaat Bayern, direkt an der Grenze zu Baden-Württemberg. Das katholisch geprägte Dorf ist mit etwa 730 Einwohnern die kleinste Gemeinde im Landkreis Dischingen.

An den ersten Häusern der Ortschaft gehen Sie zur Durchgangsstraße hinauf, queren diese und folgen der Eichstraße aufwärts, bis Sie am Waldrand angelangt sind und hier rechts dem weiteren Wegverlauf folgen. Sie durchqueren ein Waldgebiet auf einem Forstweg, der gleichzeitig als Meditationsweg ausgewiesen ist, und erreichen schließlich die Kapelle Maria Steinbrunn ❻.

Von der Kapelle aus blicken Sie über die Donauriedlandschaft. Im Hintergrund dampft noch der letzte verbliebene Kühlturm des Kernkraftwerks von Gundremmingen, das spätestens Ende 2021 vollständig stillgelegt wird. Apropos Kühlung, gleich neben der Kapelle befindet sich ein Kneippbecken, in dem Sie Ihre Füße beim Wassertreten etwas erfrischen können.

Wenn Sie von der Kapelle geradeaus weitergehen, treffen Sie auf ein kleines Teersträßchen, dem Sie linker Hand leicht bergauf folgen. Schon nach wenigen Metern verlassen Sie die Straße am Wegweiser „Zöschinger Heuberg" und folgen rechts einem asphaltierten Weg, von dem aus sich ein schönes Panorama auf die Riedlandschaft eröffnet. Sie gehen nun noch etwas den Hang hinunter und verlassen dann nach wenigen Metern den asphaltierten Weg, um links auf einen Waldpfad einzubiegen.

Nach etwa 1 km gelangen Sie zu einer Abzweigung und dort weisen Ihnen die Markierungen den Weg nach links. Der weitere Wegverlauf ist äußerst gut beschildert und praktisch nicht zu verfehlen. Am Wegweiser „Heuberg" biegen Sie nochmals links ab und an der nächsten T-Kreuzung gehen Sie rechts. Von dort aus gelangen Sie hinab zur Rappenmühle ❼.

Rappenmühle

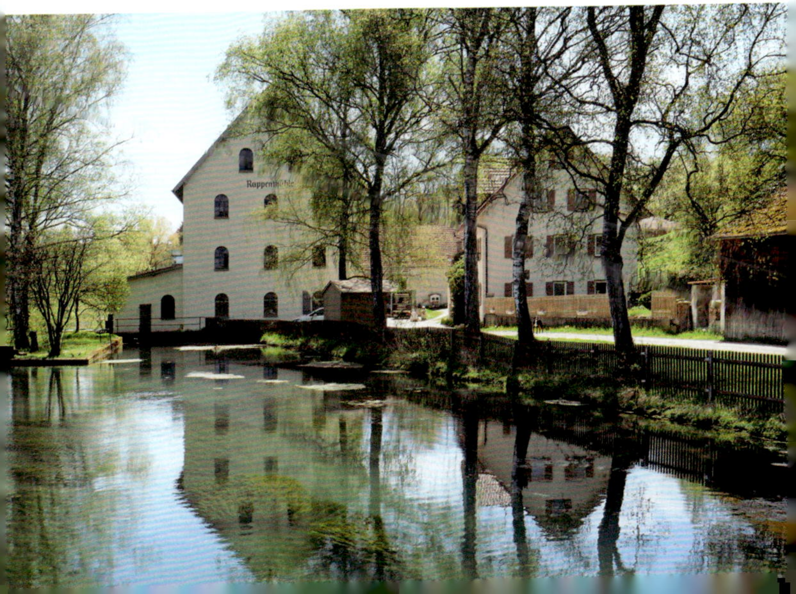

Rappenmühle, Rappenmühle 1, ☏ 073 27/51 67, nur an Wochenenden, Sa ab 17:00 und So ab 11:00, sonntags gibt es hausgemachte Kuchen.

Wenn Sie nach Ballmertshofen zum Landgasthof Hirsch wollen, können Sie vor der Brücke über die Egau zur Rappenmühle und hier weiter nach Ballmertshofen gehen.

An der Egau

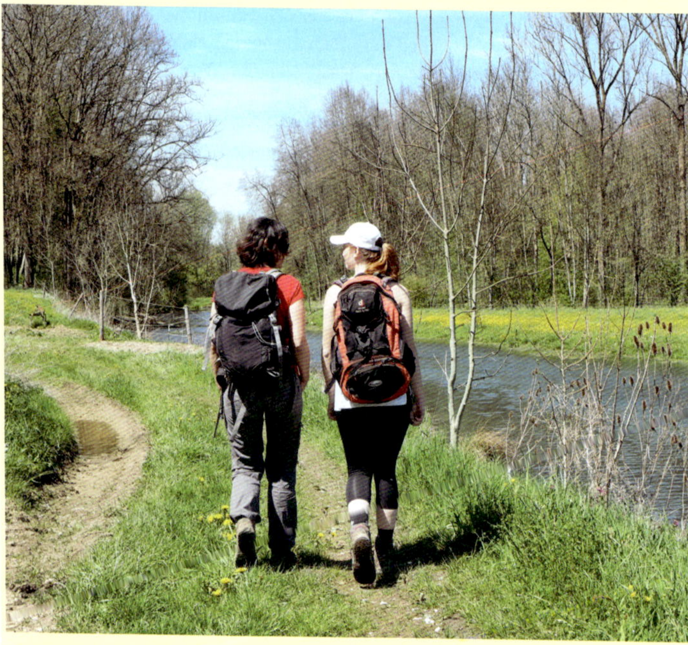

Ballmertshofen

89561, 450 Einw.

Landgasthof Hirsch, Sperrbergstraße 1, Dischingen-Ballmertshofen, ☏ 073 27/51 71, landgasthof@hirsch-ballmertshofen.de, www.hirsch-ballmertshofen.de, ÜF DZ € 65, EZ € 40, Do-Mo 11:00-14:00 und ab 17:00, Di und Mi Ruhetag

Schloss Ballmertshofen, freier Eintritt, Mai-Okt jeden 1. Sonntag 11:00-12:00

In Ballmertshofen befindet sich das gleichnamige Schloss, in dem Sie sehenswerte Bilder bestaunen können, die das Leben in den Bauernhäusern des Härtsfelds zum Thema haben.

Um nach Dischingen zu gelangen, überqueren Sie bei der Rappenmühle die Egau und folgen dem Bachlauf. Auf diesem Weg passieren Sie die Buch- und Guldesmühle. Die letzten 2 km bis Dischingen gehen Sie auf ebenerdigem Weg. Eine Ried- und Wiesenlandschaft geleitet Sie zur Stadt.

Dischingen

89561, 1.800 Einw.

Gemeindeverwaltung, Marktplatz 9, 073 27/810, info@dischingen.de, www.dischingen.de, Mo-Mi 8:00-16:00, Do bis 18:00, Fr bis 13:00

Landgasthof Goldenes Rößle, Hauptstraße 14, 073 27/355, Goldenes.Roessle@t-online.de, ÜF DZ oder EZ, Preis auf Anfrage, So-Fr ab 10:00, Sa Ruhetag

Trugenhofen, Zeltplatz im Erholungsgebiet Karlsbrunnen, wunderschönes Gelände direkt am HW2, Feuer- und Wasserstelle vorhanden, Anmeldung: Gemeindeverwaltung Dischingen, pro Nacht € 3.

Sofa, Café Stüble, Torstraße 7, 073 27/92 25 85, info@sofa-stueble.de, www.sofa-stueble.de, individuelles Café, schönes Ambiente, selbst gebackener Kuchen, Mo, Di, So 14:00-18:00

Heimatmuseum, Hauptstraße 5, 073 27/63 58, freier Eintritt, Mai-Okt jeden 1. Sonntag im Monat 14:00-16:00

Schloss Taxis. Das Schloss befindet sich in Privatbesitz und ist für die Öffentlichkeit nicht zugänglich. Lediglich die nach englischem Vorbild angelegte Parkanlage ist für die Öffentlichkeit geöffnet.

Härtsfeldsee, der nur knapp 5 m tiefe Stausee bietet gute Bademöglichkeiten. Im Sommer ist je nach Wetterlage auch der Kiosk geöffnet.

Busse verkehren zwischen Heidenheim, Nattheim und Neresheim.

Als „Das faule Eck" wurde die kleine Gemeinde Dischingen, die gerade noch so im Bundesland Baden-Württemberg liegt, bezeichnet. Während die Fürsten ihren Sommer im Schloss Trugenhofen (heute Thurn und Taxis) verbrachten, gab es für die Bauern und Handwerker aus Dischingen viel Arbeit, um den Adligen den Aufenthalt so angenehm wie möglich zu machen. Von Mai bis September verdienten die Beschäftigten so gut, dass ihr Verdienst bis zum nächsten Sommer ausreichte. Die Zeit dazwischen, so behaupteten die Neider, widmeten die Arbeiter dem Müßiggang. Daher rührt die spöttische Bezeichnung.

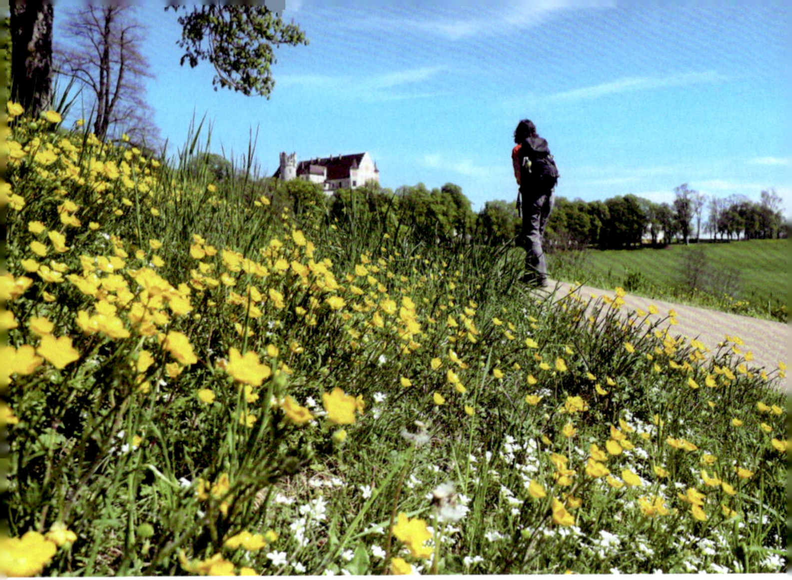

Richtung Schloss Thurn und Taxis

Wer sich weiter mit der Vergangenheit der kleinen Stadt an der Egau beschäftigen möchte, findet im Heimatmuseum der Stadt Geschichtliches zu Brauchtümern und der Entwicklung ländlichen Lebens. Überregional bekannt und ein Besuchermagnet ist das seit 1997 jährlich stattfindende Festival Rock am Härtsfeldsee, bei dem schon viele internationale Stars und Gruppen aufgetreten sind.

⇘ Von Dischingen aus können Sie zur Burg Katzenstein wandern. Vor der St.-Johannes-Baptist-Kirche biegen Sie rechts in die Kirchgasse ein und gleich darauf links in die Straße Alte Egau. An der Seestraße biegen Sie nochmals links ab, bis Sie aus der Ortschaft hinauskommen und entlang der Egau auf einem Radweg zum Härtsfeldsee gelangen. Am Seeufer gehen Sie rechts und queren an der gegenüberliegenden Seeseite die K2033. Entlang des Katzensteiner Baches gelangen Sie nach 4,4 km nach Katzenstein.

Katzenstein

Burg Katzenstein, Oberer Weiler 1-3, Dischingen-Katzenstein, ☏ 073 26/91 96 56, info@burgkatzenstein.de, www.burgkatzenstein.de, ÜF DZ € 120, EZ € 70, Di-So 10:00-18:00, Mo Ruhetag

⌘ Katzenstein, ☞ Hotel/Gasthof Katzenstein, Museumseintritt € 5

Der imposante Bergfried ist schon von Weitem sichtbar. Die einst sehr mächtig angelegte Burganlage war dem Verfall schon sehr nahe und bis 2005 wegen Einsturzgefahr nicht mehr für die Öffentlichkeit zugänglich. Glücklicherweise konnte Anfang 2006 mit den Eheleuten Walter ein Pächterpaar gefunden werden, das sich der verfallenden Burg annahm. Zwei Jahre später ging die Burg in ihren Besitz über und die begonnenen Renovierungsmaßnahmen wurden weitergeführt.

Heute ist die Burg gegen ein geringes Eintrittsgeld wieder für die Öffentlichkeit zugänglich. In der Burg befindet sich eine Gaststätte und es werden auch Übernachtungsmöglichkeiten bereitgestellt.

28. Etappe: Dischingen – Finningen

15,6 km, 4 Std. 45 Min., ↑ 303 m, ↓ 330 m, ⇧ 442-556 m

0,0 km	⇧ 466 m	Dischingen
0,9 km	⇧ 506 m	Schloss Taxis
3,0 km	⇧ 505 m	Zeltplatz Trugenhofen
9,3 km	⇧ 520 m	Demmingen
13,9 km	⇧ 446 m	Bank unterm Apfelbaum
15,6 km	⇧ 446 m	Finningen

Vom staatlich anerkannten Erholungsort Dischingen gelangen Sie zum Sommersitz der Fürsten von Thun und Taxis. Von da an durchqueren Sie einige ausgedehnte Waldgebiete, dazwischen liegen weite Feld- und Wiesenflächen. Die Auf- und Abstiege sind weiterhin sanft, es wechseln sich Schotter- und Teerwege ab und nur selten geht der HW2 in einen schmalen Pfad über. Etwa nach der Hälfte des Weges finden Sie im Gasthaus Hirsch in Demmingen die einzige Gastwirtschaft mit Gästezimmern auf dem Weg nach Finningen. Auf dem weiteren Weg wechseln sich wieder Wald-, Wiesen- und Feldflächen ab. Es ist eine entspannte Etappe in reizarmer Landschaft.

Die Etappe beginnt am großen Parkplatz vor dem Dischinger Sportplatz. Von hier gehen Sie zur Turnstraße und biegen dann links in die Straße Am Baumwolf ein. Sie gelangen zum Gasthaus Goldenes Rössle und zur Schlossstraße. Auf dem Weg zum Schloss Taxis geht die Straße in eine prachtvolle Kastanienallee über, bis Sie vor den Schlossmauern stehen, in deren Mitte das Schloss erhaben auf einer Anhöhe liegt ❶.

Sie folgen nun links den Wegweisern in einen nach englischem Vorbild angelegten Wald, in dem zahllose Wege labyrinthartig durch das wildwüchsige Gehölz führen. Bereits nach wenigen Metern stoßen Sie auf eine geradlinige Allee, die Sie auf einem breiten Schotterweg passieren. Der Weg wird nach etwa 1 km durch eine Landstraße unterbrochen und führt auf der gegenüberliegenden Straßenseite leicht abwärts weiter, nochmals hin zu einer schönen Baumallee.

Am Ende der Allee erreichen Sie die aufgestauten Seen beim Karlsbrunnen. Von hier sind es nur noch wenige Meter bis zum ⛺ Ѫ Campingplatz Trugenhofen (☞ Dischingen) ❷.

Trugenhofen

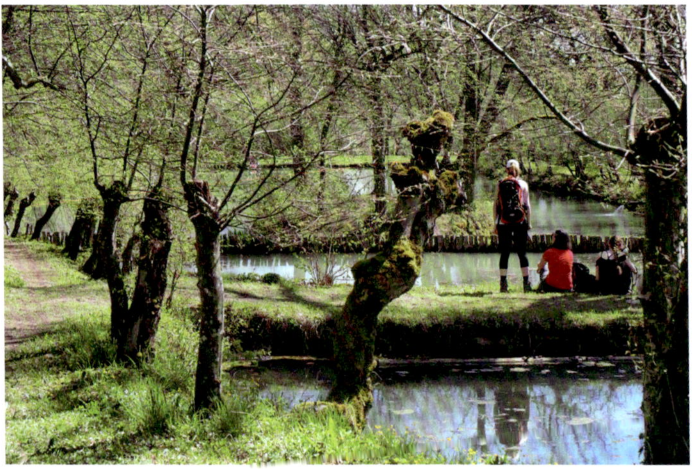

Nach dem Zeltplatz gelangen Sie auf ein Teersträßchen. Links und rechts des Weges tun sich die steinigen Felder des Härtsfelds auf. Der Wanderweg ist nun identisch mit einem Radweg. Sie kommen an einem Wegkreuz vorbei und gelangen dann zu einem kleinen aufgestauten See, der in Zeiten ausbleibender Niederschläge auch schon mal ausgetrocknet sein kann. Sie kommen nun wieder in ein Waldgebiet. An der ersten Wegkreuzung verlassen Sie den geteerten Radweg und biegen rechts in einen Schotterweg ein, um an der folgenden Weggabelung links abzubiegen, bis Sie am Waldrand zu einer T-Kreuzung gelangen. Hier wenden Sie sich nach links und nehmen bei der nächsten Gabelung die rechte Abzweigung ❸.

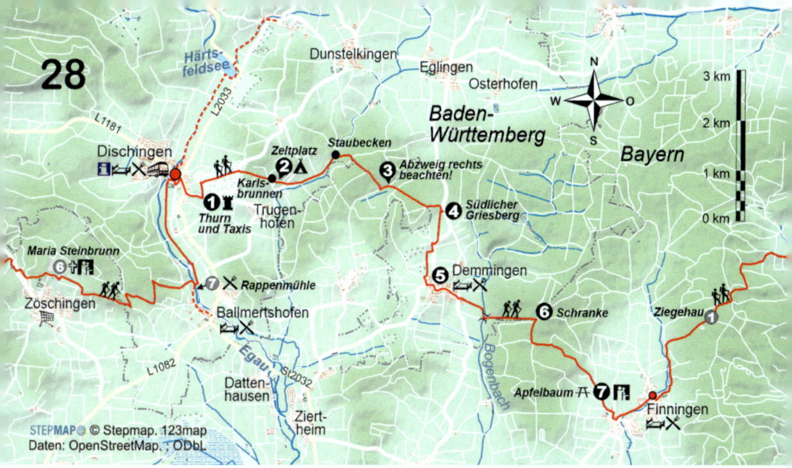

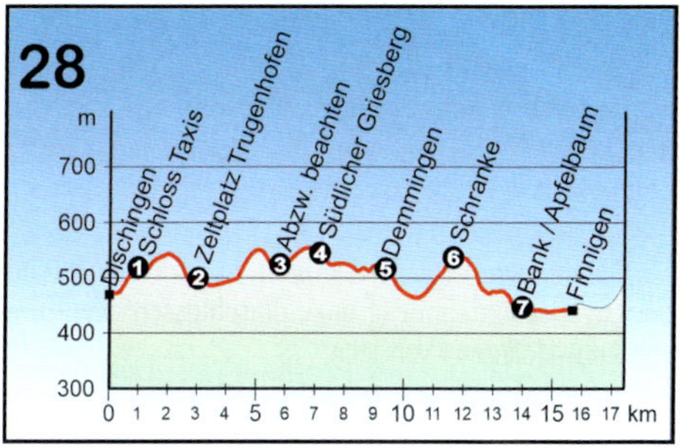

Die Landesgrenze zwischen Baden-Württemberg und Bayern verläuft hier im Wald und Sie befinden sich nun für einige Meter auf bayerischem Gebiet. Beim Wegweiser „Südlicher Griesberg“ ❹ kommen Sie zu einer Landstraße, vor der Sie rechts abbiegen. Auf Wiesenwegen gelangen Sie zu dem von Feldern umgebenen Dorf Demmingen. Am Ende der Murzengasse biegen Sie links in die Ziertheimerstraße ein. Sie gelangen zur Mödinger Straße, der Durchgangstraße des Dorfes, und folgen dieser rechts. In derselben Straße befindet sich auch das Gasthaus/Pension Stern ❺.

Demmingen

🛏 ✕ ✉ 89561, 430 Einw.

🛏 ✕ Gasthaus/Pension Stern, Mödinger Straße 4, ☏ 073 27/64 72, ✉ info@stern-demmingen.de, 💻 www.stern-demmingen.de, ÜF DZ, Preis auf Anfrage, 🚪 Do-Di ab 10:00, Mi Ruhetag

🛏 Ferienwohnung Kränzle, Kasperlegäßle 7, ☏ 073 27/66 32, 📱 01 74/824 79 78, ✉ kraenzle-ferienwohnung@web.de, 💻 www.kraenzle-ferienwohnung.de, Ü DZ € 40, 🚪 auf Anfrage

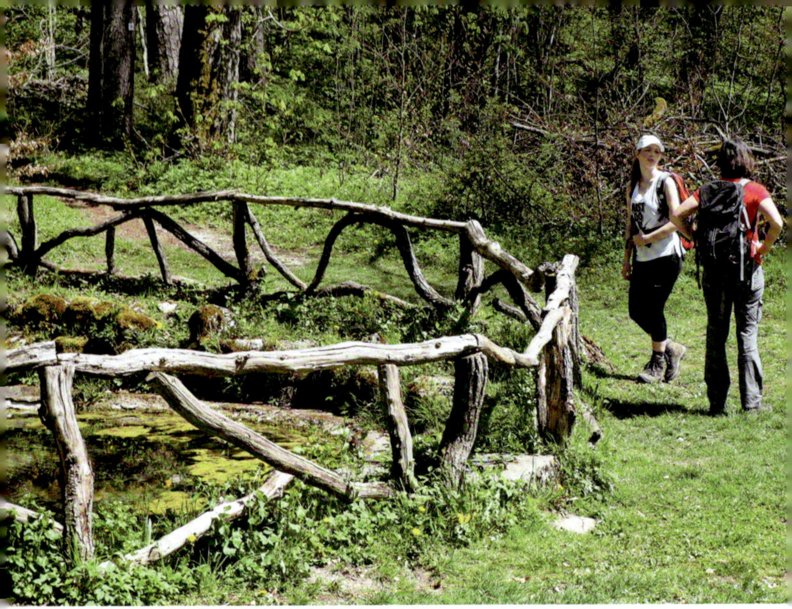

Unterwegs

Demmingen liegt gerade noch in Baden-Württemberg, wird aber nahezu von der bayerischen Landesgrenze umschlossen. Zentrum des Dorfes ist die Pfarrkirche zum Heiligen Wendelin.

☺ Etwa 2 km außerhalb des Dorfes befindet sich das Jagdschloss Duttenstein. Umgeben von einem großen Wildpark und drei Seen liegt es abgelegen am östlichen Ende von Baden-Württemberg.

Von der Mödinger-Straße, kurz bevor Sie aus dem Dorf herauskommen, biegen Sie links in die Gasse Am Bogenbach ein und folgen dieser bis zum kleinen Klärwerk. Hier wenden Sie sich nach rechts und spazieren über einen Wiesenweg am Bogenbach entlang, den Sie nach knapp 200 m links über eine Brücke queren. Nun folgt ein geradlinig verlaufender Weg durch den Bergheimer Forst. Erst bei einer Schranke ❻ schlagen Sie den rechten Weg ein, der hier unter anderem auch als Radweg ausgeschildert ist.

Es ist ein sehr weitläufiges Waldgebiet, in dem alle Wegkreuzungen bestens beschildert sind und der Weg praktisch nicht zu verfehlen ist. Nach fast 3 km haben Sie das Waldstück gequert und blicken vom Rand des Waldes auf das Dorf Finningen.

An einer hübsch gelegenen Bank unter einem Apfelbaum ❼ haben Sie einen schönen Blick auf das Dorf und die umliegenden Feld- und Wiesenflächen.

Nach Oberfinningen gelangen Sie über die Schützenstraße und gleich am Ortsrand gehen Sie am Schützenhaus vorbei. Dann gelangen Sie zur Hauptstraße, der Sie links nach Unterfinningen folgen. Die Hauptstraße heißt nun Am Brunnenbach. Beim Dominikus-Ringeisen-Platz gehen Sie rechts in die Martinstraße und laufen direkt auf das aufwendig renovierte Hotel und Gasthaus Schlössle zu.

Hotel und Gasthaus Schlössle

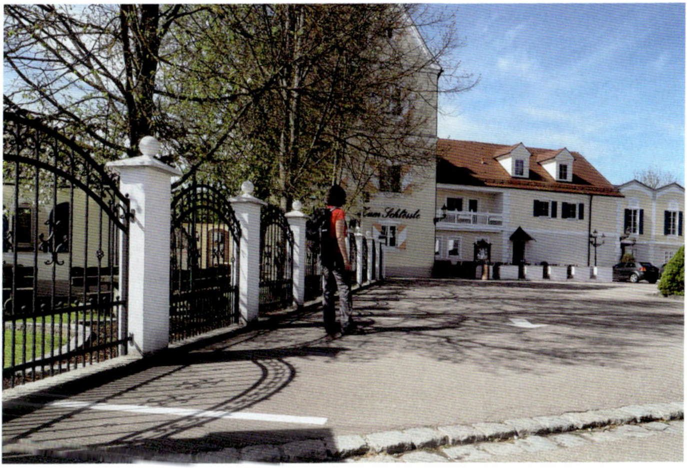

Finningen 89435, 1.700 Einw.

Hotel Restaurant Schlössle, Am Schlössle 1, 090 74/40 78, zumschloessle@schloessle.de, www.schloessle.de, ÜF DZ € 119, EZ € 79, Di und Mi 17:00-23:00 und Do-So 11:00-23:00, Mo Ruhetag

Dominikus Ringeisen wurde 1835 in Finningen geboren, wirkte als katholischer Priester und gründete 1884 eine Einrichtung für Menschen mit Behinderungen. Aus der Einrichtung wurde eine Stiftung, die sich auch heute noch für die Bedürfnisse behinderter Menschen einsetzt und deren Partizipation am öffentlichen Leben fördert.

Eine lange Tradition hat auch das Schlössle im Ortsteil Unterfinningen. In dem denkmalgeschützten Gebäude befindet sich ein ausgezeichnetes Hotel mit Restaurant, das seit beinahe 100 Jahren von der Familie Brugger, in vierter Generation, betrieben wird.

Finningen

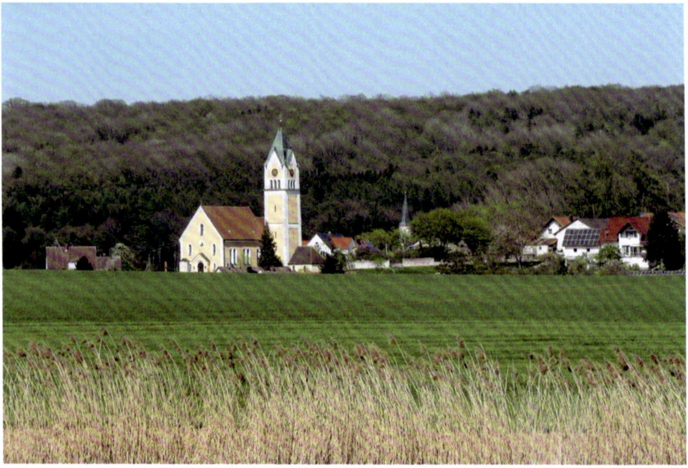

29. Etappe: Finningen – Donauwörth

28,5 km, 8 Std. 30 Min., ↑ 515 m, ↓ 551 m, ⇧ 408-558 m

0,0 km	⇧ 446 m	Finningen
6,0 km	⇧ 440 m	Unterliezheim
9,3 km	⇧ 523 m	Oberliezheim
8,8 km	⇧ 556 m	Infotafel Kesseltour
13,9 km	⇧ 538 m	Sendemast mit Bank, Abzweig ↳ Bissingen 2,7 km, (i)
18,8 km	⇧ 422 m	Oppertshofen, Abzweig ↳ Brachstadt 1,3 km,
23,0 km	⇧ 510 m	Aussicht auf Donauwörth
28,5 km	⇧ 417 m	Donauwörth

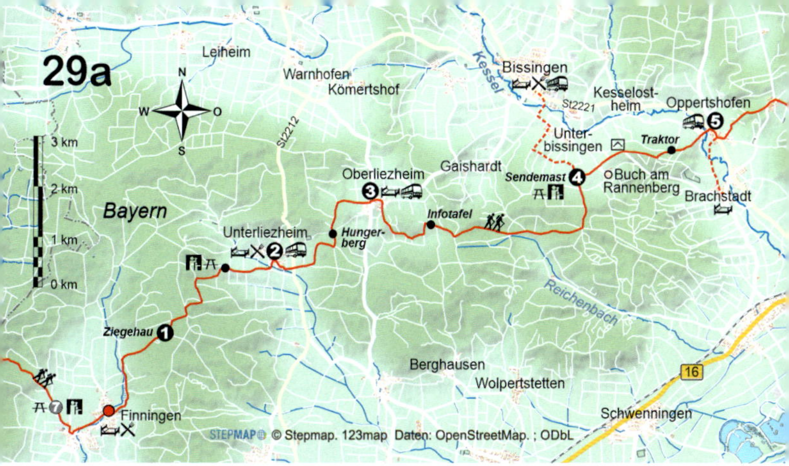

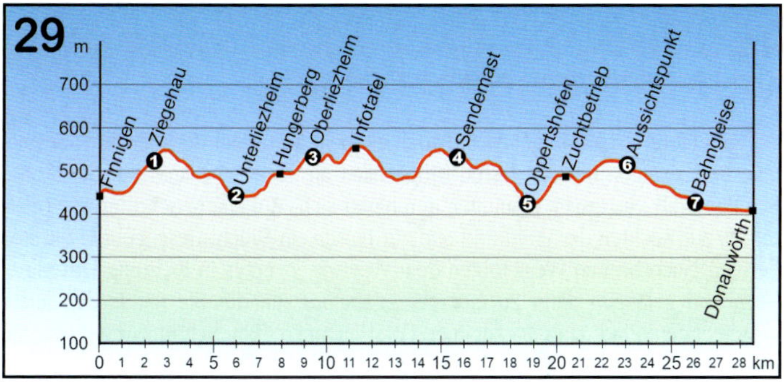

Es ist die letzte Etappe der langen Wandertour rund um die Schwäbische Alb und schwäbisch ist in diesem Gebiet nur noch der Name des Regierungsbezirks, der Rest ist bayerisch. Die Höhen der Alb liegen deutlich unter 600 m, daher lassen sich Auf- und Abstiege auch problemlos bewältigen. Von den höher gelegenen Gebieten haben Sie schöne Blicke auf das Kesseltal und auch auf den Nordrand der Alb. An klaren Tagen erblicken Sie im Süden die bayerischen Alpen.

Wem die gesamte Strecke zu weit ist, der findet in Unter- und Oberliezheim ein Ferienhaus und ein Jugendheim zum Übernachten. Wer eine Übernachtung mit Frühstück sucht, der kann etwas abseits des HW2 in Bissingen oder in Brachstadt bei Oppertshofen auf gut geführte Gasthäuser ausweichen.

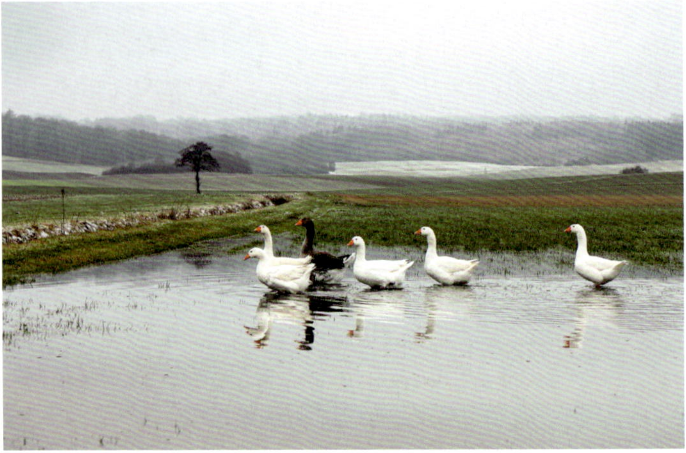

Zwischen Unterliezheim und Oberliezheim

Vom Hotel Schlössle gehen Sie noch ein paar Meter auf der Martinstraße entlang und zweigen bei der ersten Möglichkeit an der Kirche links auf die Straße Schulberg ab. Sie lassen Finningen nun hinter sich. Auf einem Schotterweg geleitet Sie zur Rechten der Waldrand und zur Linken ein Feuchtwiesengebiet. Sie stoßen auf einen breiten Weg, folgen dem Wegweiser rechts in Richtung Unterliezheim und gelangen dann zu einer Weggabelung, an der Sie rechts den leicht ansteigenden Pfad zum Liezheimer Forst nehmen. Ein Schotterweg führt Sie durch das Waldgebiet. Beim Wegweiser „Ziegelhau" ❶ schlagen Sie den linken Weg ein. Die Beschilderungen an weiteren Wegkreuzungen sind auch hier gut erkennbar. Am Ende des Waldes stehen Sie auf einer Anhöhe. Bei einem Apfelbaum, unter dem sich ein Holztisch und eine Bank befindet, blicken Sie auf Unterliezheim. Sie folgen dem Weg in den Ort ❷.

Unterliezheim

89440, 300 Einw.

Ferienhaus Andrea, Mühlstraße 3, schön gelegenes Haus, ☏ 090 89/794, 01 70/480 28 67, Andrea.Bschorer@t-online.de, www.fewo-liezheim.de, Grundgebühr € 30, erwachsene Person € 10, Frühstück € 6, auf Anfrage

Klosterbräu, Klosterring 9, ☏ 090 89/969 05 50, klosterbrau@yahoo.com, www.klosterbraeu-unterliezheim.de, Sa 17:00-22:00, So 11:00-14:00 und 17:00-22:00

Bissingen/Höchstädt (nur an Werktagen), Rufbus, ☏ 090 97/177 03 00

Mitten auf dem renovierten Dorfplatz erhebt sich die Klosterkirche, die zu Beginn des 19. Jh. im Zuge der Säkularisation zur Pfarrkirche wurde. Daneben befinden sich die Gebäude des ehemaligen Benediktinerklosters. Innerhalb der Klostermauern veranstaltet der Obst- und Gartenbauverein jeden Donnerstag zwischen 16:30 und 19:00 einen Markt. Im Zuge der größtenteils ehrenamtlich durchgeführten Renovierungsarbeiten wurde auch das Klosterbräuhaus mit schönem Biergarten neu hergerichtet.

Vor den Mauern des ehemaligen Klosters biegen Sie rechts in die Dillinger Straße ein und verlassen das Dorf. Nach wenigen Metern überqueren Sie eine Landstraße und folgen dem Schotterweg in Richtung Wald. Weil die Standorte der Wegzeichen nicht sonderlich sichtbar angebracht sind oder gar ganz fehlen, herrscht nun im weiteren Wegverlauf des Öfteren Unklarheit. Bei der anschließenden Weggabelung nehmen Sie den linken Abzweig und bleiben auf dem Schotterweg. Auf Ihrem Weg durch das Forstgebiet gelangen Sie zum Hungerberg und queren die Landstraße, die Unterliezheim und Oberliezheim verbindet. Ein Teersträßchen führt Sie nun leicht bergan und bald darauf erreichen Sie das von Feldern und Wald umgebene Dorf Oberliezheim ❸.

Oberliezheim 89440, 190 Einw.

Pfarr- und Jugendheim St. Leonhard, Oberliezheim, ☏ 090 84/256, pg.bissingen@bistum-augsburg.de, www.gruppenhaus.de, Ü MBZ € 9, Selbstversorgerhaus, im Winter von Dez-Feb geschlossen

in Richtung Dillingen, Bissingen, Rufbus, ☏ 090 97/177 03 00

„Am Bergeshang, am Waldesrand, da liegt mein Liezheim dort, das kleine Dorf, im Schwabenland, das ist mein Heimatort“ – so lautet die erste Textzeile des Oberliezheimer Liedes. Und in der Tat, Waldlandschaften umgeben das Dorf, das auf einer Anhöhe zwischen Kessel- und Donautal liegt. Die Höhen- und Hanglage erlaubt sogar einen Skibetrieb, der vor allem von der Jugend genutzt wird. In der Dorfmitte befindet sich die katholische Filialkirche St. Leonhard, zu der auch ein Übernachtungsheim gehört.

Im Dorf gehen Sie bis zur Hauptstraße und folgen dieser wenige Meter nach links, um dann in ein Seitensträßchen rechts hinunterzugehen. Sie kommen aus dem Dorf heraus und gehen gleich in das sich anschließende Waldstück hinein. Der Forstweg trifft auf ein asphaltiertes Sträßchen, dem Sie links zum Rätschenberg hinauffolgen. Oben gehen Sie rechts zu einer Infotafel, auf der Sie Erklärungen zu den Ursprüngen des Kesseltals finden.

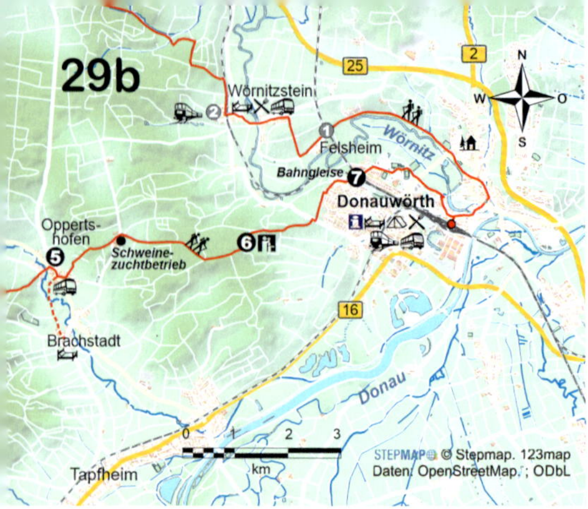

An der Infotafel gehen Sie geradeaus am Waldrand entlang und gelangen dann in ein großes Waldgebiet, das Sie auf einer Länge von 4 km durchqueren. Die Beschilderungen sind ausreichend und die Markierung an der ersten Wegkreuzung ist deutlich. Es geht links im leichten Auf und Ab entlang eines Forstweges. Bevor Sie aus dem weiten Weg durch den Wald herauskommen, gelangen Sie nochmals zu einer Kreuzung, auch hier folgen Sie den deutlichen Markierungen nach links. Dann kommen Sie aus dem Wald heraus, vor Ihnen eröffnet sich eine weite Felderlandschaft, durch die der Weg direkt auf einen Sendemast zuläuft. Dort angekommen haben Sie eine schöne Sicht auf das Kesseltal sowie die Stadt Bissingen ❹. Vor diesem Aussichtspunkt gehen Sie rechts oberhalb des Kesseltals entlang.

Wer in Bissingen eine Zwischenübernachtung einplant, kann vom Sendemast direkt hinunter ins Kesseltal wandern. Das Gasthaus Krone bietet gute Übernachtungsmöglichkeiten und eine reichhaltige Speisekarte. Von hier oben haben Sie eine gute Übersicht.

Sie halten sich links von Unterbissingen und streifen das Dorf am südwestlichen Ende. An der ersten Kreuzung nach Unterbissingen gehen Sie rechts hinunter und queren über eine Brücke die Kessel. Rechts befindet sich ein Friedhof und Sie gehen weiter bis zur Marktstraße, der Sie links bis zum Gasthaus Krone folgen.

Bissingen

(i) 86657, 1395 Einw.

(i) Informationen zur Gemeinde finden Sie unter www.bissingen.de.

Gasthaus Krone, Marktstraße 22, 86657 Bissingen, ☎ 090 84/914 00, info@krone-bissingen.de, www.krone-bissingen.de, ÜF DZ € 85, EZ € 59, Mi-Sa ab 17:00, So 11:00-14:30 und ab 17:00

in Richtung Lauingen, Donauwörth

Die beschauliche Gemeinde im Kesseltal liegt direkt an der Kessel, einem Nebenfluss der Donau. Bedingt durch den Meteoriteneinschlag im Ries gurgelt bei der Stegmühle die Johannes-Mineralquelle und nicht weit davon entfernt die etwas bekanntere Auerquelle. Bissingen ist umgeben von Naherholungs- und Landschaftsschutzgebieten, die sich gut zu Fuß oder mit dem Rad erkunden lassen.

Zu Ihrer Rechten erkennen Sie den Weiler Buch am Rannenberg. Wenn Sie der Straße weiter geradeaus folgen, treffen Sie auf einen ⌂ Unterstand beim Rannenberg. Ab hier gelangen Sie durch ein weiteres Waldstück und ein breiter Forstweg führt Sie durch dieses Gebiet, bis der HW2 links auf einen schmalen Pfad abbiegt. Nun gelangen Sie aus dem Wald heraus und sehen bereits Oppertshofen vor sich. Ein zur Schau aufgestellter Traktor ohne Räder soll hier neben einer Infotafel darauf aufmerksam machen, wie Feld- und Erntearbeiten früher im Vergleich zu heute bewältigt wurden. Die letzten Meter nach Oppertshofen ❺ geht es bergab.

Oppertshofen

🚌 ✉ 86660, 300 Einw.

🚌 in Richtung Tapfheim, Donauwörth, Bissingen, Rufbus, ☏ 090 97/177 03 00

Das ländlich gelegene Oppertshofen liegt im Kesseltal. Die Kessel schlängelt sich durch das kleine Dorf, in dem sich auch die evangelische Pfarrkirche St. Blasius befindet. Eine Übernachtungsmöglichkeit finden Sie im etwa 1 km entfernten Brachstadt.

Sie folgen der Kesseltalstraße bis kurz vor den Ortsausgang.

↱ Rechts geht es zum Landhotel Müller.

🛏 Landhotel Müller, Rannenbergstraße 4, etwa 1 km südlich von Oppetshofen in Brachstadt, ☏ 090 70/960 67 00, 📱 01 71/522 66 29, ✉ info@landhotelmueller.com, 💻 www.landhotelmueller.com, ÜF DZ € 74, EZ € 45,
🚪 Mo-Fr 6:30-22:00, Sa und So 8:00-20:00

Links weisen Sie die Markierungen des HW2 zur Fürststraße und dann in die Ellesfeldstraße, über die Sie schließlich das Dorf verlassen.

Oppertshofen ist das letzte auf dem HW2 gelegene Dorf vor Donauwörth, es sind die letzten 10 km und dann haben Sie die Alb in ihrem gesamten Umfang umrundet!

Dieses letzte Wegstück führt Sie nochmals über Wald- und Wiesenwege an das finale Ziel. Die Beschilderung ist hier nicht immer lückenlos und daher ist aufmerksames Navigieren mit oder ohne GPS-Gerät notwendig. An der ersten Weggabelung nach Oppertshofen halten Sie sich links und folgen dem breiten Forstweg durch das Waldstück, bis Sie den durch so manche Schlagzeilen berühmt-berüchtigten Schweinezuchtbetrieb in Reichertsweiler erreichen. An dem Betrieb gehen Sie links vorbei und biegen am Ende nochmals rechts ab. Auf einem langen, stets geradeaus verlaufenden Wegabschnitt gelangen Sie zur einzigen Kreuzung im Wald und folgen hier den Wegweisern, die nach links zeigen. Wenn Sie schließlich aus dem Wald herauskommen, blicken Sie auf die im Tal liegende Stadt Donauwörth ❻.

Der Weg ist nun nicht mehr zu verfehlen und Sie erreichen Donauwörth schließlich bei einem Parkplatz über die Steinbergstraße, der Sie für wenige Meter rechts folgen, um dann links entlang einer Wohnsiedlung weiter in Richtung Stadtzentrum zu schlendern. Vorher überqueren Sie noch die Bahngleise ❼ und gehen weiter leicht absteigend bis zur Neudeggerallee, auf der Sie rechts entlanggehen. Links befindet sich die Donau-Ries-Klinik und dann schließt sich das Stadion Stauferpark an, das Sie links auf einem Fußweg durchqueren. Anschließend überqueren Sie die Westspange, eine viel befahrene Straße, und gehen nun entlang eines dammähnlichen Weges weiter.

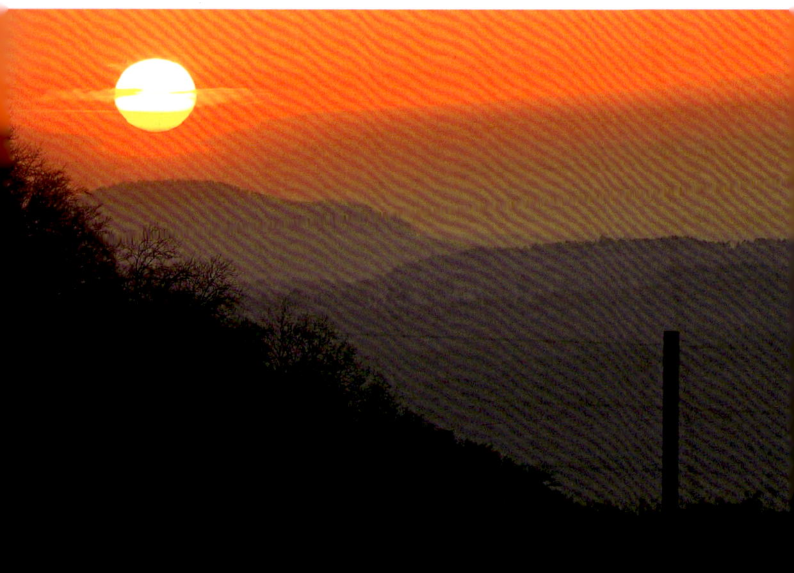

Wenn Sie zur Holzbrücke gelangen, die über die Wörnitz führt, biegen Sie rechts ab und wandern weiter links auf dem Neurieder Weg, der bald darauf in die Dillingerstraße mündet. Von hier aus sind es nur noch wenige Meter, bis Sie rechts in die Bahnhofstraße einbiegen und sich der Kreis bei der Statue „Die Ankommenden" wieder schließt.

Am Ende der Tour können Sie sich vielleicht einen Moment gönnen, um die bewältigten 600 km nochmals Revue passieren zu lassen. Sie haben ein Mittelgebirge mit vielfältigen Landschaftsformen durchquert, Sie gelangten durch Regionen, die kulturhistorisch weltweit für Aufsehen sorgen, Sie haben Erfahrungen mit Land und Leuten gesammelt, vielleicht haben Sie auch die Grenzen Ihrer eigenen physischen Leistungsfähigkeit kennengelernt oder sind in der Dämmerung durch den Wald gestolpert. Sie haben den Regen auf Ihrer Haut gespürt und die Sonnenstrahlen mit Freude wahrgenommen. Auch wenn Sie nicht auf der Suche nach dem großen Glück waren, so haben Sie – wie ich hoffe – Momente des Glücks erlebt.

☞ Infos zu Donauwörth finden Sie auf Seite 40.

Gönnen Sie sich am Ende der Tour einen Moment, um die bewältigten 600 km nochmals Revue passieren zu lassen

Buchtipps aus dem

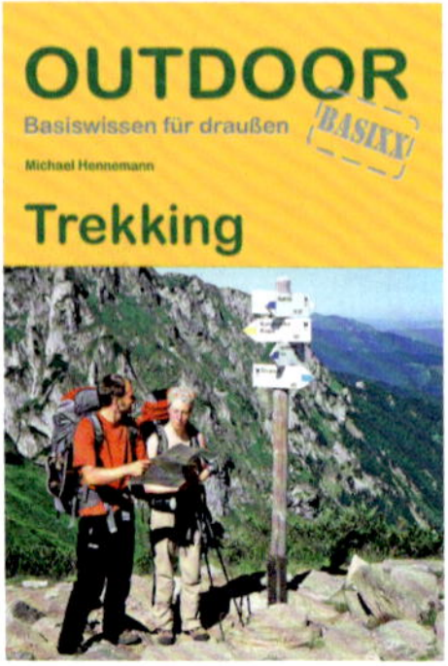

Trekking

Michael Hennemann
OutdoorHandbuch Band 7
Basiswissen für draußen
96 Seiten ▸ 28 farbige Abbildungen
4 farbige Illustrationen

ISBN 978-3-86686-007-0

>> **trekking-Magazin**: *„Das Buch hilft beim Zusammenstellen der optimalen Ausrüstung, damit die Tour mit Zelt und Rucksack gelingt."*

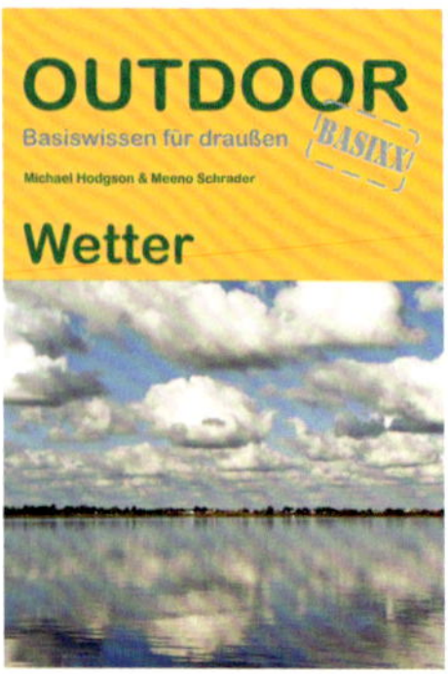

Wetter

Michael Hodgson & Meeno Schrader
OutdoorHandbuch Band 13
Basiswissen für draußen
96 Seiten ▸ 36 farbige Abbildungen
21 farbige Illustrationen

ISBN 978-3-86686-013-1

>> **Jungscharhelfer-Jahrbuch:** *„Das Buch fängt beim Beobachten der Wolken an und gibt einen intensiven Einblick in die Zeichen, die die Natur sonst noch bietet."*

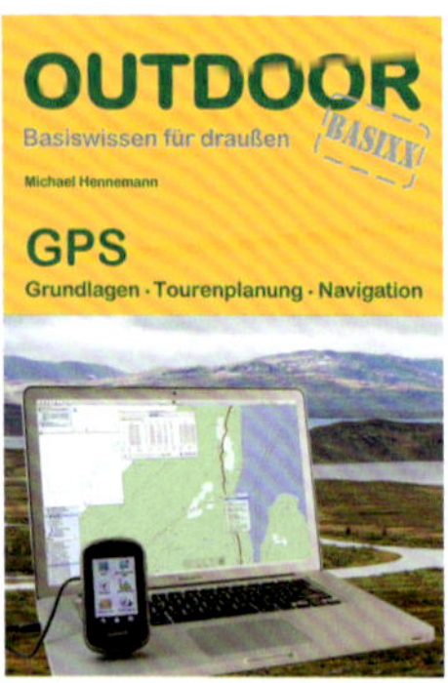

GPS Grundlagen · Toutenplanung · Navigation

Michael Hennemann
OutdoorHandbuch Band 375
Basiswissen für draußen
160 Seiten ▸ 277 farbige Abbildungen

ISBN 978-3-86686-495-5

>> **Wienerland:** *„Ein topaktuelles Handbuch, das kompetent GPS-Anfänger wie Fortgeschrittene informiert."*

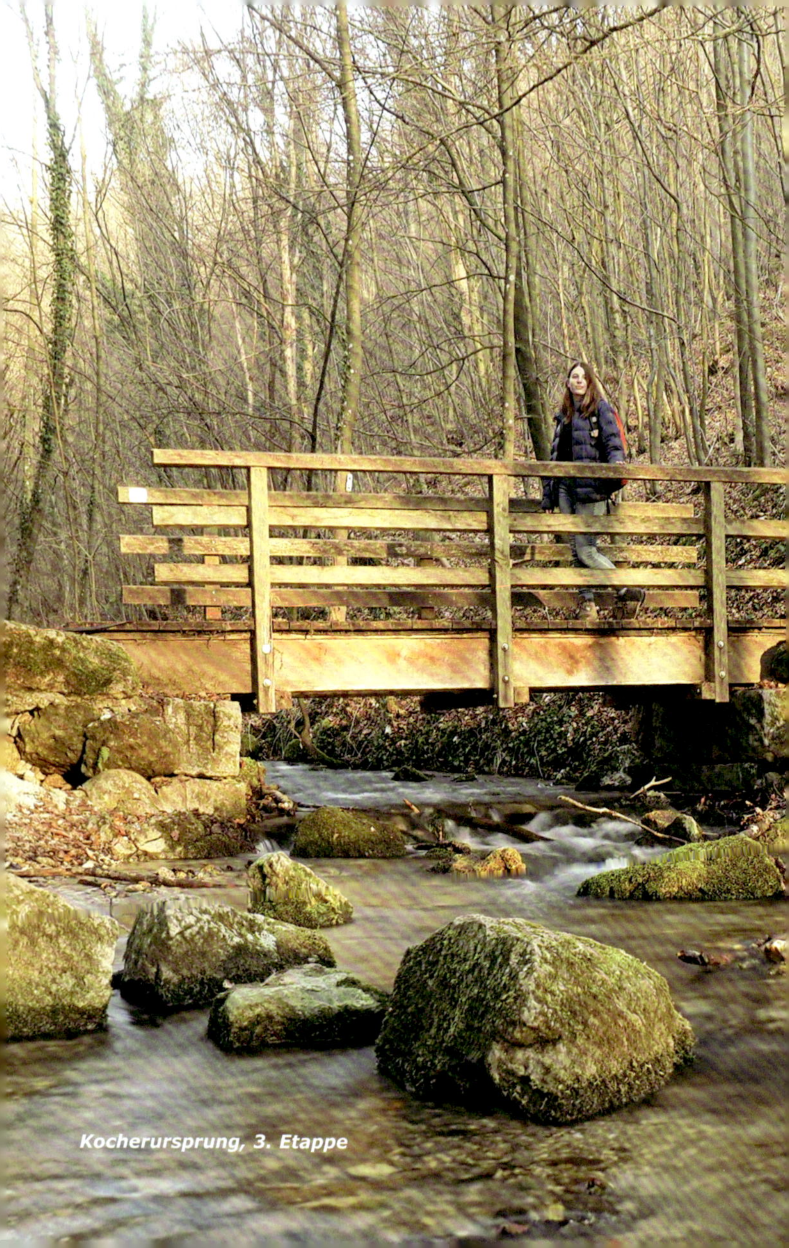

Kocherursprung, 3. Etappe

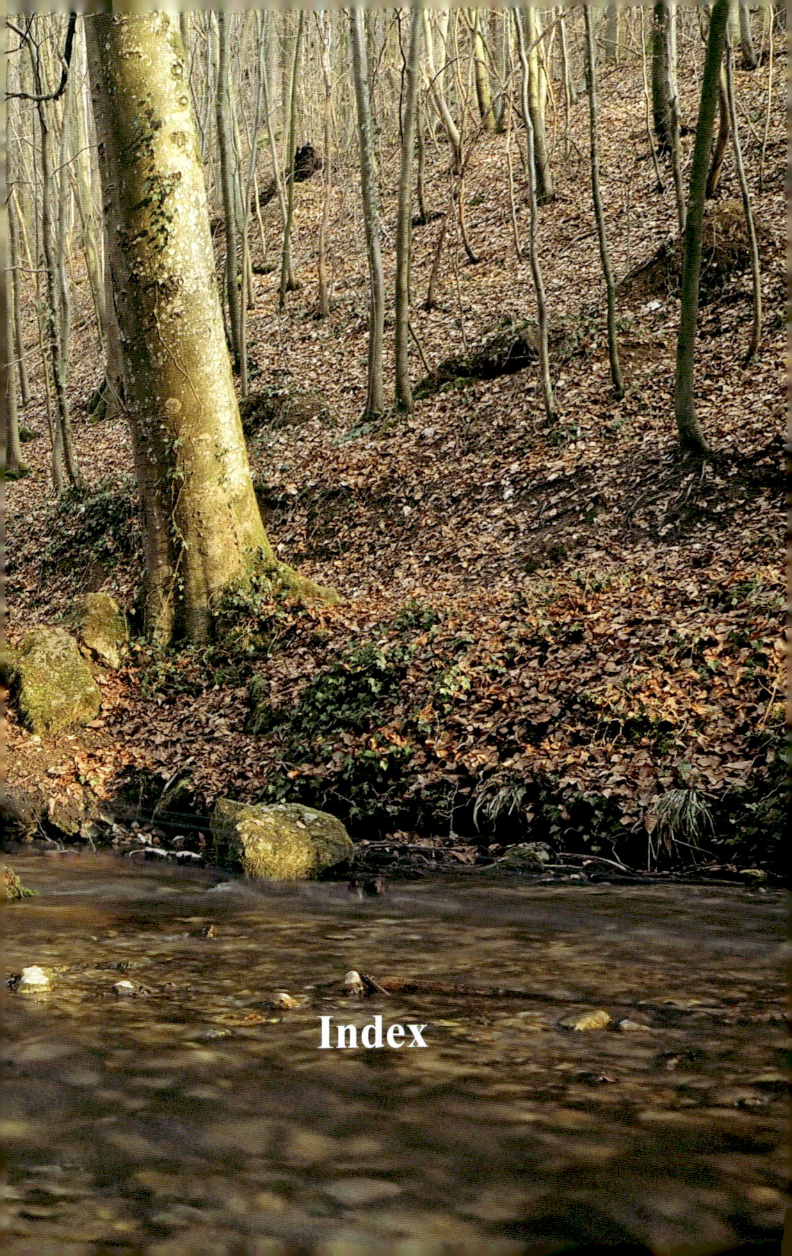

Index

A

Aalbäumle 62
Aalen 59
AlbCard 23
Albeck 214
Albkante 20
Älbler 17
Allewind 201
Anforderungen 23
Anhausen 183
Anreise 23
Aufhausen 56
Ausrüstung 24
Auszeichnungen 12

B

Baach 179
Backhäuser 18
Bad Urach 95
Balingen-Lochen 128
Ballmertshofen 232
Bannwald 195
Bargauer Horn 68
Bargauer Kreuz 68
Bautenbachursprung 50
Beiningen 201
Bellerhof 89
Bergsteig 151
Bernstadt 216
Besiedlungsgeschichte 15
Beuren 66
Beurener Kreuz 66
Beuron 153
Bichishausen 184
Billafingen 174
Bingen 172
Bissingen 244
Blaubeuren 197
Blautopf 198
Bockberg 46
Bolberg 112
Bölle 90
Bopfingen 54
Boßlerhaus 80
Bräunlesberg 44
Brucker 90
Burg Hohenzollern 120
Burg Rosenstein 65
Burg Staufeneck 72
Burg Teck 88
Burg Wildenstein 155
Burgfelden 124
Burgruine Falkenstein 160
Burgruine Greifenstein 103
Burgruine Hornstein 172
Burladingen-Melchingen 110

C/D

Christgarten 50
Deilingen 134
Demmingen 237
Dietfurt 165
Dischingen 233
Donauschleife 162
Donauwörth 40, 246
Donzdorf 72
Dotternhausen 130
Dreifaltigkeitsberg 139
Dreifürstenstein 116

E

Ehingen 187
Eichfels 162
Eisbrunn, Waldschenke 47

Elchingen 212
Eninger Weide 100
Erbstetten 186
Erkenbrechtsweiler 92
Ermingen 202
Erstetten 201

F

Fauna 20
Felsheim 43
Fettwiese 20
Finningen 239
Flädlesuppe 28
Flochberg 53
Flora 19
Frankenhofen 188
Friedingen 175
Frühling 25
Fuchseck 78

G

Gairenbuckel 78
Gästeinformation 181
Gefahren 28
Gelber Fels 88
Geldautomaten 28
Gemütlich Lichtenstein 104
Genkingen 100
Gespaltener Fels 128
Giengen an der Brenz 225
Gingen an der Fils 76
Gosheim 137
Gossenzugen 180
Göttingen 214
GPS 31
Granheim 186
Griebenschmalz 27
Große Heuneburg 175
Grundausstattung 24
Grünenberg 76
Günzelburg 196
Gutenstein 163

H

Hangender Stein 120
Hangwaldes 19
Happrechthaus 84
Harburg 45
Härtsfeld 51
Heidengraben 94
Heidmühle 53
Heiligenkopf 122
Herbst 26
Heubach 66
Himberg 119
Himmelreich 66
Hirschkopfberg 116
Hofsättle 163
Hohe Warte 100
Hohenneuffen 92
Hohenstaufen 72
Höhenweg 153
Hohle Fels 194
Höhlen im Lonetal 221
Holzelfingen 103
Honau 104
Hörvelsingen 214
Hülben 95
Hülen 58
Hund 35
Hundseiche 44
Hürben 223
Hütten 189

I

Indelhausen 184
Inzigkofen 167
Ipf 53
Irndorf 157

J

Jägerhaus 68
Jahrhundertstein 81
Jugendherbergen 29
Jungingen 118

K

Kapfenburg 56, 58
Karlshof 50
Karten 30
Katzenstein 234
Klima 32
Kocher 61
Kocherursprung 58
Kohlemeiler 155
Kornbergsattel 78
Kornbühl 118
Kuchalb 73
Kutteln 27

L

Laiz 168
Langenau 213
Lauchheim 57
Laufen an der Eyach 125
Lauter 185
Lauterburg 64
Läuterhäusle 60
Lauterstein 70
Lautertal 184
Lemberg 136, 138
Lindenau 220
Lochenstein 128
Löwenmensch 220
Luggeleskäs 27

M

Magerwiese 20
Maierhalde 73
Markierungen 32
Maultaschen 27
Messelstein 72
Mönchsdeggingen 49
Mössingen 114
Most 28
Mühlberg 171
Muschenwang 192
Mutterbuche 52

N

Naturdenkmal Breitenstein 86
Naturdenkmal Messelstein 72
Naturfreundehaus Braunenberg 59
Naturfreundehaus Immenreute 72
Naturpark Obere Donau 149
Nebelhöhle 108
Nenningen 71
Nerenstetten 218
Notruf 31

O/P

Oberer Kuhberg 203
Oberkochen 61
Oberliezheim 243
Ochsenwang 86
Oggenhausen 228
Ohrengipfel 52
Oppertshofen 241, 245

Osterberg 139
Owen 89
Pfeffingen 122

R

Radfahrerinnen und Radfahrer 31
Randecker Maar 86
Rappenmühle 231
Ratshausen 132
Riedernberg 112
Ries 44
Ringlesmühle 52
Risiberg 140
Röhrbach 52
Rosenstein 65
Rötelstein 104
Ruine Flochberg 53
Ruine Kaltenburg 223
Ruine Oberhohenberg 136
Ruine Rauber 87
Ruine Reußenstein 84
Ruine Schenkenstein 56
Rußberg 141

S

Sandberg 56
Schaufelsen 160
Schelklingen 193
Scheuelberg 68
Schloss Baldern 55
Schloss Ehrenfels 180
Schloss Kapfenburg 58
Schloss Lichtenstein 106
Schloss Sigmaringen 168
Schloss Thurn und Taxis 233
Schloss Trugenhofen 233
Schloss Werenwag 158
Schmeiebrücke 165
Schmiechtal 189
Schömberg 131
Schöner Stein 57
Schörzing 135
Schupfnudeln 27
Schwäbisch Gmünd 68
Schwäbische Alb
...Tourismusverband 29
Schwäbische Albstraße 52
Schwäbischer Albverein 29
Schwarzer Kocher 61
Schwarzlochfelsen 185
Schweindorf 51
Seißen 196
Setzingen 220
Sigmaringen 168
Simmisweiler 59
Sommer 25
Sonnenbühl-Willmandingen 110
Spätzle 27
Spindelhau 58
Steinbruch am Plettenberg 130
Stetten ob Lontal 221
Streuobstwiesen 19
Stuppelau 216

T

Talheim 113
Talheimer Bergrutsch 116
Talweg 153
Tauchenweiler 63
Teufelsbrücke 166
Teufelsloch 164
Thalfingen 212
Thiergarten 161
Tierstein 56

Tourencharakter 23
Touristenverein Die Naturfreunde 29
Traifelberg 104
Trochtelfingen 53
Trugenhofen 236
Tuttlingen 143

U

Ulm 204
Unterhausen 104
Unterkochen 61
Unterkünfte 33
Unterliezheim 242
Untermagerbein 48
Untzmemmingen 51
Updates 34
Upflamör 176
Uracher Wasserfall 98

V

Vogelherdhöhle 221
Volkmarsberg 62

W

Wacholderheide 20
Waldboden 19
Walkmühle 56
Wallenhau 60
Wanderzeit 25
Wasserberghaus 78
Wegzustand 32
Weilheim 79
Weißenstein 68
Weißer Kocher 61
Wildzelten 34
Wilfingen 174
Wimsener Höhle 180
Winter 26
Wolfsfalle 186
Wörnitzstein 43
Wurmlingen 142
Wurstsalat 27

Z

Zachers Kreuz 150
Zecken 35
Zeugenberge 72
Ziegelhütte 152
Ziswingen 49
Zitterhof 122
Zollersteighof 121
Zöschingen 230
Zwiebelrostbraten 27
Zwiefalten 176